MÉDICOS E PODER

Transplantação Hepática e Tecnocracias

COLECÇÃO ECONÓMICAS – 2ª Série
Coordenação da Fundação Económicas

António Romão (org.), *A Economia Portuguesa – 20 Anos Após a Adesão*, Outubro 2006

Manuel Duarte Laranja, *Uma Nova Política de Inovação em Portugal? A Justificação, o modelo os instrumentos*, Janeiro 2007

Daniel Müller, *Processos Estocásticos e Aplicações*, Março 2007

Rogério Fernandes Ferreira, *A Tributação dos Rendimentos*, Abril 2007

Carlos Alberto Farinha Rodrigues, *Distribuição do Rendimento, Desigualdade e Pobreza: Portugal nos anos 90*, Novembro 2007

João Ferreira do Amaral, António de Almeida Serra e João Estêvão, *Economia do Crescimento*, Julho 2008

Amélia Bastos, Graça Leão Fernandes, José Passos e Maria João Malho, *Um Olhar Sobre a Pobreza Infantil*, Maio 2008

Helena Serra, *Médicos e Poder. Transplantação Hepática e Tecnocracias*, Julho 2008

COLECÇÃO ECONÓMICAS – 1ª Série
Coordenação da Fundação Económicas

Vítor Magriço, *Alianças Internacionais das Empresas Portuguesas na Era da Globalização. Uma Análise para o Período 1989-1998*, Agosto 2003

Maria de Lourdes Centeno, *Teoria do Risco na Actividade Seguradora*, Agosto 2003

António Romão, Manuel Brandão Alves e Nuno Valério (orgs.), *Em Directo do ISEG*, Fevereiro 2004

Joaquim Martins Barata, *Elaboração e Avaliação de Projectos*, Abril 2004

Maria Paula Fontoura e Nuno Crespo (orgs.), *O Alargamento da União Europeia. Consequências para a Economia Portuguesa*, Maio 2004

António Romão (org.), *Economia Europeia*, Dezembro 2004

Maria Teresa Medeiros Garcia, *Poupança e Reforma*, Novembro 2005

1ª Série publicada pela CELTA Editora

HELENA SERRA

MÉDICOS E PODER
Transplantação Hepática e Tecnocracias

MÉDICOS E PODER
Transplantação Hepática e Tecnocracias

AUTOR
HELENA SERRA

EDITOR
EDIÇÕES ALMEDINA, SA
Av. Fernão Magalhães, n.º 584, 5.º Andar
3000-174 Coimbra
Tel.: 239 851 904
Fax: 239 851 901
www.almedina.net
editora@almedina.net

PRÉ-IMPRESSÃO | IMPRESSÃO | ACABAMENTO
G.C. GRÁFICA DE COIMBRA, LDA.
Palheira – Assafarge
3001-453 Coimbra
producao@graficadecoimbra.pt

Novembro, 2008

DEPÓSITO LEGAL
285634/08

Os dados e as opiniões inseridos na presente publicação são da exclusiva responsabilidade do(s) seu(s) autor(es).

Toda a reprodução desta obra, por fotocópia ou outro qualquer processo, sem prévia autorização escrita do Editor, é ilícita e passível de procedimento judicial contra o infractor.

Biblioteca Nacional de Portugal – Catalogação na Publicação

SERRA, Helena Maria Rocha

Médicos e poder : transplantação hepática e tecnocracias. – (Económicas. 2ª série)
ISBN 978-972-40-3587-1

CDU 616
     316

COM O PATROCÍNIO DA FUNDAÇÃO MERCK SHARP E DOHME

Índice

Abreviaturas Utilizadas 11

Codificação das Entrevistas 13

PREFÁCIO 15

NOTA PRÉVIA 21

INTRODUÇÃO 25

PARTE I
A TRANSPLANTAÇÃO HEPÁTICA COMO TECNOCRACIA MÉDICA

CAPÍTULO I
DOS CONTORNOS DO OBJECTO SOCIAL À CONSTITUIÇÃO DO OBJECTO SOCIOLÓGICO 35

   1. Sobre a Transplantação Hepática 35
   2. A profissão médica e o hospital 68
   3. O papel das tecnologias médicas 79

CAPÍTULO II
TRAJECTO TEÓRICO E METODOLÓGICO 95

   1. O quadro teórico e o modelo analítico de investigação 95
   2. A orientação metodológica 132

PARTE II
NOS BASTIDORES DA TRANSPLANTAÇÃO HEPÁTICA

CAPÍTULO I
A UNIDADE DE TRANSPLANTAÇÃO: CARACTERIZAÇÃO SOCIOLÓGICA 155

Introdução 155
1. O tempo e o espaço físico: descrição e aspectos simbólicos .. 171
2. A organização dos cuidados de saúde 200
3. O circuito de transplantação hepática: o modelo de organização do trabalho 229

CAPÍTULO II
DA TECNOLOGIA ÀS TECNOCRACIAS MÉDICAS 255

Introdução 255
1. A produção dos cuidados médicos a partir da tecnologia 267
2. A tecnologia na construção das fronteiras entre especialidades . 284
3. A tecnologia como processo de diferenciação nas especialidades 318

CAPÍTULO III
DA CONSTRUÇÃO E REPRODUÇÃO DO CONHECIMENTO E DISCURSO MÉDICOS 349

Introdução 349
1. A Primazia da Experiência Clínica 356
2. Entre a Investigação Científica e a Prática Médica 395

CAPÍTULO IV
O EXERCÍCIO DAS TECNOCRACIAS MÉDICAS: DO CONHECIMENTO E DISCURSOS MÉDICOS À TOMADA DE DECISÃO MÉDICA 427

Introdução 427
1. O Acesso dos Doentes ao Programa de Transplantação Hepática 437
2. A Gestão da Lista de Espera 478

3. O Transplante 494
4. O Pós-Operatório 507
5. A Construção de Estratégias Futuras no Âmbito da Transplantação Hepática 524

CONCLUSÃO 535

BIBLIOGRAFIA 545

Abreviaturas Utilizadas

ETCO	– European Transplant Coordinators Organisation
GCCOT	– Gabinete de Coordenação e Colheita de Órgãos e Transplantação
n.t.c.	– Notas de trabalho de campo
OPT	– Organização Portuguesa de Transplantação
PAF	– Polineuropatia Amiloidótica Familiar ou *doença dos pézinhos*
RENNDA	– Registo Nacional de Não Dadores
SAP	– Serviço de Anatomia Patológica
SNS	– Serviço Nacional de Saúde
UCI	– Unidade de Cuidados Intensivos
UIV	– Unidade de Intervenção Vascular
UNOS	– United Network for Organ Sharing
UT	– Unidade de Transplantação

Codificação das Entrevistas

AH – Administrador Hospitalar
MD – Director de Serviço
MC – Médico Cirurgião
MH – Médico Hepatologista
MA – Médico Anestesista
MI – Médico Intensivista
MDG – Médico, Director da GCCOT
MAP – Médico Anatomo-Patologista
EC – Enfermeira–Chefe
ECG – Enfermeira Coordenadora da GCCOT
E – Enfermeiro
Adm. – Administrativo

Prefácio

Longe vão os tempos em que o hospital, como organização e instituição, constituia um espaço inpenetrável à investigação sociológica produzida em Portugal. Tal como acontecia noutras sociedades, as representações sociais difundidas faziam do hospital o mundo por excelência dos médicos, dos enfermeiros e das categorais sócio-profissionais que gravitavam à sua volta, dotados de uma legitimidade indiscutível e incontestável, um lugar de tratamento e cura das doenças agudas, de produção do conhecimento médico através da acumulação de experiência clínica e da sua reprodução no ensino médico, cumprindo o mandato social de carácter assistencial e beneficente, política e moralmente justificado pela sua inalienável posição central na história das instituições sociais da modernidade ocidental.

Tal posição dispensava o questionamento dos seus pressupostos e fundamentos por aqueles que se situavam fora da sua órbita de acção e influência, estranhos à produção social da sua existência e alheios à racionalidade organizativa e institucional que presidia à estruturação de um mundo próprio e singular, regido por lógicas intrínsecas, indecifráveis ao olhar comum. Tal relutância estendia-se também às abordagens produzidas pelas ciências sociais, resistindo à entrada dos seus especialistas, estabelecendo as condições de garantia da sua supremacia científica e social e colocando sob reserva qualquer tentativa de desocultação da sua legitimidade política, social e cultural.

As investigações sociológicas portuguesas produzidas sobre o hospital ao longo dos últimos vinte anos representaram o exercício de novas possibilidades de reflexão e análise e novas capacidades de explicação e interpretação das múltiplas realidades que se cruzam no hospital, através dos *insights* dirigidos aos seus processos e mecanismos mais subterrâneos e escondidos que, inevitavelmente, foram encontrando e reencontrando os saberes, os poderes, as autoridades, as identidades, as ideologias, as culturas ... enfim, a sociedade, plasmada na trama das relações e práticas sociais que compõem a sua vida quotidiana e nas específicas urdiduras que se foram tecendo nos espaços mais privados e mais íntimos do hospital, onde se abriga a *mística médica*.

Todas estas considerações vêm a propósito do estudo que está na base deste livro. Nele são abordados saberes e poderes médicos num território hospitalar particularmente inacessível à observação e análise sociológicas, como é o caso da transplantação hepática, propondo-nos uma viagem fascinante a um mundo fervilhante de práticas médicas, onde a contingencialidade, a incerteza e a indeterminação do conhecimento atingem expressões exuberantes. Num outro lugar, tive a oportunidade de afirmar, a propósito deste estudo, que: "... Com uma ancoragem central no poder/saber médico, o que esteve em causa nesta pesquisa foram as tecnologias postas em acção, rumo à construção de tecnocracias médicas, a partir dos seus conteúdos científicos e técnicos, das suas actividades, das suas articulações processuais e das suas apropriações por diferentes especialidades médicas. Mas o que confere significação e sentido a este movimento é o risco da sua própria criação, porque as possibilidades de emergência de tecnocracias médicas estão presas à natureza incerta, indeterminada e contingencial dos saberes médicos e revertem permanentemente para campos de relações e práticas sociais onde se negoceiam conhecimentos, tecnologias, experiências, aptidões e habilidades." (Carapinheiro, 2007: 198).

Como se sabe, o poder nas organizações é um tema inesgotável, por ser multiforme e multifacetado, por envolver actores e formas de acção inesperados, por abranger territórios cuja amplitude se alarga para fora das circunscrições consideradas legítimas, por envolver múltiplas processualidades sociais, que não se restringem aos objectivos da organização, ganhando alcances e significados sociais insuspeitáveis. O hospital é, a vários títulos, a organização onde todos estes aspectos se adensam e complexificam e as tecnocracias médicas são uma das suas supremas expressões.

Por todas estas razões, o estudo que se apresenta neste livro é notável. E é inédito. Pela primeira vez realiza-se uma investigação sociológica sobre a construção das tecnocracias médicas. Analisá-las corresponde à aproximação da hipérbole do poder médico. Fazê-lo em torno deste tipo de transplantação significa identificar os principais focos de concentração de poder no hospital.

A autora recorre a uma cuidadosa etnografia dos espaços físicos e dos aspectos simbólicos que caracterizam os lugares da transplantação: das consultas, aos internamentos, do bloco cirúrgico às salas de recobro, são devolvidos ao leitor as cores, as luzes, os cheiros, as atmosferas e a densidade humana das salas de espera, dos corredores, dos gabinetes, dos átrios, das enfermarias, das unidades intensivas de cuidados, do bloco, como se as palavras se convertessem num mapa de transcrição digital, de tal forma a observação é minuciosa, sensível e sensorial. Os objectos, os equipamentos e as tecnologias vão ganhando significados diversos em diferentes espaços, conferindo nitidez à composição simbólica que os separa e segregando as formas de distinção médica e científica que tornam plausíveis as presenças dos actores nos lugares onde são esperados estar.

O tempo e a sua inexorabilidade assume formas de organização variáveis, já que o calendário dos dias e das semanas e a passagem dos dias e das noites ganham dimensões cíclicas específicas, de acordo com as actividades de acção e decisão médicas, próprias da recolha do orgão e da sua transplantação e de uma ordem temporal subjacente que vai definindo fronteiras temporais relativamente fixas entre profissões, entre especialidades e entre equipas de saúde, mas de uma forma suficientemente maleável, para que, em cada um destes casos, se possa proceder à negociação dos arranjos temporais que a imprevisibilidade das situações possa impor.

Esta informação apoia uma sólida interpretação sociológica da organização da divisão do trabalho médico que sustenta os circuitos de transplantação hepática, permitindo determinar os contornos de uma tecnocracia médica, tanto do ponto de vista de quem pode fazer o transplante, como do ponto de vista de quem ao transplante pode aceder. O que a autora mostra neste estudo é que as tecnologias são o epicentro de formação de sistemas de poder que se erguem através de complexos processos de selecção social que, a montante, recrutam as especialidades médicas chamadas a intervir no acto da transplantação, segmentando-as e hierarquizando-as, de acordo com critérios de eficácia clínica que, frequentemente, encobrem disputas acesas e guerras declaradas sobre as especialidades que podem deter uma posição de comando e poder ao longo dos circuitos da transplantação, e a jusante, recrutam os doentes, definindo cuidadosamente os modos de entrada e de saída das listas de espera, validando as condições clínicas de quem pode ser submetido ao transplante, produzindo julgamentos sobre vidas aproveitáveis e inaproveitáveis, a coberto de definições de qualidade de vida que, também frequentemente, extravasam os critérios estritamente clínicos sobre as possibilidades de viver e morrer.

Mas estes sistemas de poder são móveis. As tecnocracias podem aparecer e consolidarem-se, podem aparecer e desaparecer ou, muitas vezes, nem sequer ganharem visibilidade organizacional e definhar a oportunidade do seu aparecimento, porque esta dinâmica acontece sob o efeito de múltiplos constrangimentos, difíceis de antecipar. Mas ao gerarem-se, expandem-se por todo o hospital, e ao expandirem-se, produzem efeitos materiais e simbólicos de produtividade e reprodutibilidade do poder médico, cujas configurações sociológicas dificilmente podem ser determinadas.

Nesta especificidade analítica em grande medida reside o valor desta investigação.

Lisboa, 30 de Julho de 2008

GRAÇA CARAPINHEIRO

Nota Prévia

Antes de 'começar', impõe-se um espaço para as palavras de reconhecimento, agradecimentos ou dedicatórias, bem como para outros comentários a propósito da realização deste livro. Nesta caminhada, marcada por uma aprendizagem constante, algumas fases do trabalho impuseram uma exposição dolorosa (se bem que ao mesmo tempo fascinante) a um mundo completamente novo. É sobretudo a pensar nesses momentos que quero aqui deixar as linhas que se seguem (sem quaisquer preocupações de serem "politicamente correctas") e que, se me permitem, constituem o único espaço onde as emoções têm lugar.

Em primeiro lugar, os agradecimentos institucionais. Quero agradecer o carinho, o interesse e a disponibilidade inestimáveis de todos os profissionais da Unidade de Transplantação onde decorreu esta investigação, cujos nomes não serão referidos de modo a garantir o anonimato: ao seu então director, médicos, enfermeiros, doentes, administrativos, auxiliares de acção médica e alguns elementos do Conselho de Administração do respectivo hospital, bem como a outros profissionais pertencentes a outros serviços hospitalares. Igualmente os meus agradecimentos a todos os elementos do Gabinete de Coordenação e Colheita de Órgãos e Tecidos. Este trabalho, acima de tudo, não seria possível sem o apoio de todos vós.

Agradeço à Fundação Económicas, na pessoa do Professor António Romão, por ter acreditado neste trabalho e pela oportunidade que me deu de publicá-lo.

Agradeço à Fundação Merck Sharp & Dohme por patrocinar este livro através do apoio financeiro concedido, sem o qual não seria possível a sua publicação. Um agradecimento muito especial ao Professor Gouveia Pinto por ter sido o elo de ligação com a Fundação Merck Sharp & Dohme e por todo o empenho e interesse que demonstrou na publicação deste trabalho. Agradeço ainda à Professora Manuela Arcanjo, colega e grande amiga, por me ter "incentivado" a procurar apoio nas pessoas que possibilitaram a publicação deste livro.

Agradeço à Professora Graça Carapinheiro, orientadora desta investigação, por me ter dado o privilégio de com ela trabalhar e aprender. Para ela, a minha gratidão por estes anos de aprendizagem numa área de investigação que me ajudou a descobrir e a gostar ainda mais. Agradeço igualmente o facto de ter aceite prefaciar este livro.

Agradeço aos meus colegas de trabalho, alguns deles também grandes amigos, pela partilha, pelo carinho e por me incentivarem na publicação. Aos amigos que a vida me deu e que não vou identificar, sob pena de me esquecer de alguns, obrigada pelo carinho e preocupação que sempre demonstraram.

Agradeço igualmente aos meus alunos, por partilharem comigo as preocupações de quem ensina e, ao mesmo tempo, faz um doutoramento. Agradeço-lhes igualmente por me terem ajudado, pela sua presença nas minhas aulas, a compensar os momentos de solidão inerentes a quem investiga.

Resta então uma palavra muito especial para a família. Em primeiro lugar, um agradecimento muito especial dedicado aos que já não estão por cá: o meu pai José Serra e o meu avô João Rocha. Este livro é em memória deles.

À minha mãe Adelina, à minha avó Amélia e ao meu irmão Nuno, obrigada pela forma como estão presentes na minha vida e que, inevitavelmente, se reflecte naquilo que eu hoje sou.

Finalmente, e já que os últimos são os primeiros, quero agradecer ao João, meu marido e companheiro de sempre. Tudo o que eu lhe poderia agradecer não cabe nestas páginas. Ele foi, sem dúvida, o meu grande apoio. Graças a ele foi possível, durante vários momentos, viver exclusivamente para esta investigação. Nele descansei completamente o peso das minhas outras responsabilidades, nomeadamente as de mãe. A ele agradeço igualmente a sua enormíssima calma e paciência por ter superado o meu 'tremendo' mau feitio (que nas alturas de maior tensão aumentou exponencialmente).

Aos meus filhos, Maria e Miguel, pelo tempo que este trabalho lhes roubou e pela grande prova de solidariedade que, apesar de tão pequeninos, demonstraram quando lhes pedia algumas horas, dias, ou mesmo semanas, de isolamento. Também pelo muitos miminhos e sorrisos que me deram, de uma forma tão voluntária e espontânea; foram eles que me obrigaram a organizar o meu tempo e a disciplinar o trabalho. Apenas espero que estes anos tenham sido um exemplo para eles, nomeadamente o de que nem tudo é fácil na vida e de que nunca se desiste, sobretudo pelo prazer de chegar ao fim com a missão cumprida.

Introdução

Este livro resulta de um trabalho de investigação realizado no âmbito duma dissertação de doutoramento em Sociologia Económica e das Organizações, apresentada no Instituto Superior de Economia e Gestão da Universidade Técnica de Lisboa. Trata-se de um trabalho sobre a construção social de tecnocracias médicas[1] e que nasce do interesse pela problemática do poder, que tem vindo a esboçar-se ao longo de um trajecto profissional ligado à docência e investigação na área da Sociologia das Organizações. A dimensão política da vida das organizações desde cedo constituiu uma temática de interesse pelas estratégias que os diferentes actores encenam, numa espécie de energia construtiva que se manifesta na organização das relações sociais.

A influência das abordagens teóricas mais recentes em torno da problemática do poder é marcante neste trabalho desde o início, ainda antes de definido o objecto empírico. Fosse qual fosse a organização a ser estudada, importava que esta fosse encarada como um construído social, onde os seus elementos desenvolvem estratégias particulares que, constantemente, são redefinidas numa (re)construção permanente e negociada entre os diversos actores.

Mas se desde o início a escolha da problemática do poder constituiu um aspecto inequívoco a considerar, o mesmo não aconteceu com o objecto de pesquisa. Estudar o poder nas

---

[1] Serra, Helena (2004), *A construção social de tecnocracias médicas: o olhar da sociologia no mundo da transplantação hepática*, Lisboa, ISEG/UTL.

organizações era claro, mas que tipo e configuração do poder e em que organizações? À partida ficaram excluídos os contextos em que, de certa forma, existisse qualquer tipo de familiaridade, não apenas pelo distanciamento que se impõe em relação ao objecto de análise, mas, igualmente, pela tentação do desconhecido e pelo estímulo que representa a descoberta de novos mundos organizacionais. Estes novos contextos, repletos de diferentes actores e estratégias, por não se reconhecerem no universo da investigadora, implicam um prazer em mergulhar num mundo onde tudo é novidade, à espera de ser descoberto. Então, já que se trata também de um prazer, porque não optar por um contexto que nos desperte alguma curiosidade?

A medicina, e em particular a profissão médica, desde sempre nos interessou pela sua visibilidade em termos sociais, adivinhando-se, nos contextos do exercício desta profissão terrenos propícios para o estudo da problemática do poder. Desta forma impôs-se, à partida, a exploração bibliográfica em torno de alguns contributos na área da sociologia das organizações, da sociologia da saúde e da sociologia médica em particular, descobrindo-se a emergência e evolução de noções e conceitos, bem como de diferentes perspectivas teóricas. Os contributos contemporâneos na área da sociologia médica assumem uma influência significativa no corpo teórico deste trabalho, particularmente do construtivismo social, que evidenciam a relação entre o conhecimento e o discurso médicos na construção do poder médico. Estes contributos constituem um desafio à ideia moderna de racionalidade científica, por vincularem a produção de conhecimento aos poderes e aos seus discursos.

Podemos, assim, falar na construção social do conhecimento e discursos médicos que são absolutamente decisivos para a compreensão do exercício do poder médico, nas práticas médicas quotidianas. Entende-se, então, que as relações de poder estão incrustadas nos nossos sistemas de significados e nas organizações sociais e, por isso mesmo, são constantemente renovadas e reconstruídas nas interacções sociais.

Aliar a dimensão tecnológica à problemática do poder surgiu numa fase mais tardia da definição do objecto de pesquisa, já quando se encontravam definidos os contornos, embora ténues, da investigação. Então, à dimensão do poder da profissão médica, juntou-se a das tecnologias, esta última já conhecida no contexto de outras incursões sociológicas e que aqui é revisitada, preze embora as devidas distâncias. Aqui, a dimensão tecnológica serve como ponto de partida para a análise do poder médico. Surge, assim, o interesse pelo estudo das tecnocracias médicas, onde se procura entender de que forma o poder médico traduzido em termos de conhecimento e domínio de tecnologias específicas, tem capacidade para impor e definir o conjunto das práticas médicas. Neste contexto, importa entender como as tecnologias são instrumentalizadas por forma a construírem-se estratégias de poder entre as várias especialidades médicas envolvidas e que se entrecruzam na complexa rede da organização hospitalar.

O contexto de pesquisa, uma unidade hospitalar de transplantação hepática, surge como uma das áreas mais sofisticadas da medicina, quer pela tecnologia e as respectivas práticas médicas que implica, quer, também, pela natureza multidisciplinar que necessariamente a caracteriza. A grande complexidade da prestação de cuidados implica aspectos muito precisos na organização e divisão do trabalho que decorrem da hiper-especialização médico/cirúrgica que envolve a produção dos cuidados de saúde neste serviço. Estamos, assim, num terreno caracterizado pela presença do exercício de diversos poderes que vão sendo constantemente construídos e reconstruídos no exercício e no cruzamento das práticas médicas das diferentes especialidades envolvidas, cada uma delas subordinada a um esquema próprio de organização, tão específico quanto as práticas médicas que as distinguem. Neste sentido, e na medida em que se trata de um estudo sobre tecnocracias médicas, esta investigação incide exclusivamente sobre o trabalho médico, pelo que os médicos assumem uma importância central enquanto sujeitos de observação e análise. Então, importa esclarecer que os restantes actores presentes nos diferentes cenários de observação, como sejam enfermeiros ou doentes, não assumem o mesmo estatuto de análise, mas esclarecem acerca dos conteúdos das práticas médicas e em particular na sua relação com a tecnologia. Enfim, importa elucidar acerca dos significados e funções da tecnologia médica, particularmente nas relações sociais envolvidas no trabalho médico, onde a questão da autoridade, enquanto poder, deverá ser encarada como um fenómeno fragmentado, não unitário, mediado pelo acesso que os diferentes actores têm ao que é aceite como conhecimento num determinado contexto social.

Então, descobrir as complexidades das relações entre os vários actores envolvidos impõe uma observação atenta e directa do trabalho médico, por forma a descrever detalhadamente as relações entre as várias especialidades envolvidas e a entender as redes de interacções, interesses, estratégias e conflitos entre as especialidades na construção das várias tecnocracias médicas. Optou-se, assim, pelo método de observação participante e continuada da unidade de transplantação, que se prolongou ao longo de cerca de dois anos. Seguiram-se entrevistas semi-estruturadas e aprofundadas à grande maioria dos actores observados, por forma a validar os dados já existentes e, obviamente, recolher dados suplementares.

Como resultado surge, então, este livro que assume uma natureza etnográfica, estruturada em duas partes e que se apresenta sob o título: **Médicos e Poder. Transplantação Hepática e Tecnocracias**.

Desta forma, na primeira parte, que pela sua natureza se distingue da segunda, define-se a problemática da investigação a partir da construção de todo o percurso teórico e metodológico. Num primeiro capítulo lançam-se as primeiras considerações em torno da realidade social de análise, a transplantação hepática, introduzindo o leitor nos contornos deste universo, salientando-se a sua relevância enquanto objecto de investigação sociológica no estudo das tecnocracias médicas. Num segundo capítulo, passa-se à definição do quadro teórico central que orienta esta investigação, a partir da discussão das questões de natureza teórica que presidiram à construção teórica do objecto. Apresenta-se, assim, um conjunto de teorias que se enquadram, em termos gerais, nas áreas da sociologia das organizações, sociologia das profissões e, particularmente, na sociologia médica. Daqui decorre a apresentação da hipótese central na construção do objecto de pesquisa e as respectivas hipóteses secundárias ou auxiliares, que irão definir as dimensões analíticas e as respectivas teorias auxiliares desta investigação. Para finalizar esta primeira parte, são definidas e justificadas as orientações metodológicas que marcam esta investigação, dando ênfase a todo o processo.

Na segunda parte deste livro e nos respectivos quatro capítulos, analisa-se toda a informação empírica que foi recolhida na unidade de observação e nos respectivos cenários, tendo em consideração as dimensões analíticas seleccionadas como as mais relevantes para a investigação. Neste sentido, o Capítulo I diz respeito à caracterização sociológica da unidade estudada. Em primeiro lugar, procede-se à descrição dos aspectos materiais e simbólicos relacionados com as dimensões de tempo e do espaço, que enquadram os vários tipos de cuidados prestados pelos diversos profissionais da saúde que compõem a unidade a estudar. Depois caracteriza-se a organização dos cuidados de saúde. Aqui, apresenta-se o modelo de organização do trabalho através da definição do circuito de transplantação hepática e a análise dos vários pontos do trajecto que marcam todo o processo, cada um deles caracterizado por diferentes tipos de trabalho com recursos diversos. Consequentemente, definem-se diferentes modelos de organização, no sentido em que implicam a existência de um conjunto organizado de tarefas que exigem, permanentemente, uma coordenação e reorganização na articulação dos diversos trabalhos e respectivos actores envolvidos.

No Capítulo II discutem-se os aspectos relacionados com a questão das tecnologias médicas, particularmente esclarecendo acerca do significado das realidades que este termo abrange e o seu papel na produção dos cuidados médicos. Daqui decorre a necessidade de apresentar as formas sob as quais se constroem as fronteiras entre as especialidades médicas, bem como a definição de esquemas de diferenciação no interior de cada uma das especialidades, a partir do domínio de tecnologias particulares. Trata-se, então, de analisar o significado que as tecnologias médicas assumem na produção dos cuidados médicos e particularmente na definição dos limites que separam as várias áreas do conhecimento e práticas médicas, agrupados em especialidades.

Uma vez reconhecidas as diferentes tecnocracias médicas, no Capítulo III identificam-se nas práticas médicas as principais formas através das quais se expressam, procurando-se salientar os modelos de construção e reprodução do conhecimento e discurso médicos, e esclarecer acerca da influência das tecnologias neste processo, analisando como estes dois elementos são reconstruídos em termos estratégicos. Aqui, somos levados a explorar a interacção entre as várias especialidades médicas na definição e construção destas duas dimensões, procurando estabelecer a distinção entre o conhecimento teórico e o conhecimento adquirido através da experiência no terreno das práticas médicas, evidenciando a primazia da experiência clínica em relação ao conhecimento teórico na construção do conhecimento médico. De igual modo, e a encerrar este capítulo, são abordados os modelos de reprodução do conhecimento e discurso médicos e as respectivas formas assumidas, em espaços e tempos difusos, entre a investigação científica e a prática médica.

Então, no Capítulo IV, uma vez identificadas as principais formas de expressão das tecnocracias médicas, importa salientar o seu exercício a partir dos processos de tomada de decisão médica. Neste sentido, propõe-se identificar e analisar os momentos concretos onde as diferentes especialidades médicas intervêm, a partir de processos complexos de negociação. Aqui são expostos os discursos múltiplos e contrastantes que se entrecruzam e que reflectem conhecimentos e estratégias em jogo.

Finalmente, na Conclusão evidenciam-se os principais contributos desta investigação, retomando-se as hipóteses de partida e as dimensões analíticas que conduziram toda a pesquisa. Da mesma forma, são avançadas algumas pistas de investigação a desenvolver no futuro e que decorrem deste primeiro trabalho, que constitui, apenas, mais um passo na abertura de uma área específica da sociologia que, em Portugal, ainda tem um imenso terreno a desbravar. Assim, a partir da discussão teórica de algumas temáticas que este trabalho permitiu desenvolver, surgem novas problemáticas teóricas e empíricas que não foram consideradas no âmbito desta investigação, mas que, no entanto, ficam em aberto para outros contributos sociológicos.

PARTE I

A TRANSPLANTAÇÃO HEPÁTICA COMO TECNOCRACIA MÉDICA

Capítulo I

Dos contornos do objecto social à constituição do objecto sociológico

1. Sobre a transplantação hepática

A transplantação de órgãos constitui uma modalidade terapêutica aceite para um número significativo de doenças, agudas e crónicas, que permite dar uma esperança de vida consistente a todos os que, por diversas razões, vieram a contrair lesões crónicas e irreversíveis de órgãos passíveis de serem transplantados. Trata-se de uma actividade multidisciplinar que para muitos doentes constitui a única esperança de sobrevivência ou de melhoria bastante significativa da qualidade de vida. No caso concreto da transplantação hepática (e também de outros órgãos), o processo de transplantação implica o envolvimento de várias especialidades médicas, como sejam, cirurgiões, hepatologistas, anestesistas, intensivistas, anatomo-patologistas, radiologistas, imuno-hemoterapeutas, patologistas clínicos, psiquiatras, fisioterapeutas e ainda outros profissionais da saúde como enfermeiros, coordenadores de transplante e uma variedade de técnicos de saúde e auxiliares de acção médica. Trata-se de uma área da medicina onde, porventura, a multidisciplinaridade se impõe da forma decisiva a todos os níveis.

O termo transplantação refere-se a todo o processo que engloba, desde a colheita de órgãos ou tecidos de um indivíduo (dador), à implementação (transplante) de órgãos ou tecidos noutros indivíduos (receptores), incluindo todos os processos de preparação, preservação e acondicionamento. Trata-se de uma técnica de tratamento em estados de falência crónica ou aguda dos principais órgãos, que implica a presença de equipas médicas pluridisciplinares altamente qualificadas, bem como recursos tecnológicos sofisticados que podemos considerar de ponta. Todo este processo compreende um conjunto de etapas técnicas que devem ser seguidas criteriosamente por forma a permitir que os órgãos ou tecidos obtidos de um dador sejam transplantados. No caso da transplantação hepática, este processo é iniciado com a identificação do potencial dador (cadáver) e termina com a implementação (transplante) do órgão, apesar do doente transplantado ser seguido até ao final da sua vida pela equipa médico-cirúrgica. Neste sentido, não será correcto afirmar que o processo de transplantação hepática termina quando efectuado o transplante.

Na categoria de *potencial dador* estão incluídos todos os indivíduos com diagnóstico de morte cerebral, através de exames clínicos, depois de excluídas quaisquer contra indicações médicas que representem um risco potencial para o receptor. Qualquer potencial dador pode constituir um *dador efectivo* depois de ter sido colhido pelo menos um órgão ou tecido para transplantação. Por colheita, entende-se a remoção de órgãos ou tecidos para transplante.

O primeiro transplante hepático ocorreu nos Estados Unidos, na Universidade de Colorado, em Março de 1963 e foi realizado pela equipa do cirurgião Thomas Starzl. Porém, o doente em causa não sobreviveu. Nas três tentativas que se seguiram, também realizadas pelo mesmo cirurgião, o doente que mais tempo sobreviveu durou 22 dias. Em Setembro de 1963 e Janeiro de 1964, outras duas tentativas mal sucedidas tiveram lugar em Boston e em Paris, respectivamente. Esta série de casos sem êxito conduziu a um interregno até Outubro de 1966, enquanto se aguardavam progressos científicos nesta área (Markle e Chubin, 1987).

Depois de mais algumas tentativas falhadas, em Julho de 1967 foi alcançado o primeiro caso de sobrevivência prolongada por parte de um doente transplantado. Tratava-se de uma criança de 2 anos que viveu mais de 13 meses depois do transplante, antes de vir a morrer da doença que tinha dado origem à intervenção, um carcinoma hepato celular[1]. De 1963 a 1979, 170 doentes foram transplantados pelo cirurgião Starzl e pela sua equipa, numa média de 12 por ano. Estes doentes apresentam uma taxa de um ano de sobrevivência de 32%, dos quais 18.8% continuavam vivos em 1983. Seis destes doentes viveram mais de 10 anos.

Os primeiros anos de transplantação hepática são marcados por dificuldades causadas, não apenas por questões técnicas ainda de origem, mas também pela condição física bastante degradada dos doentes. Com o acumular da experiência, a equipa de Starzl foi elegendo para transplante doentes cuja condição física geral era menos degradada. Depois de 1980, inúmeros avanços científicos contribuíram para o progresso no domínio da preservação dos órgãos, das técnicas cirúrgicas, da anestesia e reanimação e da farmacologia, que explicam que os resultados tenham melhorado significativamente. É neste contexto que em 1980 surge uma nova e poderosíssima droga imunossupressora[2] que veio revolucionar completamente a actividade de transplantação hepática: a *ciclosporina A*. Dos 40 transplantes de fígado efectuados em 1980 e 1981, a taxa de sobrevivência após um ano disparou para 70% com uma projecção de dois anos de sobrevivência para 60%. Com este progresso, a utilização da *ciclosporina A* tornou-se uma prática comum e obrigatória no transplante hepático. Porém, esta nova droga introduz alguns problemas que colocam a transplantação hepática em equação: a *ciclosporina* é sempre utilizada

---

[1] Tipo de tumor maligno.
[2] Os imunossupressores permitem a redução ou abolição das reacções imunológicas do organismo contra um antigéne; no caso da transplantação, os medicamentos utilizados servem para prevenir ou combater a rejeição ao novo órgão.

conjuntamente com corticosteróides e ambos devem ser administrados ao longo de toda a vida destes doentes. Apesar da maior parte da literatura sobre os efeitos secundários da *ciclosporina* terem a ver com o transplante renal, onde esta droga é igualmente utilizada, as conclusões podem ser aplicadas no transplante de outros órgãos. Assim, em 20% a 40% dos casos, a *ciclosporina* demonstrou ser tóxica, causando náuseas e vómitos, debilitando fortemente o sistema imunológico e aumentando o risco de infecções e de desenvolvimento de células cancerígenas.

Mesmo assim, em 1983 é aprovada a utilização da *ciclosporina* no transplante de rim, fígado e coração. O número de transplantes hepáticos bem sucedidos não pára de crescer. Em 1982 a equipa de Starzl efectua 80 transplantes; em 1983, mais de 100, sendo que cada intervenção dura mais de 18 horas. Esta actividade estende-se, então, a outros centros de transplantação nos Estados Unidos, atraindo a atenção da opinião pública e dos média. Até 1980 a grande maioria dos transplantes hepáticos eram efectuados em dois centros: um dirigido por Starzl, localizado no Colorado e posteriormente em Pittsburgh, nos Estados Unidos, e outro em Inglaterra dirigido por Calne no Hospital de Addenbrook em Cambridge e no Kings College Hospital em Londres (Markle e Chubin, 1987).

O ano de 1983 constitui um dos marcos mais importantes na história da transplantação hepática, com a realização da Conferência do Consenso sobre Transplantação Hepática que decorreu entre 20 e 23 de Junho desse ano, no Campus de Bethesda do National Institute of Health nos Estados Unidos. Depois de três anos de processos de preparação, debate e planeamento entre vários especialistas médicos, membros de associações de doentes com patologias hepáticas e outros elementos da sociedade civil, esta conferência, minuciosamente planeada, teve, então, lugar. No seu programa constaram vários painéis de oradores convidados, onde foram discutidos e analisados os resultados relacionados com o transplante hepático, sendo que as várias sessões médicas foram distribuídas pelos dois dias da conferência de acordo com as especialidades médicas. Desta forma, as sessões médicas não cirúrgicas, onde participaram internistas, hepatologistas, pediatras e imunologistas, tiveram lugar no primeiro dia, sendo que ficaram reservadas para o segundo dia as sessões dos cirurgiões. Trinta e seis horas mais tarde, estes painéis apresentaram o primeiro esboço da chamada Declaração de Consenso.

Na sessão de encerramento da Conferência do Consenso, Starzl refere que a transplantação hepática é efectuada em doentes em situações terminais, desesperadas, onde todas as possibilidades de tratamento foram esgotadas; estes doentes morreriam sem um novo fígado, sendo o transplante o último recurso. Chegamos, desta forma, à Declaração de Consenso, depois de um dia inteiro de preparação do documento onde são anunciadas as conclusões e recomendações futuras. De acordo com Markle e Chubin (1987:18), fica expresso nesta declaração o seguinte: "a transplantação hepática constitui uma alternativa prometedora à terapia corrente na gestão das fases terminais de várias formas de doenças hepáticas graves (...). As taxas de sobrevivência e complicações de doentes sujeitos à transplantação hepática constituem os principais critérios de avaliação da eficácia (...) através da selecção de um estádio adequado de uma determinada doença."

Esta conferência teve um enorme impacto, não apenas na comunidade médico-científica, mas também na opinião pública. A transplantação hepática passou a ser reconhecida como modalidade terapêutica e não como um procedimento experimental. A partir daqui, as grandes questões a resolver, agora que a transplantação hepática constitui uma terapia, têm a ver com o grande desnível entre a procura e a oferta de órgãos provenientes de dadores cadáveres, bem como com os aspectos morais e legais dos sistemas que regulam esta actividade.

Ao longo das duas últimas décadas, o progresso em termos de transplantação e, em particular, da transplantação hepática, tem sido impressionante, graças aos avanços das técnicas médico--cirúrgicas e também de técnicas modernas de preservação de órgãos e de desenvolvimento das drogas imunossupressoras que permitem que cada vez mais doentes sejam transplantados com sucesso. De acordo com o Transplant Newsletter (1999) mais de um milhão de indivíduos já receberam um novo órgão e alguns destes já sobreviveram mais de 25 anos após o transplante. As taxas de sobrevivência 5 anos após o transplante, para a maioria dos programas de transplantação de órgãos rondam os 70%. Com estes progressos, um significante número de doentes pode, neste momento, esperar sobreviver com níveis elevados de qualidade de vida.

As várias patologias que afectam o fígado de forma irreversível e que constituem indicação para transplante podem ser categorizadas, em termos latos, como agudas e crónicas. Porém, de acordo com a literatura médica da área, encontramos seis categorias de doenças hepáticas que, seja de forma crónica ou aguda, apresentam indicação para transplante. Desta forma, de acordo com ETCO – European Transplant Coordinators Organisation – (2002), na Europa as patologias de base que conduzem ao transplante distribuem-se desta forma: 59% dos doentes transplantados hepáticos têm como causa cirrose[3]; 11%, doenças neoplásicas[4]; 9% falência hepática aguda[5]; 6%, doenças metabólicas; finalmente, 15% dos transplantados hepáticos enquadram-se na categoria designada de "outras causas". Se compararmos estes valores europeus com Portugal, verificamos um panorama muito semelhante, sobretudo quanto às doenças metabólicas, falência hepática aguda e "outras", que apresentam valores praticamente

---

[3] Trata-se de um processo através do qual as células do fígado são destruídas e substituídas por cicatrizes. Este processo pode ser rápido ou evoluir por longos períodos de tempo, sendo várias as causas da cirrose, entre as quais o álcool, produtos tóxicos, doenças virais e auto imunes e outras.

[4] Determinados tipos de tumores hepáticos malignos.

[5] As falências hepáticas agudas ou fulminantes constituem situações de perigo de vida a não ser que, inevitavelmente, seja efectuado um transplante de fígado nas próximas horas. De entre as causas mais vulgares destacam-se as hepatites de origem viral (A, B, C, D, etc.), as de origem tóxica, e ainda algumas doenças metabólicas que podem evoluir para uma situação aguda.

idênticos. A única diferença diz respeito às cirroses, onde Portugal apresenta valores percentuais na ordem dos 32% contra 59% na Europa. No entanto, de referir o peso bastante significativo dos doentes com Paramiloidose (PAF[6]), doença de origem genética, tipicamente portuguesa, sendo que Portugal é praticamente o único país da Europa onde se encontram casos com esta patologia, embora com a diáspora se tenha espalhado por todo o mundo. Até ao momento, a única forma de impedir o desenvolvimento desta doença é através do transplante hepático, já que esta patologia tem origem na falta de uma substância que em determinado momento deixa de ser segregada pelo fígado. Por este motivo, em Portugal cerca de 32% dos doentes transplantados hepáticos sofrem desta doença, sendo por isso designados de doentes PAF.

Em Portugal, a actividade de transplantação hepática surge em 1992 com a realização dos primeiros nove transplantes hepáticos. A partir desse ano o número de transplantes tem vindo a aumentar de forma acentuada, sendo que no final de 2006 se verifica a existência de 2035 transplantados hepáticos[7]. Comparando os dados referentes ao número de transplantes hepáticos efectuados em Portugal entre os anos de 1997 e 2006, percebemos claramente uma evolução em termos de aumento de transplantes, mais ou menos regular, apesar do decréscimo pontual em alguns anos. Se desagregarmos os dados pelos três centros do país, verificamos que o do Sul apresenta uma evolução significativamente mais acentuada na medida em que mantém um crescimento contínuo, verificando-se um aumento significativo de transplantes entre o ano de 1998 e 2000, de 27 transplantes, de 2000 para 2001, de 17 transplantes e de 2001 para 2006, de 33 transplantes.

---

[6] Polineuropatia Amiloidótica Familiar – PAF ou *doença dos pézinhos* como é vulgarmente conhecida.

[7] OPT – ORGANIZAÇÃO PORTUGUESA DE TRANSPLANTAÇÃO (2007b).

Em relação aos do Norte e Centro tem-se mantido o número de transplantes, com ligeiras variações, sem que isso pareça ter muito significado em termos de aumento da actividade.

Se compararmos a evolução da transplantação hepática em Portugal com os restantes países da Europa, verificamos que o número de transplantes efectuados até ao final do ano de 2002 coloca Portugal a meio da tabela[8]. Este aspecto revela um sinal positivo, tendo em consideração que a transplantação hepática em Portugal se iniciou apenas há cerca de 15 anos, ao contrário de outros países europeus como a França que realizou os primeiros transplantes hepáticos em 1975 e que apresenta 9.000 transplantes efectuados. Assim, e de acordo com a ETCO (2002), na Europa, entre 1968 e Junho de 2000, cerca de 39.247 indivíduos receberam transplantes de fígado, sendo que a partir de meados dos anos 80 se verifica um aumento muito significativo. Em relação aos Estados Unidos, de acordo com a UNOS – United Network for Organ Sharing – (2002), entre 1992 e 2001 verificou-se um aumento de cerca de 2.100 transplantes hepáticos, sendo que no final de 2001 os números apontam para 5.180 transplantes realizados.

Os finais dos anos 80 constituem um marco importante no que respeita à evolução dos resultados em termos de transplantação hepática. Assim, se compararmos as taxas de sobrevivência do transplante hepático na Europa, antes e depois de 1988, verificamos um aumento de 26% no primeiro ano após o transplante, 28% ao fim de 3 e 5 anos, 25% aos 8 anos e 24% dez anos após o transplante hepático.

Se observarmos de perto as taxas de sobrevivência do transplante hepático na Europa, entre 1985 a 2000, constatamos uma tendência de aumento significativo, não apenas no número de transplantes realizados (que duplicam de 5 em 5 anos), como também nas taxas de sobrevivência. Desta forma, de acordo com

---

[8] ETCO (2002).

os registos europeus de transplantação hepática, ETCO (2002), antes de 1985 deparamos com taxas de sobrevivência, em 515 transplantes hepáticos efectuados, de 34%, 22% e 18%, que correspondem, respectivamente, a 1, 5 e 10 anos após o transplante; no período entre 1985-1989; em 4173 transplantes hepáticos realizados, as taxas de sobrevivência aumentam de 64%, 53% e 47% (1, 5 e 10 anos); entre 1990-1994, a um total de 11.783 transplantes, correspondem taxas de sobrevivência de 76%, 65% e 58%; finalmente no período entre 1995-2000 encontramos valores de 83% e 72% de sobrevivência após 1 e 5 anos de transplante, num total de 24.962 transplantes hepáticos realizados. No que diz respeito aos Estados Unidos e de acordo com o relatório da UNOS (2002), as taxas de sobrevivência para o transplante hepático são de 91%, 86%, 80% e 79%, aos 3 meses, 1, 3 e 5 anos após o transplante, respectivamente.

    Quanto a Portugal, a OPT – Organização Portuguesa de Transplantação – (2007) refere uma taxa de sobrevivência para o transplante hepático de 80.3%, 12 meses após o transplante, o que nos permite concluir (embora não existam dados referentes à sobrevivência dos doentes transplantados para além dos 12 meses após terem recebido o novo órgão) que estes valores são muito semelhantes aos números da Europa e Estados Unidos, onde a taxa de sobrevivência um ano após o transplante hepático é de 83% e 86%, respectivamente.

    De acordo com Hunsicker (1991:68-69) para a generalidade dos órgãos transplantados a sobrevivência após um ano ultrapassa os 60%, sendo que a maioria dos órgãos, incluindo o fígado, atingem taxas de 75% a 90%, e de 60% após cinco anos de efectuado o transplante. Tendo em atenção que os candidatos à transplantação hepática têm uma esperança média de vida de um ano sem transplantação, então o transplante constitui o equivalente a um prolongamento do tempo de vida. Também em termos de reabilitação, os resultados são excelentes. A grande maioria dos transplantados volta à sua actividade normal, incluindo vida profissional a tempo inteiro.

De acordo com Heyink e Tymstra (1994), a taxa de sobrevivência após o primeiro ano de transplante ronda os 80%, com um acréscimo significativo em termos de qualidade de vida, sendo que a grande maioria dos doentes após o transplante se sente saudável e com capacidade para ter uma vida "normal". No entanto, como qualquer outra tecnologia médica, a transplantação hepática apresenta o seu reverso da medalha. Muitos dos doentes envolvidos em programas de transplantação não chegam a beneficiar desta terapia. De acordo com os autores, em cerca de um quinto dos casos, a terapia falha, sendo que, frequentemente, estas falhas conduzem a situações terminais trágicas, marcadas por retransplantes sucessivos, intervenções várias e finalmente a morte. Mesmo quando o transplante é bem sucedido, a recuperação é por vezes acompanhada de vários problemas, tais como longos períodos de internamento e debilidade física e psicológica.

No entanto, a maioria dos trabalhos de avaliação sobre transplantação hepática focam, mais ou menos de forma invariável, os benefícios desta tecnologia (Heyink e Tymstra:1994:101), evidenciando os ganhos em termos de sobrevivência e qualidade de vida, o que não é de surpreender, já que os dados apontam, de facto, para uma imagem heróica da actividade de transplantação de órgãos. Acresce que é razoável prever que os recentes e constantes avanços na área da transplantação permitem um aperfeiçoamento desta tecnologia e, consequentemente, um cada vez maior número de transplantes efectuados. No entanto, a questão da escassez de órgãos continua a ser um problema que não podemos ignorar.

De facto, a escassez de órgãos provenientes de dadores cadáveres continua, desde sempre, a constituir o maior obstáculo ao desenvolvimento da técnica de transplantação e, em particular do fígado, impondo um limite bastante rígido ao número de doentes que beneficiam desta forma de tratamento. A diferença entre o número de órgãos disponíveis e o de doentes que estão em listas de espera é cada vez maior na maioria dos países, embora estes números não revelem níveis de necessidades não resolvidas, na medida em que a escassez de órgãos significa que apenas os doentes que de facto beneficiam do transplante são colocados em lista de espera.

Desta forma, impõe-se a criação de critérios e procedimentos de selecção de candidatos à transplantação. A distribuição de recursos desta natureza implica benefícios substanciais para aqueles que os recebem. Na maioria dos casos trata-se da diferença entre o voltar a uma vida "normal" ou a uma morte prematura, o que coloca dificuldades acrescidas em termos de selecção. Neste sentido, a transplantação de órgãos depara-se com questões já tradicionais, relacionadas com a bioética, que não constituem de modo algum objecto desta investigação.

Existe um consenso generalizado, a nível internacional, no sentido de canalizar todos os esforços de modo a maximizar a procura de órgãos provenientes de cadáveres para transplantação. De forma cada vez mais acentuada, os vários países, através dos respectivos ministérios da saúde, departamentos hospitalares, grupos de trabalhos internacionais e encontros de especialistas, estão apostados no desenvolvimento de uma cooperação estreita entre os profissionais de saúde e organismos administrativos. Acresce que a procura de órgãos não constitui apenas um problema das equipas de transplantação, sendo que toda a comunidade médica necessita de estar consciente desta questão e envolver-se, directa e indirectamente, no processo. Todos os profissionais de saúde podem ajudar a identificar potenciais dadores e assegurar que são tomadas as medidas necessárias para que estes dadores potenciais se tornem dadores efectivos.

O aumento da procura de órgãos, sem qualquer aumento correspondente em termos de oferta, coloca inúmeros problemas em muitos países, particularmente aqueles onde não existe uma regulação da doação de órgãos provenientes de dadores vivos, aumentando o risco de tráfego de órgãos. Em alguns países fora da Europa, vários indivíduos vendem voluntariamente um dos seus rins. Também existem rumores de raptos e situações onde a doação é forçada. No entanto, estas situações não têm qualquer fundamento, já que o tráfego de órgãos coloca não só problemas éticos, mas também torna difícil, se não mesmo impossível, garantir a qualidade e a segurança dos órgãos. Neste sentido, a doação de órgãos devidamente regulamentada é absolutamente fundamental, pelo que existe o consenso a nível internacional de que a única alternativa ao problema da escassez de órgãos é maximizar a procura de órgãos de cadáver para transplantação. Assim, os estados membros do Conselho da Europa e da União Europeia e as respectivas organizações de transplantação têm vindo a tomar iniciativas neste sentido.

Deste modo, o Comité de Especialistas em Questões de Cooperação Internacional na Transplantação de Órgãos e Tecidos do Conselho da Europa definiu em 1996 as soluções para o problema da escassez de órgãos provenientes de dadores cadáveres, como prioritárias em termos de acções futuras. O primeiro documento intitulado *Meeting the Organ Shortage* foi preparado e aprovado por este comité depois de ter circulado por mais de 500 profissionais da área da transplantação e de 20 sociedades científicas internacionais. Finalmente, em 1999, depois de ter sido analisado por todos os estados membros, este documento foi aprovado pelo Comité da Saúde. Na Europa, de acordo com Transplant Newsletter (1999), as taxas de mortalidade de doentes em lista de espera de órgãos (coração, fígado ou pulmões), oscila entre 15% a 30%, i.e., cerca de 400 indivíduos morrem por ano à espera de um órgão. Por este motivo, as equipas de transplante são extremamente rigorosas e selectivas em relação aos doentes que são colocados em lista de espera, sendo que apenas os doentes cuja única alternativa de sobrevivência é o transplante são considerados elegíveis.

De acordo com o Comité existem por ano cerca de 5 mil dadores cadáveres na Europa. Também nos Estados Unidos a diferença entre o número de doentes em lista de espera e órgãos disponíveis é elevada. Existem mais de 300 mil doentes em lista de espera e o número de órgãos provenientes de cadáveres é cerca de 5.000 por ano. A taxa de mortalidade dos doentes em lista de espera para coração, fígado e pulmão ronda entre os 17% e os 28%, sendo que esta percentagem aumenta nos casos de órgãos específicos, de acordo com alguns documentos oficiais (Transplant Newsletter, 1999 e Annual Report of US Scientific, 1999).

O factor crítico consiste na disponibilidade de órgãos para transplantação, até porque apenas os órgãos considerados de qualidade podem funcionar de forma satisfatória, havendo limites estritos de tempo entre a colheita e o transplante. Na prática, isto significa que na maioria dos órgãos, como é o caso do fígado, nem todos os potenciais dadores constituem dadores efectivos; apenas os doentes admitidos nas unidades de cuidados intensivos e subsequentemente declarados com morte cerebral constituem potenciais dadores, por forma a que os seus órgãos possam ser colhidos enquanto o coração, de forma artificial, continua ainda a bater. O dador típico, nestas situações, sofreu de acidentes de viação ou de traumatismos cranianos graves provocados por acidente, embora, também e cada vez mais, no grupo de potenciais dadores se incluam igualmente indivíduos cuja morte cerebral decorre, por exemplo, de acidentes vasculares cerebrais. No entanto, em face da grande escassez de órgãos disponíveis para transplantação verifica-se uma tendência a nível europeu, à qual o nosso país não é alheio, para alargar os critérios em termos de colheita. Assim, todas as pessoas que entram em morte cerebral são dadores potenciais de órgãos, não havendo limites de idade para a colheita. A imagem de que o dador é um jovem que teve um acidente de viação constitui, cada vez mais, um mito. Esta atitude tem vindo a reflectir-se, inevitavelmente, num aumento considerável do número de transplantes.

O conceito médico-legal de morte cerebral implica critérios médicos através dos quais a morte pode ser verificada. Assim, danos cerebrais graves de origem variada podem, de forma completa e irreversível, destruir as funções dos diversos órgãos e a capacidade da sua recuperação. O conceito de morte cerebral é aceite universalmente como sinónimo de morte. As provas de morte cerebral são provas clínicas que, em Portugal, de acordo com a legislação em vigor, são efectuadas por dois médicos especialistas da área da neurologia, da neurocirurgia ou dos cuidados intensivos.

A transplantação e a procura de órgãos para o efeito, bem como as tecnologias sofisticadas que podem proporcionar o prolongamento das funções vitais, justificam, entre outros aspectos, a importância do conceito de morte cerebral. A declaração de morte cerebral baseia-se no princípio irreversível das funções do neo-cortex, bem como da cessação de toda a actividade cerebral. O neo-cortex é responsável pela manutenção da consciência e reacção ao meio ambiente externo, sendo que o coma se desenvolve quando a função neo-cortical é suprimida ou termina. Desta forma, a perda desta função neo-cortical resulta num coma de olhos fechados, sem movimentos espontâneos e sem movimentos produzidos por estímulos à dor. A actividade cerebral controla toda a regulação da respiração bem como determinados reflexos de protecção básicos que, ao estarem presentes, implicam uma complexa coordenação de centros e ligações nervosas através de uma corrente cerebral. A presença de qualquer destes reflexos, mesmo que mínimos, indica a continuação da actividade cerebral e exclui a presença de morte cerebral.

Também os valores referentes ao oxigénio no sangue, bem como os níveis de dióxido de carbono fornecem indicações acerca do diagnóstico de morte cerebral. Quanto mais baixos forem os níveis de oxigénio e maiores os níveis de dióxido de carbono, maior é o estímulo para respirar, assumindo-se, desta forma, que os centros de actividade cerebral estão intactos. Quando ocorre morte cerebral apresenta-se a apneia (ausência de estímulo respiratório) juntamente com níveis elevados de dióxido de carbono ou valores baixos de oxigénio.

No entanto, existem situações onde o cessar de funções neo-corticais ou de actividade cerebral são potencialmente reversíveis. Trata-se de situações onde o indivíduo ingere níveis consideráveis de álcool, barbitúricos ou sedativos que podem inibir ou mesmo suprimir a actividade cerebral e as funções neo-corticais. Também determinadas desordens metabólicas do fígado ou rins podem danificar de forma reversível as funções neurológicas. Então, como muitas vezes os testes de sangue e urina podem não identificar todas as potenciais drogas que possam ter provocado o coma, todos os critérios de morte cerebral incluem um período de espera obrigatório, habitualmente de várias horas, entre as provas iniciais que indicam morte cerebral e as provas finais de certificação.

As situações de hipotermia e hipotensão[9] podem também estimular um quadro clínico de morte cerebral, pelo que a determinação absoluta deste diagnóstico apenas pode ser estabelecida em situações em que a temperatura do corpo está próxima dos valores normais e a pressão arterial em níveis considerados aceitáveis. Os critérios de morte cerebral, apesar de apresentarem ligeiras variações, implicam determinados princípios gerais de acordo com os critérios clínicos sobre os quais a morte cerebral é estabelecida: ausência de reacção cerebral a qualquer tipo de estímulos externos; ausência de actividade respiratória ou apneia; ausência de reflexos da corrente cerebral. Quando necessário, sobretudo em caso de dúvidas, para além dos critérios clínicos, vários testes auxiliares são efectuados por forma a confirmar a morte cerebral. Os mais comuns têm como objectivo verificar a presença de circulação sanguínea no cérebro. Quando esta está ausente, a morte cerebral confirma-se.

A possibilidade de decretar morte cerebral antes da interrupção da circulação sanguínea, conseguida a partir de tecnologias disponíveis nas unidades de cuidados intensivos, é particularmente importante para a transplantação de determinados órgãos, nomeadamente o fígado. É precisamente o facto de ser possível que o indivíduo esteja morto enquanto os seus órgãos permane-

---

[9] Hipotermia – Diminuição da temperatura do corpo, abaixo dos valores considerados normais.
Hipotensão – Tensão sanguínea, sobretudo arterial, abaixo dos valores considerados normais.

cem em funcionamento que permite a transplantação destes noutros indivíduos. Para o fígado, tal como para outros órgãos como o coração, os pulmões ou o pâncreas, é absolutamente necessário que sejam colhidos antes de interrompida a circulação sanguínea. Em Portugal, tal como acontece nos outros países europeus, existem regulamentos que definem a morte cerebral e descrevem os procedimentos através dos quais esta é declarada e certificada, estabelecendo igualmente uma relação evidente e explícita com a actividade de transplantação. Os critérios clínicos que estabelecem o diagnóstico de morte cerebral são aceites na comunidade médico-científica internacional. Este quadro legal permite definir adequadamente a morte cerebral, o tipo de consentimento ou autorização para a colheita e as formas ou meios de colheita de órgãos que assegurem a localização do dador, mas mantenham a confidencialidade.

O processo de colheita/transplante é necessariamente complexo, sendo indispensáveis alguns procedimentos. Primeiro de tudo, a identificação do dador é essencial, por forma a facilitar o seu controlo e exames clínicos. Neste sentido, o potencial dador não será um dador efectivo no caso de existirem riscos de transmissão de doenças graves (infecções virais ou bacterianas; cancro) ao receptor. Assim, são efectuados vários exames sempre que é identificado um potencial dador, por forma a despistar estas informações, tais como testes serológicos e outros exames de controlo. Sempre que possível, estes exames incluem a história do doente e dos seus familiares, por forma a excluir comportamentos de risco que possam indiciar a presença de doenças transmissíveis que se encontrem numa fase demasiado embrionária para serem detectadas. De entre os factores de risco que determinam o estado do potencial dador, inclui-se não apenas o risco de transmissão de doenças mas também a qualidade do órgão em termos de viabilidade que, em caso de dúvida, implica a realização de uma biopsia.

Depois de excluídas as hipóteses acima referidas, o dador deve ser controlado, sendo essencial garantir que os órgãos se mantêm em boas condições para a colheita. Esta manutenção fisiológica do potencial dador, efectuada nas unidades de cuidados intensivos, antes e durante a colheita, pode constituir a diferença em termos da viabilidade dos órgãos, i.e., uma manutenção deficiente pode dar origem a órgãos sem condições de serem transplantados. Porém, numa fase anterior, ou simultânea a estes procedimentos, é necessário assegurar o consentimento/autorização para proceder posteriormente à colheita. Os vários países têm diferentes requisitos legais, sendo que em alguns, como é o caso de Portugal, o consentimento é presumido, enquanto que noutros é necessário um consentimento específico que tem de ser assumido pelos familiares.

Em Portugal, a actividade de colheita e transplante e, particularmente de colheita e transplante hepático, é regulamentada pela Lei 12/93 sobre colheita e transplante de órgãos e tecidos de origem humana. Na medida em que, no caso do transplante hepático, os órgãos são provenientes de colheitas efectuadas em cadáveres, interessa referir as condições legais subjacentes ao acto de colheita nestas circunstâncias. Assim, de acordo com o artigo 10 da referida lei, "são considerados como potenciais dadores *post mortem* todos os cidadãos nacionais e os apátridas e estrangeiros residentes em Portugal que não tenham manifestado junto do Ministério da Saúde a sua qualidade de não dadores." Neste sentido, a mesma lei prevê a criação de um Registo Nacional de Não Dadores (RENNDA), informatizado, onde constam todos os indivíduos que tenham manifestado em vida a vontade de não disponibilizar os seus órgãos para doação. Desta forma, o Estado português ao instituir um regime de colheita e transplantação, prevendo a existência do RENNDA, publica em 1994 um diploma que regulamenta a organização deste, por forma a "viabilizar um eficaz direito de oposição à dádiva que assegure e dê consistência ao primado da vontade e da consciência individual nesta matéria." (Decreto-Lei n.º 244/94 de 26 de Setembro). A legislação portuguesa contempla, desta forma, o *Consentimento Presumido*, cujo tipo de registo consiste no "registo do não dador" que tem, como princípios éticos subjacentes, a "beneficência e a não maleficência" (OPT 2002:10), ao contrário dos países cuja legislação contempla a "vontade expressa", onde o tipo de registo é "registo de dadores", cujos princípios éticos implicam a "autonomia da pessoa humana e a Justiça".

Se, no que diz respeito à aceitação dos critérios de morte cerebral, parece não haver grandes controvérsias, o mesmo não acontece em relação à questão do consentimento da doação de órgãos e tecidos provenientes de cadáveres. Este debate é alimentado pelo enorme abismo entre o número de indivíduos que esperam por um órgão e pelo número de órgãos colhidos. De acordo com Hunsicker (1991:71), existem várias correntes de opinião acerca dos requisitos mínimos de consentimento para a doação de órgãos e tecidos. A posição mais conservadora tem a ver com os familiares próximos, enquanto "proprietários" legais do cadáver, que, como tal, devem dar o consentimento. Contrariamente a esta posição, o indivíduo pode em vida determinar que os seus órgãos ou tecidos podem ser colhidos, independentemente da opinião dos familiares mais próximos. Ambas as posições caem na categoria designada de normas de *opt in*, onde a colheita de órgãos e tecidos apenas é permitida quando existe autorização explícita do dador ou dos familiares mais próximos.

Do outro extremo, alguns países europeus, entre os quais Portugal, como aliás já referimos, adoptaram o regime de consentimento presumido (*opt out*[10]) onde os órgãos e tecidos podem ser obtidos dos dadores, a não ser que este (ou em alternativa um familiar próximo) não autorize explicitamente. Nos países onde existe o regime de consentimento presumido, a taxa de órgãos colhidos é substancialmente superior em relação aos países com outros sistemas, nomeadamente onde existem regimes de consentimento informado.

---

[10] Os termos *opt in* e *opt out* são utilizados na gíria médica, não existindo equivalente dos termos na língua portuguesa.

De acordo com Katz e Capron (1975:82) o objectivo principal subjacente ao regime de consentimento informado é promover a autonomia individual, já que a existência do consentimento informado inclui os aspectos que devem ter lugar antes da intervenção médica, i.e., há que garantir que toda a informação é revelada ao dador (ainda em vida ou aos seus familiares directos) por forma a que este possa optar em consciência. Nos países em que este sistema é aplicado tem-se assistido a debates públicos alargados sobre programas de transplantação. O objectivo é informar e sensibilizar a opinião pública para o problema da escassez de órgãos e desta forma recrutar potenciais dadores. Os autores apontam igualmente os limites do consentimento informado, no sentido em que este regime não incentiva a colheita de órgãos e tecidos.

Seja qual for o sistema, o Comité aconselha a discutir a doação de órgãos com os familiares do dador, sendo evidente que a abordagem à família pode afectar a disposição para concordar com a doação (questão que não se coloca nos países onde vigora o regime de consentimento presumido), pelo que neste contacto apenas pessoal qualificado para o efeito deve tentar obter consentimento dos familiares para proceder à colheita.

Assim, os regimes de consentimento presumido, quando completamente aceites, quer pelos profissionais de saúde, quer pelo público em geral, como é, aliás, o caso português, parecem incentivar a doação. A atitude por parte dos profissionais de saúde que contactam os familiares dos potenciais dadores é extremamente importante no que respeita aos resultados em termos de colheitas. No entanto, em alguns países, apesar de estar presente o regime de consentimento presumido, os médicos apenas procedem à colheita dos órgãos com o consentimento dos familiares, i.e., em termos práticos é o regime de consentimento informado que acaba por funcionar. De acordo com Transplant Newsletter (1999:11) na maioria dos países onde existe o regime de consentimento presumido, os médicos são muitas vezes relutantes em proceder à colheita sem antes pedirem o consentimento dos familiares.

No caso de Portugal, o modelo de consentimento presumido é totalmente aplicado, sendo que os familiares do dador apenas são informados, na maioria dos casos, que se irá proceder à colheita, de acordo com a legislação em vigor. Apenas no caso dos menores e crianças a colheita é efectuada se os familiares consentirem, embora a legislação assim não o obrigue, o que revela uma preocupação com a situação dramática em causa. Para as famílias, a morte de uma pessoa querida, como equivalente à morte de um dador, é inesperada na maioria dos casos. A família fica consternada e na grande maioria das situações, não tem uma ideia clara acerca da natureza dos critérios de morte cerebral, não distinguindo claramente entre morte e coma. Por estes motivos, é difícil aceitar na dor do momento que um familiar, deitado na cama do hospital, com um ar pacífico e repousado, com o coração a bater e a respirar, embora com a ajuda das máquinas, esteja irreparavelmente morto. Nestas ocasiões, em que os médicos das unidades de cuidados intensivos onde se encontram os cadáveres se vêem confrontados com o processo de doação, encaram com uma família destroçada e não com os potenciais receptores de órgãos cuja vida, naquele momento, depende daquela colheita. Então, estes médicos agarram-se à vida, através do discurso que transmitem aos familiares, recorrendo à importância da dádiva de órgãos como se a morte de alguém não fosse em vão.

Para além dos aspectos meramente legais, a atitude dos profissionais de saúde em relação à doação/transplante, constitui o factor mais importante em termos de influência nos familiares do dador, em particular, e na opinião pública em geral. Assim, de acordo com alguns estudos (Gallup Survey, 1996; Martin, Martinez e López, 1995; New et.al., 1995) existe por parte da opinião pública um forte apoio à actividade de transplantação.

A fase de colheita de órgãos e tecidos, que implica técnicas cirúrgicas específicas, é absolutamente crucial para o processo de transplantação, não apenas na colheita dos órgãos, mas igualmente na sua preservação, que antecede o transporte para junto das unidades onde se procederá ao transplante. Finalmente, a distribuição dos órgãos pelos respectivos receptores onde, para alguns órgãos, particularmente para os rins, o sucesso dos transplantes depende do *matching*[11], o mais completo possível, entre dador e receptor. No caso do fígado, os critérios não necessitam de ser tão rigorosos e estão limitados ao grupo sanguíneo e dimensões do órgão. Desta forma, é necessária a existência de um sistema organizado a nível nacional e internacional de modo a transportar os órgãos e tecidos para junto dos receptores mais apropriados. Em alguns casos estes aspectos implicam uma troca de órgãos e tecidos entre organizações de vários países ligadas à transplantação, daí que a cooperação entre países seja cada vez mais importante. As diferentes organizações dos vários países variam de acordo com as características de cada país, como seja a escala regional, nacional ou supranacional, população que serve, estrutura, objectivos e responsabilidades. Estas diferenças resultam da origem e desenvolvimento da organização, do sistema nacional de saúde, dos recursos disponíveis e do perfil dos profissionais envolvidos.

Neste sentido, a actividade destes organismos específicos, cujo objectivo é o de apoiar a actividade de colheita e transplantação em áreas específicas, países ou grupos de países, é absolutamente fundamental. A Eurotransplant é a maior organização europeia desta natureza e surgiu nos anos 60 com a transplantação de rins, tendo sido criada como resultado de acordos a nível profissional, que evoluíram durante os anos 80, no sentido de abranger o transplante de outros órgãos para além do rim. Trata-se de um organismo internacional localizado em Leiden (Holanda), cujo objectivo é centralizar os pedidos que dizem respeito, quer aos dadores, quer aos receptores de órgãos. Os diferentes parâmetros e características dos doentes, tendo em atenção o órgão

---

[11] Termo utilizado na gíria médica para designar a correspondência entre os tecidos do dador e do receptor.

do dador, estão registados numa base de dados por forma a permitir a selecção e distribuição dos órgãos a nível europeu. Este trabalho é efectuado em estreita ligação com os vários centros nacionais, localizados nos diferentes países, como é a Lusotransplante no caso de Portugal. Assim, sempre que existe um dador disponível, o sistema fornece a lista de receptores compatíveis e os centros de ligação são avisados. O transplante é efectuado o mais rapidamente possível, já que, no caso do fígado, a sua preservação depois de efectuada a colheita está limitada a poucas horas.

A Lusotransplante é um organismo nacional composto por três Centros de Histocompatibilidade, situados em Lisboa, Porto e Coimbra, criados pela portaria n.º 110/83 de 21 de Fevereiro, dependente do Ministério da Saúde, sendo que o Centro de Lisboa assume funções de Centro Coordenador. Este organismo é responsável por todos os estudos imunológicos relacionados com a transplantação de tecidos e órgãos. Estes três centros de histocompatibilidade desenvolvem um serviço permanente de urgência, 24 horas, todos os dias do ano, articulando-se entre si e com os Gabinetes de Coordenação de Colheita de Órgãos e Transplantação (GCCOT's), Unidades de Transplantação, Centros de Hemodiálise, Serviços de Urgência e Reanimação e a Organização Portuguesa de Transplantação.

Assim, após a notificação de um cadáver, potencial dador, a Lusotransplante é a entidade responsável por todos os estudos imunológicos do dador e pela selecção do melhor par dador/ /receptor, sobretudo no caso da transplantação renal, onde se impõe uma compatibilidade rigorosa de parâmetros entre o dador e o receptor, sendo que no caso da transplantação hepática estes critérios não se justificam. Esta selecção é efectuada de acordo com as normas em vigor, regulamentadas por lei (Despacho 5/91, de 10 de Maio) e baseia-se em critérios imunológicos e clínicos rigorosos, utilizando uma base de dados nacional informatizada da lista de espera de todos os candidatos à transplantação. A Lusotransplante mantém igualmente uma base de dados sobre a colheita e transplante de órgãos colhidos em dadores cadáveres

Parte I – Capítulo I. Dos contornos do objecto social à constituição ... | 57

que, no caso da transplantação hepática, constitui a única fonte de informação sobre a origem do órgão.

No que diz respeito à Organização Portuguesa de Transplantação (OPT)[12], este organismo foi criado por despacho, em 1996, pelo Ministério da Saúde. Na sua origem interveio todo um processo iniciado alguns anos antes, designado de "Assessoria Técnica para a Transplantação no Gabinete do Ministro da Saúde", que foi substituída por um Coordenador Nacional de Transplantação cujas competências se encontram reunidas na OPT. A OPT é constituída por várias entidades: o Coordenador Nacional de Transplantação, respectivo adjunto e um assessor; o Conselho de Transplantação[13] e os Gabinetes de Coordenação de Colheita de Órgãos e Transplantação (GCCOT's).

De acordo com o despacho que institui e cria a OPT, compete a este organismo estabelecer as normas de actuação e articulação dos GCCOT's com os Centros de Histocompatibilidade e com as Unidades de Colheita e Transplantação; dinamizar a colheita e transplantação de órgãos e tecidos; definir os procedimentos relativos à recolha e análise de todos os dados referentes à colheita e transplantação de órgãos e tecidos.

A actividade de coordenação de transplantes encontra-se dependente dos GCCOT's que são cinco e estão localizados em cinco Hospitais Centrais[14]. Estes Gabinetes foram criados pelo

---

[12] À data em que foi efectuada esta investigação a OPT era o organismo competente para estabelecer as normas de actuação e articulação dos GCCOT's com os Centros de Histocompatibilidade e com as Unidades de Colheita e Transplantação. Em 31 de Março de 2007 a OPT foi extinta, sendo as suas funções assumidas pela Autoridade para os Serviços de Sangue e da Transplantação.

[13] O Conselho de Transplantação é um órgão consultivo e de assessoria da OPT e tem como objectivo pronunciar-se sobre "as questões mais importantes da actividade de colheita e transplantação, nomeadamente quanto aos seus aspectos éticos, de segurança, logísticos, de recolha de dados e de avaliação de resultados". (Despacho 257/96).

[14] Estes cinco gabinetes estão distribuídos por três regiões/centros: Norte, Centro e Sul.

Ministério da Saúde, por decreto-lei, no ano de 1993. São gabinetes autónomos e têm como função articularem-se entre si e com as Unidades e Centros de Transplantação, bem como com os Centros de Histocompatibilidade, de forma a permitir a colheita e transplante de órgãos atempadamente e organizar a deslocação das equipas de colheita. Para além desta função, estes gabinetes são responsáveis pela consulta do Registo Nacional de Não Dadores (RENNDA), em funcionamento desde 1994, bem como por identificar os potenciais dadores e comunicar o facto às equipas de transplantação; desenvolver no hospital onde estão localizados e junto dos outros estabelecimentos de saúde todos as acções que possam contribuir para o desenvolvimento da actividade de colheita e transplantação; finalmente, desempenhar funções de coordenação de transplante a nível nacional e internacional.

Cada um destes cinco gabinetes é composto por um Director e um número variável de Coordenadores Médicos e/ou Enfermeiros, de acordo com as características de cada hospital. Estes Coordenadores de Transplantação são seleccionados pelos Directores dos Gabinetes, de acordo com o seu perfil, conhecimento científico e disponibilidade, sendo que na sua maioria frequentaram cursos de formação certificados a nível europeu. Estes gabinetes orientam todas as acções de coordenação de transplante no hospital em que estão instalados, bem como noutros hospitais da sua zona de influência. Estes cinco gabinetes estão integrados na OPT e contribuem para a dinamização, acompanhamento e avaliação de toda a actividade de transplantação em Portugal.

No que diz respeito apenas à transplantação hepática, Portugal dispõe de cinco centros ou unidades, sendo que apenas três estão activos. A Unidade de Transplantação (UT) que constitui a unidade de análise desta investigação está directamente dependente de um destes cinco gabinetes, sendo que esta é a única unidade da região do sul do país que contempla um programa de transplantação hepática.

Seguindo as directrizes definidas pelo Comité de Especialistas em Questões de Cooperação Internacional na Transplantação de Órgãos e Tecidos do Conselho da Europa, a actividade dos GCCOT´s, num trabalho de estreita relação com as unidades de transplantação, tem vindo a tomar medidas por forma a proporcionar todo o apoio aos processos de colheita/transplante, responsabilizando-se directamente pela distribuição dos órgãos e de todos os pormenores necessários à sua efectivação. Assumem ainda o objectivo claro de maximizar o fornecimento de órgãos, estabelecer protocolos que cubram todo o processo, controlar os resultados dos diferentes centros de transplantação e dos hospitais que identificam e mantêm o cadáver, promovendo desta forma uma investigação com o objectivo de publicação de resultados, bem como a organização de programas de formação de profissionais na área.

Os GCCOT's são ainda responsáveis por assegurar as questões legais e éticas de todo o processo e por garantir a transparência em termos de critérios, tanto na distribuição dos órgãos, como no acesso de doentes à transplantação. A organização deve também ser responsável pela troca de órgãos e tecidos com outras organizações congéneres, nacionais ou internacionais, de coordenação de colheita e transplantação de órgãos e tecidos. Finalmente, é responsável por implementar políticas operacionais que cubram todos os aspectos do processo de colheita e transplantação.

De acordo com o último Relatório de Actividades 2001 da Organização Portuguesa de Transplantação, está lançado um Programa para o Desenvolvimento da Transplantação em Portugal (PDT), cujo objectivo consiste na obtenção de órgãos para transplante. No âmbito deste projecto e depois de ter sido feito o diagnóstico da situação, têm vindo a ser desenvolvidas acções de formação na área de Coordenação de Transplantes, bem como a elaboração da Carta Nacional de Colheita de Órgãos e Tecidos, que servirá de base à definição de uma política nacional na área da colheita. Neste sentido, foi realizado um levantamento das condições existentes em todos os hospitais do Serviço Nacional de Saúde (SNS), por forma a desenvolver e criar mais unidades de colheita. Neste programa, procura-se igualmente estimular a identificação de potenciais dadores que devem ser identificados nas unidades de cuidados intensivos (UCI's) dos hospitais, sendo necessário o desenvolvimento de políticas que encorajem os hospitais a colaborar de forma activa na colheita de órgãos e, desta forma, aumentar tanto quanto possível o estabelecimento de protocolos entre os GCCOT's e os hospitais que tenham UCI's. Estas políticas devem proporcionar recursos financeiros e outros por forma a apoiar esta actividade, como por exemplo, aumentar o número de camas nas UCI's e reforçar as verbas para fazer face aos custos acrescidos de manutenção dos cadáveres.

Em Fevereiro de 2001 entrou em vigor a revisão dos despachos de Janeiro desse mesmo ano, sobre incentivos à colheita e transplantação de órgãos, por forma a atribuir verbas às instituições do SNS, onde se pratiquem actos de colheita e transplantação, de modo a suportar os custos decorrentes desta actividade, o que demonstra a importância estratégica que a transplantação assume no sistema de saúde português.

Neste sentido, a actividade de transplantação em Portugal é particularmente sensível à questão da escassez de órgãos. A detecção de potenciais dadores constitui o ponto de partida para a transplantação e é talvez o objecto mais difícil de protocolar. A única forma de assegurar que os dadores não se perdem é o de garantir os meios para identificar e monitorizar os pólos de dadores potenciais efectivos, de acordo com os hospitais e áreas geográficas mais relevantes. Assim, à semelhança do que acontece nos outros países europeus, os GCCOT's assumem como prioridade o aumento do número de colheitas, procurando sensibilizar os hospitais com unidades de cuidados intensivos e as equipas de neurocirurgia para a identificação atempada de potenciais dadores. Desta forma, procura-se efectuar os procedimentos necessários de controlo a quem possa vir a ser diagnosticada morte cerebral; criar protocolos para identificar potenciais dadores; desenvolver programas de formação sobre transplantação para profissionais de saúde; a criação de um elemento de contacto dentro de cada hospital que tenha uma unidade de cuidados intensivos, i.e., uma pessoa chave, médico ou enfermeiro que trabalhe em relação estreita com a UCI, mas que seja independente de qualquer equipa de transplante e que reporte directamente ao director da respectiva GCCOT.

Assim, nos últimos anos, em Portugal, tem-se verificado um aumento relativo do número de colheitas de órgãos e tecidos, particularmente no que diz respeito à região sul. Se olharmos para estes valores, fazendo a distinção entre colheitas simples e múltiplas, constatamos que entre 1998 e 2006 o aumento do número de colheitas acompanhou a diferença acentuada entre o número de colheitas múltiplas, que corresponde mais ou menos ao triplo das colheitas simples, cumprindo-se, desta forma, os objectivos estipulados a nível internacional, que recomendam a criação dos procedimentos necessários a proporcionar a colheita do maior número possível de órgãos provenientes de um único dador.

À semelhança do que referimos em outros países, em Portugal o processo de transplantação inicia-se com a identificação do indivíduo com potencial morte cerebral que se encontra ventilado numa unidade de cuidados intensivos. Estes potenciais dadores devem ser cuidadosamente avaliados por forma a excluir as contra indicações para doação, através de procedimentos clínicos e legais requeridos, que sejam necessários para estabelecer e verificar a morte do tronco cerebral. Durante esta fase, a estabilidade hemodinâmica[15] do potencial dador deve ser mantida (manutenção do dador) para preservar a viabilidade dos órgãos e tecidos. Os requisitos legais para a autorização da colheita devem, então, ser considerados de acordo com o modelo português que, como anteriormente referimos, é em tudo idêntico aos restantes países.

---

[15] Fenómenos mecânicos relativos à circulação do sangue.

A existência de um dador deve ser, então, dada a conhecer a um coordenador de transplante, ou a uma organização de transplante, para assegurar que uma equipa médico-cirúrgica qualificada proceda à colheita dos órgãos. Esta organização coordenadora tem ainda a seu cargo gerir os procedimentos, tanto no interior do hospital, como no seu exterior, de modo a que a colheita multi-orgânica, se for caso disso, seja efectuada. A colheita de órgãos implica procedimentos complexos de organização de equipas médicas pluridisciplinares altamente qualificadas, na preparação, preservação e acondicionamento dos órgãos e tecidos a serem transportados para as unidades onde se irá efectuar a implementação desses mesmos órgãos. Os órgãos colhidos devem ser distribuídos de acordo com critérios de distribuição e transporte dos órgãos previamente definidos pelos GCCOT's.

A globalidade do processo pode demorar muitas horas e envolve um grande número de profissionais com competências muito diferenciadas e com várias origens, daí que todo este processo não possa ser deixado ao acaso. Deste modo, é importante estabelecer protocolos ou procedimentos para cada etapa do processo, sendo que os profissionais envolvidos necessitam de formação e experiência adequadas para as suas respectivas funções. Mesmo nos melhores centros, com as mais complexas e sofisticadas infra-estruturas, surgem, por vezes, dificuldades, existindo o risco de perda, quer de dadores, quer de órgãos.

Após diagnosticada a morte cerebral e obtido o consentimento através da consulta do RENNDA, preenchidos os requisitos legais e organizados os procedimentos de colheita, é necessário manter o potencial dador em condições médicas que permitam maximizar a viabilidade dos órgãos. Dependendo do tempo necessário para completar os procedimentos acima descritos, a manutenção do dador é considerada crítica a partir de um período superior a 24 horas após entrar em morte cerebral, período a partir do qual a condição do dador pode deteriorar-se ao ponto de tornar inviável a colheita. Por estes motivos, uma vez declarada a morte cerebral, a colheita deve efectuar-se o mais rapidamente possível, até porque a escassez de camas nas unidades de cuidados intensivos justifica esta pressão.

A idade, condição física e manutenção do dador constituem factores determinantes para o número de órgãos e tecidos que podem ser colhidos. A colheita ocorre no hospital onde se encontra o dador, sendo que o GCCOT ao qual pertence é responsável por empreender os procedimentos necessários à colheita, bem como comunicar aos centros de transplante a existência de um potencial dador, desde as primeiras provas de morte cerebral. O coordenador do GCCOT deve, então, providenciar todos os dados referentes ao dador às unidades de transplantação, para que estas possam identificar os receptores que estarão em melhores condições para receber os respectivos órgãos, de acordo com um conjunto de critérios médicos. O coordenador do GCCOT tem também como função organizar a equipa de colheita, assegurar o acondicionamento dos órgãos e o respectivo transporte para as unidades de transplantação.

Como referimos anteriormente, um único dador pode dar origem a uma colheita múltipla de órgãos e tecidos, sendo que, sempre que possível, se deve proceder à colheita do maior número de órgãos possível, de cada dador. Pelo contrário, a tendência das diferentes unidades de transplantação é a de se especializarem na transplantação de órgãos únicos, como é o caso da unidade de análise deste estudo, que apenas efectua transplantação de rim e fígado. Isto significa que cada órgão específico numa colheita multi-orgânica é colhido por diferentes equipas, de diferentes centros ou unidades de transplantação. Por vezes, várias equipas esperam pela sua vez, no hospital onde ocorre a colheita, apenas para colher um órgão em particular, o que pode criar problemas em termos de prolongamento da colheita e riscos que podem afectar a viabilidade de alguns órgãos. Neste sentido, existe uma equipa de colheita experiente que pertence ao GCCOT e que coordena todos os procedimentos por forma a que todas as equipas possam colher, a seu tempo, o órgão que pretendem. Estas equipas de colheita que se fazem deslocar ao hospital do dador são compostas por profissionais altamente qualificados e experientes e incluem não apenas cirurgiões, mas também anestesistas e enfermeiros, por forma a que os profissionais do hospital do dador não necessitem de ser envolvidos na colheita.

Devido ao curto período de tempo que alguns órgãos, incluindo o fígado, conseguem manter-se em boas condições depois de colhidos, é necessário assegurar que o órgão é compatível com o receptor (no caso do fígado, grupo sanguíneo e dimensão são suficientes). Daí que seja necessário que a equipa médico-cirúrgica da unidade de transplantação proceda desde muito cedo, ou seja, assim que toma conhecimento da existência de um potencial dador, à escolha do receptor e organize os procedimentos necessários ao transplante. De acordo com a Transplant Newsletter (1999:16) a maioria das colheitas de órgãos e tecidos deve ser canalizada para os vários centros de transplantação da região//país, mas é desejável uma troca de órgãos a nível internacional, no caso de situações de urgência, como acontece no caso do fígado, ou de dificuldade em compatibilizar tecidos. Deste modo, é importante que os médicos se sintam confiantes em relação aos procedimentos de manutenção do dador e da colheita de órgãos no país de origem do dador. Apesar dos respectivos sistemas e organizações nacionais de colheita e transplante estarem adaptadas ao sistema legal e de saúde de cada um dos países, é importante que estes sistemas cumpram com critérios comuns. Daí a importância da cooperação entre as diferentes organizações ligadas à colheita e transplante de órgãos em cada país.

Cumpre-se, deste modo, uma primeira aproximação ao objecto desta investigação. Nesta primeira etapa fez-se a demonstração de que a transplantação hepática é um complexo processo que possibilita a transformação da morte em vida, uma característica especial e única que permite distinguir esta área concreta da medicina de qualquer outra, i.e., o facto da transplantação permitir intervir num doente, não apenas para tratar o mal, mas também, e sobretudo, para lhe dar vida.

No caso da transplantação hepática, em particular, este aspecto ganha mais relevância, já que não existe qualquer alternativa terapêutica para além do transplante que permita a sobrevivência dos doentes em fases terminais de várias formas de doenças hepáticas graves. Também a sofisticação das práticas médicas associadas a uma inovação tecnológica específica, diferenciada e em constante evolução, conferem à transplantação hepática uma pertinência social indiscutível. Se a tudo isto acrescentarmos o carácter multidisciplinar, nomeadamente ao nível das práticas, conhecimentos e tecnologias médicas que se complementam e se fundem na transplantação hepática, encontramos um fecundo terreno de estudo sociológico, em particular do ponto de vista da sociologia da saúde e da sociologia médica.

A transplantação tem merecido imensa atenção por parte dos profissionais da saúde, não apenas porque ela representa um acentuado avanço médico, mas também devido aos debates éticos e morais que tem suscitado. Em conjunto, estes aspectos constituem um paradigma de algumas questões básicas de valores e crenças que caracterizam o modelo da sociedade ocidental. Em contrapartida, os trabalhos de investigação sociológica sobre transplantação hepática são muito reduzidos, sendo que na sua maioria dizem respeito à transplantação em geral, focando, apenas alguns, a transplantação hepática em particular. Acresce que estes trabalhos se encontram circunscritos a aspectos muito particulares, tais como as questões éticas que envolve a doação e transplante de órgãos (Brock, 1988; Childress, 1991; Dickens, 1992; Fox, 2000; Fox e Swazey, 1974; Hunsicker, 1991; Keyes (eds), 1991; Kogan, 1991; McGrath, 1997; New et al., 1995), o enquadramento legal que regula a actividade de transplantação (Katz e Capron, 1975; Markle e Chubin, 1987; Mathieu, 1988), as questões filosóficas relacionadas com a dádiva de órgãos (Fox, 1988; Fox e Swazey, 1983), os aspectos económicos que envolve esta área específica da medicina (Baily, 1988; Jennett, 1994) e os aspectos relacionados com a qualidade de vida dos doentes sujeitos à transplantação (Heyink e Tymstra, 1994).

Neste sentido, o conjunto destes contributos dificilmente evidenciam a transplantação hepática enquanto tecnocracia médica. Mesmo assim, importa realçar os vários trabalhos de Fox e Swazey (Fox, 1988 e 2000; Fox e Swazey, 1974 e 1983) que, embora não foquem exclusivamente a transplantação hepática, constituem um marco incontornável no que respeita ao estudo da profissão médica nesta área concreta da medicina, até porque os aspectos focados nos seus trabalhos sintetizam, basicamente, os contributos dos estudos que, de forma directa ou indirecta, referem a transplantação hepática.

A investigação das autoras que durante anos estudaram a actividade da transplantação realça a investigação médica no processo de inovação terapêutica, concretamente nas áreas da transplantação renal e diálise, questões que são encaradas como um conjunto paradigmático de fenómenos médicos e sociais que acompanham a pesquisa biomédica e as suas aplicações clínicas. A transplantação e a diálise são igualmente consideradas por Fox e Swazey como estando associadas, simbólica e empiricamente, a uma "consciência colectiva", fulcral no movimento bioético. As autoras estão particularmente interessadas na área da sociologia da ciência e do conhecimento médico e, nesse sentido, os seus estudos chamam a atenção para a investigação médica sobre transplantação e diálise, mais do que para os aspectos relacionados com os doentes e as suas famílias.

As questões biomédicas, bem como os efeitos físicos secundários e psicossociológicos da transplantação levantam uma série de questões relacionadas com a qualidade de vida discutidas em detalhe por Fox e Swazey (1974 e 1983). Os fenómenos dádiva--troca e qualidade de vida, relacionados com a transplantação, têm implicações na distribuição e escassez deste tipo de recursos. Ao nível microscópico as questões surgem quando o equilíbrio entre o sofrimento, privação e bem estar do indivíduo transplantado justifica o investimento em termos monetários, equipamento, competência técnica, tempo, recursos do hospital e órgãos vitais. Num plano macroscópico emergem dois tipos de questões:

que proporção destes recursos preciosos e escassos devem ser adjudicados ao transplante, em comparação com outras terapias médicas e com o tratamento de outras doenças; quanto é que a sociedade deverá investir no sector da saúde enquanto um todo, relativamente a outras actividades.

Tal como na maioria dos trabalhos sociológicos sobre inovação terapêutica, a questão de quem deve ter a responsabilidade e autoridade para tomar este tipo de decisões impõe-se. Na maioria dos autores, preocupados com as questões biomédicas e bioéticas, verificamos alguns conceitos que se repetem constantemente, tais como a incerteza, o interesse isolado, a dádiva, o dilema da terapia experimental e as estruturas e processos de controlo social. No entanto, nos trabalhos sobre transplantação, e transplantação hepática em particular, pouco relevo se tem dado aos aspectos relacionados com a organização do trabalho que envolve toda esta actividade, onde vários conhecimentos e tecnologias se interceptam nas práticas médicas quotidianas, em serviços hospitalares de ponta onde fervilha uma actividade intensa.

Assim, nasce o interesse pela transplantação hepática enquanto realidade social onde é possível analisar a emergência de tecnocracias médicas. A transplantação constitui uma espécie de construção social que recai num conjunto vasto de tecnologias e práticas médicas hiper-especializadas, dirigidas por actores particulares, reconhecidos no meio médico e científico pelo domínio de uma área de ponta da medicina. Mas a transplantação hepática caracteriza-se, igualmente, a partir da dimensão multidisciplinar que atravessa esta actividade. Trata-se de uma realidade sensível ao funcionamento de diversos saberes e poderes, difusos na prática dos cuidados médicos, onde as diferentes tecnologias são instrumentalizadas na construção de estratégias de poder médico. Neste palco, as diferentes especialidades médicas envolvidas na transplantação definem, em conjunto, os processos médicos de transplantação, utilizando a tecnologia como recurso na construção das suas estratégias particulares.

Então, a transplantação enquanto objecto empírico revela-se um terreno frutífero, pronto a ser desbravado pela sociologia médica. Algumas linhas de investigação estão lançadas e abertos estão os caminhos para outras mais serem construídas. Aceitando o desafio aqui lançado, nesta etapa inicial de constituição do objecto de pesquisa, evidenciámos os aspectos mais relevantes sobre a fenomenologia médica e social da transplantação hepática que servirão de ponto de partida para uma investigação sociológica que aqui apenas se inicia.

2. A profissão médica e o hospital

Estudar a profissão médica e as suas tecnocracias implica, necessariamente, referir o *hospital* e a importância que ocupa enquanto organização central do sistema de saúde. Trata-se de um lugar onde a prática da medicina moderna e a produção do conhecimento médico ocorrem, simbolizando ao mesmo tempo "o poder da profissão médica, representando a institucionalização dos conhecimentos médicos especializados" (Turner, 1995:157), em torno das mais sofisticadas tecnologias médicas.

Em Portugal, o trabalho de Graça Carapinheiro (1993) constitui uma referência no que respeita à investigação sociológica do hospital, onde a autora faz a discussão teórica desta organização discutindo os vários saberes-poderes que encerra. De igual modo, neste estudo sobre tecnocracias médicas importa entender o modelo de funcionamento do hospital, no sentido em que ele parece proporcionar a construção, desenvolvimento e reprodução das tecnocracias médicas.

O hospital moderno, tal como o conhecemos, constitui um produto do século XIX e XX e surge em simultâneo ao aparecimento da chamada medicina moderna. Sem entrarmos em pormenores em relação ao seu desenvolvimento histórico, podemos afirmar que o hospital dos nossos dias assume contornos muito heterogéneos. Porém, apesar destes elementos que permitem tipificar a variedade dos hospitais, é sociologicamente possível identificar o hospital-tipo, a partir do enunciado da sua estrutura dual de autoridade.

Tal como qualquer outra organização, o hospital é caracterizado por uma estrutura de autoridade formal e burocrática, por forma a atingir os seus objectivos com a máxima eficiência. No entanto, tal como refere Wolinsky (1980:361), o que interessa constatar, a propósito das burocracias hospitalares e das suas estruturas de autoridade, é que em vez de terem uma única linha de autoridade, como é tradicional de acordo com as estruturas burocráticas, os hospitais apresentam duas linhas de autoridade. Neste sentido, Coe (1970) aponta duas diferenças fundamentais entre o modelo burocrático do hospital e outras burocracias. Em primeiro lugar, a estrutura burocrática do hospital apresenta-se mais diferenciada em termos horizontais em comparação com outras organizações burocráticas. Em segundo lugar, nas burocracias tradicionais as linhas de autoridade têm origem no topo da organização e percorrem directamente a linha hierárquica até à base, enquanto que nos hospitais esta linha desce até à base de forma indirecta. Tal como Smith (1970) referiu, as razões para a existência destas duas linhas de autoridade e os problemas que criam na organização hospitalar, emergem da natureza peculiar da autonomia profissional dos médicos (Freidson, 1979;1984). Como refere Wolinsky (1980:365), esta linha informal de autoridade baseia-se no facto do médico ser o "sacerdote da saúde" e a sociedade o designar como "o capitão dos cuidados de saúde". Assim, o que acontece habitualmente na organização hospitalar é que a autoridade burocrática formal funciona como suporte das actividades quotidianas. Porém, no dia-a-dia, as linhas formais de responsabilidade são anuladas, ou substituídas quando o médico necessita de exercer a sua autoridade por razões médicas.

Este tipo particular de burocracia que caracteriza a estrutura do hospital foi designado por Goss (1963) de *advisory bureaucracy*. O autor refere o facto de nas burocracias tradicionais o corpo consultivo actuar como um conjunto de técnicos especialistas, aconselhando a gestão acerca das vantagens e desvantagens de cada situação e acerca de possíveis resultados provenientes das várias decisões possíveis. No entanto, a decisão cabe à gestão. Pelo contrário, nas *advisory bureaucracies*, como é o caso dos hospitais, o corpo médico possui e gere a autoridade para tomar todas as decisões que digam respeito aos cuidados a prestar aos doentes. Como resultado, neste tipo de burocracias o papel do corpo administrativo é reduzido, por forma a proporcionar apenas os meios para a execução das ordens médicas. Deste modo, no hospital, o corpo médico dirige tendencialmente a actividade, enquanto que as funções do corpo administrativo se restringem a projectar as formas mais eficientes e económicas de cumprir os pedidos dos médicos.

Então, e de acordo com Wolinsky (1980:366), a *advisory bureaucracy* que caracteriza o hospital não constitui apenas uma situação de consultoria, no que diz respeito aos médicos em geral, mas cada departamento médico ou serviço e cada médico constituem também uma situação de consultoria com cada outro departamento e cada outro médico. Como resultado, existe uma interacção mais forçada nas *advisory burocracies* do que noutro tipo de burocracias.

Na mesma linha, numa análise das organizações em termos da sua estrutura e dinâmica, Mintzberg (1979;1995) apresenta o termo de *burocracia profissional*, para designar o modelo formal de determinado tipo de organizações, entre os quais o hospital. Esta configuração caracteriza-se pela predominância do chamado *núcleo operacional* e a coordenação é fundamentada na padronização das qualificações, possuindo os seus profissionais um acentuado controlo sobre o seu próprio trabalho, tratando-se, por isso, de uma configuração bastante descentralizada em termos de poder. Aqui, os seus profissionais (no caso concreto dos hospitais, os médicos) trabalham de modo independente e a dimensão das unidades operacionais pode ser grande e dispensar pessoal intermédio, mas não de um razoável apoio logístico. De acordo com o autor, esta configuração contrasta com a *burocracia mecânica* que corresponde à burocracia tradicional de Weber, caracterizada por uma elevada formalização e centralização. Assim, o termo *profissional* qualifica o tipo de burocracia, no sentido em que os padrões de funcionamento são ditados por profissionais com competências específicas, vitais para a organização, e não por uma autoridade meramente administrativa.

Do mesmo modo, Bucher e Stelling (1969) referem a necessidade de repensar o modelo burocrático no sentido em que este se revela pouco flexível na análise da organização hospitalar. Assim, como alternativa, os autores apresentam o modelo que designam de *organização profissional*. De acordo com Carapinheiro (1993:59), os autores referem que os conceitos de autoridade e hierarquia utilizados por Weber não são os mais adequados para analisar o hospital. Desta forma, sugerem os conceitos de *autonomia elástica*, *responsabilidade* e *monitoring* de modo a garantir a interpretação e análise dos vários arranjos entre autonomia, responsabilidade e regulação profissional na organização do trabalho médico.

O efeito destas duas linhas de autoridade resulta em situações muito concretas: sempre que o médico pensa ser necessário, a estrutura burocrática de autoridade formal do hospital pode ser perturbada e temporariamente substituída por uma estrutura de autoridade dominada pelos médicos. Assim, no hospital, onde duas linhas de autoridade coexistem lado a lado, outros grupos de profissionais são apanhados nas malhas das relações entre a autoridade administrativa e a autoridade médica, nomeadamente os enfermeiros.

A partir da análise dos contornos estruturais do hospital e das duas linhas de autoridade que o caracterizam, constatamos, tal como refere Carapinheiro (1993:47), que "coexistem na mesma instituição, numa relação de conflito, dois princípios de autoridade cuja natureza se aproxima da autoridade racional-legal, no caso da autoridade que emana da administração e que se aproxima da autoridade carismática, no caso da autoridade que emana do corpo médico, tal como estes dois tipos de autoridade foram definidos por Weber". A este propósito, Goss (1963), na sua análise da organização hospitalar, dá relevo ao estudo da profissão médica, na medida em que esta parece influenciar todo o funcionamento da organização hospitalar, contrariando a autoridade administrativa.

Sem querermos recuar demasiado, sob a pena de incorrermos numa exposição demasiado exaustiva dos principais contributos no campo da sociologia da profissão médica, podemos afirmar que os trabalhos de Eliot Freidson (1979; 1984) foram decisivos no que respeita ao estudo sociológico desta profissão. No entanto, o trabalho de Parsons (1951; 1982), o progenitor do estrutural funcionalismo nos Estados Unidos, que marcou a investigação sociológica até aos anos 70, contribuiu indubitavelmente para definir a abordagem sociológica das questões da saúde e da doença e, em particular, da profissão médica. Neste sentido, podemos afirmar que Parsons e Freidson constituem dois importantes contributos na sociologia médica, embora assumindo duas concepções distintas acerca do sistema médico e das respectivas formas de controlo que este implica.

No que respeita a Parsons (1951; 1982), é particularmente interessante a insistência do autor em que a doença deve ser encarada como um fenómeno social e não como uma entidade ou propriedade individual. No seu vasto trabalho, as questões sobre a saúde e a doença são compreendidas em termos do funcionamento da sociedade enquanto um todo, onde o autor fornece a descrição do *papel de doente*, provavelmente a grande contribuição de Parsons para a sociologia médica. Parsons defende que os cuidados de saúde assumem uma importante função na sociedade moderna, na medida em que permitem aos indivíduos doentes poderem tratar-se e, posteriormente, retomarem as funções que desempenhavam, antes de assumirem o "papel de doente". De acordo com Parsons, quando os indivíduos estão doentes, a sociedade liberta-os dos seus deveres, pelo que, de acordo com o autor, se demasiadas pessoas reclamarem o estatuto de doente, isso provocará disfunções na sociedade. Por esta razão, Parsons argumenta que o "papel de doente" assume uma importância crucial na sociedade e por isso deve ser controlado de perto, no sentido em que apenas podem ser legitimamente designados de "doentes", os indivíduos que estiverem de acordo com as prescrições normativas associadas a esse papel. Assim, com base nestes pressupostos, é concebida uma divisão do trabalho hospitalar. (Parsons, 1951; 1982: 399-444)

Daqui decorre a perspectiva funcionalista sobre a profissão médica, que considera fazerem parte desta profissão os indivíduos de status elevado e bem remunerados, cujo poder de acesso aos corpos doentes e a autoridade para neles intervir é perfeitamente justificado pelo papel particularmente importante que é atribuído aos médicos na sociedade. Estes profissionais possuem conhecimento especializado, adquirido durante um longo período de formação e certificado antes de serem admitidos na profissão. A sua remuneração elevada não constitui apenas o reconhecimento do status e prestígio profissionais, mas é também o reconhecimento da sua importância funcional na sociedade. A sua responsabilidade é a de controlar a doença e igualmente o acesso dos indivíduos ao "papel de doente". A propósito do contributo de Parsons no estudo da profissão médica, Berlant (1975:41-42) refere que não se trata de uma teoria descritiva, mas sim prescritiva, que contém uma teoria explicativa da institucionalização da profissão médica. Para o autor, esta perspectiva revela-se inadequada, já que Parsons propõe explicar a institucionalização da profissão através da necessidade que o sistema social tem em manter actores sociais saudáveis, por forma a desempenharem bem os seus papéis. Não iremos entrar em detalhes sobre o contributo de Parsons, na medida em que o nosso interesse é mais lato e, no que a este autor diz respeito, resume-se apenas ao lugar ocupado pelo seu trabalho nos primórdios da sociologia médica, já que as suas reflexões contribuíram para solidificar as bases, bem como a discussão a propósito das questões do poder em medicina, que permitiram, a partir da década de 70, uma avaliação crítica da prática médica e do poder médico, colocando estas temáticas na agenda da sociologia.

É neste contexto que surge o contributo de Freidson, como referimos acima, uma das contribuições mais marcantes, a par de Parsons, da sociologia médica. A propósito da profissão médica, Freidson (1979;1984) argumenta que esta alargou o seu monopólio sobre a saúde e a doença, por um lado, a partir da subordinação ou exclusão de outras ocupações relacionadas com a saúde, tais como os enfermeiros e, por outro lado, através do controlo de processos de diagnóstico, tratamento e hospitalização. Assim, a estrutura básica dos serviços de saúde é constituída através da dominação de uma única profissão sobre uma variedade de outras ocupações que lhe estão subordinadas. Deste modo, o domínio profissional dos médicos constitui a chave analítica para compreender o sector da saúde, constituindo um factor representativo da base ideológica da saúde e dos serviços com ela relacionados.

Ligados ao conceito de profissão, Freidson considera outros termos igualmente importantes: *o papel social do médico* (recrutamento; natureza da sua formação profissional; prática e relações interprofissionais) e o conceito de hospital enquanto conceito de organização burocrática onde ocorre o trabalho médico. De acordo com Freidson (1970:16-17) existem dois aspectos que identificam a imagem comum dos médicos e que os permite distinguir dos outros profissionais da saúde. Em primeiro lugar a grande visibilidade das competências e dos saberes e da especialização desses saberes e, em segundo lugar, o carácter simbólico que a profissão médica assume pela natureza da sua actividade.

Existe uma cultura profissional ensinada e incutida nas instituições de ensino da medicina ao longo de todo o processo de formação – socialização médica – que uniformiza atitudes e comportamentos profissionais. Freidson vai mais longe ao referir alguns estudos que mostram que os conhecimentos técnicos ensinados na Faculdade não correspondem mais tarde às atitudes dos médicos perante a profissão. Isto quer dizer que os elementos importantes na formação dos futuros médicos não são controlados pela profissão (1970:17-18). No período de formação, muito mais do que apenas os aspectos técnicos, as atitudes, os valores e as formas particulares de olhar a realidade constituem, igualmente, aspectos a ser considerados. A este propósito, Becker *et al.* (1961;1997), bem como Merton *et al.* (1957;1961) descrevem os processos de socialização médica nas escolas de medicina.

Mas é na prática da medicina e não no ensino que se encontram os materiais empíricos que permitem clarificar e articular o papel destes profissionais. Neste contexto, e de acordo com Freidson (1970), as questões que se levantam são as seguintes: em que medida é estável e completo o papel profissional face a uma variedade de circunstâncias na prática? Se não é inteiramente estável, quais os elementos variáveis e quais os invariáveis? Será que existem médicos menos "universalistas" do que outros, na prática? São eles menos específicos funcionalmente? Será que o seu profissionalismo varia em alguns sectores?

De acordo com o autor, é plausível pensar que o *papel de médico* está perto daquilo que é profissionalmente desejável, quando é desempenhado sob a discricionariedade de outros médicos – num hospital ou clínica – e quando pode ser efectuado independentemente de influências de não profissionais. Ou seja, as várias circunstâncias que envolvem as práticas médicas influenciam o comportamento profissional dos médicos. No caso do *client-dependent practice*, por exemplo, encontramos situações onde a variação na prescrição de medicamentos sugere que existem ajustamentos das práticas profissionais às preferências dos clientes; no caso do *colleague-dependent practice* verifica-se a influência dos grupos de colegas de profissão no comportamento do médico, i.e., a integração ou isolamento face a uma rede de colegas influencia a rapidez da adopção de novas drogas, tal como refere Freidson (1970:19) a propósito do estudo de Coleman, Katz e Menzel (1966).

Todos estes aspectos sugerem que o instrumento analítico mais eficaz para estudar o comportamento dos médicos é o conceito de *papel profissional*, na medida em que este papel não é completamente estável e varia de acordo com o modelo de organização no qual tem de ser exercido. Assim, a organização da prática médica constitui a unidade de análise mais apropriada. No entanto, a prática médica coloca vários problemas analíticos. Os cuidados médicos, à semelhança de outros serviços de massa, são difíceis de organizar em grandes unidades socialmente centralizadas (Freidson, 1970:19).

Neste sentido, e de acordo com Freidson (1970), a actividade médica é praticada de forma anacrónica em pequenas unidades, o que coloca um paradoxo analítico: a prática médica passa a ser uma organização sem ser um grupo; a unidade médica é distinta da comunidade que a envolve; a actividade médica está dependente de ser, em certa medida, absorvida pela comunidade. Deste modo, torna-se difícil conceptualizar a actividade médica como organização. No entanto, o significado do *cliente* e da *rede de colegas* para o desempenho do papel profissional requer que se coloque a atenção na prática na qual ele está incrustado.

Partindo do pressuposto de que o comportamento dos médicos não está inteiramente de acordo com o processo formal de formação que, supostamente, o molda para a vida profissional e assumindo que o meio onde este pratica a sua profissão tem muita influência no seu desempenho, é importante chamar a atenção para o facto de existirem muitas outras ocupações, para além dos outros colegas e doentes, que são importantes considerar. Trata-se de uma crescente variedade de ocupações, presentes nos cuidados de saúde e que se envolvem numa complexa divisão do trabalho, na qual a medicina ainda não perdeu a posição dominante.

Para Freidson a questão chave para este problema tem a ver com a aplicação do conhecimento médico, i.e., enquanto a medicina assenta na ciência objectiva, a aplicação do conhecimento médico não. Podemos, assim, falar na construção social do conhecimento e discursos médicos, que são absolutamente decisivos para a compreensão do exercício do poder médico, na sua relação com outros grupos profissionais nas práticas médicas quotidianas. Neste sentido, quando Freidson (1979;1984) analisa a profissão médica, questiona o pressuposto sobre o qual assenta a sua posição de autonomia e de poder.

A este propósito, a proposta interaccionista consiste precisamente em estudar cuidadosamente a construção de significados e a partilha de símbolos, tornada possível através da linguagem, por forma a compreender as complexidades da acção social. É neste contexto que Strauss *et al.* (1963) desenvolve o conceito de *ordem negociada* para descrever a gestão das interacções entre os vários profissionais da saúde e os doentes, no hospital. Este instrumento de análise assenta na ideia básica de que toda a ordem organizacional é sempre negociada entre os diversos actores que a compõem, na medida em que a ordem é o resultado de múltiplos processos de negociação, a partir dos quais os actores desenvolvem a sua acção. Neste sentido, a negociação está sempre presente na vida quotidiana das organizações, cuja ordem é contingente, e por isso, constantemente negociada. Então, estes processos não produzem apenas o restabelecimento da ordem, mas produzem igualmente uma nova ordem, a partir de uma constante interacção entre os processos de negociação e a estrutura formal da organização. (Strauss, 1963:163-166).

O conceito de negociação atravessa a maioria dos trabalhos deste paradigma. No seu trabalho Strauss *et al.* (1985) demonstra como a ordem social está circunscrita a relações não permanentes. As regras, os rituais e as cerimónias que rodeiam os cuidados médicos são inerentemente precárias, na medida em que são construídas numa trémula base de consenso negociado. A organização formal não é mais do que um espaço onde as pessoas provenientes de várias profissões se encontram por forma a atingirem os seus objectivos. Assim, a negociação implica a gestão dos significados que se desenvolve no decurso da interacção, sendo através da relação significado-acção que os actores conhecem o mundo e estão preparados para agir sobre ele.

Então, a acção no contexto dos cuidados de saúde envolve um processo de definição da situação, ou seja, definir o contexto no qual determinados actores estão envolvidos, tendo em consideração as definições dos outros e, por este meio, a negociação de um consenso. Na mesma linha, o trabalho de Bucher e Strauss (1961) representa um importante contributo para o estudo da profissão médica. As questões relacionadas com a diversidade e conflito de interesses no interior das profissões constituem os pontos centrais da sua análise. Bucher e Strauss não consideram as profissões como grupos homogéneos onde os seus elementos partilham valores e interesses comuns, pressionados pelos processos de socialização a que estão sujeitos nas instituições de ensino e formação. Os autores referem a existência de diferenças no interior de cada profissão, segmentos ou grupos que reflectem a diversidade a todos os níveis: instituições de formação, áreas de interesse dentro da profissão, percurso profissional, actividades desenvolvidas, técnicas e metodologias utilizadas, tipo de clientes e sentido de missão.

Estes segmentos no interior do próprio grupo criam identidades próprias e organizam as suas actividades, desenvolvendo interacções de modo a garantir e a reforçar uma posição em termos institucionais. Essas interacções assumem a forma de conflito, proporcionando, desta forma, a mudança, onde novas posições e relacionamentos no interior do grupo são redefinidos constantemente, constituindo, deste modo, os aspectos fundamentais dos processos de profissionalização.

A análise dos processos conflituais no estudo das profissões constitui, assim, a metodologia proposta por estes autores. Chamando a atenção para a necessidade de analisar as diferentes especialidades existentes no interior da profissão médica, perspectiva que irá ser retomada por outros trabalhos que iremos necessariamente aprofundar, estes autores referem a importância da origem dos processos, dos conflitos, da liderança, do desenvolvimento das estruturas a nível organizacional, das estratégias e das ideologias.

Então, a profissão médica parece dominar e controlar a complexa organização hospitalar. Porém, não podemos esquecer a importância da base burocrática e tecnológica que caracteriza o hospital e que permite alargar constantemente novas e cada vez mais sofisticadas competências especializadas. Neste sentido, Freidson analisa a autonomia profissional dos médicos como fundamentada, não no domínio de uma determinada área da divisão do trabalho, mas sim no controlo de determinados conteúdos técnicos do trabalho. No caso da medicina, estamos perante um poder discricionário que vai muito além da simples autonomia técnica e que tem origem no monopólio: o monopólio da competência, legitimado por "peritos" oficiais e o monopólio da credibilidade em termos de opinião pública. Destes dois monopólios, o primeiro é o mais importante e deixa o cidadão comum sem alternativas legais e credíveis, restringindo o controlo da profissão aos agentes externos.

3. O papel das tecnologias médicas

Steudler (1974:6) refere o hospital como um espaço onde os profissionais da saúde, fascinados pela proliferação das técnicas, utilizam-nas como recursos estratégicos, a tal ponto que o conjunto das despesas de saúde se encontra comandado pela prioridade conferida aos tratamentos de ponta. Assim, e de acordo com o autor, burocracia e tecnocracia misturam-se, sendo que cada vez mais o hospital constitui uma saída crucial para numerosas indústrias em expansão, nomeadamente laboratórios farmacêuticos e industrias de equipamentos hospitalares (1974:10). Os serviços mais sofisticados oferecem uma imagem de centros luxuosos, dominados por uma tecnologia de ponta, num mundo asséptico, silencioso e calmo. As enfermarias comuns e sobrelotadas estão longe desta realidade e dão aqui lugar a quartos com poucas camas. O equipamento é sofisticado e diversificado. As técnicas médico-cirúrgicas são de ponta e a presença de várias especialidades mistura-se, dando origem a uma multiplicação de exames, recorrendo a serviços diferenciados. De acordo com Steudler (1974:13), o hospital deixou de assumir uma função meramente social para passar a ter uma função técnica, i.e., uma função médica e especializada.

Então, estes serviços de ponta interessam aos médicos pela sua riqueza de casos e patologias e pelas intervenções que oferecem, centros de inovação nos quais se pratica uma medicina de alta tecnicidade. De acordo com Steudler (1974:62-63), contextos como estes devem-se em grande medida ao progresso técnico, que pode ser medido através do aumento de actos médicos especializados e pelas suas exigências em termos de recursos humanos.

No seu conjunto, o hospital é um centro técnico. No entanto, não constitui uma "unidade" técnica, no sentido em que o hospital se caracteriza por uma justaposição de serviços que desenvolvem as suas próprias tecnocracias. Nestes serviços, e de acordo com Steudler (1974:206), o conjunto de médicos e cirurgiões define-se por uma competência técnica num domínio bem preciso, exercendo as suas práticas no interior de cada unidade técnica especializada. Tal como Freidson (1979) salienta, e que referimos anteriormente, as práticas médicas ocorrem em pequenas unidades, sendo distintas da comunidade que as envolve.

Neste sentido, é importante salientar a actividade de alguns serviços que, pela sua natureza são transversais a toda a organização hospitalar. De acordo com Steudler (1974), parecem não existir dúvidas de que a pesquisa clínica constitui a infra-estrutura de base do trabalho médico. Sem ela, a pesquisa fundamental não teria sentido. Porém, já não se trata de um trabalho "clínico" sem o apoio da biologia, já que é desta última que depende o avanço da medicina. O exame clínico é agora insuficiente, sendo necessário o apoio de instrumentos que permitam ter uma imagem indirecta ou directa das lesões. Muitas vezes é necessário completar o diagnóstico a partir da aplicação de outras tecnologias e métodos. Assim, o modelo de uma medicina tecnocrática (Steudler, 1974:78), da qual a transplantação hepática constitui um excelente testemunho, parece ter vindo a substituir a imagem do médico clínico, debruçado sobre o doente, à procura da causa da doença. Máquinas, testes, exames, fazem agora parte do acto médico e o seu papel é fundamental.

Sobre esta autonomia técnica e a propósito do diagnóstico clínico, em particular, Steudler (1974:77) refere um novo tipo de medicina onde a tecnologia assume um papel preponderante. Assim, a autópsia, que até determinada época constituía o método revelador da justeza de um diagnóstico, deu origem a uma espécie de autópsia viva onde o médico pesquisa a confirmação do diagnóstico apoiando-se em explorações do tipo químico, citológico e bioquímico. Mesmo antes da doença entrar na esfera que habitualmente se designa de "clínica", deparamos com uma bateria de testes e exames com o objectivo de confirmar os sinais que serão etiquetados com uma denominação particular. A decisão por um diagnóstico é quase sempre difícil, não linear e sobretudo dinâmica, devido às fronteiras entre determinados sintomas e sobretudo à evolução particular de determinados casos. Assim, a doença, na maioria dos casos, tende a ser expressa em termos de probabilidades, sendo que nos casos mais polémicos o recurso a exames complementares de diagnóstico amplia-se, na medida em que estes oferecem a garantia suplementar na construção de um diagnóstico correcto.

O serviço surge, assim, como uma unidade cuja finalidade é tratar o doente. No entanto, a profissão médica apresenta-se muito fragmentada, sendo a sua actividade marcada pelo conflito, não apenas entre especialidades, mas também dentro de cada uma delas. A propósito da divisão do trabalho entre as várias especialidades médicas, Loxley (1997:49) refere que este processo se desenvolve com base em competências específicas, de acordo com conhecimentos precisos. No entanto, por vezes, cada uma das especialidades procura promover-se em relação às outras, assumindo os seus saberes como prioritários, reivindicando recursos e desenvolvendo estratégias de poder. Desta forma, a divisão do trabalho torna-se disfuncional, sendo que as várias especialidades, em vez de se constituírem apenas enquanto mecanismos de articulação na divisão do trabalho médico, acentuam as diferenças, que em algumas situações conduzem à fragmentação e isolamento.

Neste sentido, Loxley (1997:50) chama a atenção para os paradoxos que encerram a divisão do trabalho médico. Se, por um lado, as fronteiras entre especialidades funcionam como mecanismos que permitem a articulação entre diferentes saberes médicos, por outro lado, funcionam, igualmente, como barreiras à interacção das várias competências. Nesse caso, os objectivos que justificam estes mecanismos não são alcançados. Assim, a divisão do trabalho médico em especialidades desenvolve-se a partir das diferenças de competências e saberes, as quais apenas fazem sentido quando estão garantidos os mecanismos necessários à sua articulação. No entanto, no conjunto das práticas médicas, verifica-se que as diferenças que caracterizam cada uma das especialidades médicas são constantemente reforçadas e defendidas, na medida em que são construídas a partir de valores representativos e relações de poder.

Então, se a colaboração entre as especialidades médicas existe, ela concretiza-se nas fronteiras onde os diferentes saberes se articulam, desafiando a segurança das barreiras territoriais e o poder de influência. Assim, a articulação dos vários saberes implica interacção ao longo de fronteiras abertas, a vontade para correr riscos e a reciprocidade de ganhos e perdas. No entanto, Loxley (1997:55) chama a atenção para o desenvolvimento e consolidação de *culturas ocupacionais*, nas várias especialidades, que permitem identificar os seus elementos enquanto distintos dos de outros grupos. Esta componente permite, igualmente, consolidar as bases do poder. Deste modo, a autora define *cultura ocupacional* como o conjunto de valores partilhados, traduzidos nas práticas médicas, que marcam as fronteiras entre aqueles que pertencem ou não a um determinado grupo. Assim, os elementos de determinada especialidade partilham um conjunto de valores que, provavelmente, envolvem estereótipos de outras especialidades, sobretudo aquelas que estão em competição directa pelo mesmo domínio, poder e recursos.

Na mesma linha, Coe (1970:190) já tinha referido que o desenvolvimento de competências especializadas baseia-se num corpo extenso de conhecimento teórico. De uma forma geral, este conhecimento tem um carácter altamente técnico e não é compreensível para pessoas fora da profissão. Assim, a disseminação do conhecimento é acautelada, em parte, graças à tecnicidade da sua linguagem. A aquisição de um corpo de conhecimentos é ainda limitada pela sua extensão e dificuldade, requerendo um período longo de formação e prática, que vai para além da formação básica da universidade.

Porém, apesar dos avanços científicos e tecnológicos na medicina e o desenvolvimento de competências especializadas terem vindo a alterar os contornos das questões relacionadas com a incerteza, esta questão é inerente à própria medicina. Além do mais, apesar de algumas incertezas se dissiparem com os progressos da medicina, esse mesmo progresso descobre outras incertezas que não estavam formalmente reconhecidas, podendo mesmo criar novas áreas de incerteza que não existiam previamente (Fox, 2000: 409). Deste modo, a incerteza funciona como um estímulo na produção do conhecimento médico, um desafio constante à ciência e, ao mesmo tempo, uma matéria de preocupação, devido às formas adversas como afecta o trabalho e a responsabilidade dos médicos. Este facto incontornável diminui a capacidade de controlo do conhecimento médico sobre a prevenção, diagnóstico e tratamento da doença, bem como sobre a previsão dos resultados provenientes de determinadas decisões médicas. Tal como refere a autora, as implicações ultrapassam os aspectos meramente científicos. A incerteza médica levanta questões de natureza emocional e existencial acerca do pleno significado e da eficácia do esforço médico, no sentido de assegurar o bem estar dos doentes, restaurar-lhes a saúde, diminuir-lhes o sofrimento e prolongar as suas vidas. Assim, a incerteza intersecta-se com os riscos, limitações e ambiguidades que a prática da medicina implica, evocando, deste modo, a dimensão trágica e incontornável da medicina: a de que todos os ser humanos são mortais.

No entanto, o progresso da medicina não significa simplesmente que novos conhecimentos e novas técnicas são acrescentados às anteriores. Na maioria dos casos, a inovação significa que os antigos conhecimentos ou técnicas são rejeitados. Mas, perceber quando é sensato resistir a uma inovação implica a aquisição e domínio de conhecimento novo, o que pressupõe que os médicos necessitam de estar constantemente a par dos novos desenvolvimentos. Então, converter o conhecimento em acção apresenta-se como um novo dilema. Para os médicos, trabalhar num campo com inúmeras incertezas implica, agora, escolher entre uma técnica já conhecida e experimentada, embora com limitações, e uma nova que, embora aperfeiçoada em comparação com a anterior, produz novas incertezas.

Do ponto de vista económico, qualquer análise utilizaria sempre argumentos acerca do equilíbrio entre custos e benefícios da utilização de determinadas tecnologias, em comparação com estratégias alternativas. Quando se trata de cuidados de saúde é geralmente mais fácil medir custos do que benefícios, sendo que os primeiros são mais facilmente estimados do que os benefícios em termos dos doentes e das suas famílias. No entanto, os médicos aceitam mais facilmente uma análise de custo-eficiência duma determinada técnica ou procedimento, do que uma análise de custo-benefício. Desta forma, torna-se importante a aferição em termos de qualidade de vida[16], apesar de ser difícil de obter. Mesmo assim, a tentativa em apurar esta medida de acesso tem a vantagem de tornar claro o peso que, de uma forma geral, está ligado ao valor do julgamento sobre a qualidade de vida, comparado com outros indicadores mais legíveis como os benefícios monetários. Na análise custo-benefício, a medida mais utilizada é o número de anos de vida com qualidade que é obtido a partir duma determinada intervenção. O resultado do tratamento é comparado com o resultado esperado se tivesse sido aplicado

---

[16] Veja-se artigo de Joralemon, D. (1991) – "Studying the Quality of Life After Organ Transplantation: Research Problems and Solutions", Social Science and Medicine, Vol. 44, 9, pp. 1259-1278.

outro ou nenhum tipo de tratamento. Este benefício deve ser qualificado como expectativa de vida e conduz ao conceito controverso de anos de vida com qualidade ajustada. Esta noção tem sido muito discutida na sua aplicação, tendo estado no centro do conflito entre a ética médica e a economia. De facto, a boa ética médica e a boa ética económica parecem, muitas vezes, não coincidir, embora este indicador possa permitir ter em consideração, na prática médica, um dos seus princípios fundamentais: manter a justiça e equidade na distribuição e utilização dos recursos na prestação dos cuidados de saúde.

Então, antes de se decidir sobre uma intervenção particular é importante considerar quantos doentes já beneficiaram dela, quando é que beneficiaram e por quanto tempo. Assim, e de acordo com Jennett (1994:96) é importante considerar dois patamares cruciais na tomada de decisão acerca da eficiência de um tratamento: a previsão e a avaliação dos resultados se não se tivesse procedido ao tratamento. A autora chama ainda a atenção para a importância que deve ser atribuída, na interpretação destes factos, às expectativas do doente em relação ao tratamento e não apenas aos objectivos técnicos dos médicos, isoladamente.

Estas questões conduzem, necessariamente, aos aspectos relacionados com o acesso dos doentes às novas tecnologias médicas e que se revelam particularmente importantes na discussão das tecnocracias médicas. De acordo com Bronzino (1990:549--550), o acesso aos cuidados de saúde especializados e sofisticados e, consequentemente, a tecnologias de ponta, é, muitas vezes, desigual. Neste sentido, é importante notar alguns aspectos distintivos dos cuidados de saúde que lhes dão um significado especial, sendo talvez o mais importante, a natureza e importância das necessidades de prestação desses cuidados. Sendo óbvio que todos os indivíduos têm necessidades em termos de cuidados de saúde e que estas implicam, consequentemente, o acesso a determinadas tecnologias médicas, é fundamental entender a importância das práticas e tecnologias que são utilizadas para manter e restituir a saúde. Acresce que a noção de "necessidade", em termos de cuidados de saúde é substancialmente diferente em relação a outros tipos de bens ou serviços, sendo que os cuidados de saúde e as tecnologias médicas utilizadas para proporcionar esses cuidados devem ser encarados como substancialmente diferentes de quaisquer outros bens ou serviços.

Pela sua natureza, as necessidades em termos de cuidados médicos implicam uma obrigatoriedade em termos de resposta, por forma a manter, restabelecer ou proporcionar, quando possível, equivalentes funcionais ao funcionamento normal do corpo. Mas, apesar de genericamente podermos decidir livremente sobre os bens e serviços a que podemos ter acesso, dependendo da nossa capacidade financeira, o mesmo não acontece no que respeita aos cuidados de saúde e tecnologias médicas. Aqui, não é o doente que decide, ou seja, a determinação das necessidades de tratamento e consequentemente, o acesso a determinadas tecnologias médicas, não depende de uma escolha individual, mas sim de alguém formalmente habilitado para o efeito: o médico.

Mas, se no que diz respeito ao acesso dos doentes a determinadas tecnologias médicas a questão não é linear, o acesso dos médicos encerra, igualmente, alguns aspectos que importa esclarecer. Hillman (1992:133) refere, a este propósito, que a capacidade do médico em aceder a uma determinada tecnologia médica depende dos contextos de regulação, de rentabilização e de competição em que trabalha, bem como da sua percepção acerca dos potenciais benefícios técnicos e clínicos dessa tecnologia. Analisando a extensão em que os médicos podem ser influenciados na decisão, em termos de adopção de uma determinada tecnologia, o autor refere o facto dos médicos, de uma maneira geral, criarem grandes expectativas no que diz respeito às possibilidades e potencialidades em termos de benefícios para os doentes. O autor chama também a atenção para um conjunto de incertezas que têm a ver com questões de localização das tecnologias e com o valor acrescentado que estas poderão trazer em termos de conhecimento médico, em relação a outras tecnologias já existentes.

Hillman refere ainda o problema da avaliação da aquisição de novas tecnologias médicas, em termos de vantagens clínicas (*technology assessment*), salientando, a este propósito, que a avaliação científica da tecnologia é praticamente inexistente na fase da difusão. Assim, o autor identifica três formas de competição em termos de acesso às tecnologias médicas e que são particularmente relevantes para o estudo das tecnocracias médicas: a competição no fornecimento de serviços que utilizem a tecnologia; a competição pelos doentes; a competição entre especialidades médicas pelo controlo da tecnologia. Então, o poder de uma nova tecnologia é construído a partir da sua consideração como um recurso estratégico por parte dos fornecedores e também por parte dos médicos que as dominam. Muitas vezes, na competição entre e dentro das especialidades verifica-se que existe alguma relutância, por parte de alguns médicos que não dominam uma determinada tecnologia, em referenciar doentes aos seus colegas.

A propósito da influência que os médicos têm na aquisição de tecnologias, Hillman (1992) refere que, apesar das barreiras por parte das administrações hospitalares na aquisição de tecnologias demasiado dispendiosas, os médicos continuam a exercer fortes influências na decisão, encontrando sempre formas de aceder às novas tecnologias. Deste modo, o autor refere a ênfase no desenvolvimento de tecnologias médicas mais seguras e menos invasivas como um dos mais importantes argumentos utilizados em termos de inovação tecnológica e consequentemente, na adopção de novas tecnologias médicas. Em grande medida, a emergência desta tendência está relacionada com o facto consumado de que as tecnologias médicas têm um papel importante em termos de aumento do conforto nos cuidados e na qualidade de vida, bem como no aumento da longevidade.

De igual modo, a atitude do cidadão comum em relação às tecnologias médicas de ponta reflecte, e ao mesmo tempo condiciona, as expectativas que estão embutidas na promessa da ciência e no poder da medicina. Assim, não será surpreendente constatar que as imagens mais recorrentes sobre tecnologias de ponta estejam associadas à criação da vida humana ou ao seu prolongamento. Do mesmo modo, a aplicação das tecnologias médicas de ponta surge como factor responsável pelas possibilidades de aumento da longevidade e padrões mais elevados em termos de qualidade de vida.

As motivações pessoais dos médicos em termos de acesso a novas tecnologias incluem, igualmente, o prazer intelectual, o orgulho associado ao facto de estarem na "crista da onda", o respeito dos seus pares, o serem capazes de aplicar uma determinada tecnologia em benefício do doente e, em alguns casos, os incentivos financeiros. Neste sentido, Hillman (1992:147) procura identificar as formas através das quais os médicos têm conhecimento de novas tecnologias, que factores influenciam a sua decisão em termos de acesso, e as características dos decisores chave. Na opinião deste autor, os médicos consideram, em primeiro lugar, de que forma a adopção de uma determinada tecnologia pode beneficiar o doente. Neste aspecto, há a considerar os atributos específicos da tecnologia e, embora numa escala menor, as incertezas sobre a sua utilização. Os custos da tecnologia (de aquisição e utilização), os tipos de dificuldades que a tecnologia apresenta e as características das práticas médicas (por exemplo, se é individual, em grupo ou multidisciplinar), constituem também aspectos importantes a considerar.

Então, importa definir tecnologia, não apenas a partir de equipamentos e substâncias, mas antes como estrutura intelectual completa na qual a medicina moderna ocidental contemporânea assenta e funciona. Deste modo, a abordagem predominantemente micro-analítica da doença é, de um modo geral, uma tecnologia, sendo que as relações entre médicos e doentes constituem manifestações específicas destas tecnologias médicas globais (Rosengren, 1980:7). Acresce que a capacidade da medicina em identificar, definir e criar o seu próprio monopólio sobre a doença constitui tanto uma função da tecnologia, como uma função da profissão médica. Por isso, muitas vezes, as doenças a que são atribuídos diagnósticos e tratamentos prioritários, nem sempre são evidentes.

Esta eminência da doença é um fenómeno socialmente produzido, assistido desde a sua origem por um poder, exercendo influência nas definições técnicas aceites e sustentadas através da organização social da medicina. Assim, estão incluídas na noção de tecnologia, bem como na noção de organização profissional da medicina, as relações entre doentes e doenças e entre doentes e a profissão médica.

Neste sentido, Rosengren (1980) chega a um conjunto de considerações mais latas que envolvem o lugar que ocupam as tecnologias médicas e a organização social da medicina no conjunto das grandes instituições da sociedade, incluindo os aspectos culturais e éticos que rodeiam a complexidade das práticas médicas. Para além das diferenças de comportamento por parte dos doentes, no que diz respeito à sua participação em todo o processo, o tipo e a qualidade dos cuidados prestados estão ligados não apenas às tecnologias médicas, mas também à organização social dessa tecnologia. Isto quer dizer que a prestação dos cuidados varia consoante se trata, por exemplo, de um hospital central ou de um centro de saúde; também os cuidados recebidos num bloco operatório são organizacionalmente diferentes do tratamento recebido num gabinete médico no mesmo hospital. Isto implica que a prestação dos cuidados médicos é feita de acordo com o vínculo a determinado tipo de organização, sendo que a natureza desta constitui um aspecto determinante na definição do tipo de cuidados prestados. De um modo geral, e de acordo com o autor (1980:17), a prestação de cuidados resulta da conjugação entre a função de tecnologia disponível e a complexidade da organização do trabalho médico, ou seja, quanto mais complexa for a organização, mais complexa é a tecnologia e, portanto, mais elevado é o potencial, em termos de cuidados médicos de alta qualidade.

Então, resta-nos concluir acerca das tecnologias médicas e da sua relação com a profissão e práticas médicas. Para além das questões relacionadas com a exploração comercial dos cuidados médicos, com os elevados custos decorrentes da aplicação de determinadas tecnologias e com os aspectos éticos, outras reflexões revelaram-se mais interessantes por irem no sentido deste estudo. Essas reflexões têm a ver com o controlo na aplicação das tecnologias médicas e com a sua utilização enquanto recurso estratégico por parte da profissão médica. Consequentemente, outros aspectos revelam-se igualmente importantes para entender a construção das tecnocracias médicas que atravessam a rede complexa da organização hospitalar, como sejam o acesso dos doentes a determinadas tecnologias, bem como o acesso dos profissionais médicos que as utilizam e aplicam.

Importa, igualmente, reflectir acerca do verdadeiro significado da noção de tecnologias médicas na sua associação directa à construção do conhecimento médico. Considerando que as atitudes dos médicos perante novas tecnologias médicas reflectem-se nos valores e nas práticas das organizações que prestam cuidados de saúde, Uttley (1991:46-48) sublinha que a difusão tecnológica em meio hospitalar é maior nos hospitais centrais, sobretudo naqueles ligados ao ensino e à investigação. Este aspecto é justificado pela importância colocada na troca de ideias e de informações entre as especialidades médicas, sendo que existe competição na produção de conhecimento e tecnologias (apesar da disseminação desse conhecimento ser intrínseca ao processo), na medida em que a comunicação de novas ideias constitui uma componente crítica na aquisição de *status* e promoção na profissão médica. Assim, estabelecem-se redes de comunicação entre os diversos profissionais, sob a forma de conferências, publicações científicas, estágios em diversos serviços hospitalares e centros de pesquisa. No entanto, muitas vezes, a partilha de informação torna-se difícil devido às restrições inerentes à competição entre os médicos que compõem as várias especialidades.

Mas, é nas práticas médicas que o conhecimento médico se constrói, a partir da relação directa com a doença e com os doentes. De facto, o progresso tecnológico tem vindo a alterar significativamente a forma e o significado deste tipo de relações, permitindo dirigir o nosso olhar para a produção dos significados.

Por exemplo, a utilização dos estetoscópios aumentou o significado dos sons cardíacos e a dos raios-x, ou ecógrafos, aumentou o significado das sombras anatómicas. Esta evidência é crucial para o diagnóstico e para a terapia e, quanto mais rigorosos forem, mais valor têm. Em comparação, a evidência dada à informação proveniente dos doentes, fonte da sua experiência pessoal, parece muitas vezes assumir uma direcção contrária. De forma cada vez mais evidente, os encontros entre médicos e doentes são relativamente breves e em períodos intermitentes. Nestes encontros, sob a forma de consulta ou visitas às enfermarias, os aspectos técnicos dominam, havendo cada vez menos tempo para estabelecer uma relação mais próxima ou perceber a opinião do doente acerca da doença. Mesmo nas relações entre médicos, que não são tão descontínuas, os aspectos tecnológicos tendem a pesar mais do que outras dimensões ou avaliações terapêuticas.

Mas, em termos de senso comum, a percepção sobre a saúde e a doença é colocada sob a forma de uma actividade complexa que transcende a compreensão do homem comum. A ligação entre a saúde e o progresso científico estabelece-se através de um conjunto vasto de tecnologias presentes a todos os níveis na prestação dos cuidados de saúde. De acordo com Uttley (1991), nas sociedades ocidentais, a ênfase nos instrumentos, máquinas e procedimentos, ligados aos cuidados de saúde, é explicada a partir da associação directa entre o progresso da física e da medicina, desde o século XVIII. Deste modo, o conhecimento do corpo e da doença é conseguido a partir da ciência empírica e dos aspectos físicos. Então, de acordo com Uttley (1991), a compreensão do mundo físico e das máquinas, em particular, ajudou a desenvolver uma concepção acerca do funcionamento do corpo, através da utilização de analogias com o mundo mecânico.

Assim, referindo o trabalho de Osherson e AmaraSingham, Uttley (1991:28-29) chama a atenção para o facto de nas sociedades ocidentais estarmos perante a ideia de corpo humano como produtor de trabalho, enquanto peça duma máquina total. Deste modo, tal como as máquinas, o corpo humano pode ser mantido, reparado, desenvolvido e substituído a partir da criação e aplicação de conhecimento científico e tecnologia, sendo que a medicina constitui a área científica com essa função. A partir da ciência médica, aumenta a nossa compreensão acerca das funções do corpo, bem como o desenvolvimento de tecnologias complementares que permitem a sua manutenção. O autor apresenta o exemplo da transplantação de órgãos como a manifestação óbvia deste ideal mecanicista e do *glamour* da tecnologia médica.

Estes aspectos reflectem a percepção da doença na qual os sintomas são reconhecidos como evidencia de defeitos do mundo mecânico que têm de ser identificados e reparados. Oshersone e AmaraSingham demonstram como esta concepção mecanicista teve impacto nos cuidados de saúde, não apenas na relação médico-doente, mas também na formação dos médicos, no desenvolvimento das técnicas de intervenção médicas, no controlo médico sobre o nascimento e nas atitudes perante a morte. Então, os avanços contemporâneos em termos de instrumentos e técnicas de diagnóstico permitiram aos médicos explorar, analisar e, consequentemente, tornar legível o espaço interior dos corpos dos doentes na pesquisa constante da localização precisa das lesões patológicas.

A propósito das novas tecnologias médicas, Foucault salienta que as novas técnicas não representam nenhuma evolução como convencionalmente se acredita, mas constituem sim, as diferentes formas de ler o corpo. Tratam-se de formas diferentes de percepcionar a doença. Foucault (1963;1997) caracteriza esta nova grelha de compreensão da doença como *clinical gaze*, sugerindo que este termo assume uma posição significativa e central na percepção da leitura médica do corpo humano. Por outras palavras, a nova medicina, que a partir desta altura se denomina de biomedicina ou medicina patológica, passa a ver o corpo humano como um texto que pode ser legível através de técnicas que penetram nele em profundidade.

Assim, a medicina moderna ocidental assenta num tipo particular de discurso, sinónimo daquilo que se tornou conhecido como o *modelo biomédico* e que de acordo com Nettleton (1995:3), nos últimos 150 anos, tem dominado o nosso entendimento acerca da saúde e da doença. A abordagem científica deste modelo e a sua conceptualização do corpo enquanto máquina, constitui uma forma característica de observar e conhecer o corpo. A medicina reivindica a oferta da única resposta válida à compreensão da doença. Segura da sua abordagem, a medicina subscreve a sua própria história cuja evolução resulta de um crescente conhecimento apurado sobre a doença. Este modelo constitui, assim, uma referência não apenas no que diz respeito à produção dos cuidados médicos, mas também à produção do conhecimento e discurso médicos. Neste sentido, interessa sobretudo explicar em que medida o *modelo biomédico* assegura a matriz de reprodução de conhecimentos e discursos médicos diferenciados, que ocorrem num determinado contexto específico.

Nettleton (1995) enumera alguns aspectos que podem desafiar a biomedicina, entre os quais a pretensão de que através do método científico este modelo identifica a verdade sobre a doença. A autora contrapõe a esta ideia uma outra, sugerindo que a doença, objecto principal de estudo por parte da medicina, é socialmente construída. Desta forma, é argumentado que as categorias de doença não são descrições correctas do mau funcionamento anatómico mas são sim, socialmente criadas, i.e., a doença é construída enquanto resultado de raciocínios que estão mergulhados socialmente.

Nettleton (1995:7) refere igualmente um outro aspecto que põe em causa o *modelo biomédico*, que tem a ver com a exigência das fronteiras da profissão médica serem sobretudo encaradas como resultado de lutas sócio-políticas e não tanto baseadas em demarcações do conhecimento científico. Isto implica que o que é legítimo em termos de conhecimento e práticas médicas é decidido através de processos sociais e não por objectos naturais sobre os quais a profissão tem um conhecimento exacto.

No entanto, o grande significado da medicina moderna não reside apenas nos avanços tecnológicos que utiliza para tornar o corpo legível. Foucault (1975) sugere que o aparecimento paralelo, na sociedade ocidental, do hospital, da prisão e da escola, representa a expansão de técnicas que tornam os indivíduos legíveis e daí a construção do indivíduo enquanto entidade distinta. Deste modo, as várias técnicas do início do século XIX que permitiram a construção da estrutura anatómica em contornos muito precisos, constituem igualmente técnicas de construção do corpo enquanto objecto social. Estas técnicas, que tornam o corpo legível, criaram os corpos individuais tal como hoje os percepcionamos. Em suma, Foucault argumenta que ocorreu uma mudança fundamental na sociedade ocidental por volta do século XVIII, onde um número de novas técnicas rudimentares, mas penetrantes, emergem para focar o louco, o doente, o criminoso, o estudante, etc. Em conjunto, estas técnicas funcionam com o intuito de construir um corpo humano, discreto, passivo, decomponível e escrutinável e que pode ser transformado através das mesmas técnicas.

Esta prioridade em tornar o corpo humano legível continuou até aos nossos dias. Na medicina, os avanços em termos de instrumentos, ciências de laboratório e técnicas analíticas permitiram a investigação do corpo humano a níveis detalhados e cada vez mais avançados. Talvez uma parte importante da história da tecnologia médica possa ser explicada como uma continuação deste importante imperativo social que é o de tornar o corpo legível. Desde a hematologia à bioquímica clínica, desde a radiologia à biópsia, desde a cirurgia à patologia, tem havido um enorme investimento na micro-análise do corpo humano nos dois últimos séculos. Cada um destes desenvolvimentos tem sido construído como progresso e como avanços representativos, à luz da concepção ocidental sobre a doença e o corpo, que são redutíveis a lesões patológicas. Quanto mais o corpo se torna legível, mais fácil é identificar – e possivelmente remover – a base localizável da doença. Assim, a tecnologia assegura que a visualização do corpo seja conseguida, de tal forma que o olhar clinico (*clinical gaze*) possa iluminar todas as doenças, revelá-las, graças ao olhar mais penetrante da medicina.

Capítulo II

Trajecto teórico e metodológico

1. O quadro teórico e o modelo analítico de investigação

Chegamos, assim, à definição do quadro teórico central que organiza toda esta investigação, onde a contribuição do filósofo francês Foucault se revela particularmente importante, pelo facto das questões referidas nos seus trabalhos serem fundamentais para o estudo das tecnocracias médicas. Para o autor importa elucidar acerca dos significados e funções da tecnologia, particularmente na sua relação com o conhecimento e as suas ligações com as relações sociais e o exercício do poder. O pensamento de Foucault sobre o poder dá relevo às técnicas, procedimentos e mecanismos polimorfos do poder, intensamente institucionalizados nas actividades e nas margens/periferias das hierarquias centralizadas de dominação. A noção de poder neste contexto, não se refere necessariamente a aspectos de opressão ou de dominação, mas sim a uma energia construtiva, que se manifesta não apenas na organização das relações sociais, mas também nos desejos e actividades dos indivíduos.

Então, poder e conhecimento não podem ser vistos separadamente, na medida em que o conhecimento produz poder. Longe de ser meramente proibitivo, os seus mecanismos de controlo são produtivos. O conhecimento é necessariamente um recurso de poder e este, por sua vez, necessita de conhecimento por forma a ser produtivo. Assim, o conhecimento, configurado em moldes institucionais, define as relações de poder, sendo que, a este propósito, a medicina constitui um excelente exemplo. Neste sentido, o poder cuja natureza é criativa e produtiva, não segue uma linha de cima para baixo, a partir de um único centro. Pelo contrário, as relações de poder não partem de um centro mas estão difusas através do todo social em redes complexas e relações diversas.

Torna-se importante esclarecer que, para Foucault, o exercício do poder constitui uma relação; o poder não é fixo mas sim fluído e onde o poder é exercido existe sempre uma resistência. A vigilância social não é apenas repressão, mas também construção social e criatividade. Neste sentido, a medicina, e particularmente a prática clínica, utiliza os corpos enquanto recursos de conhecimento. Como resultado de um grande número de casos acumulados, a observação clínica da doença e das estruturas orgânicas torna possível a criação de novo conhecimento. Assim, o hospital não constitui apenas um lugar de tratamento, mas também uma máquina de observação, aquilo que Foucault designa de condição institucional central para o *clinical gaze*; o hospital deve assim ser considerado um dos centros de *power-knowledge*.

Chegamos assim a um conceito central no trabalho de Foucault. Nas relações *power/knowledge* Foucault constrói o seu objecto de análise, tendo em consideração as práticas discursivas ao longo das quais se constituem estas relações. É no contexto destas que algumas representações adquirem mais poder do que outras. As representações apresentam-se, assim, como os modos discursivos fundamentais das relações e assumem características históricas específicas. Estas, constituem-se a partir de estratégias do poder discursivo onde, estrategicamente, passam a ser encaradas como um efeito de práticas distintas de *power/knowledge*, ganhando uma posição ascendente na representação de determinado objecto.

As práticas médicas constituem-se a partir do conhecimento médico e são elas próprias práticas discursivas: o conhecimento reproduz-se através das práticas e torna-se possível pelo funcionamento dos princípios de produção e circulação desse conhecimento. Trata-se, geralmente, de um conhecimento prático que disciplina o corpo e regula a mente e as emoções, de tal forma que a hierarquia e a estratificação que o conhecimento assegura não correspondem a uma reprodução cega, produzindo antes uma nova base de ordem, no esforço produtivo dos indivíduos, definido por novas práticas de poder disciplinares. Aliás, Foucault (1976:IX) esclarece acerca destas práticas disciplinares de poder, referindo o seguinte:

> "Não se trata de, num dos lados, um discurso de poder e no lado oposto, outro discurso que vai contra ele. Os discursos são elementos tácticos ou blocos que operam no campo de relações de força; podem surgir discursos diferentes ou mesmo contraditórios na mesma estratégia; pelo contrário, podem circular sem alterarem a sua forma, de uma estratégia para outra estratégia oposta."

Deste modo, os discursos são sempre discursos de um poder relacional e móvel, pelo que podemos afirmar que a concepção de poder para Foucault assenta no seu carácter difuso e intersticial. Então, os discursos e as práticas do conhecimento médico tornam-se produtivas em corpos específicos. Uma das formas de o fazerem é através da utilização das dimensões temporal e espacial. No contexto clínico do hospital, o corpo do doente transforma-se em objecto do *medical gaze* (Foucault, 1963;1997). É a partir deste olhar que o corpo do doente é construído enquanto arquétipo particular da doença. O *medical gaze* consubstancia um discurso dominante na medicina científica para aceder e monitorizar o corpo dos doentes. Esta abordagem ao diagnóstico e tratamento é resultado, como já referimos, de sucessivas alterações que tiveram lugar nos finais do século XVIII e início do século XIX, onde a medicina científica emerge, confiante na medição sistemática e na identificação de sinais visíveis de doença. As áreas da patologia e da anatomia, utilizando práticas de dissecação dos corpos, interditas até então, começam a construir o conhecimento médico, expondo ao *clinical gaze* tudo aquilo que até então estava escondido (Foucault, 1963;1997). Assim, se a realização do diagnóstico da doença se centrava apenas nos sintomas transmitidos pelo doente, agora passa a utilizar tecnologias para construir conhecimento acerca do corpo, vendo e ouvindo a partir delas, o que está dentro desse corpo. E o que está dentro do corpo já não é apenas aquilo que o doente diz, mas também, e cada vez mais, o que o médico vê e observa nas suas profundezas.

Os doentes passam a fazer parte dos processos de observação, diagnóstico e tratamento, apenas enquanto corpos do olhar do médico, que os diferencia e os avalia, comparando-os a uma norma e a critérios cientificamente definidos. De acordo com Foucault (1963;1997), a vigilância médica e as práticas médicas que conduzem ao tratamento da doença, constituem uma função da disciplina sobre o corpo do doente, lendo o corpo enquanto sujeito passivo e produtivo: o produto do discurso médico e do poder. De referir que o termo *disciplina,* utilizado neste contexto, não implica necessariamente uma relação que envolva punição ou coerção, transmitindo antes o sentido de que o corpo do doente submete-se voluntariamente, ajusta-se e molda-se às práticas e conhecimentos médicos. De acordo com Lupton (2000:55), esta transferência do conhecimento acerca do corpo do doente para o médico é praticamente unilateral, i.e., os médicos não revelam aos doentes o conhecimento sobre os seus corpos e não revelam informações e reflexões acerca da doença. Deste modo, o *clinical gaze* não admite a reciprocidade.

Assim, fazendo a ligação entre conhecimento e poder, Foucault rompe com a visão do poder unitário, imposto de cima para baixo e manipulado através de um aparato coercivo misturado com práticas de legitimação ideológica (Clegg, 1998). O *gaze* significa tornar visível e constitui uma tecnologia de poder através da qual o objeto do olhar se torna conhecido ao observador. Este conhecimento, codificado e organizado, transforma-se num recurso, a partir do qual o observador desenvolve competências e controla o seu objeto de observação.

Em relação à medicina, Foucault sugere que o conhecimento médico acerca do corpo humano e da doença constitui a base do poder médico. Sob a forma de práticas médicas, nas tecnologias aplicadas, este poder dissemina-se e permite a constituição de conhecimentos acerca da doença que podem ser observados através de sintomas e sinais. Esta relação entre sintomas e sinais clínicos proporciona a definição da doença. Tal como refere Foucault (1963;1997: 93), onde existe um sintoma, fala um sinal. Assim, os sinais clínicos (que não são observáveis) constituem-se enquanto linguagem do próprio sintoma. Para os médicos, através das suas competências, todos os sintomas se transformam em sinais, todas as manifestações patológicas são traduzidas através duma linguagem própria. Podemos acrescentar que esta linguagem, dominada exclusivamente pelos médicos, constitui a base do discurso médico científico; é através do *gaze*, autêntica tecnologia do poder, que os médicos alcançam o conhecimento e competências acerca do corpo e da doença. O corpo do doente, objecto desta tecnologia, é decifrado pelos médicos e apenas por estes, já que a leitura dos sintomas e sinais apenas pode ser feita através dos especialistas, os únicos com competência para lerem correctamente estes sinais.

O contributo de Foucault é claro: a ênfase nos modos de observar e conhecer; nos recursos do conhecimento e no discurso como regime de "verdade". O aparato da vigilância parece deixar, assim, pouco espaço para os doentes que se tornam objectos do *clinical gaze*. O corpo desloca-se e dispersa-se, mas tem pouca liberdade de acção. A construção de um processo particular de observação e interpretação do corpo, o *clinical gaze*, foi fundamental na construção deste modelo. A reconceptualização do corpo constituiu a força motora do aparecimento do modelo biomédico, que envolve a observação dos sinais e sintomas da doença para traçar o curso da doença no corpo. Deste modo, a doença deixa de ser encarada como um mal difuso que penetra no corpo enquanto um todo, para passar a ser circunscrita a um espaço e a ser individualizada. Os doentes são cuidadosamente examinados e os sinais e sintomas cada vez mais monitorizados, não apenas à superfície do corpo, mas também dentro dele, permitindo assim revelar os seus mistérios. Agora, a biomedicina pode alinhar claramente com os métodos de observação da ciência, opondo-se definitivamente às explicações sobrenaturais. Foucault argumenta que este novo "atlas anatómico" tornou-se numa realidade sem a qual a ordem natural do corpo não pode ser compreendida. Por esta razão, o *clinical gaze* não é apenas empírico, mas sim, analítico; regista sintomas e observa sinais e, fazendo isso, interpreta também sinais e prevê sintomas[17].

Tão importante como o *clinical gaze*, são as novas possibilidades de exercício do poder. A aceitação do discurso vigente acerca do corpo, da saúde e da doença proporciona aos médicos grande poder nas relações com os doentes e com os outros profissionais da saúde, que não dominam da mesma forma o *atlas anatómico* – os meios através dos quais os médicos podem olhar e conhecer aquilo que estão a observar. Foucault projecta, assim, o poder enquanto relação entre grupos; esta disciplina do poder produz uma nova realidade, uma nova forma de "ver e conhecer", sendo, por isso, essencialmente produtiva. Neste sentido, o conhecimento médico é reproduzido tendo por base este modelo biomédico onde o *medical gaze* ocupa um lugar importante na construção do corpo e da doença.

---

[17] Também Armstrong (1983) descreve a sua experiência enquanto estudante de medicina e a forma como aprendeu a olhar e a interpretar o corpo, concluindo que o corpo apenas pode ser visto nos termos em que aprendemos a olhar para ele, argumentando que a medicina actual criou uma nova realidade através de um recurso epistemológico: o conhecimento e o significado da linguagem foram reconceptualizados. O nosso olhar sobre o corpo é, deste modo, construído socialmente, sendo teoricamente possível, no futuro, passarmos a ter um olhar diferente sobre ele. Tal como Foucault sugere, a actual concepção do corpo, o modo como aprendemos a vê-lo, a conhecê-lo e a intervir nele, constitui apenas uma das formas, não a primeira, nem tão pouco a última ou a única.

Se aceitarmos a ideia de que as formas de conhecimento constituem produtos sociais (discursos, paradigmas ou esquemas de análise) construídas com a sociedade, que configuram a realidade em formas particulares (por forma a que uma realidade numa determinada sociedade não possa ser observada e conhecida de outra forma), devemos admitir a possibilidade de que outros discursos possam, de igual modo, existir. Na área da saúde, esta postura ajuda-nos a reconhecer as especificidades culturais da biomedicina ocidental e a pensar em modelos alternativos que permitam também explicar a saúde e a doença. A produção do conhecimento médico tem lugar na sociedade e não fora dela, o que quer dizer que é influenciada pelas práticas sociais, ao mesmo tempo que contribui para as criar.

Foucault (1963;1997) traça a emergência desta *clinical gaze*, i.e., de uma nova forma de ver o corpo do doente, a qual prepara terreno para uma nova forma de prática médica. Esta alteração ocorre durante um período de alterações significativas na Europa, nomeadamente o desenvolvimento do capitalismo, o crescimento das populações e a concentração de um elevado número de pessoas em espaços urbanos. As antigas formas de controlo tornam-se obsoletas perante estas novas condições, sendo substituídas por novos regimes de poder construídos em torno da monitorização e vigilância dos corpos ou "bio-políticas". A mudança de visão de uma medicina baseada na especulação no século XVIII, para uma medicina com base na ciência no século XIX, não é o resultado de um desenvolvimento racional em direcção a um conhecimento mais autêntico.

Os indivíduos são agora controlados a partir de formas emergentes de conhecimento especializado. Em 1975, Foucault descreve bem o aparecimento destas novas formas de poder: a vigilância do *self*, a partir do Panopticon de Bentham, um edifício circular construído à volta de uma torre central, cuja arquitectura em forma de prisão serve de ilustração ao funcionamento da sociedade. Tal como no Panopticon de Bentham, os indivíduos não conseguem saber se estão ou não a ser observados a partir da torre central. Consequentemente, começam a policiar os seus próprios comportamentos. Tal como Foucault refere:

> "(...) não são necessárias armas, violência física, constrangimentos materiais. Apenas a *gaze*. Uma *gaze* que inspecciona, uma *gaze* em relação à qual cada indivíduo sob o seu peso acaba por interiorizar ao ponto de ele ser o seu próprio inspector, cada indivíduo, desta forma exerce esta vigilância sobre e contra ele próprio. Uma fórmula magnífica: o poder exercido continuamente e com custos mínimos." (Foucault: 1975:153)

Desta forma e na linha de pensamento de Foucault, devemos abandonar a ideia que nos faz pensar que o conhecimento apenas pode existir quando as relações de poder estão suspensas e que o conhecimento apenas se pode desenvolver fora dos seus preceitos, exigências e interesses. Pelo contrário, devemos antes admitir que o poder produz conhecimento e não apenas por encorajá-lo, porque ele serve o poder ou por aplicá-lo porque ele lhe é útil; que o poder e o conhecimento se implicam directa e mutuamente; que não existem relações de poder sem uma correlativa constituição de um campo de conhecimento, nem qualquer conhecimento que não pressuponha e ao mesmo tempo constitua relações de poder.

Com esta grelha de análise Foucault entende a ciência como uma actividade onde a realidade é empiricamente aberta, conceptualmente subdividida e teoricamente explicada a partir da perspectiva da produção do poder. Então e de acordo com Honneth (1991:172), para Foucault o que interessa é o modo de funcionamento das técnicas modernas de poder que se centram nas relações do corpo, norma e conhecimento. Estas são as três categorias fundamentais para perceber a teoria do poder em Foucault. De acordo com este autor, esta trilogia forma uma espécie de sistema de *feedback* no qual o conhecimento sistemático acerca das formas de acção humana é produzido através de procedimentos apropriados de extracção de informação (ex. consulta médica, exames clínicos e laboratoriais, etc.). Este conhecimento é então traduzido em práticas de disciplina directa sobre o corpo (a anatomo-política do corpo, na perspectiva de Foucault) e em vigilância e controlo administrativo dos comportamentos (a bio--política das populações, na mesma perspectiva). Obviamente que este sistema de *feedback,* no qual os processos simbólicos de produção do conhecimento se combinam com as práticas de controlo do comportamento, é interpretado, não de uma forma estática, mas sim no sentido de um processo de aprendizagem cumulativa. Qualquer técnica aplicada para controlar expande a base de informação do conhecimento científico, aumentando, desta forma, a capacidade de manipulação dos processos de disciplina e controlo. Trata-se daquilo que Foucault refere como um duplo sentido da "produtividade" das técnicas de poder, que funciona como uma espécie de sistema de *feedback* e, em simultâneo, de optimização constante de uma forma reflexiva.

Privilegiando a análise estratégica, mas partindo de uma outra concepção do poder, Crozier e Friedberg (1977) avançam com um modelo que interpreta as relações de poder no contexto concreto das organizações. Nesta abordagem, os autores salientam as organizações enquanto fenómeno totalmente autónomo e artificial, das quais é preciso explicar a sua existência como a de uma construção contingente (Crozier e Friedberg, 1977). A organização é encarada como uma construção humana, onde encontramos o que podemos definir como jogos estruturados, de forma mais ou menos frouxa, mais ou menos formalizada, mais ou menos consciente, e cuja natureza e regras indicam uma série de estratégias vencedoras possíveis.

Então, os modos de acção colectiva constituem soluções específicas que os actores, relativamente autónomos e com recursos e capacidades particulares, constroem e instituem, de modo a resolver os problemas colocados pela acção colectiva. Nomeadamente, o aspecto mais importante de entre todos, o da cooperação, que visa a realização de objectivos comuns, apesar da existência de orientações divergentes. De acordo com os autores, as formas de articulação e integração de comportamentos divergentes e contraditórios apresentam-se como soluções construídas, não sendo as únicas soluções possíveis, nem sequer as melhores, relativamente a um determinado contexto.

Neste sentido, as formas de acção colectiva não constituem meros exercícios gratuitos, mas antes coligações de indivíduos com vista à resolução de problemas. Estas construções redefinem e rearranjam estes problemas, no entanto, a sua configuração e os seus resultados não podem ser abstraídos das suas propriedades, da sua estrutura "intrínseca" e, nomeadamente, do seu elemento mais crucial: a incerteza/indeterminação em relação às modalidades concretas da sua solução.

O conceito de sistema de acção concreto ocupa um lugar central na análise estratégica, na medida em que a organização é vista como uma construção humana ou um conjunto humano estruturado, composto de indivíduos que desenvolvem estratégias particulares e que as estruturam num conjunto de relações regulares submetidas a constrangimentos sociais mutáveis. Assim, são necessários ajustamentos permanentes, que são efectuados, não através da organização formal, mas a partir das relações entre os diversos actores que procuram reconstruir o conjunto, posto, desta forma, em movimento. Então, a organização é definida a partir de uma construção em ajustamento permanente, que constitui o sistema de acção concreto, revelando-se, deste modo, as estruturas paralelas de poder em contraposição à estrutura formal.

Neste sentido, a definição que Crozier e Friedberg nos dão sobre o sistema de acção concreto reforça a importância das questões do poder na compreensão das organizações. Assim e de acordo com os autores, um sistema de acção concreto pode ser definido "como um conjunto humano estruturado que coordena as acções dos seus participantes através de mecanismos de jogo relativamente estáveis e que mantêm a sua estrutura, ou seja, a estabilidade desses jogos e as relações entre eles, através dos mecanismos de regulação que constituem outros jogos" (Crozier e Friedberg, 1977:286). Acresce que é igualmente importante insistir sobre a não gratuitidade desses jogos, bem como dessas alianças: trata-se de constrangimentos da organização que constituem o ponto de passagem obrigatória das relações de poder, bem como do sistema de relações e, de um modo geral, dos sistemas e sub-sistemas de acção concretos.

Desta forma, Crozier e Friedberg (1977) apresentam três conceitos fundamentais da análise estratégica: poder, zona de incerteza e sistema de acção concreto, sendo que o poder surge sempre associado à dimensão de estratégia, na medida em que o primeiro torna possível a acção. Na definição de poder os autores acentuam o seu carácter relacional, ou seja, apresentam o poder como uma relação recíproca e não como um atributo.

Crozier e Friedberg (1977) enumeraram quatro fontes de poder que permitem gerar recursos estratégicos a utilizar pelos actores e que correspondem a quatro tipos de zonas de incerteza. A primeira e a mais imediata e perceptível tem a ver com a posse de uma competência ou duma especialização funcional, dificilmente substituível. O perito é aquele que dispõe de um *savoir faire*, de conhecimentos e de experiência que lhe permite resolver problemas cruciais para a organização. A sua posição é forte na negociação e confere-lhe poder. Mas este poder levanta dois tipos de dificuldades. A primeira prende-se com o facto de saber se essa competência é reconhecida e necessária à organização e se tem a ver com a linguagem, as estratégias e os objectivos dos restantes actores. A segunda questão está ligada à adesão do grupo às conclusões do perito. Este pode propor soluções óptimas, cientificamente legitimadas, mas aqueles sobre quem recaem estas soluções podem impugnar a sua legitimidade científica e até oporem-se a essa solução, invocando um outro entendimento sobre a solução mais adequada para a resolução de um dado problema.

A segunda fonte concreta de poder nas organizações reside no domínio das relações com o meio. Na medida em que ela se insere melhor no tecido das relações habituais que constituem a vida da organização, esta fonte é mais importante e mais estável. É inútil insistir sobre a importância das comunicações, no sentido em que informação é poder, permitindo dominar as incertezas que afectam a organização. O poder daquele que domina as relações com o ambiente e as comunica à organização surge do conhecimento que tem das redes nos dois domínios, podendo utilizar os seus conhecimentos nos dois lados para consolidar e aumentar o seu poder. A terceira fonte de poder está próxima desta última. Trata-se do domínio dos canais de comunicação, que permite ao actor utilizá-la de forma estratégica, como veículo de transmissão de informações e decisões. A comunicação de informações tem sempre um grande valor estratégico. Finalmente, a quarta fonte de poder apresentada por Crozier e Friedberg tem a ver com a utilização das regras da organização. Os membros de uma organização têm a ganhar numa relação de poder se dominarem o conhecimento das regras e as souberem utilizar.

O conjunto destas quatro fontes de poder conduz ao domínio de uma zona de incerteza. Toda a situação organizacional, seja qual for, contém sempre uma margem de incerteza sobre a qual a análise estratégica lança os seus projectores. Ela fá-lo porque o domínio dessa incerteza confere poder àquele que a detém. O recurso ao poder tem a ver também com uma margem de liberdade dos indivíduos ou dos grupos frente a frente uns com os outros. Esta possibilidade existe na medida em que o indivíduo consegue preservar para si uma zona que o outro não domina e onde o primeiro pode ter um comportamento imprevisível. Então, não basta desfrutar de uma autonomia para possuir poder; é preciso que a utilização dessa autonomia não seja previsível, de modo a evitar que o outro ponha em acção mecanismos de defesa. A imprevisibilidade do comportamento decorre do domínio de uma zona de incerteza, que confere poder àqueles que a controlam.[18]

---

[18] Cerca de duas décadas mais tarde, Friedberg publica *Le pouvoir et la Règle*, no prolongamento do seu trabalho anterior com Crozier, onde o autor reforça os princípios da análise estratégica: "A ordem local, ou seja, a regra ou a regulação, não existe independentemente dos actores que a transportam e a

Estes aspectos que acabámos de referir levam os autores a colocar uma questão de extrema importância para a compreensão das organizações: a incerteza em geral ou as incertezas específicas que constituem o recurso fundamental em qualquer negociação. A existir essa incerteza, os actores capazes de a controlar utilizam-na como recurso fundamental nas suas actividades quotidianas, como arma estratégica. Assim, o que é incerteza do ponto de vista dos problemas, é poder do ponto de vista dos actores. As relações entre actores individuais ou colectivos entre si e o problema que lhes diz respeito, inscrevem-se num campo desigual, estruturado por relações de poder e dependência. Os actores são desiguais perante as incertezas do problema, na medida em que cada um, pela sua situação, os seus recursos e as suas capacidades, controla de modo diferente a situação e utiliza o seu poder para se impor perante os outros. Os actores que dominam serão aqueles que forem capazes de afirmar e impor o seu domínio das incertezas mais cruciais.

Neste sentido, a definição do problema, ou seja, determinar as incertezas pertinentes, reveste-se de uma importância fundamental, no sentido em que, assim, se circunscreve indirectamente a estrutura do poder no construído humano que o deverá tratar. Deste modo, entre a estrutura de um problema e a sua solução existe uma mediação autónoma de construção da acção colectiva que impõe as suas próprias exigências. Estes instrumentos para a solução do problema podem, no entanto, constituir os seus constrangimentos e mesmo impedi-la totalmente, já que a resolução só é possível quando se percebe o problema e só se sabe resolver o que é perceptível no quadro dos construídos existentes.

O poder resulta, então, de factores contingentes, da mobilização pelos actores das fontes de incerteza que eles controlam

---

(re)actualizam na sua acção. Neste sentido, a ordem local é produzida pela acção, mesmo que se tome, por outro lado, apoio nos constrangimentos sociais mais alargados que incorpora, transforma e que as suas dinâmicas endógenas contribuem, pelo seu lado, a (re)produzir." (Friedberg: 1997:10) nas suas relações com os outros participantes no jogo. O poder é, deste modo, uma relação, mas desequilibrada, onde, precisamente, não há determinismo estrutural e social. Neste sentido, qualquer estrutura reproduz poder, ou seja, desigualdades, relações de dependência e mecanismos de controlo social.

Comparando a analítica de poder de Foucault com a análise estratégica de Crozier e Friedberg, deparamos com alguns pontos de convergência no que diz respeito ao objecto de análise, embora os seus contributos devam ser colocados em planos distintos como, aliás, Carapinheiro (1993) assinalou. Assim, quando Foucault realça nas relações de poder a confrontação de estratégias, interceptamos a análise estratégica de Crozier. Se a isto acrescentarmos a questão da liberdade dos actores como aspecto fundamental das relações de poder, realçadas por ambos os contributos, atingimos uma base de entendimento entre as duas perspectivas de análise.

Nesta linha de orientação, Graça Carapinheiro (1993) analisa os conteúdos dos vários saberes que o hospital encerra, bem como as suas correspondências com estratégias de poder. Neste estudo, os médicos assumem um relevo particular, na medida em que a sua posição estratégica é central no hospital. A autora analisa os processos de transformação dos saberes em poderes, a partir da observação atenta dos contextos quotidianos de trabalho que ocorrem nos serviços hospitalares estudados. Assim, as formas de organização do trabalho, as práticas e as modalidades de integração na organização constituem pontos de referência na construção dos poderes-saberes médicos.

Assim, e de acordo com Carapinheiro (1993:281), "cada serviço constitui o lugar por excelência do poder médico. (...) A ordem social dos dois serviços configurou-se como produto de um específico regime disciplinar do poder médico, nas suas vertentes de conhecimento e de controlo social, presente na malha de relações sociais atravessada por distintos interesses e projectos de organização da pertença dos médicos ao hospital".

Nesta linha, podemos acrescentar que cada unidade hospitalar apresenta formas particulares do exercício do poder médico, de acordo com as práticas, conhecimentos e tecnologias médicas que as caracterizam, no sentido em que a especificidade destes elementos para investigar e documentar aspectos do corpo humano traduz-se em várias representações do corpo, consoante os produtos que a partir de cada uma delas se obtém. Estes registos constituem matéria de interpretação das diferentes especialidades médicas, sejam eles imagens ou valores provenientes da análise de tecidos humanos. De acordo com Atkinson (1995:74), e seguindo a perspectiva construtivista, assim se produz o conhecimento médico que, por sua vez, é reproduzido nos encontros entre diferentes especialidades que discutem casos clínicos concretos, com base na informação proveniente da aplicação de tecnologias específicas nos corpos. Observando de perto o trabalho médico (reuniões entre especialidades, consulta, a actividade nos laboratórios clínicos, a presença de internos de cirurgia que são incentivados a interpretar e a identificar aquilo que observam) constata-se o verdadeiro significado da aprendizagem e formação de novos especialistas, que se efectua através da reflexão sobre a informação proveniente do corpo. Assim, o conhecimento médico criado através da tecnologia permite um processo gradual de aculturação dos novos membros da profissão, que vão interiorizando o *medical gaze* específico da sua especialidade.

Em algumas situações, as informações produzidas a partir das tecnologias médicas conduzem a práticas que implicam a segmentação, a representação e a interpretação do corpo, por diversos espaços e tempos (Atkinson 1995: 89). O corpo fica disperso e mesmo desincorporado, sendo lido em diferentes lugares como se tivesse uma múltipla existência. Assim, as relações complexas e multifacetadas entre a medicina e a ciência em contextos particulares e os discursos que esta relação constrói, devem ser encarados como aspectos importantes da investigação sociológica. Existem algumas áreas da sociologia vocacionadas para abarcar este tópico, como é o caso das sociologias da medicina e da ciência. No entanto, apenas muito recentemente o estudo das ciências médicas e da tecnologia tem figurado de forma proeminente em qualquer um destes campos. Por outro lado, a grande maioria dos cenários de bastidor, relativamente invisíveis, como sejam os trabalhos de laboratório, tem recebido pouca atenção por parte da sociologia médica. As actividades dos laboratórios e tecnologias que constituem a grande maioria das tecnologias médicas contemporâneas raramente têm sido problematizadas, excepto quando são representadas como extensões do *clinical gaze* de Foucault.[19]

A extensão em que o *clinical gaze* pode ser ele próprio ultrapassado pelo laboratório raramente tem sido explicitamente considerada. As novas tecnologias podem trazer profundas implicações na gestão da doença e na organização dos cuidados de saúde. Falta, no entanto, perceber como é que estas tecnologias se desenvolvem e se introduzem nas práticas médicas, já que esta questão, na maioria dos estudos sobre tecnologias médicas, tem sido apresentada como tecnologicamente determinada.

Nesta investigação, cuja centralidade assenta na interacção entre o trabalho médico e a tecnologia, o discurso médico assume uma importância fundamental. Na construção do conhecimento médico, o discurso presente nas práticas médicas deixa transparecer orientações contrastantes no que diz respeito à informação e ao conhecimento proporcionados pela utilização de tecnologias, reflectindo as diferentes estratégias de poder. Neste sentido, o discurso, nas suas mais diversas formas e suportes, assume-se como elemento importante de análise a ter em consideração, de modo a compreender o exercício das diferentes tecnocracias.

Neste sentido, importa explorar igualmente a emergência de práticas de discurso especializadas (*discursive practices*): trata-se,

---

[19] Vejam-se, entre outros trabalhos de J. Arriscado Nunes, os seguintes: Nunes, João Arriscado (1998) – "Ecologies of cancer: Constructing the «Environment»", *Oncobiology e Oficina do CES*, 133.; Nunes, João Arriscado (1999) – "Os Mundos Sociais da Ciência e Tecnologia em Portugal: o Caso da Oncobiologia e as Novas Tecnologias de Informação". *Research Report*, Coimbra: Centro de Estudos Sociais.

não apenas, de "formas de ver" e "formas de conhecer", mas também de "formas de fazer", intervenções e técnicas de disciplina e controlo (Foucault, 1975). Estes aspectos não são apenas repressivos, mas também criativos, na medida em que constroem novas configurações da realidade social e novos tipos de subjectividade humana.

O actual discurso da ciência deverá ser compreendido a partir de um conjunto de princípios que emergiram e se desenvolveram nos dois últimos séculos. Na construção do discurso da ciência na medicina, a noção de ordem e certeza sobre o caos, no contexto da doença, assumem uma particular importância, apelando aos valores contemporâneos de eficácia da abordagem racionalista. Este tipo de discursos, que procuram dominar outros discursos, emergem e ajudam a promover os seus interesses, moldando as formas nas quais os fenómenos são representados. Mais uma vez o discurso da ciência na medicina, assente no modelo biomédico, impõe-se. O seu vocabulário aspira à neutralidade científica e permite sustentar o estatuto e o papel do médico que evoca o seu sistema de conhecimento como superior em relação ao de outros elementos presentes na prestação dos cuidados de saúde (Lupton 2000:52). Trata-se de um conhecimento médico científico, seguro e marcante em todos os discursos.

Então, a análise do discurso médico revela-se fundamental para compreender as tecnocracias médicas, pelo que importa dar particular atenção ao papel desempenhado pela linguagem na criação de noções acerca da realidade, incluindo a compreensão e a experiência. O conceito de discurso implica a conjugação da linguagem, representações visuais, práticas, conhecimentos e relações de poder, possibilitando a compreensão de que a linguagem e as imagens visuais estão implicadas nas relações de poder e na construção do conhecimento e práticas médicas. O termo *discurso* é aqui utilizado para identificar os padrões de formas de pensamento, de significados, conversas e fenómenos possíveis de descrever visualmente, tais como as práticas médicas. Assim, o discurso é visto como uma forma de prática social, um modo de acção e de representação. Tal como refere Lupton (2000: 51), o discurso deve ser entendido como textual ou expresso em textos, desenhado sobre outros textos e respectivos discursos, por forma a alcançar o significado e o contexto das acções concretas. A autora esclarece que o termo *texto*, aqui utilizado, não significa um mero produto escrito, referindo-se antes a interacções verbais, imagens visuais, estruturas construídas, acções e práticas.

É neste sentido, tal como refere Clegg (1998), que "a linguagem nos permite constituir o sentido de nós próprios enquanto subjectividades distintas através de uma miríade de *práticas discursivas*, práticas de conversação [talk], texto, escrita, cognição, argumentação e representação, de uma forma geral". Para o autor, os significados das várias categorias de práticas discursivas, bem como a filiação nessas categorias, constituem uma constante em termos de luta pelo poder, enquanto estratégias que se posicionam, resistem e lutam, ligadas a contextos particulares de natureza contingente, provisória e constantemente negociada. Trata-se de um processo, sempre sujeito à reprodução ou à transformação, através de práticas discursivas que asseguram ou recusam estratégias particulares. Por isso mesmo, as relações de poder não são absolutas, mas assumem sempre um carácter relacional, na medida em que o seu significado é construído a partir da sua relação com várias estratégias, o que implica diferença, sobretudo nos termos relacionais nos quais as representações presentes nessa relação diferem. Desta forma, revela-se de particular importância as noções de discurso, bem como as relações entre discurso e poder.

De acordo com McGrath (1997:16), a noção de discurso é difícil de definir, no sentido em que assume várias formas de conversação, sistematicamente organizadas e que dão expressão a valores e significados num contexto particular. Um determinado discurso define, organiza e estrutura a forma a partir da qual um tópico particular ou processo deve ser falado, proporcionando representações e regras a partir das quais as acções são definidas. Assim, a análise do discurso permite privilegiar a heterogeneidade e a multiplicidade de pontos de vista que possibilita a compreensão das relações de poder e, nesta investigação em particular, o exercício das tecnocracias médicas.

A noção de discurso é assim utilizada para referir as práticas de discurso. Esta conversação (*talk*) reflecte não apenas os limites e as possibilidades dos significados e valores dos actores a investigar, mas incorpora também o impacto dos discursos dominantes que se constituíram em torno desta actividade específica, importando analisar exemplos localizados de discurso, dando ênfase ao poder de determinados discursos, tal como o discurso biomédico. Do mesmo modo, Strauss *et al.* (1985:258) referem a importância do discurso nos momentos de tomada de decisão, dando ênfase ao *talk*, enquanto uma das variantes mais importantes do discurso. Os autores sublinham a centralidade desta noção particular de discurso, no sentido em que se apresenta sob a forma de discussão, debate, negociação ou persuasão. Trata-se de um discurso falado que ocorre em qualquer contexto de execução de tarefas e que assume particular importância nos contextos de tomada de decisão, em pontos críticos das trajectórias dos doentes e das doenças. Na tomada de decisão, as soluções são constantemente revistas, o que significa, de acordo com os autores, que existe uma avaliação periódica e sequencial do discurso falado, a partir do qual podemos compreender a construção de todo o processo.

Na mesma linha, e sublinhando a relação entre poder e discurso, Fox (1993) explica a importância do "talk" na produção de conhecimento, no sentido em que a análise dos discursos evidencia os sinais e os símbolos, os conceitos e significados através dos quais cada uma das versões acerca da realidade é, simultaneamente, produzida e legitimada. Neste sentido, o discurso encerra-se na noção foucauldiana de *poder/conhecimento (power//knowledge)*, onde a produção do conhecimento e a construção da realidade através do discurso constitui um processo político e não um processo racional.

Assim, o discurso biomédico é dominante nas práticas médicas, determinando a fronteira entre a doença e a saúde, quem cuida dos doentes, onde se cuida, que procedimentos são de considerar e compreender no processo de doença, que profissionais controlam os processos de tomada de decisão e quais as opções que são oferecidas àqueles que estão doentes. No entanto, é importante não esquecer que o poder e o discurso não negam a possibilidade de resistência. A questão do discurso e do poder deve ser entendida a partir das relações sociais de poder e da forma como são produzidas, mantidas e negociadas através do veículo da linguagem. Neste sentido, a ênfase no discurso é, de facto, uma ênfase na "talk", o que sugere que as práticas de discurso constituem um importante meio através do qual se pode compreender o modo como as relações sociais se produzem e reproduzem.

Na análise da construção das práticas médicas e, particularmente, das tecnocracias médicas, importa salientar os discursos que emergem da organização em que se inserem. Uma análise do discurso permite-nos compreender a complexidade da inter-relação de discursos significativos que são relevantes e que também contribuem para a discussão das relações de poder. No entanto, para que a compreensão da noção de *poder/conhecimento* fique completa é fundamental considerarmos que a realidade é também definida por aquilo que não é falado ou dito. O poder é mantido por conceitos que são silenciados, ideias que não são estrategicamente afirmadas, significados encobertos, tanto quanto pela construção de conceitos, ideias e significados, através das palavras utilizadas. Desta forma, interpretar o poder constitui um processo, um duplo discurso. Esta concepção define o poder como parte das práticas de discurso e não como algo que está acima dos membros da organização. Assim, o discurso é em simultâneo o veículo e o produto deste processo de construção, simultaneamente negando e afirmando possibilidades diferentes. O discurso não escapa à marca de quem o produz, na medida em que é definido pela sua incrustação social (*embededdness*), identidade e interesses.

Também Annandale (1998:46) adopta esta perspectiva, referindo a ideia de que não existem "coisas reais", realidades objectivas, num contexto onde a linguagem/discurso nos fala sobre ela. A linguagem não reflecte a realidade, ela constrói a realidade. A "verdade" é criada pela forma como a linguagem é utilizada, i.e., as posições subjectivas que nos servem como referência (velho, novo, bom, mau, etc.) são construídas a partir do discurso. A realidade é deste modo interpretada a partir duma lógica binária, dual, sendo que as teorias designadas de pós-modernas propõem-se desconstruir estas dualidades e revelá-las enquanto artefactos de uma forma particular de conhecer o mundo. No seu lugar, propõe-se uma análise plural e heterogénea.

Transpondo esta ideia para a sociologia da saúde e da medicina, há que desconstruir o modelo biomédico que se estrutura na oposição binária acerca da saúde e a doença. Tendo como base este modelo, também Fox (1992) procura entender, no contexto da sua investigação sobre o significado social da cirurgia, como é que o poder se constitui através dos discursos. Sendo o discurso uma noção central na sua investigação, o autor utiliza o método de desconstrução para analisar as várias formas de discurso a partir das suas oposições conceptuais.

Assim, algumas técnicas de "desconstrução" do discurso utilizadas por autores como Fox, Feldman e Parker (Yardley, 1997a: 35) vão igualmente ser utilizadas nesta investigação. Estas técnicas permitem entender os constrangimentos ideológicos presentes no discurso, sobre o que pode e não pode ser dito, e as ligações entre o(s) discursos(s) dominante(s) e não dominante(s) e o(s) discurso(s) escondido(s) ou camuflado(s) (muitas vezes dominantes ou não). Estes aspectos podem ser expostos através da pesquisa de silêncios, omissões, hesitações e discrepâncias que implicam um significado alternativo àquele que é expresso. Trata-se, pois, de "desconstruir" as "estratégias retóricas" de cada um dos participantes observados nas suas práticas quotidianas.

Os discursos constituem, necessariamente, objectos materiais. Yardley (1997a:42-43) refere a existência de três aspectos na análise do discurso: as influências materiais dos produtos de discurso, o modo como o material pode ser incorporado na análise do discurso e as ramificações materiais dos discursos académicos. Na medida em que os discursos são produtos sociais, com origens e implicações materiais, parece-nos pertinente perceber, não só o contexto do discurso, mas também as circunstâncias materiais em que é produzido. Trata-se de perceber as influências do discurso na produção do conhecimento médico e vice-versa, através da observação da prática médica, examinando como esta é reconstituída em discurso.

A relação entre a dimensão material e a dimensão do discurso (Yardley, 1997b:1) constitui, igualmente, um aspecto importante a considerar ao longo deste trabalho, em conjugação com outros modelos teóricos. Neste caso particular, trata-se de aplicar a abordagem do discurso e a análise do discurso-material à sociologia médica. O termo "discurso" é aqui utilizado para designar um conjunto de abordagens que reconhecem a natureza social e linguística da prática médica. O termo "material" apenas chama a atenção para os aspectos físicos da actividade médica, incluindo os contextos, as instituições, as tecnologias e os artefactos. Assim sendo, importa perceber como é que os aspectos sócio-linguísticos da experiência se relacionam com o mundo material, já que os aspectos sócio-culturais e materiais da actividade médica estão intimamente ligados, sendo importante explorar a sua influência recíproca.

Os discursos dos médicos acerca da doença não são mais do que um conjunto de práticas sócio-linguísticas de acordo com uma comunidade profissional particular. No entanto, a análise do discurso não nega a análise científica; ela apenas acentua o facto das entidades biomédicas não serem apenas factos, já que a definição, as características, os significados e implicações destes fenómenos são fundamentalmente moldados por práticas e preocupações sócio-culturais (Yardley, 1997b:9). As interpretações dos médicos não são criadas no vazio; o seu significado é definido na relação com o contexto sócio-cultural, i.e., num conjunto de práticas médicas bem definidas. Por outras palavras, trata-se duma perspectiva "material-discursive" (Yardley, 1997b: 9), que implica que as decisões científicas constituem discursos contextualizados através da formação de cultura, na qual eles são gerados e pela qual são constrangidos. Nem médicos, nem cientistas podem facilmente justificar afirmações que são obviamente inconsistentes com as experiências partilhadas que constituem a realidade. No entanto, essa realidade não é o mundo objectivo, físico, mas sim o mundo que é simultaneamente material e social, e que é constantemente moldado e reformulado pelas percepções, intenções e actividades dos membros da sociedade.

A linguagem está associada à prática e estes dois elementos fecundam-se mutuamente, quer ao nível das ideologias e relações sociais, quer ao nível dos significados. No dia a dia os indivíduos partilham uma realidade prática, intersubjectiva e vivida, onde os jogos de linguagem estão enraizados. No entanto, esta realidade partilhada é moldada e sustentada pelas regras do discurso e pela experiência cultural comum que nos permite compreender os acontecimentos, para nós e para os outros. Deste modo, a linguagem e o contexto parecem ter uma profunda influência na construção dos significados, sendo importante investigar os processos de construção dos discursos nos seus contextos.

Então, o conhecimento médico não descreve apenas, também constrói. Assim, a ciência médica, construída a partir do modelo biomédico examina a origem social dos "factos" médicos, através da *análise do discurso*, ou seja, os objectos da medicina são produzidos através da linguagem e pelas práticas que a concretizam. Assim, o discurso não é apenas um conjunto de práticas linguísticas que se reportam ao mundo, mas é constituído por um conjunto global de actividades, acontecimentos, objectos, espaços e ideias. Por exemplo, os discursos das diferentes especialidades médicas são construídos não apenas a partir de meras afirmações acerca da doença, células, tecidos, mas sim a partir de todo o conjunto de redes de actividades e acontecimentos nos quais as especialidades médicas estão envolvidas, em conjunto com os vários espaços onde trabalham e onde analisam os objectos.

Neste sentido, a profissão médica não atinge a sua posição dominante no esquema de divisão do trabalho com base na sua competência, mas sim porque gerou e tem mantido o controlo em relação a determinados procedimentos e práticas técnicas. O sucesso médico não é determinado pelo avanço tecnológico, mas antes é o resultado de confrontos em torno das tecnologias e da sua aplicação. A natureza controversa da aplicação das tecnologias e conhecimento médicos é, de facto, uma realidade.

Nettleton (1995:32) refere que é fundamental analisar a forma através da qual a medicina utiliza o conhecimento científico e não tanto o seu conteúdo. Neste sentido, a ciência tem vindo a constituir um recurso a partir do qual a profissão médica conseguiu mobilizar a opinião pública e o Estado, de que ela era a única ocupação capaz de providenciar cuidados de saúde de forma segura e efectiva. Isto quer dizer que o conhecimento científico, por si só, não é condição suficiente para o reconhecimento generalizado de uma profissão, como é o caso da profissão médica, mas antes e sobretudo a aplicação desse conhecimento. Essa aplicação obedece a estratégias de afirmação, onde as tecnologias, incluindo o próprio conhecimento científico, são apenas instrumentos.

Hipóteses e modelo de análise

Do quadro teórico principal, que organiza toda a investigação, decorre a hipótese central de toda a pesquisa, submetida à premissa de que o poder médico, traduzido enquanto conhecimento e domínio de tecnologias médicas específicas, tem capacidade para definir e impor os sentidos e as formas que a actividade médica assume. Assim, na prática dos cuidados médicos, as tecnologias são instrumentalizadas, de modo a constituírem-se como recursos para o desenvolvimento de estratégias de poder, por parte das diferentes especialidades médicas envolvidas, sendo possível identificar diferentes tecnocracias que se cruzam na rede complexa que constitui a organização hospitalar.

Justifica-se, desta forma, a escolha da unidade social de análise, uma unidade hospitalar de transplantação hepática, onde estão presentes tecnologias e práticas médicas dominadas apenas por alguns indivíduos, que adquiriram na comunidade médica e científica um estatuto de *experts*, em virtude da posse de conhecimentos científicos e tecnológicos de uma área tão específica e especializada da medicina. Desta forma, a transplantação hepática constitui uma das áreas de ponta da medicina, tanto pelas tecnologias que implica e pelas práticas médicas que impõe, como pelo carácter multidisciplinar que a caracteriza. Encontramos, assim, um terreno de pesquisa sensível ao funcionamento de diversos poderes, que permite identificar as formas como as tecnologias são instrumentalizadas, de modo a constituírem-se como recursos estratégicos de poder, por parte dos médicos envolvidos, quer na sua relação com os outros médicos da mesma especialidade, quer com o corpo administrativo da organização hospitalar em que estão inseridos. Pretendemos contribuir com uma abordagem sociológica do trabalho médico, privilegiando a análise das relações estabelecidas entre os actores envolvidos, bem como o espaço das interacções entre médicos e tecnologias, na construção da sua autoridade enquanto poder.

Da definição da hipótese central, que estrutura toda a investigação, decorrem outras hipóteses que a permitem decompor. Uma primeira hipótese diz respeito ao facto das tecnologias médicas presentes nas diferentes práticas médicas assumirem um papel crucial na produção dos cuidados médicos, sendo que as questões tecnológicas estão intimamente relacionadas com a definição dos limites que separam as várias áreas do conhecimento médico, agrupadas em especialidades. Então, as tecnologias não só assumem um papel fundamental na construção das fronteiras entre as especialidades médicas, como também contribuem para a construção de esquemas de diferenciação entre os vários elementos de cada uma das especialidades médicas, a partir do domínio de tecnologias particulares.

Outra hipótese que se apresenta a partir da desagregação da hipótese central que orienta esta investigação, aponta para o facto do conhecimento e discurso médicos constituírem as formas fundamentais das tecnocracias médicas. Estes dois elementos são construídos no quotidiano das práticas médicas, sendo que a experiência clínica assume uma função primordial nessa construção. Assim, lado a lado, o conhecimento e discurso médicos reproduzem-se nas práticas médicas, dispersos no tempo e no espaço, entre a experiência clínica e a investigação científica.

Finalmente, o exercício das diferentes tecnocracias médicas expressa-se na tomada de decisão médica, sendo que esta se encontra profundamente dependente da construção do conhecimento e discursos médicos. Assim, a tomada de decisão médica constitui a forma de exercício mais completa de tecnocracia médica, resultado da construção entre vários conhecimentos e discursos, posturas, visões e estratégias.

Então, os diferentes momentos de tomada de decisão médica constituem o ponto de chegada, e ao mesmo tempo, o início de vários saberes/poderes que se expressam na prestação dos cuidados médicos e onde as várias tecnocracias médicas são exercidas em pleno. É através da negociação constante entre as várias tecnocracias médicas que se atingem os diversos patamares que marcam a trajectória do doente e da doença, através de momentos precisos de tomada de decisão onde, com pesos diferentes, as várias especialidades médicas interagem. Desta forma, a decisão médica vai sendo construída a partir de processos complexos de negociação, onde os vários discursos reflectem os diferentes conhecimentos e estratégias em jogo.

Da definição das hipóteses aqui formuladas decorrem as dimensões analíticas de orientação da pesquisa, bem como a construção de um quadro teórico auxiliar que inclui teorias, modelos e tipologias que fornecem instrumentos especializados, dirigidos ao tratamento das dimensões analíticas e à operacionalização do quadro das hipóteses da pesquisa.

Desde logo, na caracterização da unidade social onde foi realizada a investigação privilegiaram-se os aspectos simbólicos relacionados com o tempo e espaço físico, a organização dos cuidados de saúde e o modelo de organização do trabalho. O trabalho de Zerubavel (1979) revelou-se um contributo inestimável enquanto modelo de análise dos aspectos simbólicos, temporais e espaciais da unidade de transplantação, que permitem distinguir os vários tipos de cuidados prestados pelos vários grupos profissionais, nomeadamente médicos e enfermeiros. O trabalho deste autor elege a temporalidade enquanto tópico sociológico, no sentido em que o tempo constitui o aspecto dinâmico da estrutura da vida social. Identificando a estrutura socio-temporal da organização hospitalar, Zerubavel aponta para uma definição rígida do tempo, imposto pela organização burocrática para um sistema social altamente complexo caracterizado por uma elaborada divisão do trabalho ao longo das diversas ocupações, apresentando, desta forma, um olhar sobre a dimensão temporal da divisão do trabalho.

A partir de um conjunto de categorias temporais que envolvem uma abordagem cíclica do tempo, esta perspectiva evidencia os mecanismos temporais enquanto solidificadores das afiliações de grupo e da criação e consolidação de fronteiras sociais entre os grupos. Nesta linha, os ciclos que constituem os componentes fundamentais da estrutura temporal da vida social são muitas vezes compreendidos e distribuídos a partir de segmentos de tempo. Embora constituam apenas segmentos do *continuum* temporal, que são nele cravados de forma artificial, são, no entanto, manipulados discretamente, como se fossem unidades totais. Assim, o início e o fim destes segmentos constituem fronteiras temporais rígidas que são para todos os propósitos, sociais e intransponíveis: uma espécie de parede de vidro. No entanto, uma vez aceites, estas fronteiras tornam-se praticamente invisíveis até que alguém as tente ultrapassar. Desta forma, Zerubavel concebe o tempo como uma dimensão qualitativa, e não quantitativa, apresentando algumas categorias de análise como o ano, a rotação, a semana, o dia, o período de serviço, todas elas acentuando o carácter cíclico da estrutura temporal do hospital.

Deste modo, o autor explora o fenómeno dos ciclos sociais, analisando a estrutura temporal das carreiras profissionais, os sistemas de cobertura dos serviços e as rotinas médicas e de enfermagem, demonstrando que estes ciclos forçam os acontecimentos a coincidirem com padrões temporais regulares, introduzindo uma estrutura rítmica na vida hospitalar. A rigidez deste ritmo é, em grande medida, artificial, já que os ciclos sociais que o impõem são essencialmente baseados em convenções sociais. Do mesmo modo, apesar da concepção do tempo ter a ver com uma dimensão contínua e com a dificuldade metodológica inerente à tentativa de segmentar fluxos contínuos de comportamento, os ciclos que constituem os componentes fundamentais da estrutura temporal do social estão habitualmente repartidos por discretas unidades de tempo. Constatam-se, assim, vários problemas nesta multiplicidade de ciclos que ocorrem em simultâneo numa mesma instituição. Muitos deles ocorrem independentemente dos outros, e como não existe nenhuma tendência para coordená-los, os conflitos ocorrem entre as várias variantes do mesmo ciclo. A ausência de coordenação das actividades do ciclo diário, entre enfermeiros e médicos, resulta muitas vezes em coincidências temporais entre estes dois grupos.

Também Durkheim (1964) ao analisar a estrutura social da sociedade moderna, chama a atenção para um padrão particular de diferenciação funcional, ou seja, a crescente divisão do trabalho nas linhas ocupacionais. Desta forma, o autor evidencia o facto do papel ocupacional ou profissional constituir o principal critério de diferenciação funcional, proporcionando o princípio básico do agrupamento social em qualquer organização. Assim, o grupo profissional é a unidade social fundamental da estrutura temporal do hospital, sendo que esta se apresenta como um mosaico onde todos os intervenientes, incluindo os que elaboram os diversos esquemas temporais, têm apenas uma perspectiva fragmentada desta estrutura. Trata-se daquilo que Zerubavel

(1979:66) designa de *ordem temporal em mosaico*, que não deriva de um planeamento imposto de cima, mas que parece antes emergir espontaneamente na base da organização, i.e., dos níveis organizacionais localizados em espaços concretos do hospital.

Do mesmo modo, as várias parcelas funcionais baseadas nos aspectos profissionais do hospital são temporalmente organizadas, independentemente umas das outras, sem qualquer evidência clara de tentativa de coordenação entre elas, sendo que o hospital é caracterizado por uma ordem colectiva e impessoal que Zerubavel (1979:105) define como *ordem socio-temporal*, e de acordo com a qual a vida social é estruturada e regulada.

Assim, o prefixo *socio* confere à temporalidade uma natureza colectiva, tal como Durkheim[20] a apresenta na sua concepção do tempo. Trata-se de um tempo social e não pessoal, o que implica que a localização da ordem socio-temporal é necessariamente na sociedade. Nela encontraremos uma multiplicidade de ordens socio-temporais. Nesta linha, e confirmando a tese de Durkheim, Zerubavel (1979) assume claramente no seu trabalho uma multiplicidade de ordens temporais ao longo das linhas profissionais na organização hospitalar. As discussões acerca da estrutura rítmica da vida social, a manutenção da continuidade organizacional e a divisão temporal do trabalho indicam, claramente, que os padrões temporais dos indivíduos constituem partes inseparáveis de um todo e que estão essencialmente organizados de acordo com os contextos sociais. Os componentes estruturais da ordem socio-temporal são colectivos e as suas principais representações, institucionalizadas, são essencialmente de natureza colectiva.

O segundo ponto privilegiado na caracterização do serviço hospitalar em causa prende-se com a organização dos cuidados de saúde. Nesta análise, o trabalho de Graça Carapinheiro (1993) constitui uma referência acerca dos serviços hospitalares em Por-

---

[20] Ver E. Durkheim (1965) – *The elementary forms of the religious life*. New York: Free Press.

tugal. Tal como a autora, também nesta investigação utilizamos o modelo de Chauvenet que, a partir da realização de alguns estudos na década de 70, avança com uma tipologia dos serviços hospitalares. Chauvenet (1972) analisa o modelo de organização e divisão do trabalho no contexto hospitalar que parece ter resultado da burocratização crescente deste tipo de organizações e que levou a uma segmentação das carreiras hospitalares. Assim, a autora distingue os serviços de medicina geral dos serviços especializados, apresentando uma classificação onde destaca três categorias construídas de acordo com dois tipos de critérios. O primeiro é de ordem técnica e diz respeito ao grau de complexidade do tratamento das doenças e ao tipo de equipamentos utilizados. O segundo é de ordem política, relativo à orientação do serviço, de acordo com a clientela e as estratégias desenvolvidas pelos médicos. Desta forma, Chauvenet (1972) apresenta três tipos de serviços hospitalares: os serviços de medicina geral, os serviços especializados que produzem cuidados em massa e os serviços de ponta ou de alta tecnicidade orientados para a pesquisa.

Também o trabalho de Noémia Lopes (2001) apresenta-se como particularmente importante no que diz respeito ao trabalho de enfermagem na organização dos cuidados de saúde. No seu estudo acerca da recomposição profissional da enfermagem, a autora salienta os saberes de enfermagem na sua relação com os outros saberes, particularmente com o saber médico. Utilizando igualmente o modelo de Chauvenet como referência, Lopes (2001) ilustra alguns aspectos do contexto hospitalar português.

Ainda dentro do processo de caracterização do serviço hospitalar e, particularmente, na análise do modelo de organização do trabalho, o modelo de Strauss *et al.* (1985) revelou-se de extrema importância. Neste trabalho, os autores dão primazia à categoria *trabalho*, no que diz respeito aos aspectos relacionados com a própria divisão do trabalho ou com as carreiras profissionais. Desta forma, estes autores propõem a análise do trabalho em si mesmo, definindo o hospital como um conjunto de *workshops* caracterizados por diferentes tipos de trabalho, com recursos muito diferentes e onde, consequentemente, a divisão do trabalho é marcadamente diferente. A noção de *trajectória*, utilizada por Strauss *et al* (1985), é utilizada nesta investigação por forma a possibilitar uma análise que permita ultrapassar uma perspectiva meramente teórica na caracterização do modelo de organização do trabalho, na medida em que esta categoria foi construída a partir da observação directa dos actores envolvidos, permitindo traduzir de forma mais próxima e clara a natureza do trabalho observado.

Assim, e a partir do modelo de Strauss *et al* (1985), importa identificar e analisar como são definidas e geridas as trajectórias da doença e qual a sua relação com as diversas linhas de trabalho que, a partir de uma observação directa, permitem perceber a existência de um conjunto organizado de tarefas numa determinada trajectória e que exigem permanentemente uma coordenação e reorganização na articulação dos diversos trabalhos e respectivos actores envolvidos.

Das hipóteses anteriormente consideradas decorre a necessidade de salientar os aspectos que esclareçam o significado do termo *tecnologias médicas* e as formas através das quais estas contribuem para a construção de fronteiras entre as diferentes especialidades médicas, bem como de esquemas de diferenciação no interior de cada especialidade, constituindo-se sob a forma de tecnocracias. Desta forma, a tecnologia é encarada enquanto processo e prática, sendo importante analisar como cada especialidade médica constrói esquemas próprios de organização onde inclui tecnologias específicas.

Nesta investigação são adoptados os contributos que privilegiam a discussão acerca do papel das tecnologias médicas, onde o termo tecnologia se opõe ao uso que dele é feito na maioria dos trabalhos presentes no debate sobre o peso das inovações tecnológicas na área da saúde e a contribuição destas inovações para o aumento da despesa neste sector. Assim, apesar da tipologia de Uttley (1991) se ter revelado particularmente importante na definição e classificação das tecnologias médicas, outros autores ajudaram a esclarecer acerca do significado do termo, tais como Robinson (1994) e Bronzino (1990).

Assim, esclarecidos acerca do significado e papel crucial que as tecnologias médicas assumem na produção dos cuidados médicos, importa analisar de que forma os aspectos tecnológicos estão intimamente relacionados com a definição dos limites que separam as várias áreas do conhecimento e práticas médicas, agrupados em especialidades. Então, importa entender não apenas de que forma as tecnologias contribuem para construção das fronteiras entre as especialidades médicas, identificando, deste modo, as diferentes tecnocracias, como também entender como estas últimas contribuem para a construção de esquemas de diferenciação entre os vários elementos de cada uma das especialidades médicas, a partir do domínio de tecnologias particulares.

O modelo apresentado por Bucher e Strauss (1961) constitui a base teórica de análise das dimensões analíticas acima referidas. Este modelo permite-nos reconhecer as divergências e clivagens entre especialidades, onde a questão tecnológica assume um papel fundamental. Neste sentido, utilizamos algumas categorias analíticas apresentadas pelos autores, tais como a noção de *segmento*, para designar as diferentes especialidades que se desenvolvem enquanto identidades distintas dentro de uma profissão e que organizam práticas que asseguram a sua posição institucional, por forma a assegurarem a implementação dos seus objectivos. De acordo com Strauss *et al.* (1985), e tendo em consideração o peso da questão tecnológica em todo este processo, a categoria analítica *machine work* é aqui utilizada para esclarecer acerca dos processos de produção do trabalho médico a partir da tecnologia[21]. De salientar o contributo de Fox (1992), cujo trabalho a propósito da relação entre cirurgiões e anestesistas constitui

---

[21] Os autores utilizam, igualmente, outras categorias na análise detalhada dos diferentes tipos de trabalho médico, tais como *Safety Work, Comfort Work, Sentimental Work e Articulation Work*.

uma referência fundamental na análise concreta dos contextos de trabalho entre estas duas especialidades.

O trabalho de Bucher e Strauss (1961) revelou-se particularmente importante para identificar os processos de diferenciação no interior das especialidades, onde os respectivos elementos procuram diferenciar-se entre si a partir do domínio de tecnologias particulares, acentuando-se desta forma a segmentação interna.

Uma vez reconhecidas as diferentes tecnocracias médicas, importa, igualmente, identificar nas práticas médicas as principais formas através das quais se concretizam, tendo por base duas categorias analíticas: o *conhecimento* e o *discurso médicos*. Estes dois elementos constituem, de acordo com a hipótese atrás formulada, as formas fundamentais das tecnocracias médicas, pelo que é fundamental entender como o conhecimento e discurso médicos são construídos no quotidiano das práticas médicas, evidenciando, necessariamente, o peso da experiência clínica em todo esse processo.

Como já foi explicado anteriormente, na construção do quadro teórico de análise, a perspectiva de Foucault apresenta-se como fundamental para entender os significados decorrentes da utilização da linguagem, explorando as relações de poder nas quais determinados discursos estão incrustados e para as quais eles contribuem. Assim, como foi referido, a escolha de Foucault como suporte teórico resulta do interesse deste autor pelas relações entre o discurso, o conhecimento científico e o exercício do poder, sendo que a noção de *poder/saber* (*power/knowledge* ou *savoir//pouvoir*, no original de Foucault) constitui uma das categorias de análise a privilegiar. Nesta linha de inspiração foucauldiana outros contributos são importantes, tais como os de Turner (1995) e os de Atkinson (1977, 1995), já que ambos evidenciam a centralidade do discurso médico, que assenta na interacção entre o trabalho médico e as tecnologias, a partir da qual se constrói o conhecimento médico, bem como as relações entre este último, o discurso médico e o contexto da prática médica. Assim, conhecimento e discurso médicos surgem de forma associada, por forma a podermos compreender o exercício das diversas tecnocracias médicas, sendo, por isso, necessário analisar os contextos onde são construídos.

Por outro lado, através da investigação desenvolvida sobre o trabalho médico da especialidade de hematologia, Atkinson[22] pretende compreender os processos de formação de opinião e discurso médicos na construção do caso clínico. Através da exploração dos processos de interacção entre médicos de várias especialidades envolvidas no caso clínico, define-se a construção do conhecimento médico e as relações entre este, o discurso médico e o contexto contemporâneo da prática da medicina.

Neste sentido, o autor apresenta o *caso clínico* como a unidade básica de pensamento e discurso. Trata-se do momento em que os doentes deixam de ser indivíduos e passam a ser discutidos como *casos*. É a partir daqui que o conhecimento médico é organizado e partilhado sob a forma de narrativa. Existem alguns ingredientes que devem constar de um bom caso, não que eles sejam importantes do ponto de vista da medicina, mas sim porque permitem persuadir a audiência (Atkinson, 1995: 97). Os valores produzidos nos bastidores da medicina, os laboratórios, constituem não só elementos importantes de diagnóstico, mas também elementos fundamentais para a reconstrução da narrativa. Assim sendo, é importante explicar como é que a estrutura do discurso médico pode ser codificado; que tipo de conhecimento tem mais importância; que fontes do conhecimento são mais relevantes; enfim, como é que o conhecimento médico é explorado em termos de discurso.

Atkinson chama ainda a atenção para o facto do conhecimento médico estar disperso nesta complexidade organizacional que é o meio hospitalar. As informações acerca de um doente específico são recolhidas e analisadas em espaços e tempos dife-

---

[22] Atkinson, P. (1995) – *Medical Talk and Medical Work*. London: Sage.

rentes. Assim, a complexidade física do hospital e a sua ordem temporal, igualmente complexa, providenciam uma matriz onde o conhecimento clínico é construído e armazenado. O hospital, marcado por um elevado grau de divisão de trabalho técnico e social, reúne todo um conjunto de conhecimentos acerca do corpo, conhecimentos dispersos pelas várias especialidades, que forjam, reproduzem e comunicam esse conhecimento.

O discurso médico é complexo. A forma de retórica que assume deverá ser encarada não só como forma de articular a divisão do trabalho e a distribuição de autoridade entre os seus elementos, mas também como um modo de providenciar recursos estratégicos para a expressão de orientações, tendo em vista o conhecimento e a opinião. Neste sentido, teremos de ter em consideração como o discurso utilizado nas discussões clinicas é subtilmente codificado pela expressão de certeza e dúvida, já que discurso médico é constantemente interrompido por aquilo que Atkinson (1995) designa de *voices*, a voz, ou melhor, as várias vozes da medicina, que em conjunto permitem perceber o *caso clínico*. Tratam-se de vozes contrastantes que surgem, e que têm o seu significado próprio, e permitem reproduzir a divisão técnica e social do trabalho e a estratificação do conhecimento especializado dentro e entre as especialidades médicas. Neste sentido, podemos destacar a voz da experiência, a voz da ciência e a voz de quem domina determinada tecnologia, sendo que a partir delas se reproduz a divisão técnica e social do trabalho médico, bem como a estratificação do conhecimento especializado.

Portanto, Atkinson (1995), tal como Foucault, refere a necessidade de encarar o discurso médico nas suas mais diversas formas. Então, na perspectiva construtivista importa identificar nas práticas médicas os modelos de reprodução do conhecimento e discursos médicos, esclarecendo acerca dos constrangimentos sobre o que pode ou não ser dito e a ligação entre os vários discursos dominantes. Trata-se de "desconstruir" as estratégias dos actores observados e esclarecer acerca da influência das tecnologias médicas na produção do conhecimento e discursos médicos, analisando como estes dois elementos são reconstruídos em termos estratégicos.

De referir ainda o contributo de Freidson (1979;1984) para a análise das dimensões presentes no trabalho médico. A partir das noções de *trabalho* e *competência*, o autor chama a atenção para a necessidade de redefinir a noção de conhecimento, estabelecendo uma correspondência entre o saber e o fazer, distinguindo o corpo dos conhecimentos, enquanto tal, das actividades humanas. Trata-se de estabelecer a diferença entre o conhecimento teórico e o conhecimento prático, de forma a avaliar a actividade médica de acordo com o conhecimento científico, evidenciando a primazia da experiência clínica em relação ao conhecimento teórico na construção do conhecimento médico.

Finalmente, depois de identificar as principais formas das diferentes tecnocracias médicas, importa analisar o seu exercício a partir dos processos de tomada de decisão. Assim, e de acordo com as hipóteses de pesquisa anteriormente delineadas, os diferentes momentos de tomada de decisão médica constituem o fim em si mesmo e, em simultâneo, a origem dos vários saberes/poderes. Desta forma, os diferentes momentos de tomada de decisão constituem o exercício pleno e a forma mais completa de tecnocracia médica. Então, propomo-nos identificar e analisar os momentos precisos de tomada de decisão onde as diferentes especialidades médicas intervêm, através dos complexos processos de negociação onde os vários discursos reflectem os conhecimentos e as estratégias em jogo.

Na esteira de Foucault, o trabalho de Carapinheiro (1993) sobre os saberes e poderes no hospital representa um contributo importante no estudo da problemática do poder dos profissionais na organização hospitalar. Neste estudo, a autora salienta as diferentes formas de poder, identificando as diversas ideologias profissionais, a natureza dos diferentes saberes e a construção dos vários saberes/poderes ao longo da organização hospitalar. Por tudo isto, o modelo utilizado por Carapinheiro constitui uma base teórica relevante para a análise dos aspectos relacionados com a construção da tomada de decisão médica, que se efectua a partir do cruzamento das diferentes tecnocracias médicas e que assenta em competências, conhecimentos e discursos, múltiplos e contrastantes.

Como ficou esclarecido na construção do quadro teórico central, o trabalho de Crozier e Friedberg (1977) apresenta-se como um elemento teórico fundamental na análise do conflito entre as várias estratégias de poder médico, a partir das quais se constrói a organização hospitalar. Neste sentido, o modelo destes autores é particularmente útil no que diz respeito à compreensão dos recursos que os diferentes actores têm à sua disposição, de forma a construir e a implementar as suas estratégias. Assim, a incerteza é apresentada como um recurso que é instrumentalizado pelos actores nas suas acções estratégicas, sendo importante analisar de perto, em contextos concretos de acção, nomeadamente nos momentos de tomada de decisão médica, os contornos dos processos que surgem na continuidade da construção do conhecimento e discurso médicos.

Os vários discursos presentes nos processos de tomada de decisão são, em simultâneo, delimitadores e produtivos, tornando visíveis determinados aspectos do corpo e da doença. Neste sentido, é importante identificar os discursos específicos, presentes nos vários contextos de tomada de decisão médica, dispersos no espaço e no tempo. Impõe-se, desta forma, a utilização de alguns modelos de análise do discurso, particularmente os trabalhos de natureza etnográfica que utilizam a metodologia construtivista. Os modelos de Atkinson (1995) e de Fox (1992) constituem o quadro de referência para a identificação e análise dos discursos médicos presentes nas várias especialidades médicas envolvidas neste estudo. O objectivo consiste em identificar os principais momentos de tomada de decisão médica, onde as várias especialidades evidenciam as respectivas tecnocracias particulares, através do discurso.

2. A orientação metodológica

Da definição do objecto de pesquisa e da construção da problemática teórica, decorre, simultaneamente, o traçado metodológico desta investigação: a pesquisa de terreno. Desde o início elegeu-se uma metodologia qualitativa que incluísse a utilização de diferentes técnicas de recolha de informação, tendo-se optado por uma técnica central e outras técnicas complementares. Neste sentido, elegemos como técnica central de recolha de informação a observação participante e continuada num serviço hospitalar de transplantação hepática e, como técnica complementar, entrevistas semi-estruturadas e aprofundadas, aplicadas às várias categorias representadas no terreno de observação.

Procedeu-se igualmente à pesquisa bibliográfica e documental, que foi vasta e incidiu sobre as diversas áreas e temáticas específicas, relevantes para o projecto de investigação. Procurou-se percorrer toda a literatura (anglo-saxónica, francesa, espanhola e portuguesa) existente sobre o tema, que possibilitasse um enquadramento da problemática a investigar nas suas mais diversas dimensões. Nesta matéria, recorreu-se ao acervo bibliográfico de várias bibliotecas e centros de documentação, nacionais e internacionais, tendo-nos deslocado, já no final do período de observação participante, à biblioteca da London School of Economics em Londres por um período de uma semana, o que nos permitiu a pesquisa selectiva em catálogos e posterior recolha de informação nas obras mais relevantes para o estudo em questão. De igual modo, a permanência ao longo de uma semana na Faculty of Health and Community Studies – De Montfort University, a convite do professor Mike Saks, permitiu-nos aceder a mais alguns títulos e recensões de obras, mas sobretudo contactar directamente com especialistas desta área de investigação, o que se revelou extremamente enriquecedor para a evolução deste estudo.

De igual modo, o acesso à pesquisa *online*, proporcionada pelas novas tecnologias da informação, e particularmente pela *Internet*, assumiu-se de extrema importância no que respeita à pesquisa de dados bibliográficos e documentais. A este respeito, a possibilidade de compra directa de livros, bem como de consulta de bases de dados de artigos de revistas *online*, veio facilitar enormemente o trabalho de pesquisa.

Quanto à pesquisa documental, de referir a consulta de dados de natureza estatística, referentes à transplantação hepática, provenientes de vários organismos nacionais e internacionais ligados à actividade de transplantação, bem como a consulta de legislação relevante para o estudo em causa.

No caso da presente investigação, a natureza da problemática a investigar implicou necessariamente a opção por uma abordagem qualitativa e a escolha da observação participante, enquanto técnica central de recolha de informação. À partida, podemos afirmar que as vantagens deste método incluem o facto do investigador poder estar em contacto directo com a realidade empírica, permitindo acompanhá-la no tempo e no contexto em que ocorre. A natureza da problemática teórica em causa reafirma as vantagens da utilização deste tipo de metodologia, que permite validar o quadro teórico e as hipóteses continuamente, de acordo com a análise dos dados. Deste modo, as vantagens de utilização deste método incluem a oportunidade de reconstruir permanentemente a investigação numa interacção constante entre a realidade empírica e o corpo teórico que a organiza.

Existem vários trabalhos já consagrados na investigação sociológica que constituem obras clássicas da sociologia e, também das metodologias qualitativas. Diversos contributos têm sido identificados, utilizando-se frequentemente os termos de fenomenologia, interaccionismo simbólico, etnografia, etnometodologia, para designar a base metodológica de cariz qualitativo, tendo por base a observação participante, a par de uma vasta literatura acerca deste método, que não temos qualquer intenção de expor aqui. Como refere Johnson (1975), na história da pesquisa de terreno, a observação participante e a etnografia têm origem nos primeiros estudos antropológicos sobre comunidades primitivas. Mais tarde, a Escola de Chicago popularizou este tipo de abordagem na análise da realidade social urbana. Nesta linha, destacam-se os trabalhos de Goffman (1959; 1973) e Glaser e Strauss (1967).

O modelo dramatúrgico de Goffman concebe a realidade social enquanto actuação teatral. No palco onde se desenrola a acção é possível observar directamente toda a realidade. Trata-se de uma abordagem íntima que implica a residência do investigador numa comunidade bem delimitada, o conhecimento da língua falada e a utilização de um amplo conjunto de técnicas de observação que incluem contactos face a face com os membros do grupo.

A influência de Glaser e Strauss (1967) é imensa, ao desenvolverem uma abordagem analítica, designada de *Grounded Theory*, baseada nos princípios sobre os valores da abordagem interpretativa da acção humana. A teoria criada através deste método tende a valorizar os processos em vez das causas ou produtos. Os autores parecem convencer-se da necessidade de observar a realidade social a partir dos termos e conceitos daqueles que experienciam o fenómeno que está a ser estudado. O seu trabalho teve um enorme impacto na medida em que aborda, de um modo geral, as experiências dos sujeitos em observação, demonstrando a capacidade dos autores em identificar, a partir dos dados observados, conceitos completamente novos na literatura, tais como "trajectórias da doença" ou "trajectórias da morte", que têm um alcance descritivo e explicativo poderosíssimo, já que se tratam de dimensões analíticas construídas a partir da realidade observada. Do mesmo modo, os autores avançam com o conceito de *theoretical sensivity*, utilizado para explicar as noções pré-concebidas do investigador acerca dos aspectos relevantes que devem ser objecto de investigação, aspectos que na época convenceram a comunidade científica que este método de abordagem tem muito para oferecer.

Também Becker *et al.* (1961;1997), na mesma linha dos trabalhos anteriormente referidos, demonstraram de forma bastante convincente que o método de observação participante consegue descrever de modo muito preciso as experiências dos estudantes de medicina e os respectivos processos de socialização da Escola de Medicina do Kansas.

Impõe-se, desta forma, observar a realidade, sendo para isso necessário interceptar o verdadeiro sentido daquilo que os observados dizem, como dizem, o que fazem e como o fazem, o que aparentam ser e o que querem aparentar ser. Aquele que observa mantém constantemente um duelo com o observado e a tarefa do observador é a de distinguir entre a superfície e o fundo da representação. Daí que seja imprescindível aceder aos bastidores, o que só é possível a partir de uma presença contínua no campo de estudo e da utilização de técnicas de recolha de informação, de entre as quais se destaca a observação participante.

A observação participante é muitas vezes sinónimo de *etnografia*, no sentido em que a primeira constitui, na maioria dos casos, a técnica fundamental de recolha de dados, por vezes a única, do trabalho etnográfico. Trata-se de um instrumento de recolha, descrição e análise das realidades construídas pelos actores em observação e da forma como categorizam o significado dessas realidades. Neste sentido, podemos afirmar que esta investigação também se pode considerar uma etnografia.

Guasch (1997:15) esclarece acerca dos conceitos de *observação participante*, *etnografia* e *trabalho de campo*, que muitas vezes se confundem. Do ponto de vista teórico, a observação participante constitui um instrumento importante de recolha de dados sobre realidades onde é difícil aplicar outro tipo de técnicas, revelando-se particularmente útil quando se pretende entender a realidade social do ponto de vista dos actores envolvidos. O investigador converte-se ele próprio num actor através da sua imersão na realidade social que analisa. Deste modo, procura apreender as regras da vida quotidiana e do contexto que observa, o que implica observar, ouvir, acompanhar e partilhar com os actores as rotinas típicas e quotidianas das suas experiências. Aí, observa, acompanha, partilha e em menor grau, participa com os actores nas rotinas típicas e diárias. No entanto, trata-se de uma presença que procura intrometer-se o mínimo possível na realidade a observar, pelo que é imprescindível limitar o tipo de participação que o investigador desenvolve com o campo de observação e com os distintos cenários[23].

No entanto, a utilização desta metodologia encerra igualmente alguns limites, aliás, identificados na vasta literatura sobre o tema e que chamam a atenção para a necessidade de um controlo mais rigoroso e permanente dos dados, em comparação com outro tipo de metodologias. Devido à proximidade entre sujeito e objecto de estudo, a observação participante é por vezes considerada um método, permitam-nos, "promíscuo", onde a realidade observada se confunde com a realidade do investigador, ultrapassando as fronteiras consideradas razoáveis da objectividade necessária ao conhecimento do objecto, por parte de quem investiga. No entanto, se considerarmos que a realidade social apenas pode ser entendida à luz do sujeito, ela própria é uma realidade subjectiva, pelo que se torna extremamente difícil e até mesmo esquizofrénica a tentativa de dissociar a realidade do sujeito que observa, da realidade do objecto de pesquisa. Neste sentido, este tipo de metodologia desafia a noção de neutralidade do método científico, i.e., a ideia de que o investigador deve garantir uma posição externa, manter-se do lado de fora de todo o processo de pesquisa, observar objectivamente sem jamais se misturar com a realidade que estuda. Esta ideia é liminarmente rejeitada. No seu lugar sugere-se que o sujeito aceita que nenhum conhecimento pode ser obtido ou interpretado fora do significado que é construído a partir do acto de pesquisa.

---

[23] Entende-se por cenários, as várias unidades de análises que no seu conjunto constituem o campo acima referido, ou seja, os segmentos da realidade social aos quais se extrapolam os resultados da análise realizada mediante os dados obtidos na unidade de observação. Trata-se de qualquer lugar onde se manifesta a realidade social estudada, daí que exista uma grande diversidade de cenários.

Nesta investigação, os valores, significados e competências circulam entre a investigadora e aqueles que são observados. Este ciclo de informação mútua tocou de forma particularmente dramática, não apenas a dinâmica da recolha de dados mas também alterou, de facto, as questões colocadas pela investigadora. Os actores observados comentam e enriquecem directamente o material de pesquisa, conduzindo a diferentes interpretações do objecto. Estamos, assim, longe da noção positivista da separação clara e limpa entre sujeito e objecto de pesquisa. Aqui, existe um compromisso mútuo entre a investigadora e o objecto, na produção de ideias que emergem do próprio processo de pesquisa.

No entanto, a negação da subjectividade em ciências sociais passa por construir um distanciamento em relação à realidade social estudada. O problema básico da observação sociológica reside no facto da situação social condicionar aquilo que se observa. Porém, à medida que a observadora vai reconhecendo e tornando clara a sua posição ou papel, o problema da subjectividade é contornado. Então, também neste trabalho, a observação participante implica analisar o subjectivo, o que pressupõe revisitar constantemente o distanciamento social em relação àqueles que são observados.

Este aspecto criou alguns constrangimentos do ponto de vista do perigo de envolvimento entre sujeito e objecto, no sentido em que podia ter comprometido a investigação. No entanto, existem mecanismos que permitem assegurar estes aspectos da falta de distanciamento entre quem investiga e quem é investigado. Do ponto de vista teórico, o papel assumido pelo investigador tem de ser aceite pelo grupo social que o acolhe e deve ficar claro à partida. Então, procurou-se que o envolvimento pessoal da investigadora fosse aceite e reconhecido como fazendo parte do processo de pesquisa. Trata-se de partilhar a experiência com aqueles que são observados, envolvendo-se pessoalmente, devendo, igualmente, adquirir um papel por forma a poder funcionar de acordo com o contexto que está a observar. Porém, não se trata de um papel formal. O papel do observador participante requer em simultâneo um distanciamento e um envolvimento pessoal, que têm de ser constantemente controlados. É do equilíbrio entre estes dois aspectos que surge o sucesso da investigação.

Do mesmo modo, a presença da investigadora foi encarada como fazendo parte da vida e da cultura dos indivíduos que estão sob observação. Assim, o papel assumido pela investigadora é o de observadora, onde deve apreender, registar, interpretar e conceptualizar os factos e os significados encontrados no campo de pesquisa. Deve interessar-se pelas pessoas tal como elas são e não pelo que a investigadora pensa que são, de acordo com qualquer padrão pré-concebido. Compreender que os seus interesses, enquanto investigadora/observadora coincidem, em muitas situações, com o seu papel de participante, e que por isso observa, é interdependente, e constitui uma parte indispensável do processo científico.

Assim, enquanto que o papel tradicional do investigador é o de um observador neutral que permanece quieto, mudo e intocável na análise do seu fenómeno, o papel do investigador na observação participante implica a partilha de sentimentos com os outros. Como consequência a própria investigadora é igualmente partilhada com os outros que observa. Os efeitos são recíprocos entre investigadora e observados, onde a primeira procura, por um lado, tirar partido das alterações provocadas pela sua presença no grupo, registando estas alterações enquanto parte do seu estudo e, por outro lado, procura reduzir ao mínimo essas alterações, pela forma como entra na vida do grupo.

Então, a partir da observação da realidade decorre simultaneamente a sua sistematização e a categorização dos dados e respectiva análise e interpretação, por forma a atribuir significados à realidade observada. Nesta fase, todo o fenómeno é dissecado, dividido em componentes e reunido em termos de definições ou explicações, de forma a ser compreensível de acordo com a problemática de pesquisa.

Analisar, ao mesmo tempo que se efectua a observação, implica um ajustamento mútuo, permitindo reconstruir hipóteses que se vão testando até à redacção da última página. Trata-se de um método indutivo, que permite construir itens e categorias de análise, a partir dos dados recolhidos, relacionar as categorias de dados com o quadro teórico e analítico, desenvolvendo e seleccionando teorias que ajudem à explicação do fenómeno de pesquisa.

Nesta investigação, à semelhança do que acontece com os trabalhos desta natureza que utilizam uma metodologia qualitativa, a sequência da investigação não se processa da forma tradicional, descrita no método experimental. Basicamente, a análise qualitativa implica uma relação cíclica entre processamento e interpretação dos dados. Assim, a base dos objectivos da pesquisa provém da recolha de dados que, por sua vez, são sujeitos a uma estrutura de base inicial que dá corpo à pesquisa. Esta estrutura vai sendo revista e reconstruída, de acordo com a constante reavaliação e reinterpretação dos dados. As categorias de análise que, à partida, serviram de base, vão sendo refeitas e, por vezes, abandonadas e substituídas por outras que, entretanto, surgiram da reflexão sobre os dados. Assim, novos conceitos vão sendo criados e novas ligações construídas na relação próxima com o objecto de pesquisa. Este movimento constante e recíproco entre interpretação e processamento, entre a teoria e a prática, marca a investigação do início ao fim, até ser encontrado um fio condutor entre os dados e o quadro teórico que dá corpo à investigação. Esta é marcada por uma constante interacção entre a observação da realidade a pesquisar e a formação de conceitos, entre a percepção e a explicação, entre a pesquisa e a teorização.

O desenvolvimento dos aspectos teóricos a partir dos dados (método indutivo) não dispensou, à partida, a necessidade de formular quadros teóricos por forma a dirigir a investigação, mesmo que esses quadros tenham vindo a ser reconstruídos. Aliás, é desejável que assim seja. Trata-se, por isso, de um quadro flexível que, à medida que a investigação vai evoluindo, se vai tornando mais estável e aprimorado. Neste sentido, a ordem de apresentação dos vários momentos que compõem este trabalho de investigação não corresponde a uma ordem temporal em termos da sua efectiva realização.

Então, como em qualquer investigação que utilize a técnica de observação participante impõe-se, à partida, seleccionar o campo de pesquisa e as respectivas unidades de observação. O campo de pesquisa, neste caso uma unidade de transplantação hepática, constitui a unidade de observação, a soma de todas as realidades sociais onde se obtêm os dados que são analisados, construindo-se desta forma os contornos da investigação. Através da presença da investigadora nos distintos contextos em que essa realidade social se manifesta, a relevância dos distintos cenários para a compreensão do fenómeno social foi assumindo pesos diferentes na realização do projecto de investigação.

Da mesma forma, consoante as unidades de análise escolhidas, a utilização da técnica de observação participante foi diferente, i.e., implicou uma multiplicidade de formas de acesso e também uma ampla gama de formas de presença por parte da investigadora. O objectivo prendeu-se com a definição dos termos chave do ponto de vista dos actores implicados na realidade social a pesquisar, observando-se o conjunto das representações, o jogo das intenções, a explicação das emoções e as representações simbólicas dos actores.

Tudo isto só se pode entender se a investigadora conseguir aceder aos bastidores onde fermenta e se constrói toda a realidade social. No caso desta investigação optámos por uma estratégia aberta, i.e., uma estratégia onde se negoceia a presença da investigadora, apesar de termos consciência de que este tipo de estratégia impede muitas vezes o acesso aos bastidores, pois os observados podem ter interesse em ocultar parte da sua representação. No entanto, apesar da consciência destas dificuldades e da necessidade de negociar com um ou vários sujeitos sociais o tipo de papel da investigadora, bem como da importância de definir claramente os objectivos da investigação, esta estratégia levanta, seguramente, menos problemas do ponto de vista ético.

Porém, não foi clara, à partida, a opção por um serviço de transplantação hepática, sendo que esta escolha decorreu depois de analisadas as hipóteses em termos de serviços hospitalares concretos onde estivessem presentes, pelas suas características, tecnologias de ponta que impusessem a presença de práticas médicas diferenciadas, sofisticadas e ao mesmo tempo diversas, que nos permitissem analisar o exercício de tecnocracias médicas. Neste sentido, a escolha de um serviço hospitalar, enquanto objecto de pesquisa, foi cuidadosamente pensada e reflectida, na medida em que era necessário garantir que estávamos perante um conjunto de tecnologias e práticas médicas dominadas apenas por poucos indivíduos, que simbolizavam figuras de referência na comunidade médica e científica. Desta forma, o transplante hepático representa em todo o mundo uma das áreas mais sofisticadas da medicina, não apenas pelas tecnologias que implica, ou pelas práticas médicas que impõe, mas também pelo facto de constituir uma actividade médica multidisciplinar, onde estão presentes, em cada uma das especialidades, os médicos mais experientes e conceituados. Acresce a tudo isto o facto de, em Portugal, a transplantação hepática estar ainda a dar os primeiros passos.

Estava então escolhida uma área da medicina, faltava optar pelo serviço concreto que iria constituir o estudo de caso. A escolha não levantou grandes dificuldades, já que estávamos limitados a três únicos centros de transplantação hepática em Portugal, localizados em Lisboa, Porto e Coimbra. Optou-se por Lisboa, não apenas por questões logísticas de proximidade geográfica, mas sobretudo por existirem contactos informais privilegiados com o serviço em questão.

A selecção de cada unidade de observação constituiu uma opção teórica, no sentido em que se pretendeu garantir a recolha de dados que, à partida, permitissem operacionalizar os pressupostos definidos na investigação. Tratou-se de um trabalho particularmente difícil, de avanços e recuos, onde se experimentaram os cenários que pudessem proporcionar a qualidade de informação desejada. Nesse sentido, as dificuldades práticas de acesso às diversas unidades de observação possíveis não mediaram, de entrada, as opções teóricas. A decisão de participar numa ou noutra unidade de observação teve a ver com a oportunidade e a conveniência, sendo de início essencial assistir a todos os cenários acessíveis para adquirir familiaridade com o universo a investigar. Quando não existe conhecimento prévio do campo, como era o caso, a decisão com respeito à selecção das unidades de observação, juntamente com a teoria, tem a ver com a possibilidade de acesso às mesmas, com o papel que se vai assumir e com o convencimento de que o papel ou os papéis que se vão desempenhar permitem penetrar o suficiente nessa unidade de observação para conseguir os dados desejados.

Também nesta investigação, a decisão de participar em determinados cenários teve a ver com a oportunidade e com a conveniência para a investigadora. Nas fases iniciais optámos por aceder a todas as unidades de observação possíveis, numa espécie de reconhecimento do terreno, por forma a adquirir à-vontade com o objecto de pesquisa. Esta fase inicial permitiu à investigadora penetrar cada vez mais no campo e sentir-se mais adaptada, possibilitando igualmente orientar a pesquisa. Aqui, a investigadora aprende como funciona a realidade a ser estudada. À medida que o tempo passa, a observação torna-se mais selectiva, já que quando se inicia o trabalho de campo, pouco se sabe acerca do que vamos observar. Depois, com o acumular de observações, que permitem ir reequacionando os vários significados do que se observa, a realidade vai assumindo os seus contornos, sendo possível estabelecer paralelismos entre os dados observados e o quadro teórico.

Deste modo, a selecção inicial das unidades de observação realizou-se mais em função da sua acessibilidade, do que das opções teóricas. Entrar em pouco tempo nos bastidores é perigoso, desaconselhável, desencorajante e difícil. Mais tarde, a adaptação às unidades de observação não previstas é mais fácil, como consequência do conhecimento que já se tem do terreno. Por tudo isto, a fase inicial foi fundamental, já que quando não se consegue uma boa adaptação nas primeiras unidades de observação, dificilmente se poderá conseguir entrar mais tarde nos contextos mais relevantes.

Neste caso, a escolha das unidades de observação implicou, necessariamente, a caracterização, quer dos espaços em que se desenrolam as relações entre os diversos actores, quer das práticas médicas. Conscientes de que não é possível a presença em todas as unidades de observação que compõem a realidade social a estudar e da necessidade de uma selecção dos mesmos, foram definidas as unidades de observação, a partir do período inicial de observação.

Nesta investigação sobre tecnocracias médicas, os médicos assumem obviamente um papel central. Então, foram seleccionados os lugares que nos permitiram observar o trabalho das especialidades médicas de hepatologia, cirurgia, anestesia e intensivismo, por terem sido as quatro especialidades identificadas no início da investigação como centrais na transplantação hepática. Acresce que outras especialidades médicas e outros técnicos de saúde[24] foram pontualmente observados na sua relação com cada uma destas especialidades. Desta forma, estivemos presentes, de forma sistemática, em consultas de hepatologia, nas salas de exames de diagnóstico onde intervinham estas especialidades, nas reuniões médicas, nas enfermarias, nas salas de trabalho, nos blocos operatórios, nos corredores, enfim em qualquer espaço que permitisse observar o trabalho de cada uma destas especialidades.

Trata-se de observar como se fala e se pensa sobre os casos materializados na prática médica, tornando necessária a utilização de técnicas de pesquisa de terreno e a observação directa e continuada. O objectivo é combinar aspectos teóricos e empíricos,

---

[24] Entre os quais se destacam os radiologistas, anatomo-patologistas, fisioterapeutas, psiquiatras, imuno-hemoterapeutas, enfermeiros e administrativos.

testando hipóteses com base no estudo sistemático de um conjunto particular de observações. Trata-se de argumentar com base num conhecimento aprofundado dos tópicos e objectos em questão (práticas, discursos e tecnologias médicas), ilustrando com exemplos identificados e discutidos.

As relações entre os vários intervenientes foram investigadas através da exploração do trabalho médico na sua relação com a tecnologia, nas unidades de observação a estudar. Neste sentido, foram utilizados diferentes modos e níveis de análise. Procurámos analisar o modo como *quem fala* e *quem escuta* desenham e partilham discursos, de modo a explicarem, legitimarem ou persuadirem. A conversação entre as várias especialidades médicas foi então abordada como um exemplo explicitamente linguístico da natureza do significado socialmente distribuído. Assim, um determinado discurso apenas tem sentido quando completado por uma resposta apropriada da parte de quem escuta.

Deste modo, a conversação em torno das práticas médicas a observar constitui o material de análise de determinadas estratégias (materializadas nas práticas médicas e nos discursos que se desenvolvem em torno delas) nos processos de negociação e consequentemente nas relações de poder. Assim, impôs-se penetrar nos campos em que diversas práticas médicas ocorrem, por forma a descrever detalhadamente espaços, tempos, organização do trabalho, procedimentos, circuitos, relações hierárquicas, técnicas, rotinas e discursos. De igual modo, na escolha das unidades de observação esteve presente a possibilidade de observar as relações entre as várias especialidades envolvidas, de modo a entender as interacções, interesses, conflitos e discursos, entre as especialidades na construção das várias tecnocracias médicas.

A observação participante e continuada da unidade de transplantação prolongou-se ao longo de cerca de dois anos, onde todos os dias a investigadora se deslocava de forma sistemática. Os primeiros contactos que antecederam a entrada no campo de pesquisa iniciaram-se em Dezembro de 1999 e a entrada na unidade de transplantação, no início de Janeiro de 2000. A observação terminou em Outubro de 2001, dando então lugar às entrevistas semi-estruturadas e aprofundadas à grande maioria dos actores observados. A opção por este tipo de entrevistas, enquanto técnica complementar de recolha de informação, é justificada pela flexibilidade deste instrumento na exploração em profundidade dos tópicos importantes para a investigação. A natureza semi-estruturada deste tipo de entrevista permite direccionar a conversa de acordo com um guião construído previamente. No entanto, as respostas são abertas, no sentido em que permitem qualquer informação que seja relevante para a investigação e a confirmação/validação de determinados dados já existentes, bem como a produção de novos dados para análise.

A entrada no terreno de pesquisa foi facilitada através de um elemento privilegiado que nos colocou em contacto com um dos cirurgiões do serviço que de imediato nos apresentou ao director da UT. Neste primeiro encontro, foi entregue ao director da UT uma versão do projecto, com todos os elementos respeitantes à investigação, tendo sido explicados de forma clara o método e objectivos do projecto, bem como o papel adoptado pela investigadora, dando ênfase à necessidade da sua presença permanente e continuada em todos os locais do serviço, por forma a permitir reduzir ao mínimo a distância entre o observador e os observados e captar os seus pontos de vista.

O projecto foi aceite com muito entusiasmo por parte do director da unidade que, desde logo, se mostrou disposto a colaborar, de tal forma que o trabalho de campo iniciou-se nesse mesmo dia, mesmo sem a autorização formal do Conselho de Administração do hospital. A investigadora foi de imediato apresentada aos principais elementos da equipa médica e de enfermagem. Entretanto, o director do serviço prontificou-se para tratar da autorização formal junto do Conselho de Administração, que foi facilitada pela posição prestigiada deste serviço e da pessoa do seu director.

A partir daqui mergulhámos num mundo completamente novo, marcado por um ambiente hostil, por ser desconhecido, e pela sua natureza, onde a presença da investigadora era olhada com desconfiança e um total sentimento de incompreensão sobre o que é que realmente estaria ali a fazer, sistematicamente, todos os dias, a deambular pelos corredores ou a entrar nas salas de trabalho, gabinetes médicos ou enfermarias. Uma sensação de estar a mais ficava bem presente quando entrávamos na sala de reuniões médicas ou na sala de trabalho dos enfermeiros, denunciada pelo silêncio repentino que se fazia sentir assim que entrávamos. Outras vezes era o olhar inquisidor de um ou outro médico que causava um enorme desconforto. Por vezes esse olhar era acompanhado pela pergunta típica – "quem é?" – em tom baixo a um enfermeiro ou colega, mas suficientemente alto para que a investigadora ouvisse e sentisse que aquele não era o seu lugar.

Os primeiros tempos foram particularmente difíceis, assaltados por uma vontade imensa de abandonar o terreno nas situações mais constrangedoras ou de arranjar uma desculpa para, numa determinada manhã, não nos deslocarmos ao hospital. Então, o sentimento da responsabilidade faz-nos continuar, mesmo que no final de alguns dias ficasse um sentimento de frustração e de sensação de tempo perdido, sem sabermos o que fazer nem por onde ir. Trata-se de um período de reconhecimento do terreno, extremamente doloroso, mas absolutamente necessário ao reconhecimento de todos os actores e cenários que possam ser estratégicos para observação.

Então, a pouco e pouco, o objecto de observação vai tomando forma e os seus conteúdos ficando mais visíveis. As várias unidades de observação onde ocorrem as diferentes práticas médicas tornam-se evidentes e tudo começa a fazer sentido. A pesquisa vai-se construindo e o sentimento de decepção dá lugar a um entusiasmo crescente, chegando, por vezes, a ser obsessivo. Para isso contribuiu enormemente a atitude de todo o pessoal do serviço que se foi acostumando à presença da investigadora. O desenvolvimento de relações de confiança e de cooperação que se fortalecem e se reconstroem quotidianamente com os actores observados, ou informantes privilegiados, que actuam como guias que nos permitem mais facilmente mover no terreno desconhecido, torna-se uma realidade.

Surge, finalmente, a oportunidade plena de viver e testemunhar por dentro situações únicas que, de outra forma, não seriam perceptíveis. Percebemos, então, o verdadeiro sentido do termo *participação*, que implica a presença física da investigadora e total imersão no objecto de estudo; que impõe, igualmente, para a investigadora, mudar de vida e de local de trabalho, para experienciar outra realidade. No caso desta investigação implicou igualmente vestir um "fato de trabalho" por forma a poder aceder aos espaços que pretendíamos observar. Desta forma, consoante se tratava das enfermarias, gabinetes médicos, salas de exames ou bloco operatório, a bata branca ou a indumentária completa do bloco, azul e verde, passaram a constituir roupas diárias da nova vida da investigadora.

Com o tempo, fomo-nos sentido como parte da UT e os convites para almoçar ou beber um café foram-se tornando habituais. Os silêncios que se faziam sentir quando a investigadora se aproximava deram lugar a comentários que demonstravam a preocupação, quer dos médicos, quer dos enfermeiros, pelo facto de nos momentos de maior azáfama não poderem dar a atenção que consideravam necessária. Médicos e enfermeiros, à medida que o tempo passava, mostravam-se interessados pelo andamento da pesquisa, cada vez mais curiosos em relação à investigação, de tal modo que, conscientemente ou não, pareciam querer instrumentalizar a pesquisa, fazendo sentir que a presença da investigadora constituía uma excelente oportunidade para divulgar o trabalho no hospital. Estas situações eram um aviso claro de que o objecto começa então a confundir-se com o sujeito que observa e que involuntariamente dá consigo a "vestir a camisola" em prol desta ou daquela força. É altura de interromper a observação e garantir o distanciamento necessário à realização do projecto. Consciencializa-se, desta forma, a absoluta necessidade de construir uma postura vigilante, que é importante não só do ponto de vista do lugar que o investigador ocupa no terreno e pode ser comprometido se assim não acontecer, mas também em termos da interpretação dos dados.

Entra-se, desta forma, em alguns momentos de pausa, onde se reconstrói e reequaciona toda a estratégia de pesquisa, através da análise dos dados já recolhidos e da experiência já vivida. Depois, é preciso regressar de novo ao terreno com o receio de começar tudo de novo e, ao mesmo tempo, de ter perdido, entretanto, algo de importante. Então, vai-se adiando o regresso até ao dia em que se reencontra o campo de observação. Afinal, ao contrário do que receávamos, tudo continua no ponto em que deixámos e a nossa reentrada suscita surpresas agradáveis. Assaltam-nos com perguntas e comentários fazendo-nos sentir que a nossa ausência foi notada de forma muito positiva. O trabalho de campo é então retomado e a presença da investigadora fica mais fortalecida, acompanhando médicos e cirurgiões nas consultas médicas, na enfermaria, no bloco operatório ou nas reuniões entre especialidades. "É a nossa socióloga. Já conhece?" (n.t.c.), era assim que se referiam à investigadora, quando alguém de fora chegava ao serviço, ou quando acompanhávamos os cirurgiões na operação de colheita de órgãos em outros hospitais. Agora, a investigadora move-se no terreno com à-vontade, entrando e saindo, observando e questionando nos mais diversos lugares, que já estão longe de serem distantes, desconhecidos e hostis. Então, quando já se sente perfeitamente confortável no seu papel perante todos os actores que observa, todos os dados estão esgotados e a observação participante já não faz sentido. À necessidade de adiar a entrada no trabalho de campo, que marcou o início da observação participante, corresponde agora um adiar da saída e uma dificuldade que se sente em acabar uma relação que foi sendo construída todos os dias, ao longo de dois anos. Esse momento percebe-se quando se vive a sensação de que já mais nada nos pode surpreender no terreno e que este já nos disse tudo o que havia para dizer. A observação participante dá agora lugar às entrevistas com cada um dos actores seleccionados.

Assim, foram realizadas 48 entrevistas praticamente a todos os elementos da UT, bem como de outros serviços que colaboraram directamente na transplantação hepática e que não pertencem ao serviço. As entrevistas foram distribuídas desta forma: director do serviço, coordenador da equipa de anestesistas e intensivistas, coordenadora da equipa de hepatologistas, directora do GCCOT, enfermeira-coordenadora do GCCOT, enfermeira-chefe, 9 cirurgiões, 4 hepatologistas, 4 anestesistas, 7 intensivistas (4 da UT e 3 da UIV), 1 anatomo-patologista, 14 enfermeiros, 2 administrativos e um elemento do Conselho de Administração do Hospital.

Os tópicos abordados nas entrevistas e que constam dos respectivos guiões, assumem uma abertura suficiente: a sequência das questões não é fixa; as questões não são estandardizadas; existe abertura para introduzir outros tópicos que se mostrem relevantes para a investigação e que surjam no decorrer da entrevista; a entrevistadora assume uma participação activa na conversação, sendo o objectivo do guião assinalar apenas os aspectos relevantes a captar. (Denzin, 1970; 1984 e Silverman, 1985)

Desta forma, as entrevistas possibilitaram a clarificação de aspectos menos evidentes para a investigadora, permitindo anular os eventuais equívocos existentes. Constituíram, igualmente, uma excelente oportunidade para cada entrevistado, individualmente, poder referir e clarificar aspectos que são importantes para a investigação. A flexibilidade da entrevista permitiu ainda testar as hipóteses já concebidas pela investigadora e as que surgiram entretanto. O grau de envolvimento criado por este tipo de entrevista permitiu um relacionamento estreito entre a investigadora e o entrevistado, baseado na confiança. Destas entrevistas transpareceu uma multiplicidade de vozes, que expressam a complexidade dos pontos de vista em jogo e, portanto, a riqueza do material recolhido.

As entrevistas, de duração média de duas horas, foram efectuadas e conduzidas pela investigadora, de acordo com guiões específicos e previamente elaborados, e com as diferentes categorias de entrevistados. Por forma a garantir o rigor dos dados, e a sua posterior análise, todas as entrevistas foram gravadas e transcritas, dando origem a uma enorme quantidade de dados sob a forma de texto e garantindo-se o anonimato dos entrevistados.

A presença do gravador era sentida no início com algum desconforto, tanto pela investigadora, como pelo entrevistado, sensação que se dissipava a partir dos primeiros minutos. O objecto de pesquisa era então explicado e relembrado a todos os entrevistados. A abordagem não directiva, utilizada nas entrevistas, tem como objectivo captar, o mais possível, um discurso espontâneo, bem como um leque mais vasto de informações que pode decorrer numa entrevista em tom de conversa. Neste sentido, o guião serve apenas como suporte, por forma a garantir que os dados necessários à investigação estão assegurados, deixando, no entanto, em aberto a possibilidade de captar todo o tipo de informações, decorrentes da conversa com o entrevistado e que se mostram relevantes para o estudo. Assim, no decorrer das várias entrevistas surgem novos tópicos para a discussão, explorando-se ao máximo a presença do entrevistado, numa conversa privada, longe do campo de observação, onde em algumas situações, pela primeira vez, se consegue um contacto mais próximo e descontraído entre a investigadora e o entrevistado. É o lugar das confirmações de tudo o que foi observado e que a partir destas entrevistas fica mais consistente e sistematizado.

Terminado o trabalho de campo, aproximamo-nos cada vez mais de uma outra etapa do trabalho de investigação. Mergulhamos agora nas centenas de páginas provenientes das entrevistas e do nosso diário de campo que foi sendo construído ao longo do período de observação participante[25]. Neste último, foram registados diariamente os dados observados, desde conversas,

---

[25] A informação recolhida a partir das entrevistas efectuadas, bem como do diário de campo, foi submetida a uma análise qualitativa de conteúdo, de acordo com as categorias presentes nos guiões de entrevista que, por sua vez, decorreram do quadro teórico central e das respectivas dimensões analíticas.

comentários, cheiros (que provocam sensações diferentes consoante o cenário seja uma colheita de órgãos ou um transplante) e sensações. Estas notas de trabalho de campo eram registadas num pequeno gravador, no final de cada dia de trabalho, no caminho de regresso a casa e posteriormente transcritos para o diário de campo. Este constitui um dos textos mais pessoais que qualquer investigador produz. Por vezes é mesmo demasiado intimo, onde aparecem sentimentos, frustrações, medos, angústias, ansiedades, alegrias e prazeres vários; uma espécie de caderno de viagem onde se revisitam os lugares e as sensações dos momentos mais significativos da permanência da investigadora no terreno de pesquisa.

Desta experiência resta-nos a certeza de que a observação participante constitui um processo de aprendizagem única e não apenas do ponto de vista científico. Não existem manuais ou receitas de sucesso que possam especificar o método em questão ou como conduzir uma determinada investigação. Cada investigação é única e quando se aprende a utilizar esta técnica, quando se passa por todo um processo único e diferente em cada investigação, então, quando tudo fica claro e a investigadora conseguiu a confiança dos observados, já dispõe dos dados suficientes para, finalmente, escrever o seu trabalho. Como refere Guasch (1997:46), "o problema da participação é de certo modo semelhante ao da experiência: quando faz falta não se tem e quando se tem já não faz falta".

PARTE II

NOS BASTIDORES DA TRANSPLANTAÇÃO HEPÁTICA

Capítulo I

A unidade de transplantação: caracterização sociológica

Introdução

A literatura sociológica que incide sobre questões relacionadas com a caracterização de serviços hospitalares inclui os resultados de diversos estudos que, recorrendo a critérios tais como a organização e divisão do trabalho ou a hierarquização dos serviços segundo o tipo de cuidados produzidos, contribuíram para a criação de tipologias várias. No que diz respeito à caracterização sociológica da Unidade de Transplantação (UT), optou-se por privilegiar algumas dimensões analíticas presentes em trabalhos que, directa ou indirectamente, descrevem os serviços hospitalares. Essas dimensões, que correspondem aos diferentes pontos que constituem o presente capítulo, são as seguintes: os aspectos simbólicos relacionados com o tempo e o espaço físico, a organização dos cuidados de saúde e o modelo de organização do trabalho.

No âmbito dos trabalhos sociológicos sobre serviços hospitalares em Portugal, destaca-se o estudo de Graça Carapinheiro (1993). Tal como a autora refere, é a literatura sociológica francesa que mais tem contribuído para a compreensão das questões relacionadas com a caracterização de serviços hospitalares. Nela destacam-se, nomeadamente, os estudos de Chauvenet dos anos 70 e a sua tipologia dos serviços hospitalares, modelo que, precisamente, privilegiamos neste estudo.

Chauvenet (1972) analisa as implicações do modelo de organização e divisão do trabalho em meio hospitalar, nomeadamente de um modelo caracterizado por uma burocratização crescente que conduziu a uma segmentação das carreiras hospitalares. Nesse estudo, a autora distingue os serviços de medicina geral, que tendem a fechar-se sobre si mesmos limitando-se apenas a uma função de acolhimento dos indivíduos de categorias sociais desfavorecidas, dos serviços especializados que englobam também serviços de pesquisa e investigação. Assim, esta divisão do trabalho e hierarquização dos serviços parece ter implicações na evolução das funções hospitalares, ou seja, as repercussões deste modelo assumem-se como diferentes se se tratar das funções médicas ou de outros grupos profissionais que lhes estão subordinados, como sejam os enfermeiros. Ainda de acordo com Chauvenet (1972), na evolução da divisão do trabalho no hospital intervêm outras considerações para além da especialização técnica, como sejam as políticas de qualificação da administração hospitalar e a posição privilegiada dos serviços de ponta que desempenham uma função de selecção social da clientela.

A partir da análise da organização e divisão do trabalho em meio hospitalar, a autora apresenta uma classificação onde destaca três categorias, definidas de acordo com dois tipos de critérios: o primeiro, de ordem técnica, é relativo ao grau de complexidade do tratamento das doenças e ao tipo de equipamentos utilizados; o segundo, de ordem política, refere-se à orientação do serviço em função das clientelas e ao tipo de estratégia desenvolvida pelos médicos. Neste sentido, a autora destaca os serviços de medicina geral, os serviços especializados que produzem cuidados em massa, e os serviços de ponta ou de alta tecnicidade orientados para a pesquisa (Chauvenet, 1972: 145).

Os serviços de medicina geral ocupam a posição mais baixa na hierarquia dos serviços hospitalares. Tanto do ponto de vista profissional como do ponto de vista das relações de poder no hospital, esta categoria define-se por uma tripla finalidade: de desobstrução dos outros serviços; de acolhimento de doentes que não revelam necessidade de cuidados especializados; de orientação e triagem dos doentes em relação aos outros serviços do hospital. Este tipo de serviços caracteriza-se pela prestação de cuidados polivalentes e por infra-estruturas materiais pouco pesadas (os meios de trabalho limitam-se a material básico).

Os serviços especializados constituem o tipo de serviço dominante. A sua actividade consiste na produção de cuidados de saúde que variam de acordo com o tipo de doença ou foro especial que define o próprio serviço. De acordo com a autora, este tipo de serviços caracteriza-se por uma rotação máxima de doentes e por uma automatização e padronização das tarefas, sendo que as actividades de pesquisa não constituem um aspecto importante na orientação e organização do trabalho. Assim, toda a actividade de pesquisa ocorre paralelamente à actividade de prestação dos cuidados, sem que estas últimas estejam dependentes das primeiras.

Finalmente, os serviços de ponta orientados para a pesquisa constituem muitas vezes secções instaladas dos serviços anteriormente descritos que, a partir de determinado momento, se tornam autónomos pela sua importância, transformando-se em departamentos que reagrupam diferentes equipas com interesses científicos de fronteira. Estes serviços dispõem de infra-estruturas materiais específicas consoante as áreas de investigação que os caracterizam. Esta especificidade quase sempre implica a subordinação da organização dos cuidados e da própria clientela aos programas de pesquisa.

A partir desta classificação, Chauvenet descreve a diferenciação de funções e as atitudes dos indivíduos presentes nos esquemas de divisão do trabalho de cada um dos três tipos de serviços. Neste sentido, utiliza a noção de acto médico enquanto noção central no princípio de divisão das tarefas entre as diferentes categorias profissionais, particularmente entre médicos e enfermeiros. O conteúdo da noção de acto médico prende-se não apenas com o lugar que sempre ocupou no conjunto da prestação dos cuidados, mas também com a questão do monopólio do acto médico. É a partir deste que se definem as funções de novas categorias profissionais que, apesar de não exercerem funções clínicas, ou seja, de prestação directa de cuidados médicos, contribuem com técnicas de análise e pesquisa para aplicação nesses mesmos cuidados, como é o caso de todas as especialidades médicas não clínicas. Assim, num quadro de manutenção do monopólio médico e da sua protecção jurídica, o acto médico quando executado por outros que não médicos só é possível a partir da delegação destes últimos, encontrando-se sempre sujeito ao controlo, e dependente da responsabilidade de uma autoridade médica.

A partir daqui, a autora define uma tipologia das tarefas executadas pelo conjunto do pessoal hospitalar na prestação de cuidados, assente num duplo critério – a gravidade da doença e o nível de aprendizagem e prática necessárias para a prestação dos cuidados. Esta tipologia mostra que o acto médico é partilhado quer pelos enfermeiros, quer pelos técnicos e cientistas (Chauvenet, 1972: 148).

A função de enfermeiro caracteriza-se por ser de subordinação em relação ao médico (na medida em que executa as prescrições deste), mas constitui, igualmente, uma actividade específica definida por um corpo de tarefas executadas e transmitidas no interior da profissão. Em todo o caso, o trabalho do enfermeiro existe apenas a título residual e na sua relação com o trabalho médico. A própria evolução do trabalho do enfermeiro segue a evolução do trabalho médico, sendo que, com a especialização deste último, tem vindo a ser atribuído ao enfermeiro um conjunto de tarefas que no passado eram da exclusiva responsabilidade dos médicos. Como tal, assiste-se a uma evolução da actividade de enfermagem, potencialmente valorizadora da profissão com base no equilíbrio entre, por um lado, as actividades técnicas e as de contacto humano e, por outro, a sua participação crescente no acto médico.

No que diz respeito a outros grupos profissionais, como sejam técnicos de saúde ou mesmo médicos cujas funções não estão directamente relacionadas com a prestação de cuidados clínicos, Chauvenet (1972) chama a atenção para a decomposição do acto médico, na medida em que a decisão acerca do recurso a determinados exames para a construção do diagnóstico e a prescrição de um determinado tratamento pertencem sempre ao clínico. No entanto, a execução de determinadas técnicas e a sua interpretação implicam a existência de conflitos entre clínicos e não clínicos, sendo que, e de acordo com a autora, os primeiros reservam-se o direito de interpretação e de decisão e os segundos acusam os médicos de negligência por não saberem utilizar os resultados do seu trabalho.

Os médicos renunciam em parte ao exercício do acto médico, delegando-o para outros grupos profissionais, como é o caso dos enfermeiros e outros técnicos de saúde, para se reservarem o acto de decisão na elaboração dos diagnósticos e escolha dos tratamentos. De facto, actualmente, o essencial do trabalho médico, excepto na cirurgia, consiste num trabalho intelectual de síntese, de diagnóstico e de escolha e dosagem do tratamento. De acordo com Chauvenet (1973c), a evolução da ciência médica, os interesses profissionais e os projectos administrativos de racionalização convergem.

Perante a extensão do saber médico, os médicos libertam-se de algumas tarefas técnicas que são asseguradas pela organização hospitalar, sendo que o monopólio da decisão médica tende a ser partilhado por não médicos. É, por exemplo, o caso do recurso a exames complementares de diagnóstico que tendem a assumir cada vez mais um papel fundamental na elaboração do diagnóstico e que são realizados em laboratórios ou serviços autónomos especializados, dirigidos por médicos que não exercem clínica. A propósito das especialidades médicas não clínicas, Atkinson (1995: 2) refere a importância que estas assumem na produção socialmente organizada da doença. Elas são cruciais na divisão social e técnica dos cuidados de saúde, na medida em que ocupam posições chave nos processos de diagnóstico e noutros momentos do trabalho médico.

Dentro deste quadro de subordinação ou de participação dos vários elementos envolvidos existem variações em termos de organização e divisão do trabalho, segundo os três tipos de serviços considerados por Chauvenet. Assim, os serviços de medicina geral caracterizam-se por uma estrutura hierárquica de autoridade, fundada na oposição entre comando / execução ao longo da dupla hierarquia médica e hospitalar. Aqui, a divisão do trabalho entre o pessoal hospitalar é definida pelo próprio pessoal do serviço e traduz-se numa "confusão" de tarefas, uma vez que a repartição do trabalho é principalmente realizada em função do número limitado de pessoal e menos em função da sua qualificação (Chauvenet, 1973c: 149). Tal é explicado tanto pela falta de pessoal como por uma concepção de tomar a cargo o doente, que consiste em privilegiar o facto de ser sempre a mesma pessoa a ter a seu cargo o doente em vez de se dividirem as tarefas em função da sua complexidade.

Nos serviços especializados, caracterizados pela produção massificada de cuidados, a organização do trabalho assenta numa maior diferenciação das tarefas. Assiste-se a uma maior autonomia de papéis graças a uma correspondência mais estreita entre formação e atribuição de tarefas e ao desaparecimento duma estrutura de autoridade assente na oposição entre decisão e execução. Neste tipo de serviços, o trabalho obedece a um plano pré-estabelecido que exprime uma sequência de actos hierarquizados, de acordo com uma lógica de qualificações diferenciadas (Chauvenet, 1973c: 152).

Finalmente, os serviços de ponta orientados para a pesquisa funcionam como unidades de produção de cuidados cuja existência não depende apenas duma especialidade médica isolada. As actividades altamente especializadas fazem parte duma secção especial dum serviço especializado ou constituem mesmo um departamento que reagrupa equipas pluridisciplinares sob uma direcção técnica colegial. Neste sentido, é vulgar encontrarmos, junto destes serviços, vários serviços especializados. A lógica desta especialização conduz à existência de hospitais especializados numa determinada patologia ou órgão, sendo que esta valência põe fim à autonomia dos serviços, fazendo do hospital, e não do serviço, uma unidade técnica de produção de cuidados, onde a organização das tarefas depende duma organização inter-serviços.

Ao nível do trabalho de enfermagem existe uma tendência para o desenvolvimento de processos de profissionalização, nomeadamente através da criação autónoma de técnicas de prestação de cuidados que permitem a ampliação do saber-fazer inerente à profissão e uma maior autonomia em termos de trabalho. Esta autonomia permite aos enfermeiros uma maior participação no acto médico (por exemplo, ao nível da prescrição de certos medicamentos ou mesmo ao nível da construção do diagnóstico), onde a sua intervenção constitui, de facto, uma delegação de poder que, de acordo com a autora, não deve ser confundida com uma recomposição do trabalho em equipa.

Neste tipo de serviços, o médico abandona uma parte das tarefas para se dedicar a outras que considera como mais científicas e em que os enfermeiros não participam. O facto de estes últimos executarem tarefas por delegação traduz uma adesão ao sistema de valores médicos, pertencentes a uma categoria hierárquica superior. Trata-se duma valorização das tarefas técnicas em detrimento das tarefas de cariz mais humano, ao contrário dos serviços de medicina geral onde é valorizado o contacto humano com o doente e um reforço da relação enfermeiro / doente.

No estudo de Noémia Lopes (2001), sobre a recomposição profissional da enfermagem, a autora discute os saberes de enfermagem na sua relação com os outros saberes, nomeadamente o saber médico. À semelhança do trabalho de Graça Carapinheiro (1993), a partir da utilização do modelo de Chauvenet, as conclusões deste estudo permitem-nos ilustrar alguns aspectos que dizem respeito ao contexto hospitalar português.

De acordo com Lopes (2001: 66), a delegação do trabalho médico nos enfermeiros constitui uma excelente oportunidade para reelaborar muitas das tarefas que esse processo abrange.

Ao mesmo tempo, a incorporação dos saberes que são inerentes a essas tarefas, na matriz dos saberes de enfermagem, converte--os em saberes formais da profissão. Neste sentido, e de acordo com a autora, "a tecnologia é objecto de apropriações e usos sociais que podem ser instrumentalizadas para a redefinição das relações e práticas inter-profissionais" (Lopes, 2001:71).

Assim, os enfermeiros passaram a introduzir, nos seus currículos, disciplinas de diferentes áreas científicas que permitem uma legitimação teórico-científica na sua formação e, ainda, uma deslocação da ênfase dos saberes sobre os procedimentos (que marcam o trabalho de enfermagem) para os saberes sobre os processos. Deste modo, o designado *processo de enfermagem* assume um papel central na formação de futuros profissionais, enquanto instrumento de operacionalização de novos saberes. No entanto, a recomposição dos saberes de enfermagem e a sua revalorização social, bem como as formas de instrumentação que assume em termos de estratégias de especialização no seu campo de competências, concretiza-se de forma diferente de acordo com os diferentes contextos de trabalho.

Retomando a tipologia de Chauvenet (1973c), e de acordo com os resultados do estudo de Lopes (2001), constatamos, no que diz respeito ao trabalho de enfermagem, nítidas descontinuidades quanto ao tipo de saberes valorizados e suscitados pelos contextos específicos de prestação de cuidados, nos diferentes tipos de serviços. Assim, podemos afirmar que nos serviços de medicina os saberes de enfermagem e a predominância de rotinas de trabalho caracterizadas por actos previamente prescritos implicam essencialmente saberes práticos e quase mecânicos, deixando pouco espaço para a consolidação da recomposição dos saberes deste grupo profissional. Nos serviços de medicina, apesar da prestação dos cuidados permitir alguma margem de imprevisibilidade (que implica por parte dos enfermeiros o reconhecimento de alguns sintomas no doente, onde é necessário pensar e agir sobre as condições previamente prescritas, e obriga a um exercício intelectual de avaliação que só é possível a partir de saberes analíticos), é no contexto dos serviços de ponta que se verifica uma maior oportunidade para accionar competências e saberes de natureza não apenas prática, mas também analítica e interpretativa, devido a um maior peso da imprevisibilidade decorrente do tipo de cuidados.

No entanto, Lopes (2001:140) chama a atenção para o facto de esta imprevisibilidade se situar nas fronteiras pouco nítidas do trabalho médico e do trabalho de enfermagem, o que conduz a que essas competências nunca sejam formalmente reconhecidas como sendo do foro da enfermagem (sobretudo nos serviços de medicina), ainda que sejam informalmente reconhecidas como cruciais e que, por esta forma, legitimem a actuação dos enfermeiros.

Ao contrário dos serviços de medicina, as unidades de ponta apresentam maiores possibilidades de recomposição dos saberes de enfermagem, devido à maior imprevisibilidade inerente à natureza do trabalho presente nestes contextos. Aqui, deparamos com uma acentuada interdependência entre o trabalho médico e o trabalho de enfermagem, que possibilita aos enfermeiros a incorporação, nos seus saberes, de novas competências técnicas.

A propósito das fronteiras entre o trabalho médico e de enfermagem, também Annandale (1998: 244-245) refere que a distinção tradicional entre o trabalho de enfermagem de *cuidar* e o trabalho médico de *tratar* está a ser ultrapassada, na medida em que, em diferentes circunstâncias, médicos e enfermeiros podem assumir ou rejeitar a redefinição dos seus papéis. Para ilustrar esta ideia, a autora apresenta vários cenários que falam por si. Primeiro, existem ocasiões em que os enfermeiros assumem sem desagrado, e com o acordo dos médicos, aquilo que antes era considerado serem tarefas médicas. Annandale apresenta o exemplo das unidades de cuidados intensivos, onde os enfermeiros participam no trabalho de diagnóstico tomando decisões acerca dos níveis de sedação.

Um segundo cenário, contrastante com o anterior, envolve situações onde as fronteiras entre o cuidar e o tratar são confusas e controversas. Em terceiro lugar, a autora apresenta um cenário em que os enfermeiros se mostram relutantes em tomar a responsabilidade do trabalho que os médicos não querem fazer. Aqui, os enfermeiros sentem-se particularmente vulneráveis às queixas, já que trabalham na linha da frente em termos de cuidados aos doentes, e às punições decorrentes do facto de poderem vir a cometer erros. Neste aspecto sentem que os médicos poderão não os apoiar se algo correr mal. Assim, os enfermeiros mostram-se particularmente apreensivos em situações em que executam tarefas de acordo com instruções verbais, como é, por exemplo, o caso das prescrições de medicação por telefone que não são formalizadas por escrito – eis precisamente algo que constitui um dos maiores pontos de conflito entre enfermeiros e médicos na Unidade de Transplantação estudada.

A permanente vigilância por parte dos enfermeiros que é requerida nos serviços de ponta, devido à acentuada instabilidade clínica dos doentes, implica o domínio duma diversidade de fontes de informação que incluem a observação do doente e dos sinais provenientes dos diversos monitores, assim como os resultados de exames clínicos que, entretanto, chegam à enfermaria. No seu conjunto, tal implica o domínio de saberes analíticos em articulação com saberes práticos. Acresce que o controlo destes diversos tipos de informação é ainda mais crucial se tivermos em consideração a articulação e a continuidade entre o trabalho dos médicos e dos enfermeiros. Aqui, têm lugar constantes confrontos acerca da redefinição ou confirmação de procedimentos entre estes dois grupos profissionais, sendo que perante situações específicas é habitual assistirmos ao confronto das diferentes concepções médicas e de enfermagem, pelo que a solução nem sempre assenta na autoridade médica, mas antes numa avaliação conjunta dos respectivos argumentos.

A este propósito, Stein (1978) esclarece que o conhecimento dos enfermeiros acerca das necessidades e tratamento dos doentes, proporcionado pela prestação dos cuidados durante 24 horas, constitui um instrumento importante na sua relação com os médicos. Neste sentido, o autor examina o processo como os enfermeiros transmitem informações e sugestões no tratamento sem violarem o que o autor designa de "regras do jogo". A regra cardinal consiste em evitar a todo o custo a discordância aberta e apresentar tudo sob a forma de recomendação. Pelo lado do médico, este deve sugerir a recomendação ao enfermeiro sem parecer que está a pedi-la. Stein sugere que as origens deste jogo se prendem com aspectos relacionados com a formação dos médicos para serem omnipotentes e a dos enfermeiros para serem subservientes. A recompensa para quem participa neste jogo de acordo com as regras não se resume apenas a uma aliança eficiente entre médicos e enfermeiros, mas também contempla respeito e admiração mútuos e a manutenção do *status quo*.

Nos serviços de ponta, e de acordo com Lopes (2001:145), os enfermeiros atribuem relevância ao aprofundamento da dimensão teórico-científica na sua formação profissional, evidenciando que é nestes contextos de trabalho que existem maiores possibilidades de mobilização e reconhecimento social para os seus saberes formais e de natureza analítica. Estas possibilidades decorrem das consideráveis margens de participação na tomada de decisão inerentes ao trabalho de enfermagem, que implicam uma capacidade de interpretação de uma informação vasta que é fundamental tanto para a tomada de decisão médica, como para a enfermagem. Assim, no caso da UT, à semelhança dos resultados apresentados pelo estudo de Lopes (2001) no que diz respeito às unidades de cuidados intensivos, os diários de enfermagem são alvo de consulta frequente por parte dos médicos, revelando, desta forma, a importância estratégica desse tipo de informação.

No que diz respeito à relação entre médicos e enfermeiros, Coser (1958) refere algumas situações onde os enfermeiros são colocados perante circunstâncias que, embora pouco confortáveis, lhes conferem mais poder em termos de participação no trabalho médico, e que decorrem em grande medida do facto dos enfermeiros receberem directrizes de diferentes médicos que podem ou não ser compatíveis. De igual modo, o facto dos enfermeiros estabelecerem um contacto mais frequente e uma relação mais próxima com os doentes, confere-lhes a posse de mais informações acerca do estado do doente, o que poderá também ser encarado como um aumento da capacidade de influência dos enfermeiros na tomada de decisão médica, sendo que estes funcionam muitas vezes como uma espécie de fonte de informação.

Mesmo nas actividades de enfermagem mais padronizadas e rotineiras, os actos e os gestos assumem uma considerável indeterminação e elevados níveis de tecnicidade. Tal acontece, sobretudo no manuseamento de equipamentos tecnológicos sofisticados, particularmente na fase pós-operatória imediata que requer a prestação de cuidados intensivos, e no bloco operatório. Este aspecto implica frequentemente a presença simultânea de médicos e enfermeiros nos mesmos espaços, verificando-se uma elevada interdependência funcional entre os dois grupos que permite aos enfermeiros a incorporação de procedimentos técnicos, formalmente do foro das competências médicas, nos seus actos de trabalho. Deste modo, os actos técnicos do trabalho médico delegado vão sendo progressivamente reelaborados em actos de enfermagem, assumindo-se desta forma como estratégia central na recomposição dos seus saberes e na crescente especialização dos cuidados prestados pelos enfermeiros. Assim, é precisamente nos serviços de ponta que os enfermeiros encontram maiores possibilidades de criar espaços de autonomia relativamente à subordinação técnica e social da medicina.

Aplicando a tipologia de Chauvenet, podemos inserir a Unidade de Transplantação na terceira categoria, i.e., nos serviços de ponta. Aqui, a grande complexidade da prestação de cuidados implica aspectos muito precisos na organização e divisão do trabalho que decorrem da hiper-especialização médico/cirúrgica que envolve a produção dos cuidados neste serviço. Neste sentido, a constituição das várias equipas médicas obedece à especificidade do serviço e não propriamente a uma lógica de hierarquia. Cada especialidade envolvida na transplantação hepática está subordinada a um esquema próprio de organização, tão específico quanto as práticas médicas que distinguem cada uma delas.

É nas zonas de intersecção entre as diversas práticas que as diferentes lógicas de especialização se ajustam de forma a dar origem a um todo em termos de organização do serviço, sem, no entanto, abdicarem dos conteúdos e formas particulares inerentes a cada especialidade. Assim, a articulação global do serviço é dificultada pela existência de fricções nestas fronteiras entre os diversos actos médicos presentes na transplantação hepática, e que por vezes são difíceis de fazer convergir.

Sobretudo estes aspectos têm reflexo no trabalho dos enfermeiros em qualquer uma das fases do circuito de transplantação hepática. A divisão do trabalho entre médicos e enfermeiros corresponde a dois modelos distintos e paralelos cuja coexistência se traduz numa relação desequilibrada entre os dois grupos profissionais, em que a prestação dos cuidados de enfermagem se expressa através duma relação de subordinação na sua relação com o corpo médico, claramente dominante. No entanto, esta superioridade dos médicos sobre os enfermeiros no comando da produção dos cuidados parece não ter correspondência no que diz respeito à nítida separação entre os cuidados médicos e os cuidados de enfermagem, já que se verificam esquemas de colaboração e participação dos enfermeiros, pelo menos esporádicos, na redefinição de terapêuticas e na avaliação do estado do doente.

A especificidade que caracteriza a produção dos cuidados neste serviço leva-nos necessariamente à questão da qualificação das categorias profissionais, quer médicas quer de enfermagem. A organização profissional do trabalho neste serviço está directamente relacionada com o tipo de patologias específicas de que se ocupa (todas elas pertencem a domínios especializados do saber médico), bem como com o tipo de tratamento de ponta protagonizado por esta unidade. Deste modo, a forma como é produzido o diagnóstico clínico, e consequentemente o tratamento, expressam simultânea e paralelamente uma dupla vertente no quadro tradicional das profissões hospitalares, que corresponde a uma hierarquia formal e a uma hierarquia de competências diferenciadas no interior de cada especialidade e que se expressa na produção dos cuidados. Esta dupla situação, que assume diversas formas consoante as especialidades, decorre da linha hiper-especializada dos cuidados e do facto de estarmos perante uma unidade de ponta.

No que respeita à análise dos diversos tipos de trabalho e das suas relações (que no conjunto constituem os cuidados médicos e de enfermagem), procura-se evidenciar neste estudo a primazia do trabalho sobre os aspectos relacionados com a própria divisão do trabalho ou com as carreiras profissionais, na linha do estudo de Strauss *et al.* (1985), que referem a sua metodologia de análise como sendo uma *analytic examination of work itself* (xi). Utilizando o modelo dos autores, que definem o hospital como um conjunto de diversos lugares (uma espécie de *workshops* caracterizados por diferentes tipos de trabalho com recursos muito diferentes, tais como espaço, competências, equipamento e medicamentos) onde a divisão do trabalho é marcadamente diferente, procura-se caracterizar o modelo de organização do trabalho ao longo do circuito de transplantação hepática.

A noção de trajectória[1] utilizada por Strauss *et.al.* (1985) foi privilegiada neste trabalho, na medida em que, e de acordo com

---

[1] Em termos de análise, Strauss *et.al.* (1985: 8) fazem a distinção entre o *percurso da doença* e a *trajectória da doença*: "O primeiro termo não oferece problemas ao leitor já que todos nós vivemos a experiência duma doença que não só e apenas surge, como também se desenvolve gradualmente ao longo do tempo, tornando-se pior e depois talvez melhorando. Para os médicos conhecedores, enfermeiros e pessoal técnico, cada tipo de doença tem mais ou menos fases características, com sintomas que combinam e muitas vezes, apenas a intervenção qualificada poderá inverter, alterar, ou pelo menos abrandar o progresso da doença. O *percurso da doença* é, assim, tanto um termo do senso comum como profissional. Em contraste, *trajectória* é um termo criado pelos autores para referir não apenas a revelação fisiológica duma doença mas a total *organização do trabalho* realizada durante esse percurso, bem como o *impacto* em todos aqueles envolvidos com esse trabalho e a sua organização".

os autores, permite ao investigador não se limitar apenas a uma perspectiva meramente teórica que caracterize o trabalho a partir dum modelo. Por outro lado, esta noção foi criada a partir da observação próxima dos actores envolvidos, traduzindo com maior clareza a natureza do trabalho observado. Assim, podemos encarar as várias fases do transplante hepático como trajectórias que no seu conjunto designamos de circuito de transplantação hepática.

Na medida em que as várias trajectórias da doença se estendem pelo espaço e pelo tempo, de igual modo as trajectórias dos médicos, enfermeiros e outros técnicos incluem a visualização de algumas das várias fases. De acordo com os autores, determinadas fases são muitas vezes antecipadas, sobretudo pelos médicos que conseguem visualizar aquilo que Strauss *et.al.* (1985:30) designam de *arco de trabalho (arc of work)*, i.e., o conjunto de trabalho que é necessário para controlar o percurso da doença e recuperar o doente.

No entanto, noutras situações mais complexas o *arco de trabalho* pode não ser globalmente visualizado, o que envolve muitas vezes alterações em relação aos esquemas previstos, sendo que nas situações muito graves as trajectórias previstas saem temporariamente fora do controlo, o que implica que a sequência de trabalho apenas é conhecida após o caso estar terminado. Este é, precisamente, o exemplo do serviço aqui analisado, onde em cada fase vão sendo decididos determinados procedimentos, tais como exames específicos, sessões de hemodiálise ou mesmo um novo transplante.

Nestas situações, Strauss *et. al.* (1985) utilizam o termo *trajectory sequence point* que significa exactamente o momento ou o ponto da trajectória em que ocorre a necessidade de desempenhar um conjunto de tarefas diferentes e, por conseguinte, uma mudança parcial ou total no próximo ponto de sequência. No entanto, mais do que localizar estes pontos é importante reconhecer que esse conjunto de tarefas tem uma ordem sequencial e uma base organizacional. Não cabe aos médicos a preocupação com os detalhes organizacionais e operacionais tais como a supervisão e a articulação dessas tarefas, sendo que essa função cai sobre outros técnicos e enfermeiros, ou mesmo sobre outras especialidades médicas não directamente ligadas ao serviço, em situações em que é necessária a realização de exames especializados.

Gerir e definir as trajectórias da doença inclui diversas linhas de trabalho que, observadas de perto, permitem demonstrar a existência de um conjunto de tarefas que constituem o círculo de trabalho antecipado para uma determinada trajectória, exigindo uma coordenação permanente, na medida em que os rearranjos não são automáticos. Por outras palavras, a articulação do trabalho deve ser feita de modo a assegurar que os esforços colectivos dos vários actores envolvidos tenham como resultado mais do que apenas conflitos discretos e trabalho concluído.

Assim, e de acordo com Strauss *et. al.* (1985:151), os médicos chegam a um plano global (uma espécie de impressão digital da trajectória), as enfermeiras chefes guiam a sua implementação, enquanto que outros profissionais da saúde, incluindo enfermeiros e técnicos, levam a cabo as tarefas operacionais requeridas. Deste modo, a figura central é o médico, mas o actor chave na articulação é a enfermeira chefe, sem a qual o trabalho necessário ao longo de todo o circuito não seria conseguido, facto que os médicos apreciam e os administradores hospitalares dificilmente têm em vista.

Strauss *et. al.* (1985) referem algumas condições que levam à ruptura do trabalho médico. Em primeiro lugar, as próprias trajectórias constituem a primeira fonte para uma ruptura potencial. Por muito simples que seja em aparência uma doença, ela pode tornar-se imprevisível. Uma segunda fonte de ruptura tem a ver com aspectos de natureza organizacional, na medida em que existem diversas trajectórias em diferentes fases que provocam necessariamente condições potenciais de ruptura na articulação do trabalho. De acordo ainda com os autores, existem outras fontes de ruptura do trabalho médico, das quais destacamos a tecnologia médica e a organização hospitalar, tendo em consideração que a coordenação do trabalho depende também de outros serviços.

Retomando a ideia inicial, resta-nos a caracterização sociológica do serviço a partir das dimensões analíticas privilegiadas: a descrição do tempo e do espaço físico e respectivos elementos simbólicos, a organização dos cuidados de saúde e o modelo de organização do trabalho.

1. O tempo e o espaço físico: descrição e aspectos simbólicos

Da consulta

A UT, que engloba a transplantação hepática e renal, está repartida por três espaços diferentes e descontínuos que, desde logo, distinguem momentos importantes do programa de transplantação: a consulta, a cirurgia e o internamento. A estrutura pavilhonar que caracteriza o hospital testemunha a sua história e os propósitos que levaram à sua construção. Estes aspectos estão igualmente patentes na divisão dos espaços da UT.

O primeiro contacto com o serviço, que corresponde ao espaço das consultas de transplantação hepática e renal, é feito através dum dos inúmeros pavilhões do hospital. O acesso faz-se através de uma pequena porta para um *hall* de entrada que, por sua vez, interliga três espaços diferentes. Do lado esquerdo encontramos uma porta que está sempre aberta e que comunica para um pequeno corredor que dá acesso a três gabinetes que correspondem a áreas distintas de trabalho.

Assim, temos a sala do secretariado do serviço onde estão arquivados os processos de todos os doentes transplantados renais. Nesta sala, duas administrativas prestam apoio aos doentes e médicos, em tudo o que se relaciona com as consultas. O trabalho é intenso, sobretudo no período da manhã em que decorre a grande maioria das consultas. A este espaço, que já é reduzido, entre secretárias, computadores e enormes prateleiras de arquivo, junta-se o barulho dos telefones e impressoras e um movimento permanente de doentes, médicos e enfermeiros que entram e saem constantemente. É aqui que os doentes têm o primeiro contacto com o serviço e são acolhidos pela primeira vez.

O gabinete do director do serviço é constituído por uma sala simples e pouco espaçosa onde uma pequena secretária apinhada de papéis deixa adivinhar um computador e uma impressora barulhenta. Junto à janela, uma estante com vários livros sobre transplantação e um pequeno sofá velho convidam a sentar e a desfolhar algumas páginas repletas de ilustrações. Raramente este gabinete tem a porta fechada, já que constitui um espaço muito utilizado pelo pessoal do serviço para aceder à única fotocopiadora da unidade aí localizada.

Finalmente, uma pequena sala de reuniões é ocupada sempre que seja necessária alguma privacidade, quer por médicos, quer por enfermeiros, sobretudo quando se trata de discussões entre as várias especialidades médicas envolvidas na transplantação. Talvez por este motivo este tenha sido desde sempre um dos lugares mais apetecidos pela investigadora, por constituir um espaço de discussão, negociação e tomada de decisão onde certamente se definem as várias estratégias. A longa mesa de reuniões, rodeada de algumas cadeiras, ocupa a totalidade desta área. Numa das paredes um quadro em acrílico enche-se de notas e rabiscos que muitas vezes sugerem a forma de um fígado. Num dos cantos superiores existe uma televisão e um aparelho de vídeo utilizados em várias ocasiões, sobretudo pelos cirurgiões da unidade, para visualizar técnicas cirúrgicas aplicadas em centros de transplantação estrangeiros. A meio duma das paredes, uma segunda porta faz a ligação com o gabinete do director do serviço.

Uma ampla porta do lado direito do *hall* de entrada comunica com a zona das consultas, composta por uma sala de espera que dá acesso a três gabinetes médicos e a uma sala de trabalho de enfermagem onde as enfermeiras prestam alguns cuidados aos doentes. Todo este espaço, um pouco escuro e sombrio, com poucas janelas com acesso à rua e na sua maioria viradas para as paredes meias de um dos pavilhões do hospital, assume uma atmosfera quase provisória pela estrutura pré-fabricada das paredes e das portas que separam as salas umas das outras, não permitindo a privacidade.

A escassa luz que caracteriza os três gabinetes médicos, proveniente de janelas viradas para uma parede de um pavilhão, é acentuada pela cor castanha das paredes de contraplacado que separam as salas umas das outras. O mobiliário é reduzido e simples e a sensação de desconforto apenas se atenua pela presença de um velho aquecedor e uma ventoinha barulhenta que alternam consoante a estação do ano. Os escassos metros que compõem estes gabinetes ficam completamente preenchidos com uma pequena secretária, três cadeiras e uma marquesa onde os doentes são observados. Na parede junto à secretária, um pequeno ecrã ilumina-se sempre que é necessário observar uma película de Raio X.

A sala de espera que dá acesso aos gabinetes médicos é mais espaçosa e confortável. Nas várias cadeiras e pequenos sofás encostados às paredes, os doentes que todas as manhãs vêm às consultas de transplante vão trocando impressões sobre as suas experiências enquanto esperam pelos médicos. Ao meio da sala, numa mesa redonda, estão espalhadas algumas revistas e folhetos de acolhimento onde é apresentada ao doente a Unidade de Transplantação. Todos os dias de manhã, particularmente às quartas-feiras em que há uma maior concentração de doentes para consulta de transplantação hepática, esta mesa enche-se de objectos diferentes dos utilizados na administração dos cuidados. É servido um reforço do pequeno almoço aos doentes que passam várias horas à espera da consulta. Um bule de chá e várias chávenas, sumos e bolachas sortidas ajudam a passar as horas e permitem aumentar o conforto dos doentes, numa tentativa clara de tornar suportável a espera.

Para além dos gabinetes médicos, esta sala ainda dá acesso ao pequeno gabinete dos enfermeiros que dão apoio às consultas de transplantação. O espaço é mínimo e apenas comporta uma secretária, três cadeiras e um pequeno móvel onde estão guardados alguns instrumentos de enfermagem, que permitem aos enfermeiros fazer o seu diagnóstico antes de cada consulta. Nesta sala, os enfermeiros avaliam o estado global do doente e preparam-no para a consulta.

A semana constitui o ciclo temporal que serve de base a muitas actividades do serviço. Muitas vezes, estas não são espaçadas em sete dias de intervalo, mas utilizam a semana como base, tal é o caso, por exemplo, da realização de determinados exames em dias específicos da semana. No entanto, a maior parte das rotinas semanais utiliza o ciclo de sete dias precisos. No caso do serviço em questão, existe a reserva das quartas--feiras para as consultas de pré-transplante e das segundas-feiras para reuniões semanais entre cirurgiões e hepatologistas; também os doentes das consultas de rotina têm padrões rítmicos que utilizam extensões do ciclo semanal para espaçar o tempo entre cada consulta.

Em frente, a partir do *hall* de entrada, uma porta de alumínio com vidros martelados deixa adivinhar a fronteira que divide o espaço das consultas das áreas de prestação de cuidados, através dum papel colado na porta onde se pode ler: "apenas pessoal do serviço". Feita esta passagem, apenas a poucos metros em frente, uma outra porta muito semelhante reforça esta separação dos espaços cada vez menos acessíveis ao público, já que a privacidade imposta pelos cuidados hospitalares assim o exige. Neste espaço mínimo com a largura de um pequeno corredor encontram-se cacifos de ambos os lados, onde médicos, enfermeiros e administrativos partilham o depósito dos seus objectos pessoais e as batas brancas que colocam assim que entram no serviço.

Ultrapassada esta segunda fronteira surge mais um espaço pré-fabricado, desta vez pintado de branco e iluminado com luz artificial. Este lugar, de aspecto improvisado, testemunho da necessidade de alargamento do serviço, define-se através de um corredor largo ao longo do qual se abrem várias portas de ambos os lados e que dão acesso a salas. Aqui, funciona o Acompanhamento Ambulatório do serviço e a pequena unidade de técnicas de gastroenterologia. Do lado esquerdo, ao longo deste corredor, encontramos duas salas com capacidade para quatro camas, onde estão localizados os equipamentos e materiais de apoio aos cuidados de regime ambulatório, quer do transplante renal quer do transplante hepático. É neste espaço que os doentes do serviço que já não necessitam de internamento vêm fazer algumas terapêuticas endovenosas ou intramusculares, tratamentos, ou colheitas de sangue.

Ao fundo, também do lado esquerdo, deparamos com um pequeno gabinete médico reservado ao coordenador das áreas de intensivismo e anestesia da Unidade de Transplantação. Em frente, já do lado direito do corredor, uma pequena casa de banho interior dá apoio a esta área.

Do lado direito fica situado um gabinete de trabalho com janela para a rua, reservado aos hepatologistas, com duas pequenas secretárias e estantes de alumínio onde estão arquivados os processos de todos os doentes que fazem parte do Programa de Transplantação Hepática. As diferentes etiquetas colocadas nas lombadas de cada pasta de arquivo de cor *bordeaux*, para distinguir dos transplantes renais que estão em pastas azuis, e a rigorosa distribuição por prateleiras, permite facilmente identificar diferentes zonas de arquivo que correspondem às várias fases do circuito de transplantação hepática: os doentes que estão em lista activa, organizados de acordo com o grupo sanguíneo e que esperam pelo transplante; os doentes que ainda não efectuaram todos os exames médicos necessários para serem incluídos na lista activa; os doentes já transplantados; os doentes que são seguidos na consulta, mas que não foram transplantados na unidade; os doentes já falecidos.

Alguns hepatologistas ocupam sistematicamente este espaço como se de um gabinete de consultas se tratasse, por ser maior, mais arejado e iluminado, e, sobretudo, por permitir maior privacidade. No entanto, este local tem como finalidade prestar apoio à sala de técnicas de gastrentrologia, com a qual comunica através duma porta, funcionando igualmente como espaço de consulta e reflexão em torno dos processos individuais dos doentes. Para além dos hepatologistas, também as duas administrativas que dão apoio à consulta têm acesso a esta sala para colocarem documentação, exames, relatórios médicos e todo o tipo de documentos que permitem actualizar os processos.

A sala de técnicas de gastroenterologia, de forma rectangular, tem um aspecto limpo, apresentando um cheiro característico que provém dos constantes trabalhos de desinfecção, a que se juntam as cores verde e branca das paredes como sinal de ambiente asséptico. Ainda, um pequeno lavatório junto à porta, que comunica com a sala de hepatologia, exibe um grande frasco com sabão asséptico, permitindo ao médico proceder ao ritual de desinfecção antes e depois de cada intervenção. Finalmente, a meio da sala, deparamos com uma marquesa de aspecto moderno, coberta por um material sintético que é renovado depois de cada intervenção, à volta da qual pequenas mesas de apoio guardam um manancial de instrumentos vários necessários à execução das diversas técnicas.

Para além da porta que comunica com a sala de hepatologia, uma outra, na parede oposta, permite o acesso à zona de limpeza e desinfecção dos equipamentos utilizados nas técnicas de gastroenterologia. Nesta sala, onde essencialmente trabalha a enfermeira que dá apoio a estas técnicas, temos a sensação de penetrar na cozinha de um grande restaurante. Trata-se, porém, duma zona de assepsia onde estão dispostas grandes máquinas de desinfecção e esterilização, aparelhos que produzem um barulho infernal. O cheiro intenso a produtos de desinfecção caracteriza esta área de trabalho, fazendo com que seja um local pouco apetecido para permanecer durante muito tempo. Para além das grandes máquinas, vemos ainda, junto às paredes, grandes cubas de lavagem e vários armários onde são guardados os diferentes tipos de materiais e aparelhos.

Seguindo ainda pelo lado direito do corredor, a partir do *hall* de entrada, resta-nos uma pequena despensa onde apenas cabe um aparelho de microondas e um pequeno frigorífico, que partilham o espaço com um modesto balcão onde por vezes se aquecem refeições ligeiras para os doentes que se encontram em ambulatório. Finalmente, mesmo ao lado, já ao fundo do corredor, localiza-se uma espaçosa e iluminada sala de trabalhos de enfermagem. Do lado direito de quem entra, estão dispostos armários de parede que guardam materiais de enfermagem, por baixo dos quais balcões contínuos exibem frascos de vários tamanhos com líquidos translúcidos. Algumas estantes de alumínio, uma pequena secretária e uma mesa redonda com algumas cadeiras compõem o resto do mobiliário. Nestas mesas encontramos quase sempre abertas as pastas com os processos dos doentes onde os enfermeiros registam as suas ocorrências. Esta sala é também partilhada por médicos, sobretudo os nefrologistas que dão consulta de transplante renal e que aproveitam este espaço para trabalhar.

Ao fundo do corredor, precisamente do lado oposto à porta de entrada que dá acesso ao *hall* da área das consultas, apresenta-se uma porta de alumínio com vidros martelados que marca a fronteira desta zona do serviço com o resto do hospital. A partir daqui podemos aceder a um dos enormes corredores do hospital que faz a ligação, pela parte interior, de uma grande correnteza de pavilhões.

Do internamento

É a partir deste corredor do hospital, e deixando para trás a zona das consultas e do tratamento ambulatório, que, após muitos metros de corredor, entre portas que marcam a fronteira entre vários serviços, se chega aos elevadores localizados em pleno Serviço de Urgências. Estes levam-nos à recente e novíssima enfermaria da Unidade de Transplantação. Esta nova enfermaria, como é conhecida para se distinguir da antiga, está localizada no segundo andar dum recente e moderno edifício ao qual se tem acesso, pelo interior, a partir do corredor do hospital que liga os vários pavilhões, entre os quais o da zona das consultas da Unidade de Transplantação.

Quem chega à enfermaria através dos dois elevadores depara-se com um espaço em tons de salmão, diferente do habitual num hospital. Logo em frente, a partir dum *hall* de entrada, encontramos um pequeno *guichet* com uma janela de vidro onde habitualmente se encontra a secretária da enfermaria, que entre papéis, faxes e telefonemas, vai atendendo às solicitações de quem chega. Algumas cadeiras de aspecto novo e confortável envolvem esta entrada que dá acesso às unidades de transplantação e de intervenção vascular. É aqui que habitualmente os familiares dos doentes aguardam notícias da cirurgia ou esperam o médico para receberem informações. Nas paredes limpas e brilhantes, alguns quadros cuidadosamente escolhidos a condizer com o tom das paredes dão um ar acolhedor, fazendo esquecer a imagem sombria das habituais enfermarias. Em contraste com a antiga enfermaria situada num dos pavilhões do hospital, o aspecto é amplo, limpo, moderno e até mesmo sofisticado, revelando a preocupação com a melhoria das condições do serviço, tanto para os doentes como para os enfermeiros e médicos que aí trabalham. Ela fornece excelentes condições de trabalho, em comparação com outros serviços, na prestação dos cuidados.

A partir da entrada, em frente e à esquerda de quem sai dos elevadores, duas grandes portas que abrem em par marcam a divisória de acesso à zona de enfermaria. Ultrapassada essa barreira que marca o lugar da prestação de cuidados, a atmosfera e o aspecto físico é em tudo semelhante à da que se adivinhava na entrada. Tudo é novo, moderno, funcional e extremamente limpo, onde tudo parece pensado ao pormenor. Por vezes, este espaço harmonioso, confortável e cheio de luz natural faz esquecer que nos encontramos numa enfermaria. Ele contrasta com as condições do resto das instalações hospitalares, como se de um mundo à parte se tratasse.

O serviço estende-se por um corredor longo e largo onde se ouvem constantemente os sinais emitidos pelos monitores cardíacos da sala da Unidade de Intervenção Vascular (UIV). Esta tem localizada a sua única enfermaria nesta zona de internamento, logo no início do corredor do lado direito. Em frente, do lado esquerdo, encontramos duas salas interiores com paredes cobertas de azulejo branco. A primeira, logo à entrada, corresponde a uma zona onde são guardados os produtos e materiais de limpeza e higiene do serviço, quase de exclusiva utilização dos auxiliares; a outra consiste numa pequena copa.

Ainda do lado esquerdo do corredor, mesmo em frente à porta que dá acesso à enfermaria da UIV, uma pequena sala aberta para o corredor constitui um local de paragem para médicos e enfermeiros que ali trabalham; mesmo em frente, uma grande janela permite iluminar toda aquela área e o corredor da enfermaria; no pequeno balcão logo à entrada está colocado um grande monitor onde é possível visualizar os parâmetros vitais dos doentes dos dois quartos individuais de cuidados intensivos, por forma a permitir uma vigilância permanente. Mesmo ao lado, já no interior desta sala, uma pequena secretária com um computador e impressora é muitas vezes ocupada por médicos ou enfermeiros que necessitem utilizar este equipamento para trabalhos de natureza mais burocrática. Na parede oposta, uma pequena estante, com alguns livros e pastas de lombadas coloridas com documentação do serviço e protocolos de enfermagem, está acessível à consulta de quem estiver interessado. Mesmo ao lado da janela, encontra-se um pequeno sofá de aspecto confortável.

A partir desta sala aberta encontra-se a entrada sem porta da sala de trabalhos de enfermagem. À primeira vista parece um laboratório, com balcões em volta e armários de parede onde estão guardados fármacos. No meio da sala, uma grande mesa rectangular serve de apoio ao trabalho dos enfermeiros na preparação das terapêuticas. Frascos etiquetados com líquidos de várias cores estão espalhados de forma ordenada por diferentes zonas dos balcões, tal como os saquinhos de plástico com comprimidos multicolores, as ampolas, as amostras de sangue e de outros fluídos, e os tabuleiros com terapêuticas já preparadas, de acesso quase exclusivo dos enfermeiros. Numa das paredes, num grande quadro acrílico, está afixada, de forma bem legível, a distribuição dos doentes pelas três enfermarias que compõem este serviço, o tipo de dieta e, por vezes, os exames específicos que são necessários efectuar nos próximos dias. É possível distinguir facilmente, neste esquema, os doentes transplantados hepáticos dos renais, pela cor do respectivo registo: vermelho e preto, respectivamente. Trata-se de uma sala muito iluminada não só pela grande janela que tem, mas também pelo facto da parede que dá para o corredor ter sido substituída por um enorme vidro. O "aquário", como é conhecida esta sala na gíria do pessoal de enfermagem, encontra-se completamente exposto aos olhares de quem circula no corredor da enfermaria, permitindo, de certo modo, não apenas o controlo do movimento do corredor por parte dos enfermeiros, mas também um controlo do próprio trabalho de enfermagem.

Mesmo em frente, do lado direito, logo a seguir à UIV, encontramos dois quartos individuais de cuidados intensivos. Estão ligeiramente recuados em relação à linha do corredor, assegurando, assim, alguma privacidade conforme a exigência deste tipo de cuidados. É nesta área que são internados os doentes transplantados hepáticos, nas primeiras 48 horas que se seguem à cirurgia de transplante. Trata-se duma novidade em relação à antiga enfermaria onde não existia nenhuma área de cuidados intensivos. Aí, os doentes eram deslocados do bloco operatório para a Unidade de Cuidados Intensivos (UCI) do hospital, onde ainda hoje existe um quarto reservado exclusivamente para o pós-operatório imediato do transplante hepático.

Desde a abertura da nova enfermaria, a unidade conta com três camas de cuidados intensivos que podem funcionar em simultâneo. As duas salas de cuidados intensivos estão apetrechadas com todo o equipamento necessário, novo e do mais sofisticado. Toda a aparelhagem, desde a cama aos monitores cardíacos e aos ventiladores, deixa transparecer a imagem de um serviço de ponta equipado com o mais moderno e sofisticado equipamento. Deparamos em cada quarto com um espaço amplo e bem iluminado por uma grande janela, donde é possível observar, sobranceiramente, os vários pavilhões do hospital, cinzentos, sujos, com aspecto degradado. É como se este serviço não pertencesse àquela realidade. Para além de todo o aparato tecnológico que os dois quartos exibem, um moderno sofá, junto à janela, acrescenta um toque de conforto, juntamente com o armário novo em tons claros onde o doente pode guardar os seus objectos pessoais.

Continuando ao longo do corredor, do lado direito e imediatamente a seguir à zona de cuidados intensivos, apresenta-se o armazém do serviço onde está localizado todo o material e equipamento necessário ao funcionamento da unidade. Ao entrarmos neste espaço, através dum pequeno corredor estreito, acedemos a uma sala onde quase não é possível encontrar qualquer parede vazia. Prateleiras do chão até ao tecto, de onde saem várias gavetas com a forma de pequenos contentores, guardam vários tipos de materiais consumíveis. Também aqui temos a sensação de estar num serviço apetrechado com o mais moderno material e equipamento, onde até os próprios contentores de material são novos e funcionais.

Do lado esquerdo de quem entra neste lugar, uma pequena despensa interior assinala a área mais reservada do armazém. Trata-se de um espaço onde fica armazenado todo o material e equipamento necessários às cirurgias de transplante, que podem ocorrer a qualquer momento. Como o serviço não possui um bloco cirúrgico próprio, todo este material, devidamente esterilizado e coberto por panos verdes, está acondicionado em cinco carros móveis próprios para o efeito e prontos a serem deslocados para o bloco operatório situado noutro serviço. Deste modo, desde a compressa específica para este tipo de cirurgias até às máquinas mais sofisticadas, o serviço transporta consigo todo o material necessário no bloco, material esse que regressa a este espaço depois de cada transplante.

Em frente ao armazém, do lado esquerdo do corredor, chegamos ao pequeno e acolhedor gabinete da enfermeira-chefe do serviço, em cujas paredes os nossos olhos se perdem entre pequenos recados pendurados em *post-it's* amarelos, frases humorísticas sobre o trabalho entre enfermeiros e médicos, e até uma excelente caricatura da responsável dos enfermeiros feita por um doente transplantado. Aquela salienta os traços marcantes da sua personalidade e é exibida estrategicamente e com muito orgulho, apelando à vista de quem entre nesse espaço privado. Outros objectos carregados de simbolismo partilham igualmente esse espaço. Para além das esferográficas e blocos de notas oferecidos pelos delegados de informação médica, encontramos espalhadas pela secretária e prateleiras, fotografias de doentes e pequenas lembranças que testemunham o carinho e gratidão para com todos os profissionais que partilham as experiências, entre a vida e a morte, de todos quantos passam por aquela enfermaria.

Mesmo ao lado, na sala de trabalho de médicos e enfermeiros, ouve-se o barulho das conversas. A sala está quase sempre com as portas abertas, excepto no período de mudança dos turnos dos enfermeiros ou, excepcionalmente, quando o espaço é ocupado para alguma reunião. A mudança de turnos é marcada por uma reunião onde estão presentes os elementos das equipas que estão de entrada e de saída de turno. Nestas reuniões, os enfermeiros transmitem as informações referentes às ocorrências do turno, tomando conhecimento da evolução do estado dos doentes, decisões médicas de intervenção e terapêutica, bem como de todo o tipo de alterações pontuais na organização do serviço. De acordo com Zerubavel (1979), estas mudanças de turno constituem rituais de transição institucionalizados na organização do trabalho de enfermagem. A passagem das ocorrências, onde os enfermeiros transmitem pessoalmente aos seus substitutos as informações relativas aos doentes, constituem encontros de um enorme significado moral para os enfermeiros e assumem uma centralidade simbólica na sua ética profissional. O tempo para esta transmissão de informações é claramente destacado de toda a actividade de enfermagem, sendo que muitas das actividades relacionadas com o trabalho dos enfermeiros são suspensas sempre que há passagem de turno. Nestes momentos, os enfermeiros recusam os pedidos dos médicos e doentes, o que indica uma prioridade simbólica atribuída pelos enfermeiros à passagem do turno, sendo que a manutenção destes rituais muitas vezes interrompe a continuidade da cobertura do trabalho de enfermagem.

A sala de trabalho de médicos e enfermeiros constitui um espaço aberto onde médicos e enfermeiros trabalham em conjunto. Aí, à volta da grande mesa rectangular que ocupa ao centro a maior parte do espaço, estão dispostas várias cadeiras onde médicos e enfermeiros se sentam indiscriminadamente a consultar e a actualizar os processos individuais dos doentes internados. Pastas azuis e *bordeaux* enchem a superfície da mesa, juntamente com folhas de requisições de exames, de alteração terapêutica, de diários clínicos e de enfermagem. Por vezes, copos de café, garrafas de água e bolachas misturam-se neste cenário.

É este o lugar de conversas e brincadeiras entre médicos e enfermeiros que proporcionam um ambiente descontraído. Decorrem à volta da máquina de café e da televisão, objectos que traduzem uma das funções deste espaço que se não reduz às tarefas relacionadas com a prestação de cuidados. Nos dois balcões junto às paredes, estão arrumados os processos individuais de cada doente internado, juntamente com documentação diversa que diz respeito ao trabalho de enfermagem, livros de requisição de exames e formulários vários. Um grande relógio redondo numa das paredes marca a passagem do tempo e impõe a pontualidade das rotinas.

Contrariamente à organização do trabalho médico, a rigidez temporal do ciclo diário é uma característica do trabalho dos enfermeiros, marcado pela institucionalização de horários fixos de entrada e de saída que constituem fronteiras oficiais dos compromissos profissionais dos enfermeiros. Do ponto de vista sociológico, é interessante comparar as fronteiras temporais do trabalho médico e do dos enfermeiros. Assim, de acordo com Zerubavel (1979), estas fronteiras são particularmente rígidas no que diz respeito aos enfermeiros porque são fixas no tempo de forma artificial, i.e., dominadas pelo relógio, enquanto que o médico pára de trabalhar quando finaliza os seus compromissos. Um outro aspecto interessante referido pelo autor tem a ver com as diferenças entre os relatórios médicos e os relatórios de enfermagem. De facto, ao observarmos os diários clínicos e os de enfermagem, em cada processo individual dos doentes da unidade, constatamos que os registos dos enfermeiros estão agendados de acordo com tempos fixos no dia e raramente são adiados, enquanto que os relatórios médicos flutuam no tempo.

Estas fronteiras e rituais funcionam igualmente como pontos de referência relativamente aos quais os atrasos são definidos. A pontualidade tem um grande significado moral entre os enfermeiros, o que pode ser apreciado quando observamos o facto de a enfermeira-chefe chegar mais cedo e sair mais tarde do que os outros enfermeiros, já que a natureza dos seus compromissos e responsabilidades é substancialmente diferente. Ao contrário dos médicos, o tempo dos enfermeiros é oficialmente segmentado em partes temporais rígidas, sendo que fora destas fronteiras os enfermeiros estão libertos de qualquer compromisso e responsabilidade em relação aos doentes; as suas obrigações são essencialmente parciais já que são restritas a períodos de tempo rigidamente definidos.

Da mesma forma, a definição temporal das fronteiras do trabalho dos enfermeiros tem prioridade sobre a sua definição espacial, ou seja, quando um enfermeiro se encontra no local de trabalho fora das horas de serviço não é considerado como estando activo, pois está fora das fronteiras temporais estabelecidas para o seu turno. Durante o período de observação na unidade, várias vezes foi possível constatar a presença de alguns enfermeiros no serviço que, por estarem de prevenção ao transplante, esperavam pacientemente que o bloco operatório estivesse disponível para avançarem. Quando solicitados pelos médicos, estes enfermeiros respondiam com um tom quase ofendido que estavam ali apenas para o transplante e não de serviço.

Pelo contrário, nenhum médico se recusa a ver um doente fora de horas, sendo, aliás, imediatamente criticado, quer pelos enfermeiros, quer pelos seus colegas, quando situações dessas acontecem. Em certos casos, alguns elementos da equipa de hepatologia chegam mesmo a deslocar-se à enfermaria e a fazer alterações das terapêuticas no período da noite, o que deixa os enfermeiros incomodados pela consequente alteração das suas rotinas. Também entre os cirurgiões, o padrão habitual é deslocarem-se à enfermaria para ver os doentes durante os períodos de trabalho menos congestionados, ou seja, às horas mais variadas.

Em relação à cobertura contínua da prestação dos cuidados médicos, Zerubavel chama a atenção para a natureza contínua da relação médico-doente, que se manifesta claramente na estrutura temporal da cobertura médica. O facto de os médicos serem pessoalmente responsáveis pelos seus doentes implica, necessariamente, que não possa existir uma transferência mecânica da responsabilidade, mas sim aquilo a que o autor designa de institucionalização das transições graduais das responsabilidades entre médicos. Este sistema reflecte claramente a atitude profissional da medicina face à cobertura contínua, sendo interessante verificar que a responsabilidade é tomada gradualmente, permitindo a continuidade em termos da qualidade de cuidados. Neste sentido, também estão assim excluídos esquemas temporais de trabalho rígidos, baseados em tempos fixos que impliquem suspensões ou assunções bruscas de responsabilidade. Isto quer dizer que a característica estrutural mais importante dos esquemas de trabalho médico consiste no facto de este ser temporalmente flexível numa extensão considerável. O fim do dia de trabalho é marcado pela conclusão das tarefas diárias, mais do que pelo relógio, apesar de formalmente os médicos assinarem o livro de ponto.

Assim sendo, a estrutura temporal flexível da cobertura dos cuidados médicos está intimamente ligada à forma temporal flexível que assumem os compromissos profissionais dos médicos. Sendo continuamente responsável pelos seus doentes, espera-se que o médico esteja sempre disponível, activando as suas obrigações profissionais sempre que seja solicitado. Quando deixa o serviço, ou mesmo o hospital, o médico deixa instruções sobre como deve ser contactado a qualquer hora, em qualquer lugar. A presença constante dos telemóveis que tocam, mesmo no bloco operatório, implica, prática e simbolicamente, que os médicos estão sempre contactáveis e que, em teoria, não têm períodos de tempo pessoal em que estão inacessíveis.

No entanto, na prática podemos testemunhar o processo de formalização dos compromissos profissionais através do reconhecimento da existência de um tempo pessoal, sendo a institucionalização das equipas um modo de permitir a cobertura contínua. Pelo contrário, no que respeita à organização temporal dos cuidados de enfermagem, a relação enfermeiro-doente tem uma natureza relativamente descontínua. As tarefas de enfermagem são encaradas como sendo mecânicas e a responsabilidade é facilmente transferida de enfermeiro para enfermeiro, sendo que esta é, na maioria dos casos, inteiramente colectiva e não pessoal. Deste modo, os cuidados de enfermagem podem ser alterados e a actividade e responsabilidade assumida e suspensa de forma abrupta, já que a cobertura dos enfermeiros na prestação dos cuidados é temporalmente estruturada, de modo a que o fim do período de uns elementos coincida com o começo dos seguintes (fim e início do turno). Como resultado, a cobertura dos cuidados de enfermagem é assegurada, no caso da unidade, por três equipas distribuídas por três turnos: manhã, tarde e noite. No entanto, é importante realçar a existência dum modelo misto de organização do trabalho de enfermagem, que poderemos ver mais à frente, que tenta contrariar esta descontinuidade através de uma maior aproximação dos enfermeiros aos doentes e de uma prestação de cuidados mais personalizada.

A semana constitui igualmente o elemento central na organização do trabalho dos enfermeiros. O seu sistema de cobertura na prestação dos cuidados é estruturado com base neste ciclo, tal como os seus horários. Uma das características do ciclo semanal é a distinção institucional que é estabelecida entre os dias da semana e o fim de semana. Apesar do hospital funcionar numa base de continuidade, está activo parcialmente durante os fins de semana: as consultas não funcionam e os serviços de apoio, como, por exemplo, o serviço de radiologia, não utilizam o mesmo número de pessoal. De igual modo, o número de médicos é reduzido, existindo, no caso do serviço, uma escala de prevenção de hepatologistas durante o fim de semana. No caso dos cirurgiões e anestesistas, não existe uma escala de prevenção organizada, sendo que quando se realiza um transplante os vários elementos das equipas constituem no momento o grupo que estará presente no bloco operatório. Neste sentido, a segunda-feira apresenta-se como um dia onde o reencontro dos médicos da unidade se concretiza através de conversas informais que permitem, àqueles que estiveram de prevenção durante o fim de semana, transmitir informações e fazer o ponto da situação com os colegas sobre as ocorrências do fim de semana.

À semelhança da distinção entre semana e fim de semana, a distinção entre dia e noite apresenta uma estrutura onde o dia é a regra e a noite a excepção. As expressões utilizadas pelos enfermeiros como "fazer a noite" ou "estar de vela" não têm contrapartida como "fazer o dia". Também a maioria das actividades do serviço estão marcadas para durante o dia, existindo uma política generalizada que visa minimizar as actividades nocturnas tanto quanto possível. Mais uma vez, abre-se uma excepção para o transplante, que, na maioria dos casos, ocorre durante a noite e a madrugada, indiciando talvez que a actividade cirúrgica de transplante constitui uma componente extra à actividade de cirurgia geral acumulada pelos cirurgiões do serviço, ou talvez porque a disponibilidade do bloco operatório (que não pertence ao serviço) implique a realização do transplante fora de horas.

O ritmo diário do hospital é evidente na organização do tempo no serviço e na cobertura dos enfermeiros em termos de prestação dos cuidados. O período de trabalho de dia é geralmente mais pesado. É também durante o dia que outros técnicos de saúde, como dietistas e fisioterapeutas, interferem no serviço. De acordo com Zerubavel (1979), também as admissões dos doentes são estruturadas de modo a coincidirem com o ritmo fixo e rígido do dia. A localização temporal de acordo com o ciclo diário é directamente afectada pelos horários de expediente dos serviços administrativos, sendo que as únicas admissões possíveis durante a noite são as de urgência. No caso da unidade esta situação não se confirma, na medida em que a admissão de doentes tem a ver sobretudo com situações de existência de um potencial dador, sendo que, deste modo, a admissão do doente a ser transplantado poderá efectuar-se a qualquer hora.

A sala de trabalho constitui um espaço privilegiado de troca de relações, onde confluem médicos e enfermeiros. Por aqui circulam os diferentes grupos profissionais, esbatendo-se as diferenças de funções e competências, num ambiente mais descontraído. Este lugar marca também a fronteira física de outros lugares do serviço que estão confinados aos doentes e onde a presença permanente da doença se impõe. De referir que esta segregação física, marcada pela separação espacial das diversas zonas do serviço, é também assinalada pelo tipo de vestuário e objectos utilizados pelas pessoas que trabalham na unidade. Estes constituem elementos simbólicos cujo significado permite distinguir as funções dos elementos da equipa.

Apesar da cor branca dominar a indumentária de todos quanto trabalham no serviço, médicos e enfermeiros distinguem-se pelo facto dos primeiros usarem uma bata e os outros um conjunto de duas peças de roupa e sapatos brancos. De referir que apenas as enfermeiras mais velhas vestem saia branca em vez de calças, o que mostra que a diferenciação de sexo que se fazia notar em gerações anteriores, no grupo dos enfermeiros, se encontra praticamente esbatida. Por vezes, alguns enfermeiros vestem calças e batas verdes, juntando a esta indumentária o uso da máscara no rosto. Tratam-se de situações em que exercem cuidados de enfermagem em doentes do pós-operatório imediato ou que ainda se encontram nos quartos de isolamento. No entanto, de uma forma geral, é habitual constatarmos sinais exteriores que reforçam o carácter de diferenciação técnica destes enfermeiros em relação aos outros serviços. Assim, é vulgar o recurso a objectos que complementam as indumentárias dos enfermeiros, como sejam as tesouras de clampar ou as borrachas de garrote, que espreitam de dentro dos bolsos das batas.

Mas não é apenas a bata branca que permite distinguir o corpo dos médicos do dos enfermeiros. O uso do estetoscópio pendurado à volta do pescoço marca a diferença de funções pelo seu carácter simbólico de poder. Este objecto permite ainda distinguir os médicos dos cirurgiões. Os últimos, por vezes, substituem o uso deste símbolo médico por um outro mais condizente com as funções de cirurgião, exibindo as calças e blusa azul que fazem parte da indumentária do bloco. O uso da bata branca por parte dos cirurgiões, juntamente com o estetoscópio, indicia que, naquele momento, o cirurgião se encontra de banco no serviço de urgências.

Um outro tipo de uniforme, o de riscas verdes e brancas com o logotipo do hospital, serve para distinguir os auxiliares de acção médica cujas funções de limpeza do serviço os colocam numa posição subalterna em relação aos restantes elementos da unidade. Na dependência directa dos enfermeiros, os auxiliares circulam por toda enfermaria, prontamente presentes quando ocorrem situações onde a necessidade de limpeza se impõe. No entanto, podemos muitas vezes encontrá-los junto à cabeceira dos doentes conversando e prestando um outro tipo de apoio que ultrapassa as suas funções: o psicológico. Noutras ocasiões, estes auxiliares também acompanham os doentes na deslocação a outros serviços para efectuarem exames clínicos.

A partir desta zona, limitada à esquerda pela sala de reuniões e à direita pelo armazém, chegamos ao meio do corredor da área de internamento. Embora não exista nenhuma barreira física a delimitar, podemos assumir a entrada num espaço diferente, pelo tipo de actividades que permitem distinguir a área de internamento propriamente dita dos lugares anteriormente descritos. Assim, a partir do meio do corredor, entramos num espaço reservado, mais sossegado, onde os doentes encontram a calma necessária para quem está hospitalizado.

Do lado direito do corredor sucedem-se três enfermarias que no total têm capacidade para doze camas. Cada enfermaria constitui uma espécie de zona recatada, já que o acesso é feito através dum pequeno *hall* que emerge a partir do corredor e que antecede a porta de entrada de cada um destes lugares. Deste modo, estas salas ficam um pouco recuadas em relação às outras que se encontram ao longo do corredor, proporcionando não apenas a privacidade e o silêncio necessários a quem está doente, mas também esconder dos olhares os corpos doentes.

As enfermarias são espaçosas, arejadas e bem iluminadas por grandes janelas. O mobiliário é novo e moderno, composto por camas articuladas e pequenos armários de cabeceira onde podemos ver objectos pessoais, tais como fotografias dos familiares, pequenas jarras com flores, livros e jornais. Por vezes, a separar as camas, ergue-se um biombo de modo a proporcionar alguma privacidade a algum doente, quer seja pelo seu estado mais crítico, quer aquando da administração de cuidados médicos ou de enfermagem que impliquem uma maior exposição do corpo.

Por vezes, junto a algumas camas, podemos observar em funcionamento as máquinas de hemodiálise, como se de uma extensão dos próprios corpos se tratasse, fazendo derivar a circulação sanguínea através duma série de tubos que entram numa máquina de aspecto sofisticado. Ao lado, sentados num sofá articulado de aspecto confortável, os doentes que são sujeitos a este tipo de tratamento vão conversando com os seus companheiros de quarto, numa forma natural e com a esperança espelhada nos olhos de que o transplante afaste de vez das suas vidas esta rotina já sobejamente conhecida. A meio da sala e junto ao tecto, a televisão está sempre acesa e os doentes vão negociando entre si os programas que querem ver, apontando o comando à distância. Este lugar constitui o único espaço reservado ao doente, sendo mesmo assim constantemente invadido por médicos, enfermeiros e auxiliares que vão prestando os cuidados de saúde.

De igual modo, os familiares e amigos dos doentes acorrem a este espaço com regularidade, às mais variadas horas do dia. Apesar de formalmente estar estipulado um horário para as visitas, existe um acordo tácito com o pessoal de enfermagem que permite a entrada de visitas para além das fronteiras temporais regulamentadas. Este aspecto permite demonstrar a particularidade deste serviço no que respeita ao tipo de cuidados produzidos e à consequente relação estreita que se estabelece entre o pessoal do serviço, os doentes e os seus familiares.

Nos pequenos átrios que antecedem as entradas de cada enfermaria, encontramos duas casas de banho completas com todas as infra-estruturas de apoio necessárias a doentes com pouca mobilidade. Em frente a estes três átrios, do outro lado do corredor, deparamos com três quartos de isolamento com casa de banho privativa. Assemelham-se a autênticos quartos de hotel com uma grande janela que permite iluminar toda a área. Do corredor é possível observar o interior do quarto através duma grande janela de vidro, o que permite exercer uma vigilância apertada sobre o doente. Na cama ou mesmo no sofá, dormindo ou vendo televisão, quase todos os doentes recém transplantados passam por este lugar antes de entrar nas enfermarias. Tratam-se de pequenos quartos individuais que permitem o isolamento necessário e onde a privacidade e o sossego imperam, apesar da presença da janela de vidro.

Finalmente, há ainda a referir a porta envidraçada no final deste longo corredor. Trata-se de uma porta de acesso à rua e aos jardins do hospital e que apenas abre da parte de dentro. Uma enorme claridade atravessa esta porta, permitindo iluminar toda a área mais recatada da zona de internamento. Muitas vezes foi possível observar alguns doentes que passeiam pelos corredores a olharem com um ar pensativo aquela porta, talvez sonhando com o dia em que poderão ultrapassá-la. Do outro lado, está a luz que teimosamente transborda desta barreira, como que lembrando a vida que está mesmo ali à espera.

Do bloco operatório

O bloco operatório constitui um dos espaços mais simbólicos que caracterizam toda a actividade de transplantação. A inexistência de um bloco operatório exclusivo do serviço, apesar de estar prevista a sua construção, impõe a utilização do bloco de outro serviço do hospital sempre que haja um transplante, ou seja necessária qualquer intervenção cirúrgica relacionada com a actividade da unidade. Assim sendo, sempre que existe um dador e a possibilidade de um transplante, o serviço faz deslocar para o bloco todo o material e equipamento necessário que está localizado no armazém da unidade. Arsenal cirúrgico, fármacos, equipamento específico de anesteseologia e cirurgia, consumíveis vários, tudo é deslocado para este espaço em grandes carros de transporte empurrados por auxiliares e enfermeiros.

O acesso ao bloco é feito através duma rampa que fica situada junto à porta que marca a fronteira entre o enorme corredor interno que faz a ligação entre vários pavilhões, entre os quais o das consultas de transplante, e o novo edifício onde está localizada a enfermaria da unidade. No cimo da rampa, um átrio onde estão arrumadas várias macas de transporte de doentes dá acesso, através de duas portas de madeira, a uma zona de vestiário. Nesta zona, entre biombos e armários, encontramos prateleiras várias onde estão arrumadas, por tamanhos, as calças e batas azuis esterilizadas que todos os que entram no bloco têm obrigatoriamente de vestir. Neste espaço aberto, ou na pequena casa de banho, enfermeiros, cirurgiões e anestesistas vão despindo as suas batas brancas e roupas, atrás dos biombos e armários estrategicamente colocados para proporcionarem alguma privacidade a esta troca de indumentária.

A partir desta sala, à esquerda de quem entra, um pequeno muro com cerca de meio metro de altura marca uma autêntica barreira física entre duas zonas distintas: a esterilizada e a não esterilizada. Esta fronteira que permite aceder a uma entrada é palco de um ritual de assepsia que todos cumprem com rigor. Junto a este muro, do lado de fora, estão colocadas algumas prateleiras onde se encontra calçado apropriado para o bloco: sapatos tipo socas, verdes e azuis, de vários tamanhos ou, para quem preferir usar o calçado habitual, umas capas de plástico esterilizadas para colocar por cima dos sapatos. Sentados em cima desta barreira asséptica, cirurgiões, anestesistas e enfermeiros, já vestidos de azul, colocam nos pés os sapatos esterilizados com o cuidado de nunca tocar o chão da zona não esterilizada. A primeira vez que a investigadora entrou no bloco cometeu o descuido de colocar um dos pés na zona não esterilizada, depois de ter colocado as capas de plástico, tendo sido imediatamente advertida, em simultâneo, por vários cirurgiões e enfermeiros. Prontamente, um dos cirurgiões disponibilizou um novo par de sapatos descartáveis e explicou simpaticamente uma espécie de truque utilizado na sua colocação de modo a que a área asséptica não ficasse comprometida.

Ultrapassada esta barreira asséptica, entramos numa sala que funciona como uma espécie de sala de convívio, onde cirurgiões, anestesistas e enfermeiros vão repousando ao longo das muitas horas em que decorre o transplante hepático, dando lugar a outros elementos da equipa. Aqui conversa-se à volta de um cigarro ou dum bom charuto, graceja-se, descontrai-se, tomam-se refeições e bebe-se café ou chá. Uma máquina de café partilha este lugar com sofás e cadeiras. Uma pequena mesa com alguns caixotes de comida deixa adivinhar a realização dum transplante hepático nesse dia. À primeira vista, tudo isto nada tem de asséptico. Apenas o ritual acima descrito e a presença, logo à entrada, de um pequeno armário com toucas e máscaras esterilizadas, marcam a presença duma zona asséptica. Aí, antes de entrarem no corredor que dá acesso às várias salas de cirurgia, todos os elementos da equipa médico-cirúrgica, bem como enfermeiros e auxiliares, colocam as toucas nas cabeças e as máscaras nos rostos.

Ao longo deste corredor distribuem-se algumas salas de cirurgia. Macas e prateleiras, com cobertores e batas esterilizadas, compõem este espaço onde se movimentam pessoas que entram e saem constantemente das diversas salas. Ao fundo, do lado direito, encontramos a sala de cirurgia onde decorre o transplante hepático. O acesso pode ser feito por duas vias distintas, através das quais se circula ao longo da cirurgia. A primeira apresenta-se através duma pequena antecâmara com grandes janelas para o corredor e para a sala de cirurgia. Por aqui passam os médicos e enfermeiros que, neste local próprio para o efeito, esterilizam as mãos e os braços até à zona do cotovelo, em dois grandes lavatórios com sabão, antes de entrarem na zona onde se efectuará o transplante. Trata-se dum pequeno espaço que dá acesso à sala de cirurgia através duma porta de mola que fecha automaticamente sempre que alguém a transpõe. Duas grandes portas de madeira, com uma espécie de óculo de vidro na parte superior, constituem o outro acesso à sala. É por aqui que enfermeiros e auxiliares circulam com lixos e materiais cirúrgicos para esterilizar. É por aqui, também, que circula o doente no início e final do transplante.

A sala de cirurgia é grande e, tal como qualquer outra do género, muito bem iluminada através de luz artificial. O verde é a cor que impera, desde paredes, tectos e chão aos panos e às toalhas. Também são verdes as grandes batas que os cirurgiões e enfermeiros instrumentistas usam por cima das calças e batas azuis que já previamente vestiram. O uso destas batas verdes, bem como todo o acto de esterilização das mãos e dos braços, é exclusivo dos cirurgiões e dos enfermeiros que têm acesso à zona da ferida operatória e que, por esse motivo, tomam uma série de precauções de assepsia.

Depois de passarem pelo quarto de esterilização, entram na sala com os braços nus e ainda molhados; calçam luvas esterilizadas e vestem a bata verde. Entretanto, alguém ajuda neste passo minucioso e carregado de simbolismo, alguém descarta um dos atilhos que permite atar a bata (na zona da cintura), a qual não pode ser tocada, de forma alguma, por uma mão não esterilizada. De um modo geral e quase institucionalizado, neste autêntico ritual são os enfermeiros que ajudam o cirurgião nesta tarefa quase religiosa. Uma das vezes em que a investigadora observou o trabalho no bloco, um dos médicos procurava alguém que o ajudasse. Por ignorância, a investigadora pegou no atilho. Imediatamente ouviu, em tom de indignação, a voz do cirurgião que logo a seguir se desfez em desculpas quando percebeu que era a investigadora, e não um enfermeiro, a autora daquele acto imperdoável. Esta atitude é elucidativa do tipo de relação entre cirurgiões e enfermeiros no bloco, ou seja, uma relação de submissão que é perfeitamente nítida.

Todos os outros elementos da equipa cujo trabalho não implica o acesso à zona do campo operatório, como sejam anestesistas e enfermeiros circulantes ou de anestesia, estão dispensados deste ritual de assepsia e do uso de batas verdes. No entanto, é fundamental a utilização de luvas. De facto, é possível distinguir através da cor das batas, azuis ou verdes, os elementos que lidam de perto com o acto de transplantar e que têm o privilégio de tocar e alterar o interior dos corpos, manuseando os mais diversos instrumentos, experimentando de mais perto a sensação única de transformar a morte em vida.

A propósito da organização do espaço no bloco operatório, Fox (1992: 14-15) refere que os circuitos de higiene demonstram como as barreiras físicas inibem e ajudam a constituir formas de retórica que organizam séries de movimentos através dos espaços cirúrgicos, que implicam rotinas que o autor refere como sendo suficientes mas não necessárias, já que podem ser quebradas em qualquer momento. Esta quebra das regras denuncia a natureza retórica e ritual das práticas cirúrgicas.

Assim, os procedimentos que antecedem o acto cirúrgico, tais como a colocação da máscara, não são apenas instrumentais, mas constitutivos das relações sociais. Observando os discursos em torno desta operação, podemos perceber como estas actividades conferem e confirmam o poder dos seus participantes. A arquitectura e a divisão do espaço, que têm por pretexto salvaguardar o risco de contaminação e infecção, servem, sobretudo, para afastar os intrusos da zona do campo operatório, sendo que a divisão do trabalho a partir do tipo de vestuário usado no bloco é também sintomático.

Utilizando o método desconstrutivo, Fox (1992: 27), procura encontrar o significado que está camuflado no discurso, e esclarecê-lo:

> Esta desconstrução expõe a forma como o discurso procura impor uma posição sobre outras definições possíveis. Uma vez expostos, os espaços podem ser abertos podendo oferecer ideias diferentes e talvez mais variadas. Ao examinarmos dados etnográficos, certamente não estaremos a lidar com um "texto" mas sim com um conjunto aberto-fechado de práticas, às quais outras estão continuamente a juntar-se. A etnografia consegue tirar um instantâneo destas práticas mas não fornece uma explicação definitiva. Deste modo, tudo o que pode ser feito em termos de análise é identificar pontos particulares nos quais o discurso parece ser mais escorregadio, onde diferentes actores fornecem diferentes valores, onde as contradições parecem nítidas ou obscuras, onde existem tensões e divisões, ou onde os actores reclamam uma autoridade particular para suportar os seus discursos. Por esta razão, quando falo em "desconstruir" ou "desconstrução", peço ao leitor para aceitar as posições desenvolvidas como sugestivas, evocativas e não finais.

Se aplicarmos este método ao exemplo da utilização de determinadas indumentárias no bloco operatório, podemos dizer que, por um lado, esta prática tem um carácter instrumental, mas que, por outro, constitui uma marca social de legitimação de uma actividade. Assim, a utilização da máscara e de roupas específicas constitui um símbolo, indicador de *status*, utilizando-se o pretexto da higiene como retórica. Todos os procedimentos instrumentais são utilizados como elementos no discurso e nos gestos, em termos de diferença de *status*. Apenas os cirurgiões e os enfermeiros que trabalham no espaço do campo operatório usam as batas verdes por correrem mais rico de contaminação, sendo que todos os outros elementos, supostamente, estão protegidos desse risco pela menor proximidade em relação à ferida operatória.

Aos pés do doente já anestesiado, que se encontra na mesa de cirurgia situada ao meio da sala, uma grande mesa de apoio, coberta com um pano verde, exibe um impressionante conjunto de brilhantes instrumentos cirúrgicos, de todos os tamanhos e feitios, cuidadosa e ordenadamente expostos como se de um faqueiro completo se tratasse. Este arsenal cirúrgico é constantemente renovado ao longo de toda a cirurgia, não faltando nunca nenhuma peça do conjunto. Mesmo ao lado, uma autêntica maravilha da tecnologia acompanha este cenário tão sofisticado; trata-se de um enorme aparelho eléctrico que alimenta o bisturi de argon que permite cortar e coagular em simultâneo.

À cabeceira do corpo temos a área da anestesia, uma zona perfeitamente reservada onde os anestesistas, e os enfermeiros que lhes dão apoio exclusivo, trabalham continuamente. Uma barreira física composta por um pano que se ergue a partir dos ombros do doente permite separar a zona de trabalho entre cirurgiões e anestesistas. À frente deste pano, os cirurgiões limitam a sua zona de acção apenas ao campo operatório, sendo que aquele pano, bem como todos os outros panos cirúrgicos que cobrem o corpo, possibilita esconder (e por vezes esquecer) a presença de um ser humano. Do outro lado do pano, como se de um biombo se tratasse, a equipa de anestesia trabalha constantemente, procurando manter o doente estabilizado através duma vigilância apertada dos seus sinais vitais e do manuseamento de aparelhos muito sofisticados, colocados nesta área da sala de cirurgia. Monitores modernos que permitem uma monitorização completa de todos os parâmetros vitais, ventiladores, máquinas de aproveitamento e reposição de sangue e plasma, aparelhos vários de controlo de valores analíticos, fármacos sofisticados, constituem um vasto conjunto de recursos tecnológicos localizados neste espaço da exclusiva responsabilidade dos médicos anestesistas.

Mais afastada da mesa de cirurgia, encontramos outra zona de trabalho reservada aos cirurgiões. Trata-se duma pequena mesa de retaguarda, a que chamam de *back-table*, onde dois dos cirurgiões da equipa preparam e limpam o órgão que vai ser transplantado. Em cima da mesa, ao meio, uma taça de alumínio exibe um fígado coberto de líquido translúcido. De um dos lados, um conjunto de pequenos instrumentos cirúrgicos está colocado de forma organizada em cima do pano verde que cobre toda a área da mesa. Sentados frente a frente, dois cirurgiões manuseiam o fígado, cortando e cosendo, num trabalho de precisão e perícia.

As paredes desta grande sala de cirurgia estão cobertas por armários e prateleiras repletas de material cirúrgico. No entanto, ao fundo, junto a uma das paredes, encontramos uma maca cuja função pouco ou nada tem a ver com o acto cirúrgico em si. Sobre este objecto, médicos e enfermeiros depositam os seus objectos pessoais: casacos, malas, carteiras, telemóveis que vão tocando ao longo das horas em que decorre o transplante. Também aqui, um grande rádio toca toda a noite, vibrando música dos anos sessenta. Ainda, enormes conjuntos de luzes pairam sobre a mesa de cirurgia e a *back-table*, mecanismos que os cirurgiões vão manuseando ora para a esquerda, ora para a direita, por forma a que todo o trabalho, minucioso, fique bem iluminado.

Para terminar, importa retomar alguns aspectos que dizem respeito à estrutura temporal do serviço. Esta é marcada por tempos diferentes que exigem necessariamente uma coordenação temporal entre as diferentes especialidades médicas e entre estas e os enfermeiros, por forma a assegurar uma cobertura contínua dos cuidados. Esta coordenação temporal é estabelecida de acordo com as fronteiras dos diferentes grupos sociais, na medida em que esta cobertura é, num primeiro momento, temporalmente organizada de acordo com uma base de grupo, ou seja, uma coordenação temporal de grupos. Assim, cada especialidade médica, bem como o grupo de enfermagem, rege-se por uma ordem temporal própria, que permite distinguir os seus elementos dos das outras equipas – uma espécie de "solidariedade mecânica" (Zerubavel,1979:61) que permite estabelecer a fronteira inter-grupos. Por outro lado, a coordenação temporal dentro do grupo contribui para o fortalecimento da interdependência dos elementos de cada grupo, funcionando, deste modo, como base para uma forte "solidariedade orgânica" entre eles (*idem*).

Os esquemas de rotação entre os vários elementos das equipas médicas e de enfermagem funcionam como fronteiras temporais rígidas, sendo que as únicas excepções são os arranjos *ad hoc* em situações muito particulares. De referir que os médicos das diferentes especialidades e os enfermeiros não partilham nem conjugam entre si os mesmos ciclos de rotação. A divisão funcional do trabalho no hospital manifesta-se na organização temporal do sistema de rotação, de modo a que coexistam vários ciclos de rotação, sendo que cada um se aplica a um grupo funcional particular. Assim, e confirmando o modelo de Zerubavel (1979), no caso da unidade, os hepatologistas estão de prevenção de três em três semanas, os cirurgiões estão de prevenção à enfermaria de dois em dois meses, em equipas de dois, e os enfermeiros, no final do turno da noite, entram de prevenção ao bloco.

Assim, podemos acrescentar que, de acordo com Zerubavel (1979: 62), a coordenação dos diferentes modelos temporais constitui mais do que uma reflexão acerca da estrutura social da organização do serviço. A ordem temporal não serve apenas para regular e coordenar os circuitos de pessoal, determinando quem trabalha com quem, onde, quando e durante quanto tempo, mas constitui acima de tudo um mecanismo para estabelecer e consolidar fronteiras sociais entre grupos e manter uma segmentação ordenada na organização. O tempo constitui, assim, um dos parâmetros da divisão social nos serviços hospitalares, sendo que a estrutura temporal do serviço confirma a definição de fronteiras entre grupos. Não se tratam de indivíduos isolados, mas sim de grupos funcionalmente diferenciados que constituem o aspecto social da divisão temporal do trabalho.

2. A organização dos cuidados de saúde

A unidade de transplantação constitui um serviço onde são prestados cuidados médicos especializados relacionados com a actividade de transplantação renal e hepática, constituindo deste modo uma valência importante do hospital em que está integrada. Caracteriza-se por ser um serviço muito diferenciado a vários níveis, integrando várias especialidades médicas, saberes e tecnologias, e, ao mesmo tempo, implicando a colaboração e a consequente dinamização dos outros serviços do hospital.

A própria designação do serviço, Unidade de Transplantação e não Serviço de Transplantação, revela um serviço que constitui, tal como os outros designados de "unidades", uma valência específica do hospital e que se define como sendo especializado, não só pela tipologia dos cuidados que produz como também pelas patologias específicas, especialidades médicas e equipas de enfermagem seleccionadas, tecnologias, práticas clínicas e cirúrgicas de ponta, e a organização diferenciada nos tratamentos. De igual modo, o facto deste serviço não possuir um quadro próprio das diferentes especialidades médicas demonstra, de certa forma, o carácter específico e esporádico que a actividade de transplantação envolve. Assim, excepto os hepatologistas, todos os médicos pertencem a outros serviços do hospital, acumulando dois tipos diferentes de práticas. Este aspecto permite canalizar clientelas dum serviço para o outro e aplicar, noutras situações (no caso dos cirurgiões), determinadas técnicas desenvolvidas graças à actividade de transplantação, como é o caso, por exemplo, da cirurgia hepato-biliar.

Deste modo, e de acordo com Chauvenet (1972), a racionalidade técnica como princípio de hierarquização é particularmente clara. O desenvolvimento técnico contribui para romper com o isolamento do serviço, criando interdependências e subordinando a implementação de novos serviços, não apenas graças a iniciativas pessoais, mas também no plano do hospital, favorecendo a centralização administrativa. Por outro lado, esta racionalidade técnica permite verificar a existência e o sentido destas interdependências, a sua posição em relação a uma hierarquia específica de valores que fazem deste serviço de ponta o elemento motor da instituição hospitalar. Assim, e ainda de acordo com a autora, alguns médicos não perderam nem os privilégios nem os hábitos de funcionamento das práticas liberais, sobretudo no que se refere ao acesso a determinados meios de trabalho e a um sistema de clientelas particulares. Deste modo, estas elites médicas orientadas para a medicina de ponta detêm uma posição dominante no interior do hospital.

De referir, no entanto, que para compreender a hierarquização dos serviços é importante ter em conta factores exteriores à racionalidade técnica, que são, no limite, contraditórios em relação às exigências daquela. Deste modo, Chauvenet esclarece que, em relação aos serviços de ponta, a separação entre as funções relacionadas com a prestação de cuidados e as funções relacionadas com a pesquisa corresponde a algo que ultrapassa a mera divisão técnica, na medida em que são os mesmos elementos que exercem ambas as funções. De acordo com a autora (1972: 160-161), esta separação implica uma dupla explicação. Em primeiro lugar, corresponde a uma divisão social, em função da escassez dos serviços fornecidos pelos serviços de ponta e da sua alta tecnicidade. Neste sentido, estes serviços constituem centros privilegiados de pesquisa que oferecem também serviços médicos dos quais apenas beneficiam os casos mais interessantes e os doentes de nível social superior. Em segundo lugar, esta separação resulta igualmente da situação económica e estratégica dos serviços de ponta em relação ao conjunto dos outros serviços do sector da saúde. São serviços raros que atraem uma fatia importante do orçamento da área da saúde e cuja vocação difere das dos outros serviços, na medida em que assumem uma cobertura nacional.

Da mesma forma, pela sua natureza, a UT tem mantido, ao longo dos tempos, uma relação privilegiada com os sucessivos conselhos de administração. Mesmo assim, de acordo com o testemunho do director do serviço e também de alguns médicos e enfermeiros, as relações entre a UT e a administração do hospital têm variado consoante as estratégias e programas definidos pelas várias administrações, que ora reafirmam a importância estratégica que este serviço assume para o hospital, reforçando os seus recursos, ora contrariam esta tendência. As palavras do director da UT e de um dos elementos do conselho de administração reflectem bem esta situação:

"Tem variado, tem variado. Depende de quem lá está. A Unidade começou com o Dr. [Director Clínico], foi a primeira direcção autónoma do hospital. Com a direcção anterior não tinha sido possível. A direcção dos Hospitais Civis de Lisboa e a direcção daqui do hospital, anterior, estavam ligadas e não sei quê... Não houve aquela ... houve mesmo sabotagem. Depois com o (...) ele formou a Unidade, sim senhor. E acho que fez tudo o que tinha a fazer. Depois para conseguir ampliar isto foi o diabo! Conseguir aqui esta coisinha dos quartos, foi já depois do transplante hepático, um bom bocado... E sendo o programa de transplantação hepática directamente apoiado pelo governo, porque estava no próprio programa do governo do (...), estava a implementação do transplante hepático. Neste, de transplantação conversara-se bastante, mas se não fôssemos nós, não tínhamos tido o programa. Porque ele era para 92 e a gente começou em Setembro de 92. Eles realmente esforçaram-se e ajudaram, mas depois prometeram mundos... e não deram nada. Eles prometeram-nos o hospital da Amadora-Sintra... ficarmos com a parte cirúrgica do Amadora--Sintra e a transplantação de órgãos. Quer dizer, ficar toda a cirurgia incluindo a transplantação de órgãos. Ora a transplantação de órgãos dominava. Toda aquela zona era o núcleo que dominava a prática cirúrgica, lá. Isso foi o que nos prometeu o [Ministro da Saúde] e depois foi, foi... Saiu-nos completamente da mão. Depois foi para a privada." (MD UT 2)

"(...) Nem sempre foi da mesma maneira, atenção! (silêncio) Quando não se mete outras questões políticas pelo meio, ou... a Unidade penso que tem-se preservado independentemente destas questões políticas... porque o trabalho que tem feito para a comunidade é um trabalho que ultrapassa essas divisões e penso que isto, independentemente de haver outras questões, essas questões são secundárias..." (AH 01)

Neste último excerto, percebemos a importância estratégica que este serviço assume no hospital, na medida em que contribui para a sua visibilidade, constituindo uma espécie de porta-bandeira. Desta forma, a UT funciona como um poderoso trunfo em termos competitivos para o hospital. Ao longo de toda a nossa observação apercebemo-nos que por vezes tem existido, por parte dos vários conselhos de administração, um certo aproveitamento político.

"(...) O que eu gostaria de lhe transmitir era um pouco a minha maneira de ver a realidade. Temos excelentes técnicos de saúde, pessoas com uma capacidade de abnegação muito grande... abnegação... cuja resposta se dá instintivamente, por vezes. É uma unidade, diríamos, onde nunca preciso de intervir porque os problemas, quando me chegam aqui estão já solucionados, e normalmente da melhor maneira... E pronto, isso apraz-me muito. Por outro lado, é uma unidade que contribui para a visibilidade do Hospital (...), que é importante nos tempos que correm, este mundo de concorrência, de competitividade, nós também temos que estar ... E favorece-nos nessa, nessa competitividade." (AH 01)

"Há serviços que dão visibilidade ao Hospital. E esta Unidade dá uma certa visibilidade ao hospital, em termos de negociação perante o Ministério da Saúde, perante o prestígio da própria instituição. Quer dizer, é uma instituição, neste momento, que se não tem um certo prestígio está mal, não é? Ter um certo prestígio, porque há determinados serviços que são bandeiras: tem Unidade de Transplante de Medula, tem a Unidade Cardiovascular, dá-lhes um prestígio suplementar. (...) E este hospital, neste momento, teve a Infecciologia, teve a Nefrologia, mas como já foram áreas que já deixaram de ser tecnologia de ponta, neste momento, acho que é a Unidade de Transplante. E a infecto ainda, não é..." (E UT 36)

"Privilegiada foi, talvez. Porque foi criado um espaço novo, e esse espaço novo foi todo montado numa unidade nova, portanto, o privilégio foi ter uma unidade nova. Mas que isto traz vantagens para o hospital ... Portanto, a própria administração hospitalar tem vantagem que o serviço de transplante funcione bem, como a Unidade de Intervenção Vascular, como a Unidade de Urgência, que são serviços novos, e que têm interesse em que estejam bem montados e que estejam a funcionar a 100%. Portanto, é natural que apareçam algumas dificuldades, e que sejam mais facilmente detectadas ou corrigidas. Porque os outros serviços, se for ver, estão degradados. Não vale a pena investir em muitos deles, porque são para deitar abaixo, pura e simplesmente. Portanto, não me parece que haja um *complot*, ou outra coisa... Não." (E UT 40)

"É assim, em termos ... eu por acaso tenho uma visão diferente ... é natural. É assim, tem [sido privilegiada] porque, por um lado porque é uma unidade de ponta. É um dos poucos centros, é o único centro em Lisboa na transplantação, é ... dá dinheiro ao hospital, os transplantes são pagos. Dá muito dinheiro. Claro que há um grande bolo que vai para pagar às equipas e fica praticamente ... E é assim, é uma Unidade que se hoje eu solicitasse mais equipamento, que seja fundamentado porque é imprescindível no transplante hepático, não é negado. (...) Agora, é evidente que como é uma unidade de ponta muitas vezes estejam ... canalizados alguns ... em penalização de outros. Em termos de gestão, na contagem de dinheiro, sejam canalizados para a Unidade de Transplante. Porque ... isso também gera alguns conflitos depois ... É assim, eu quando abri esta unidade eu fartei-me de ouvir. "uns são filhos outros são enteados!" É natural. E depois isto tem muito peso, muitos interesses políticos." (EC UT 27)

"Agora, mantermos uma relação privilegiada, penso que não. Até porque a própria Administração ou algumas administrações, pelo menos ... Servem-se do transplante como sendo uma bandeira do Hospital e acho muito bem. Por exemplo, como as doenças infecto-contagiosas. O caso da sida, por exemplo, também tem sido altamente subsidiada e bem ou mal, isso é uma questão de prioridades. Mas, portanto, se o hospital é vocacionado para a transplantação de órgãos não vejo porque é que não havemos de ter ... Claro, eu não vejo isso como relação privilegiada. Se termos verba para isso é considerado relação privilegiada, pois, nessa altura ... Se termos as condições técnicas, se termos condições humanas, nós sabemos que tudo isso custa dinheiro. Por exemplo, é agora um exemplo dos últimos. A última escala que se fez, ou das últimas, foi a escala da anatomia patológica, custa caro, pois custa... Mas ter, isto é um exemplo concreto, tendo acesso sempre, sempre que quisermos a uma biópsia, a qualquer hora do dia ou da noite, de um fígado a transplantar ... Nós temos puxado um bocado, empurrado um bocado os limites, e temos transplantado órgãos, que sem essas biópsias não teríamos! Ah, isso não tenho dúvida absolutamente nenhuma. Portanto, se quisermos contabilizar, não só em termos ... mesmo em termos monetários ... é claro que não se vai contabilizar só em termos monetários, mas em quantidade de doentes que beneficiam com isso ... absolutamente isso é um ganho e é um ganho impressionante! Portanto, eu pessoalmente, se bem que seja um caso suspeito, não vejo que seja uma relação privilegiada. Se disserem que tem determinada tecnologia e tem determinada tecnologia que não está acessível noutros serviços ... é evidente que tem. Mas os outros serviços também beneficiam dessa tecnologia. Claro que sim, claro que sim. Inclusivamente temos a consulta aberta e mesmo a consulta de hepatologia, etc. Mas eu digo mesmo em termos cirúrgicos, técnicos ... Porque sem esses meios, não é possível começar um serviço ... é como a cirurgia cardíaca também tem ... Eles para fazerem cirurgia cardíaca, têm uma quantidade de tecnologia, sem a qual não se consegue fazer cirurgia cardíaca. Não se pode fazer cirurgia de transplante sem o mínimo dessas condições. É o tudo ou nada, digamos assim. Portanto, ou há isso e faz-se, ou não há e não se faz. E foi o que aconteceu cá durante muito tempo: não havia, não se fazia." (MC UT 6)

Neste sentido, a UT parece usufruir de um tratamento privilegiado em relação aos outros serviços do hospital, traduzido em boas instalações, equipamentos e recursos materiais e humanos. De facto, trata-se de um serviço "onde não falta nada" (n.t.c.), sendo que em várias situações assistimos à presença de alguns elementos de outros serviços a pedirem emprestados aparelhos, materiais e medicamentos vários, junto da enfermeira-chefe, como se houvesse a consciência por parte do resto do hospital de que a ruptura de stocks, de facto, nunca acontece na unidade de transplantação, ao contrário dos outros serviços onde esta situação constitui quase um hábito. Os excertos seguintes são bastante elucidativos.

"(...) É assim: normalmente aquilo que não há nos outros serviços a Unidade de Transplantes tem. (risos) Eles telefonam e dizem "vocês têm isto, têm aquilo, não têm aquilo"... pronto. Porque isto é básico para tudo ... mas isso é em todos os hospitais. As Unidades são muito mais bem apetrechadas do que qualquer outro serviço ... As unidades e o serviço de urgência ... Ora, o que é que acontece ... Pedir material ... pedir medicação ... quando têm que transferir doentes ... (...) Os outros serviços pedem-nos imenso material emprestado ... mas isso é normal, é normalíssimo, isso é muito normal! Nós somos mais ... pronto ... Ainda ontem eu estava na farmácia, e falta um medicamento na farmácia, e o doutor da farmácia disse logo: "Ah! Com certeza que a Unidade de Transplantes tem! Você não me arranja lá este medicamento?" E eu: "Está bem, está bem ..." (risos)" (E UT 28)

"Há com certeza, porque nós sabemos isso. E sentimos isso a nível do material. No meu serviço, por exemplo, eu acho que há serviços que dão ... que são a imagem do hospital, não é? E também há serviços que dão dinheiro ao hospital ... E a Unidade é um deles. Logo aí há uma diferença. Porque faltam coisas neles ... Nós emprestamos material aos nossos colegas e depois às vezes também nos interrogamos "como é que nós temos este material, vocês não têm". E eles dizem: "Como é que vocês têm aqui material, e nós não temos", e por vezes ambos precisam desse material. Aí, vê-se logo ..." (E UT 30)

A propósito do carácter particular que as relações entre a UT e o conselho de administração assumem, um dos elementos deste órgão justifica-se desta forma:

"(...) e depois também porque ... na cultura do nosso hospital, todos nós sabemos que os transplantes exigem em termos até de rapidez de resposta, uma rapidez de resposta que poucos serviços necessariamente poderão não exigir ... tem características diferentes. Naquele serviço, de facto, não falta nada, não pode faltar!" (AH 01)

"(...) a transplantação hepática ... existem três centros a nível nacional ... é uma valência de ponta do ponto de vista estratégico do Hospital e que nós vimos apostando há dez anos ... e que hoje está na velocidade cruzeiro ... e anunciam um óptimo resultado ..." (AH 1)

Sobre as relações entre a administração do hospital e a UT, também um dos cirurgiões refere um certo estatuto de privilégio em relação aos restantes serviços do hospital, justificado pela própria natureza da unidade. O facto de se tratar de um serviço marcado por uma elevada diferenciação técnica numa área muito sofisticada da medicina (existem apenas mais dois centros que efectuam transplante hepático em Portugal) confere-lhe uma espécie de imunidade em relação a qualquer atitude menos favorável ou mais hostil por parte dos Conselhos de Administração.

"Eu acho que em relação aos outros serviços, acham que nós somos privilegiados frente a qualquer das administrações. Nós aqui sabemos que têm havido administrações que têm sido, nomeadamente esta última, esta última foi 100% a favor, temos tudo a agradecer. Em relação às outras, as coisas vão empancando, ficando de qualquer maneira, apesar de às vezes as coisas não funcionarem tanto como nós queríamos ou tão bem como nós queríamos. Ou não haver tão boa vontade como nós gostaríamos que houvesse em relação ao transplante. Mesmo assim, parece-nos que em relação aos outros serviços, que éramos privilegiados. Porque mesmo que houvesse eventualmente uma má vontade contra a Unidade, era também complicado ostensivamente estar-se a prejudicar a Unidade. Porque era a coisa mais diferenciada do hospital, é a única de Lisboa e o hospital não podia, em relação a Coimbra e ao que se passa no Porto, estar a dizer mal do transplante: "nós não queremos o transplante, o transplante não nos interessa, é mais importante tratar a hérnia". Mesmo não tendo havido ... nunca tivemos uma ostensiva hostilidade, nunca. Portanto, todas as administrações partem para a Unidade a dizer que apoiam, e que a Unidade é uma bandeira do hospital e fazem a maior questão que funcione o melhor possível. As condições que foram dando é que variaram, realmente, de mais sensíveis ou menos sensíveis. O Prof. [Director Clínico] era uma pessoa muito sensível a isso e como trabalhava e sabia e realmente como já tinha estado do outro lado a sofrer na pele problemas ... Muitas vezes quem está do lado da administração não percebe coisinhas que se calhar não têm grande importância para a administração, ou que não é um problema premente para a Administração, e que aqui pode ser suficiente para ... para desmotivar e para conseguir fazer ou não fazer o transplante." (MC UT 4)

"Não são só em termos económicos, como do que é esperado em termos de imagem para o exterior. E um dia, como diz o Director, temos de ser uma unidade de referência para qualquer hospital, não só em Portugal, para a Europa. Estamos na Europa, não é? Portanto, temos de ser uma unidade exemplar em todos os sentidos." (EC UT 27)

"(...) é indesmentível, é que uma Unidade de Transplantes como esta é um factor de prestígio para o hospital. De um modo geral, só com muito má vontade é que alguém pode ver com alguma reticência a própria UT, porque é de facto uma bandeira do hospital. Incontestavelmente, o grupo é muito eficaz, o número de transplantados aumentou muito nos últimos dois anos, praticamente triplicou, e isto requer um trabalho já muito bem oleado e portanto ... já está a atingir uma velocidade de cruzeiro, já muito boa. E acho que toda a gente vê isto com bons olhos. É evidente que é uma bandeira." (MI UIV 21)

Fica assim reforçado o carácter dinamizador que a Unidade de Transplantação confere a todo o hospital. Pelas suas características, este serviço envolve todas as outras valências do hospital, funcionando como uma espécie de estimulante ao desenvolvimento dos restantes serviços hospitalares, como é referido nesta entrevista.

"Envolve não só o hospital todo, como, realmente, o hospital que tem transplante tem que ser um hospital que tem de ter óptimos serviços, tem de ter serviço de sangue ... o nosso serviço de sangue é excepcional nos transplantes, por onde eu já passei acho que é o melhor. Portanto, puxa realmente para o melhor que há. Há serviços que foram criados por causa do transplante, o transplante hepático. É realmente o tipo de cirurgia que puxa todas as valências de um hospital." (MC UT 4)

No período em que decorreu esta investigação, as relações entre a UT e a administração do hospital foram marcadas por uma atitude muito positiva no que respeita à aposta neste serviço enquanto valor estratégico para o hospital, pondo à sua disposição todo o tipo de recursos necessários e estipulando objectivos em termos do número de transplantes efectuados. De referir que a UT constitui uma importante fonte de receitas para o hospital, sendo que por cada transplante efectuado o Estado atribui um subsídio. No entanto e de acordo com um dos elementos do Conselho de Administração, o montante deste subsídio apenas serve para fazer face aos custos da cirurgia, sendo que os custos inerentes ao internamento/reinternamentos, que incluem terapias e medicamentos extremamente dispendiosos, são assegurados pelo orçamento do hospital. Neste sentido, nas palavras de um dos membros do Conselho de Administração, na grande maioria dos transplantes hepáticos, em termos económicos, as perdas superam os ganhos. No entanto, tal como refere este elemento, este não é o objectivo do hospital em termos de transplantação, i.e., o balanço tem de ser efectuado tendo em consideração outros parâmetros tais como a produção e a qualidade dos cuidados de saúde prestados, que são traduzidos pelo número de transplantes realizados com sucesso. Denota-se aqui a necessidade deste tipo de cuidados médicos sofisticados, que implicam necessariamente custos elevados, serem apoiados pelo Estado, devido ao avultado investimento que estes serviços de ponta implicam.

"(...) Um transplantado do nosso bloco ... ele tem um problema. Se tudo lhe correr bem durante esses cinco ou seis anos, tudo bem. Depois começam os reinternamentos. Estes medicamentos são pagos pelo orçamento do hospital ... E no transplante renal e hepático é a mesma coisa ... (...) mais do que na cirurgia, porque a cirurgia é subsidiada ... (...) É muito pesado! Mas, pronto eu também penso que o Estado deve apostar. Quando se fala nisto e depois há um conjunto de conceitos ... pronto, não estamos num tipo de sociedade liberal, neoliberal ... em que o liberalismo económico influi, e então parte-se do princípio que se dá um chuto numa pedra e ... Portanto, é evidente que ninguém vai querer gerir um serviço ... Os resultados também não podem ser económicos têm de ser de cuidados prestados, não é ... Isto penso que tem de ser dito claramente, na nossa sociedade, a privada, fundamentalmente, com a transplantação não tem lucro ... Compete ao estado gerir com maior racionalidade, como é evidente, a saúde para todos, porque todos os cidadãos descontaram durante toda uma vida ..." (AH 01)

"(...) É exactamente como os outros serviços ... acontece que em relação aos transplantes, principalmente os transplantes hepáticos, quer pelos recursos humanos, quer pelos equipamentos que utilizam, são extraordinariamente caros, e como o orçamento do hospital, digamos, já está sobrecarregado ... Quando a unidade se instalou no Hospital, e feitos os transplantes, foi assumido uma ... via do Instituto de Gestão e Informática do Ministério da Saúde, o IGIF, no sentido para cada transplante renal ou hepático que seja efectuado há um subsídio ... E neste momento penso que é ... Porque depois esse subsídio paga o acto cirúrgico ... mas não paga as terapêuticas que são caríssimas e depois o internamento ... " (AH 01)

"(...) De certo não está pensado, não acredito que mesmo nestas formas de gestão se possa concretizar um serviço. Pode ser a gestão privada. Mas repare, os cidadãos não vão ter hipótese de ter possibilidades económicas para fazer um transplante, o que custará dezenas de milhões de contos. Portanto, terão que ser sempre os subsistemas do estado a assegurar, diríamos, essa despesa, não é? Portanto, se eventualmente se pode pedir sempre às pessoas a maior racionalidade de gastos e de consumos ... sobretudo o que é possível, efectivamente, de se fazer e de pensar sempre algumas coisas que se podem fazer, mas não estou a ver outras formas de gerir ... uma unidade daquelas ..." (AH 01)

Acresce que, em termos económicos, a actividade de transplantação constitui para o hospital uma fonte importante de receitas, apesar destas serem directamente canalizadas para essa actividade. A este propósito, é de salientar o papel da Fundação Gulbenkian na compra da grande maioria do equipamento de ponta indispensável ao transplante, como é referido neste excerto:

"Acho que somos bem tratados pela Administração. Apesar de tudo (...) o hospital deveria ter a noção que se gastaram 100.000 com o transplante, por exemplo em material, desses 100.000, 95 foi a Gulbenkian que deu, e deu ao hospital pelo transplante.

O hospital gastou, mas quem gastou foi a Gulbenkian. Há muito dinheiro que vem para o hospital por causa do transplante, de fora, de entidades para o hospital, por causa do transplante ... Claro que aquilo vem para o hospital e o hospital gasta em transplante, mas esse dinheiro se não fosse o transplante não tinha sequer chegado ao hospital. Veio para o hospital por causa do transplante e para o transplante. (...) Nós estamos muito agradecidos desde sempre, nomeadamente por causa do Director, agradecidos à Gulbenkian. A Gulbenkian é inexcedível. Um pedido nosso é quase uma ordem para eles, todos os anos vêm papéis, "se precisarem de alguma coisa", "vamos fazer o nosso orçamento digam o que precisam", e somos sempre beneficiados." (MC UT 4)

Assim, em relação aos outros serviços do hospital, a UT assume uma imagem ambígua. Muitas vezes ouvimos expressões pronunciadas por médicos e enfermeiros de outros serviços, tais como: "é um serviço elitista" ou "são vistos com um certo exotismo" (n.t.c.), que testemunham o carácter excepcional deste serviço de ponta, sob todos os pontos de vista. Por um lado, este serviço é encarado de uma forma positiva, na medida em que confere um grande prestígio ao hospital, mas, por outro, os outros serviços sentem-se discriminados em relação à unidade por sentirem que se trata de um serviço privilegiado, com boas condições de trabalho, onde nada falta e onde é motivante trabalhar, não só pelos profissionais que lá trabalham usufruírem de condições excepcionais, mas também pelo desafio que caracteriza o tipo de cuidados por ele prestados, tal como refere um dos elementos do conselho de administração do hospital:

"(...) O balanço para o hospital é positivo, é muito positivo ... agora repare, pelo tipo de situações em que o próprio doente está inserido, na medida em que entra no serviço à beira da morte e sai recuperado, dá um certo, entre aspas, gozo trabalhar. Para os profissionais de saúde é muito gratificante ver resultados do seu investimento, não é? Por outro lado, quer a estrutura física do serviço, que é nova, quer os equipamentos, tudo isso atrai pessoas. Também o aspecto relacional com este tipo de doentes obriga os profissionais a ter um trato muito cuidado com eles, são pessoas muito susceptíveis e como tal obriga-nos a ter imensos cuidados com ..." (AH 01)

Assim, de acordo com os objectivos traçados ao nível do conselho de administração do hospital, a cirurgia de transplante tem prioridade sobre qualquer outra cirurgia, disponibilizando-se todos os meios necessários no momento para a sua realização. Deste modo, e retomando Chauvenet, verificamos a posição dominante que os serviços de ponta assumem no hospital, em relação aos outros serviços.

De referir que o trabalho em equipa que caracteriza estes serviços diz respeito por um lado, ao trabalho entre médicos e, por outro, entre médicos, enfermeiros e outros técnicos de saúde. Ao nível dos médicos, este trabalho em equipa constitui-se contra a hierarquia vertical tradicional, sendo que o monopólio da responsabilidade médica e científica dos chefes de serviço pode ser posta em causa pelos outros elementos médicos que chamam a si uma parte da responsabilidade. Quanto aos enfermeiros, estes deixam de estar isolados para participarem em tratamentos mais especializados, já que a colaboração destes é absolutamente indispensável em serviços hiper-especializados.

Ainda ao nível da qualificação das equipas médicas envolvidas no serviço, há a salientar a implicação de outras especialidades médicas de outros serviços do hospital, que, embora não se encontrem directamente ligadas ao serviço, prestam um contributo indispensável pelo facto de dominarem áreas especializadas da medicina que são fulcrais em todas as fases do circuito de transplantação hepática. A elaboração do diagnóstico e a avaliação de terapêuticas não se limitam apenas ao acto médico individualizado, já que existem protocolos definidos que assentam na realização de exames complementares, por vezes sofisticados, na área da imagiologia, do laboratório de análises clínicas e da anatomia patológica, que permitem acompanhar a trajectória da doença, para além dos exames sofisticados da exclusiva competência dos gastroenterologistas. De tal forma é a exigência criada pelo serviço, a este nível, que o hospital criou mecanismos que implicam uma readaptação da organização de trabalho de determinados serviços de apoio, como é o caso dos serviços de sangue e de anatomia patológica que instituíram uma escala permanente de 24 horas para prestar apoio à unidade.

Cumpre-se assim, e de acordo com Zerubavel (1979), a ordem temporal que prevalece no hospital e que é principalmente orientada para a prestação de cuidados ao doente e, por isso mesmo, baseada em considerações éticas e morais. O hospital é das poucas organizações que funciona ininterruptamente 24 horas por dia durante 365 dias por ano, providenciando a cobertura contínua de cuidados de saúde, o que pressupõe uma coordenação temporal entre todos os seus elementos.

A produção do diagnóstico clínico implica uma estrutura de pessoal muito qualificada que transcende o próprio serviço. Tal permitiu-nos identificar, logo desde o início do circuito de transplantação hepática, a presença de várias especialidades de ponta, não apenas ao nível da profissão médica, mas também no quadro das outras profissões hospitalares, como sejam os enfermeiros e outros técnicos de saúde. É curioso salientar o facto de este hospital não possuir a valência de gastroenterologia, apesar de ter uma unidade de transplantação onde a vertente hepática assume um enorme peso. Ao contrário dos nefrologistas da unidade, que pertencem ao serviço de nefrologia do hospital, os gastroenterologistas pertencem exclusivamente à unidade, dando apoio, quando é necessária uma intervenção do seu foro, aos outros serviços do hospital.

Também a evolução do serviço, sobretudo nos últimos dez anos, altura em que foi criado o Programa de Transplantação Hepática, foi acompanhada pelo desenvolvimento de vocações médicas diferenciadas. Também, em termos de recursos materiais, este serviço tem conseguido manter um nível bastante razoável, nomeadamente incorporando de forma constante novos equipamentos. Sobretudo ao nível de equipamento cirúrgico e na prestação de cuidados intensivos no pós-operatório imediato, este serviço assume a dianteira em comparação a outras unidades igualmente diferenciadas do hospital. Em contraste com outros serviços, esta unidade tem conseguido incorporar novos equipamentos e infra-estruturas e, consequentemente, alargar a sua capacidade em termos de prestação de cuidados. Deste modo, nos anos de 2000 e 2001 o serviço duplicou o número de doentes transplantados hepáticos em relação aos oito anos anteriores, tendo passado de 204 transplantados desde Setembro de 1992 a Janeiro de 2001, para 300 em Dezembro de 2001.

A orientação progressiva deste serviço em termos de investimento tecnológico, que se tem vindo a acentuar nos últimos anos, demonstra claramente que estamos perante um serviço com uma componente técnica extremamente complexa, visível ao nível dos cuidados médicos prestados e na hiper-especialização médica. Todo o equipamento e *know-how* necessários à transplantação renal e hepática encontram-se centralizados no serviço, apesar de estarem disponíveis para o hospital sempre que necessário. Deste modo, estamos perante um modelo de produção de cuidados vocacionado para a prestação de cuidados especializados, presente em todos os sectores do serviço.

Trata-se de um serviço que se define por práticas médicas especializadas logo a partir da fase da consulta de pré-transplante, onde os hepatologistas, no próprio acto médico da consulta, assumem uma postura de hiper-especialização tal como o revela a designação da sua área médica. De facto, estes médicos gastroenterologistas denominam-se de hepatologistas, sub-especialidade inexistente na Ordem dos Médicos, no entanto, reconhecida como sendo uma sub-especialidade na área da gastroenterologia vocacionada para as patologias do fígado. Situação diferente é a da consulta de transplante renal, onde a especialidade de nefrologia assume a responsabilidade do acto médico, o que é justificado pelo facto da transplantação hepática ser ainda uma área da medicina bastante recente no nosso país.

A fase do transplante, concretamente o acto cirúrgico, constitui um dos momentos mais expressivos e nucleares na hiper--especialização dos cuidados. O tipo de equipamento e as técnicas utilizadas, quer por cirurgiões, quer por anestesistas, e os cuidados prestados pelos enfermeiros no bloco operatório, demonstram claramente um serviço de ponta, de tal forma que a própria equipa médico-cirúrgica se resume sempre aos mesmos elementos que estão quase sempre presentes em todos os transplantes. O grau de diferenciação exigido neste tipo concreto de cirurgia está patente no número reduzido de cirurgiões e anestesistas com capacidade para realizarem uma cirurgia de transplante. Por exemplo, os cirurgiões procedem igualmente à colheita dos órgãos, quer do rim, quer do fígado, nos hospitais que acolhem o dador.

Dada a forte componente interdisciplinar das várias especialidades médicas na produção dos cuidados, assiste-se, por vezes a tensões entre diferentes concepções terapêuticas, provocando uma agudização do fosso que separa os diferentes olhares e posturas sobre a doença. Estas situações correspondem, sobretudo ao exercício de práticas médicas que diferem, na sua aproximação ao doente, das práticas cirúrgicas, o que nos deixa perceber que a prestação de cuidados oscila entre várias concepções terapêuticas e orientações técnicas que correspondem a opções distintas e que marcam as diferentes especialidades. A este propósito, Atkinson (1995: 56) refere que a acção e o conhecimento não caminham de forma linear de modo a produzir uma rede uniforme de tomada de decisão e acção. As diferentes especialidades definem o seu trabalho e os seus interesses de formas contrastantes, chegando mesmo a definir o problema clínico de forma muito diferente. Assim, as exigências quotidianas podem ter diferentes respostas se se trata dum médico ou dum cirurgião, podendo cada um deles funcionar não apenas a partir de definições diferentes sobre o problema, mas, também, com horários diferentes e incompatíveis.

No fundo, toda esta situação reflecte a distinção clássica entre as especialidades de Medicina e Cirurgia, bem patente na organização dos serviços hospitalares e que grande parte dos estudos sociológicos testemunham. A propósito da distinção entre medicina e cirurgia, num estudo comparativo sobre a diferença de atitude entre médicos e cirurgiões na sua relação com os enfermeiros, Coser (1958) refere uma atmosfera mais formal na relação enfermeiro e médicos, onde, ao contrário do que acontece com os cirurgiões, o espaço para conversas mais descontraídas constitui uma excepção. A propósito das diferenças entre a formação médica e cirúrgica, o autor salienta o facto dos estudantes das especialidades médicas serem ensinados a pensar e a reflectir, enquanto que os cirurgiões são treinados para actuar, dando-se ênfase à performance pontual (Coser, 1958: 60). Assim, e de acordo com a observação e testemunhos recolhidos pelo autor, a imagem dos médicos tem mais a ver com o desafio intelectual, enquanto os cirurgiões preferem agir e procurar resultados mais imediatos.

Este aspecto parece moldar a distinção entre medicina e cirurgia que é assumida pelos próprios médicos e cirurgiões. Ambas as especialidades fazem questão de assinalar essas mesmas diferenças em termos de imagem, o que se reflecte nas diferentes formas de organização do trabalho. De acordo com Coser, a distinção entre médicos e cirurgiões resume-se no seguinte: no caso dos médicos existe uma delegação escalar da autoridade numa área extensa da tomada de decisão, sendo que as decisões importantes são de um modo geral assumidas através de um consenso. Quanto aos cirurgiões, existe pouca delegação da autoridade em termos de tomada de decisão, sendo que as decisões sobre aspectos importantes relacionados com operações e tratamentos dos doentes são executadas a partir de ordens.

No entanto, no caso do serviço é igualmente importante referir a existência de divergências entre especialidades médicas (não cirúrgicas), nomeadamente entre hepatologistas e intensivistas, que correspondem a pontos de fricção latentes e constantes entre duas formas de abordagem distintas. Para o intensivista a aproximação ao doente é global enquanto que para o hepatologista a grande preocupação centra-se, sobretudo, na função do órgão transplantado. De referir, ainda, que mesmo dentro de cada especialidade assistimos a algumas diferenças na abordagem do doente. Estas são o resultado da diferença dos trajectos individuais de cada um dos elementos em matéria de especialização técnica.

A coexistência de práticas médicas tão heterogéneas na produção dos cuidados, fruto da hiper-especialização médica existente no serviço, implica uma complexização da prestação dos cuidados. Esta é marcada por concepções e olhares distintos sobre a doença, em que ora se valoriza mais a doença, ora se privilegia um órgão em particular ou as técnicas, que são constantemente negociadas através dum discurso científico que as justifica, (e no qual coexistem, de forma dinâmica, várias abordagens sobre o corpo e a doença).

Apesar de este serviço poder ser caracterizado como uma unidade de ponta e de alta tecnicidade, a vertente de investigação e pesquisa ocupa um lugar muito pouco importante. De facto, a posição estratégica em termos da qualidade dos cuidados médicos praticados e o prestígio alcançado por este serviço não têm correspondência em termos de reprodução do conhecimento médico. No entanto, alguns elementos das equipas médico-cirúrgicas parecem esforçar-se por investir algum do seu tempo na publicação e apresentação de trabalhos de carácter científico, sobretudo ligados à casuística do serviço. Por parte dos hepatologistas o interesse pela vertente de investigação é mais nítido – seja pelo facto de todos os elementos serem provenientes dum hospital universitário (todos integraram o serviço a convite do director, por ocasião do lançamento do Programa de Transplantação Hepática).

Também a vertente de ensino da medicina não encontra eco neste serviço. No caso dos cirurgiões apenas o director da unidade e alguns elementos da equipa dão aulas na Faculdade de Medicina, por convite, e pelo facto de estarem ligados a esta área de ponta. Por não haver a especialidade de gastroenterologia no hospital, a vertente de ensino nesta área é inexistente. Apenas o coordenador da equipa de hepatologia, doutorado na especialidade, exerce funções nas carreiras hospitalar e universitária num outro hospital. Mesmo assim, estes aspectos não são suficientes para podermos falar numa ligação estreita entre a actividade de transplantação e o ensino.

Do mesmo modo, a quase inexistência de internos neste serviço não estimula o investimento de cada uma das especialidades nas áreas ligadas à investigação. No entanto, os cirurgiões ligados ao ensino transmitem a sua experiência aos mais novos, sendo por vezes possível encontrar alguns alunos nos corredores da enfermaria ou no bloco operatório acompanhando o seu tutor. Esta questão poderá indiciar vários aspectos, tais como a existência de bloqueios à entrada de novos elementos na equipa cirúrgica, ou a pouca disponibilidade por parte dos jovens internos para enveredar por uma actividade tão específica como é a da transplantação (implica muitos anos de treino cirúrgico e a quase renúncia à vida pessoal).

Acresce, ainda, que a grande maioria dos elementos da equipa médico-cirúrgica ocupa uma posição semelhante na carreira hospitalar, sendo que o que os diferencia são as competências técnicas individuais e não tanto a posição ocupada na hierarquia formal. Assim, o protagonismo assumido por um ou outro elemento deriva da sua capacidade e competência técnicas que se traduz numa especialização pessoal, através de estágios em serviços de ponta na área da transplantação em hospitais estrangeiros, e da possibilidade de praticar novas técnicas noutros serviços do hospital ou noutros hospitais.

Este aspecto levanta uma questão que não é muito habitual presenciar noutros serviços. Ela tem a ver com o facto da equipa médico-cirúrgica da unidade ser constituída por elementos que pertencem a outros serviços do hospital e a outros hospitais, e que se deslocam ao serviço única e exclusivamente porque possuem uma competência única e um grau superior de diferenciação técnica na sua área de especialização. É, nomeadamente, o caso do hepatologista coordenador, de alguns cirurgiões e da quase totalidade da equipa de anestesistas. Isto reforça, mais uma vez, a ideia de que a hierarquia de competências se sobrepõe à hierarquia formal no que diz respeito à organização da produção dos cuidados médicos.

O próprio director do serviço destaca-se por ser um cirurgião de reputação inquestionável. É apontado como um dos pioneiros na cirurgia de transplantação renal e hepática no nosso país, a que todos os elementos da equipa médico-cirúrgica reconhecem um prestígio incontestável e a capacidade de ter conseguido fundar um centro de transplantação internacionalmente prestigiado e reconhecido. Trata-se de uma figura carismática, do verdadeiro ponto de união e de consenso em torno do qual oscilam variados saberes, posturas e estratégias que vão convergindo na construção dos programas de transplantação.

O director do serviço, para além de personificar o elemento mais elevado na hierarquia do serviço, constitui o próprio símbolo do poder médico, com o qual todos os elementos da equipa se identificam graças ao papel que tem desempenhado no reconhecimento da actividade de transplantação no seio da comunidade médico-científica. Por outro lado, a sua postura paternalista (que muitos lhe atribuem) dá origem a uma dualidade de opiniões acerca da sua conduta enquanto director de serviço. Assim, enquanto muitos admiram a sua capacidade de dirigir oferecendo um elevado grau de liberdade e responsabilidade a todos os elementos da equipa, outros criticam-no por não exercer uma liderança forte e autoritária, por evidenciar falta de disciplina e de orientação (o que, alegadamente, deixa o serviço numa espécie de anarquia latente onde cada um faz o que quer). A sua paixão pela transplantação dá-lhe a convicção de que o Programa de Transplantação é o ponto de convergência de todas as estratégias e olhares sobre a mesma realidade, de que as divergências, conflitos e diferentes alternativas dão origem, em todas as situações, a um consenso em nome da transplantação.

Apenas nas situações mais difíceis de decisão médico-cirúrgica, quando os vários elementos apelam à sua intervenção, o director do serviço intervém; mesmo assim assumindo não uma postura impositiva, mas de mediador para que o consenso possa emergir. Quando pressionado a decidir, a sua decisão é inquestionavelmente aceite e o seu mérito médico-científico reconhecido por todos. Este cirurgião é visto como uma espécie de refúgio, como um livro aberto e pleno de sabedoria, onde todos, sobretudo os cirurgiões, vão procurar ensinamentos e dissipar as suas dúvidas. A sua forma subtil de exercer autoridade pode observar-se no modo como formula as suas decisões, que assumem mais a forma de opiniões. "Eu faria assim mas vocês é que sabem", ou "eu não teria feito assim, mas também está bem" são frases habituais do director do serviço.

Assim, e de acordo com Loxley (1997: 32-33), o reconhecimento de interdependência em serviços hiper-especializados, apesar de claro, está também associado às diferenças de poder e aos consequentes conflitos de demarcação e domínio de territórios. A autora acrescenta ainda que quanto mais a especialização depender dos aspectos técnicos, mais segurança existe em termos de reclamar autoridade numa determinada área. No entanto, podem surgir problemas quando um determinado especialista reclama autoridade para interferir em áreas que vão para além da sua competência técnica, em esferas onde outros reclamam o exercício dos seus conhecimentos e qualificações. Nestas situações em que o conhecimento, as qualificações e os papéis se sobrepõem, o conflito que envolve a ocupação de determinados territórios implica, necessariamente, processos complexos de negociação.

Relativamente à caracterização social dos doentes deste serviço, tendo em conta que se trata de um hospital público onde se pratica uma medicina de ponta que encontra o seu equivalente apenas em outros dois hospitais do país, particularmente no que diz respeito ao transplante hepático, este serviço engloba doentes das mais variadas categorias sociais. O facto da transplantação implicar tecnologia de ponta, conhecimento médico e científico especializados (dominados por poucos médicos no nosso país) e a prestação de cuidados específicos, vem reforçar ainda mais esta tendência. Acrescente-se também um aspecto de primordial importância em todo este processo e que tem a ver com a escassez de órgãos a transplantar. Para além da excepção dos doentes que têm acesso aos programas de transplantação por via de médicos que estabelecem uma relação estreita com o serviço, todos os doentes cujo perfil clínico encaixe no âmbito dos cuidados produzidos pelo serviço têm acesso à unidade.

Durante todo o período de observação foi possível constatar que a ligação dos doentes transplantados com a unidade é uma ligação para o resto das suas vidas, o que vem demonstrar a especificidade que caracteriza os cuidados produzidos no serviço. Assim, todas as situações de doença que directa ou indirectamente tenham a ver com o transplante implicam a intervenção ou mesmo o internamento do doente no serviço, o que revela, inequivocamente, a importância nuclear da prestação de cuidados médicos e de enfermagem protagonizados. Todos os doentes aqui internados são transplantados renais ou hepáticos. Alguns encontram-se na fase pós-operatória; outros apenas foram reinternados por complicações várias que podem ou não ter a ver com o transplante. Assim, qualquer problema de saúde num doente transplantado que implique internamento, mesmo que nada tenha a ver com o órgão transplantado, requer obrigatoriamente o internamento na unidade de transplantação. Isto demonstra, mais uma vez, a especificidade dos cuidados, dadas as interacções implicadas neste tipo de situações que, quando não bem geridas, podem gerar situações gravíssimas para o doente.

Apesar da prática de uma medicina de ponta poder não ter correspondência em termos de vocação de pesquisa e investigação, é possível caracterizar este serviço como sendo uma unidade onde se concentram técnicas e práticas médicas especializadas e que detém uma posição estratégica, em termos económicos e tecnológicos. Este serviço constitui um nicho privilegiado onde convergem técnicas hiper-especializadas, recursos humanos altamente qualificados e infra-estruturas e equipamentos modernos, constituindo um lugar aliciante para todos os que aí trabalham, quer pelo tipo de casos clínicos, quer pelos métodos e meios de trabalho que envolve.

Também ao nível dos cuidados de enfermagem é importante sublinhar a especificidade dos cuidados prestados neste serviço, tendo em vista o tipo de doentes. Para além dos longos períodos de internamento que muitas vezes se repetem ao longo da vida destes doentes, e que permitem uma estreita relação com os enfermeiros, a própria especificidade das patologias que culminaram no transplante exige, necessariamente, uma prestação diferenciada nos cuidados de enfermagem.

Também a participação dos enfermeiros nas tarefas técnicas exige uma formação específica e por vezes longa (caso dos enfermeiros instrumentistas), sendo que é precisamente nestas situações que o trabalho técnico é mais valorizado. No entanto, é igualmente neste tipo de serviços que a hierarquia de funções é posta em causa, sendo vulgar os enfermeiros expressarem a sua opinião sobre a conduta dos médicos na execução de determinados actos médicos.

Ao nível da equipa de enfermagem podemos afirmar que se trata de um grupo de pessoas muito qualificadas, de acordo, aliás, com as características da prestação de cuidados do próprio serviço. Todos os elementos da equipa são enfermeiros graduados (alguns com valências em áreas específicas como hemodiálise, técnicas de gastroenterologia, cirurgia e cuidados intensivos), sendo que todos estão aptos a prestar todo o tipo de cuidados de enfermagem próprios desta unidade. No que diz respeito à formação dos enfermeiros, na grande maioria dos casos ela foi sendo adquirida através da prática e da experiência no desempenho das suas funções no serviço, salvo algumas excepções (como é o caso das técnicas de hemodiálise que alguns enfermeiros desenvolveram em clínicas privadas onde também trabalharam). Assim, para além de algumas acções de formação, sobretudo na área do transplante hepático, que são propostas ao centro de formação, a formação é sobretudo na prática dos cuidados de enfermagem (estando o serviço a apostar na formação em serviço, nomeadamente nas áreas de técnicas de gastroenterologia e bloco cirúrgico).

A hierarquia na equipa de enfermagem obedece aos padrões formais tradicionais, inerentes à estrutura da carreira de enfermagem. Trata-se de uma hierarquia vertical onde a enfermeira-chefe ocupa o lugar de chefia e coordenação do serviço em três vertentes: consultas, enfermaria e bloco cirúrgico. A enfermeira-chefe acumula ainda a chefia de um outro serviço, o que implica um desdobramento em termos de responsabilidade e exercício de funções. Esta diversidade e multiplicidade de funções reclama, assim, a existência de um segundo elemento de enfermagem. A presença de um adjunto da enfermeira-chefe permite aliviar a chefia na gestão do serviço e substituí-la na sua ausência.

A organização do trabalho de enfermagem está dividida por três sectores: a enfermaria, as consultas e o bloco cirúrgico, sendo que a grande maioria dos enfermeiros acumula a prestação de cuidados de enfermaria com os cuidados do bloco. Quanto às consultas, as duas enfermeiras que dão apoio a este sector estendem as suas funções à área do acompanhamento ambulatório, trabalhando em regime de horário fixo, ao contrário de todos os outros elementos da equipa de enfermagem (à excepção de um que desempenha as funções específicas de manutenção de todo o material e equipamento do bloco e de apoio às técnicas de gastroenterologia, e ainda, quando necessário, de prestação directa de cuidados na enfermaria).

Na enfermaria, a organização do trabalho apoia-se numa metodologia mista: trabalho de equipa e por turnos, i.e., a prestação de cuidados é distribuída por quatro equipas de enfermeiros que se dividem pelos três turnos diários num regime de rotação. Estas equipas são mantidas no esquema de organização de trabalho no bloco, como veremos mais adiante. O funcionamento das equipas obedece a uma hierarquia liderada pelo chefe de equipa que, para além da prestação dos cuidados, tem a função de coordenação do trabalho.

A distribuição do trabalho é feita a partir do número de doentes, sendo que cada elemento de cada equipa segue sempre os mesmos doentes durante um período de quatro semanas, de modo a individualizar a prestação dos cuidados. Os doentes de cuidados intensivos, que impõem cuidados mais diferenciados e vigilância mais apertada, implicam o destacamento de um dos elementos da equipa para desempenhar exclusivamente estas funções, sendo que, em alturas de maior número de transplantes hepáticos, o trabalho na enfermaria se torna mais pesado. Apesar da polivalência de funções que a enfermeira-chefe procura incutir no serviço, as equipas de enfermagem caracterizam-se pela coexistência de saberes e competências muito heterogéneas.

No que diz respeito ao trabalho de enfermagem no bloco cirúrgico, é de referir um aspecto importante que reforça a especificidade dos cuidados de enfermagem do serviço. Tal como acontece com todas as especialidades médicas e cirúrgicas que intervêm em todo o processo, também ao nível dos enfermeiros se faz notar uma hiper-especialização na prestação de cuidados na enfermaria e no trabalho do bloco. Assim, todos os elementos da equipa de enfermagem que desempenham funções no bloco operatório, nos transplantes renal e hepático, pertencem ou já pertenceram à Unidade de Transplantação. Deste modo, no bloco operatório, encontramos as mesmas equipas que estão presentes na prestação de cuidados na enfermaria, acrescidas de antigos elementos da unidade que agora pertencem a outros serviços. Em conjunto integram uma escala de serviço de 24 horas que está pronta a intervir sempre que há um transplante.

A distribuição do trabalho no bloco operatório é feita por postos de trabalho e é definida pela enfermeira-chefe, de acordo com as aptidões ou perfil de cada elemento. São três os postos de trabalho e correspondem a funções distintas do trabalho de enfermagem no bloco: anestesia, circulação e instrumentação, apresentando-se por esta ordem numa espécie de hierarquia de competências e saberes. Assim, a integração e a formação de enfermeiros no bloco operatório atravessam estas três fases, sendo que nenhum enfermeiro poderá passar à fase seguinte sem antes ter aprendido, através da prática e da experiência, as funções que correspondem às fases anteriores. O tempo que demora a completar todo o circuito e a formar um enfermeiro instrumentista depende do número e do ritmo de cirurgias e das capacidades individuais de cada um.

As tarefas burocráticas assumem um peso importante no trabalho dos enfermeiros, sobretudo em alturas de maior trabalho quando decorrem vários transplantes quase em simultâneo. A não existência dum secretariado permanente na unidade durante 24 horas não se compadece com a iminência de poderem ocorrer vários transplantes consecutivos, que implicam um trabalho burocrático e de reorganização do serviço, da responsabilidade dos enfermeiros, que nada tem a ver com a prestação dos cuidados.

A supervisão dos cuidados de enfermagem nos três sectores acima referidos está centralizada na figura da enfermeira-chefe que, pelas suas características pessoais, centraliza esta função, deslocando-se permanentemente pelas várias salas da enfermaria, pela zona das consultas ou mesmo pelo bloco, onde aparece de surpresa às mais diversas horas. Apesar de praticamente não desempenhar tarefas relacionadas com a prestação de cuidados, algumas vezes foi possível observar a enfermeira-chefe no apoio directo a doentes, sobretudo nos cuidados intensivos, em ocasiões de grande volume de trabalho. No entanto, o mais provável é encontrarmos a enfermeira-chefe no seu gabinete, atulhada de papéis e telefonemas, sendo constantemente interrompida pela entrada de enfermeiros e médicos a solicitarem a sua presença na resolução de problemas relacionados com o serviço.

Entre reuniões com o Conselho de Administração, com o director do serviço ou com os enfermeiros, a enfermeira-chefe constitui o elo de ligação entre as várias hierarquias e saberes-poderes do serviço. Por um lado, estabelece uma relação próxima com o director da unidade, de quem depende em termos do serviço e com quem divide, ou mesmo assegura, os aspectos de natureza administrativa-burocrática e de organização do serviço.

Por outro lado, a estreita ligação que mantém com o Conselho de Administração, através do enfermeiro-director, permite-lhe usufruir duma ligação directa e privilegiada com este elemento (uma vez que na hierarquia administrativa do hospital os lugares dos enfermeiros-supervisores não estão preenchidos).

A forte dependência do corpo de enfermagem em relação à administração hospitalar que controla a actividade dos enfermeiros, bem como a sua progressão em termos de carreira e a distribuição dos vários elementos pelos serviços, permitem à enfermeira-chefe tirar vantagem desta relação no que diz respeito às negociações em torno dos aspectos burocráticos relacionados com a unidade e que lhe são totalmente delegados pelo director de serviço. Este aspecto possibilita à enfermeira-chefe estar mais próxima das questões administrativas e de gestão da unidade do que o corpo médico e, por vezes, do que o próprio director de serviço. No caso particular deste serviço, a enfermeira-chefe assume um papel de liderança no que diz respeito aos aspectos burocráticos, sendo que o director de serviço delega a sua autoridade na enfermeira-chefe, no que diz respeito a esta matéria, para negociar com o Conselho de Administração. Neste sentido, existe uma relação de absoluta confiança entre o director de serviço e a chefia de enfermagem, numa cumplicidade mútua que por vezes é difícil de manter por divergências que surgem entre o olhar dum director de serviço, que se assume acima de tudo como médico, e de uma enfermeira-chefe, que apesar de ter funções de gestão do serviço é também a voz dos enfermeiros.

Esta situação pouco confortável para a enfermeira-chefe repete-se quando nos confrontamos com as relações entre o corpo médico e o corpo administrativo. Aqui, a chefia de enfermagem divide-se entre uma postura virada para os aspectos burocráticos e de racionalidade administrativa e a prestação dos cuidados e do interesse do serviço que se aproximam da racionalidade médica. Se, por um lado, os enfermeiros estão totalmente limitados pelo poder administrativo, ao contrário do que acontece com os médicos, por outro, sentem uma clara identificação com a actividade médica.

A enfermeira-chefe constitui ainda o ponto de contacto entre enfermeiros e médicos, estabelecendo uma relação muito próxima e, em alguns casos, mesmo informal com o corpo médico--cirúrgico. É através dela que as questões quotidianas inerentes ao trabalho médico e ao trabalho de enfermagem conseguem convergir no sentido global da prestação dos cuidados, resolvendo conflitos, esclarecendo dúvidas e solucionando problemas de parte a parte. Muitas vezes, quando existem situações de alguma fricção, resultantes da falta de comunicação entre os próprios médicos e/ou cirurgiões, são os enfermeiros, através da sua chefia, que estabelecem a ligação, por vezes difícil, entre os vários elementos.

Em cada momento existem diferentes especialidades médicas envolvidas, o que conduz a diferentes padrões de comportamento em termos de hábitos de trabalho e de relações interpessoais. Estes assumem formas diversas entre os vários grupos profissionais e traduzem-se no modo como cada um deles organiza o seu trabalho. Os padrões de comportamento dos enfermeiros na sua relação com os médicos são diferentes dos que exibem em face dos cirurgiões. Também o relacionamento entre os enfermeiros e os administradores hospitalares não é aberta. Os próprios enfermeiros fazem parte da hierarquia administrativa de enfermagem que tem uma articulação complicada com a administração do hospital.

Assim, os administradores hospitalares parecem muitas vezes estar em desacordo com os enfermeiros. Apesar da profunda admiração pelo seu trabalho, não deixam de demonstrar um certo antagonismo em relação à enfermagem enquanto grupo, considerando-os rígidos e obstrutivos. Susser e Watson (1985: 260) apontam ainda um outro elemento que contribui para o conflito profissional e que tem a ver com o facto dos enfermeiros demonstrarem ambição no que respeita ao alargamento da sua autoridade à esfera da administração, criando-se desta forma uma situação paradoxal no grupo de enfermagem: os enfermeiros queixam-se das dificuldades em conciliar as tarefas administrativas e a prestação de cuidados, mas, em simultâneo, os enfermeiros que alcançam sucesso administrativo são promovidos e deste modo afastados do contacto directo com os doentes.

Retomando o modelo de Strauss *et al.* (1985), podemos concluir que a enfermeira-chefe constitui o ponto crucial de articulação entre os dois sistemas de poder representados pelos médicos e pelos administradores hospitalares, sendo que esta posição representa o exemplo clássico do conflito de papéis institucionalizado. Os médicos pedem-lhe que actue como enfermeira; os administradores pedem-lhe que actue como administradora. Por outras palavras, sendo a enfermeira-chefe responsável pela coordenação, em simultâneo, dos serviços administrativos e dos profissionais da enfermagem, a sua posição é difícil. Em termos de interacção com cada um destes dois grupos, a enfermeira-chefe utiliza duas formas diferentes. De acordo com Susser e Watson (1985), os enfermeiros na sua relação com os médicos expressam normalmente uma relação face a face cujo conteúdo está carregado de significado profissional; com a administração hospitalar os contactos são muitas vezes indirectos, através de papéis, memorandos, circulares, cujo conteúdo é, de um modo geral, relacionado com questões administrativas do serviço, tais como pedidos de material e gestão de pessoal. Estes contactos administrativos assumem um aspecto burocrático com regras e regulamentos e não lidam directamente com os doentes. Se a enfermeira em causa está fortemente motivada para a sua vertente profissional relacionada com a enfermagem utiliza, de uma forma geral, os médicos para intercederem perante a administração, embora este tipo de atitudes possa vir a comprometer no futuro qualquer ambição de progressão na carreira.

Deste modo, e para finalizar, a enfermeira-chefe assume um papel extremamente importante em termos das relações entre três hierarquias: a hierarquia médica, a hierarquia de enfermagem e a hierarquia administrativa. Presa entre estes vários poderes, consciente da necessidade de manter relações de equilíbrio entre a autoridade médica e administrativa, a enfermeira-chefe assume ainda uma atitude de contra-poder enquanto representante dos enfermeiros frente ao poder médico.

Desta relação triangular resultam muitas vezes sentimentos contraditórios e uma dificuldade imensa de decisão e de gestão de alianças e estratégias, sendo necessário ponderar constantemente perante os diversos contextos acerca da postura que a enfermeira-chefe deverá assumir. Pela sua ligação próxima com todos os vértices do triângulo, a enfermeira-chefe, mais do que o próprio director de serviço, constitui um importante elo de ligação capaz de entender os diferentes olhares e estratégias inerentes a cada um dos poderes-saberes (Carapinheiro, 1993) que, na globalidade, representam a vida hospitalar.

Resta-nos agora aprofundar os diferentes esquemas de organização do trabalho nas várias trajectórias do circuito de transplantação hepática.

3. O circuito de transplantação hepática: o modelo de organização do trabalho

Da consulta ao transplante

Retomando o modelo de Strauss *et. al.* (1985) podemos caracterizar a produção dos cuidados médicos em três fases distintas ou trajectórias, que correspondem a diferentes etapas da actividade de transplantação: as fases de pré-transplante, transplante e pós-transplante. Cada uma destas trajectórias engloba diferentes momentos da divisão e organização do trabalho das várias especialidades médicas e destas com os enfermeiros e outros técnicos. As práticas médicas, o domínio das tecnologias envolvidas, a tomada de decisão clínica, o conhecimento médico, constituem elementos perfeitamente visíveis no modelo dos cuidados médicos ao longo do circuito de transplantação hepática.

O primeiro contacto do doente com o serviço é feito através da consulta de pré-transplante que tem lugar a meio da semana, num dia específico para o efeito. Geralmente, estes doentes tomam conhecimento do Programa de Transplantação Hepática através do seu médico assistente que o encaminha para a consulta no hospital, através de outros médicos que mantêm contactos com os colegas que trabalham neste serviço ou, ainda, por intermédio dos cirurgiões que enviam doentes à consulta de hepatologia.

No entanto, de acordo com os hepatologistas e cirurgiões da unidade, apesar do programa de transplantação hepática existir no hospital, a maior parte dos seus colegas que pertencem a outros serviços não referenciam os seus doentes para a consulta de hepatologia, preferindo recorrer a outros hospitais. Alguns cirurgiões justificam este facto referindo que a unidade não tem sido muito aberta ao hospital, nomeadamente os hepatologistas que vieram todos de outros hospitais para integrarem a equipa médica.

"Os hepatologistas, aliás, porque não são daqui, vieram de outro hospital ... é um grupo perfeitamente à parte. Esses, então, não vestem mesmo a camisola do hospital. (...) Eu até acredito que haja doentes que são referenciados noutros sítios. Tenho dúvida. Nem quero acreditar. Aliás, porque há uma consulta de doenças hepáticas, de hepatologia, em doenças auto-imunes, cá no hospital e não acredito que haja alguma relação com esses hepatologistas." (MC UT 7)

"... também é curioso que os nossos doentes que temos em lista são mais de fora do que de dentro do hospital, o que é confrangedor. Os nossos colegas do hospital não referenciam os doentes, o que é grave." (MC UT 5)

Todos os doentes que chegam ao serviço são distribuídos aleatoriamente pelos quatro hepatologistas que compõem a equipa, a não ser que algum doente seja directamente encaminhado por um colega para um dos elementos. Deste modo, o nome dos doentes é registado nas respectivas agendas individuais, nos dias reservados para a consulta de pré-transplante.

Médicos, pessoal administrativo e as duas enfermeiras que dão apoio às consultas têm acesso a estas agendas de modo a poderem gerir e organizar o dia de trabalho, quer preparando os processos, quer organizando as consultas.

Neste contexto, podemos observar claramente o modelo de divisão de trabalho entre médicos e enfermeiros e o cruzamento das diferentes formas de organização do trabalho. Todos os dias de manhã, antes da chegada do hepatologista, as duas enfermeiras fazem a "consulta de enfermagem" que consiste no registo e avaliação de diversos parâmetros vitais de cada doente. Sobretudo na primeira consulta, estas enfermeiras parecem desempenhar funções que indiciam a presença de situações onde a participação dos enfermeiros, na elaboração e avaliação do diagnóstico, ultrapassa os padrões habituais das relações entre médicos e enfermeiros.

> "... na nossa consulta de enfermagem (...) fazemos uma avaliação de todo o seu estado global, mas sobre o ponto de vista de enfermagem. Portanto, se o doente traz uma carta já de outro médico e que vem aberta, nós consultamos, só para ter já o diagnóstico médico e depois fazemos também o nosso diagnóstico de enfermagem." (E UT 40)

Em todo este processo, que antecede o primeiro contacto entre o doente e o médico, a enfermeira procede à avaliação da envolvente social de cada doente, estabelecendo, se necessário, a ligação com a assistente social, nomeadamente caso constate situações relacionadas com carências financeiras ou de apoio familiar. A respeito da actuação dos enfermeiros no que se refere à capacidade de decisão para referenciar qualquer doente à assistente social, Coser (1958) indica que esta situação permite aos enfermeiros estabelecer um controlo considerável sobre os doentes. A partir desta possibilidade de participação nas tarefas médicas, de proceder à triagem de doentes que necessitem de acompanhamento ao nível da assistente social, os enfermeiros do serviço ganham controlo.

A primeira imagem do serviço é fornecida ao doente através das enfermeiras da consulta. Estas procuram, acima de tudo, apresentar o programa de transplantação e o funcionamento do serviço, entregando ao doente um pequeno livro onde são explicados os procedimentos do transplante hepático e acompanhando-os numa primeira visita à enfermaria.

Também nas consultas de rotina, estas enfermeiras desempenham funções numa relação muito estreita com os médicos, verificando-se uma complementaridade na prestação dos cuidados entre estes dois grupos profissionais. Tal acontece sobretudo nas consultas de doentes de pós-operatório recente, onde é importante avaliar o estado da ferida operatória e da necessidade de intervenção do cirurgião. Assim, embora exista uma nítida separação profissional de funções, a divisão de trabalho entre médicos e enfermeiros não é rígida, existindo zonas de alguma permeabilidade.

Nas consultas de hepatologia, os médicos registam todos os dados referentes à história clínica do doente, revêm minuciosamente os exames e relatórios médicos já efectuados que o doente transporta consigo, e procedem à observação clínica. Quando chegam ao serviço, os casos clínicos já vêm estudados e as diversas patologias identificadas. No entanto, quando necessário, o hepatologista requer mais exames para comprovar e esclarecer o seu diagnóstico, todos eles a efectuar no hospital. A partir desta fase, o doente será informado pelo hepatologista acerca da decisão de poder vir a integrar o Programa de Transplantação Hepática.

A decisão acerca da entrada de um doente no Programa de Transplantação Hepática dá imediatamente origem a um processo individual. Deste processo, ao qual é atribuído um número e o nome do doente, constam todas as notas médicas, exames, consultas, observações, intervenções cirúrgicas, medicação e terapêuticas, tudo constantemente actualizado em todas as consultas periódicas. Desde que entra no programa, o doente passa a ser seguido no serviço através do seu médico hepatologista, mesmo no que diz respeito a patologias que não tenham a ver directamente com o transplante.

Os casos que oferecem maiores dúvidas e divergências entre os vários médicos envolvidos no processo são discutidos nas reuniões semanais onde estão presentes os hepatologistas, os cirurgiões e o director do serviço. Trata-se de um momento importantíssimo em termos de tomada de decisão que reflecte as diversas perspectivas sobre a doença, opções tecnológicas e modelos de organização do trabalho; traduz ainda a capacidade de mobilização por parte do director do serviço, no sentido de dinamizar e coordenar estes diferentes olhares sobre a doença, fazendo-os convergir para uma solução aceite por todos os elementos da equipa médico-cirúrgica; por último, espelha a hierarquia técnica dos diferentes elementos das diversas especialidades envolvidas, que nem sempre corresponde a uma hierarquia formal e à qualificação das categorias médicas.

No caso particular da equipa dos hepatologistas, o facto de todos os elementos se encontrarem no mesmo estádio da carreira – assistente hospitalar graduado – permite-nos falar duma quase ausência de hierarquia entre eles. Apenas um dos elementos da equipa de hepatologia, que ocupa o lugar de chefe de serviço noutro hospital, assume funções de consultor e de coordenador da equipa de hepatologistas, resumindo-se a sua presença no serviço, muito pontual, a uma manhã por semana que reserva exclusivamente para a consulta.

A divisão do trabalho entre os hepatologistas assume traços muito individualistas. Cada hepatologista segue os seus doentes desde o início até ao fim do circuito de transplantação, à excepção de um momento muito particular que tem a ver com as escalas de urgência de modo a assegurar a presença de um hepatologista 24 horas por dia. Deste modo, e apenas se estiver de chamada, o hepatologista de serviço intervém no percurso de outros doentes que não os seus.

Ao longo do trabalho de campo foi possível observar este sentimento de posse que caracteriza a relação médico-doente, ouvindo-se muitas vezes da parte dos hepatologistas expressões como "este doente não é meu". Também em algumas circunstâncias diferentes hepatologistas demonstraram de forma exuberante o seu desagrado pelo facto de um colega intervir num doente seu durante a sua ausência. Assim, o carácter individual que marca a natureza da organização do trabalho dos hepatologistas levanta dificuldades diversas: por um lado, na coordenação da própria equipa de hepatologistas; por outro, na coordenação com as outras especialidades. Às diferentes posturas e personalidades que caracterizam os vários elementos podemos acrescentar, ainda, as rivalidades e as más relações pessoais que invalidam qualquer tentativa de trabalho de equipa.

No entanto, existem situações onde estes médicos alinham estratégias de grupo. Tal acontece, em especial, nos casos polémicos em que por vezes é necessário o apoio dos pares para fortalecer uma determinada opção terapêutica que pode suscitar algumas dúvidas. Na reunião semanal onde estão presentes o director do serviço, os hepatologistas e os cirurgiões, a equipa de hepatologistas apresenta-se como um grupo unido, perante o grupo dos cirurgiões que por vezes avança soluções diferentes. É sobretudo nestas situações que o coordenador da equipa assume a sua autoridade na hierarquia dos hepatologistas.

A propósito das relações entre pares, Susser e Watson (1985: 253) referem que, no hospital, os médicos estão classificados de acordo com uma hierarquia profissional que é diferente das hierarquias burocráticas de autoridade. Assim, os autores chamam a atenção para o facto de, nas hierarquias burocráticas, as regras e regulamentos definirem a autoridade exacta da cada elemento, sendo que as ordens podem ser dadas, executadas e obedecidas de acordo com um esquema de autoridade legitimada. Pelo contrário, os médicos são classificados numa hierarquia dependente da idade, da experiência, da capacidade e pelo crédito profissional.

Resta acrescentar que as diferentes rotinas e ritmos de trabalho, inerentes a cada uma das especialidades, por vezes criam tensões e atritos, dificultando os pontos de encontro entre a equipa de cirurgiões e hepatologistas. Tratam-se, basicamente, de duas formas de organização de trabalho distintas pela própria natureza de cada especialidade, onde diversos tempos e espaços se sobrepõem a distintos olhares sobre a mesma realidade. A própria especificidade técnica, inerente a cada uma das actividades médicas, agudiza este fosso. Retomando o modelo de Strauss et al. (1985), estamos perante um ponto da trajectória onde a decisão sobre a passagem à fase seguinte, o transplante, implica uma articulação do trabalho de forma a assegurar a presença dos vários actores envolvidos.

Da colheita ao transplante hepático

A fase do transplante, em que incluímos também a colheita do órgão, constitui um dos momentos que melhor possibilitam testemunhar a actividade simultânea de várias especialidades médicas e de outros profissionais da saúde envolvidos na transplantação hepática. Trata-se dum momento privilegiado onde é possível identificar as várias formas de organização de trabalho e o modo como convergem. Toda a organização do acto do transplante transcende o serviço e o próprio hospital, na medida em que implica a coordenação com o Gabinete de Coordenação e Colheita de Órgãos (GCCOT). Este coordena toda a actividade relacionada com a colheita do órgão a transplantar, incluindo a manutenção do cadáver. Assim, a existência de um potencial dador desencadeia uma série de contactos entre este gabinete e o serviço, iniciando-se desta forma todo o processo de preparação para a colheita e o transplante hepático.

A ligação entre o GCCOT e os cirurgiões do serviço é directa e preferencial em relação a todos os outros elementos da unidade, pelo simples facto da equipa de cirurgia fazer igualmente parte do grupo de cirurgiões que procedem a todas as colheitas efectuadas por este gabinete. Deste modo, sempre que exista um dador em qualquer um dos hospitais pertencentes ao gabinete, a equipa de cirurgiões é contactada para proceder à colheita de rins e/ou fígado no hospital hospedeiro do dador. Na grande maioria dos casos, excepto se existir um alerta de urgência a nível nacional ou mesmo internacional, ou se a unidade de transplantação não tiver capacidade naquele momento para proceder ao transplante, todos os órgãos (rins e fígado) colhidos nos hospitais pertencentes ao GCCOT são transplantados em doentes inscritos na lista activa dos programas de transplantação renal e hepática do serviço.

Esta estreita ligação a uma outra organização fora do hospital não implica apenas o confronto com outras formas de organização do trabalho de diferentes especialidades médicas, mas, também, enfrentar uma outra realidade completamente diferente e eventualmente mais dolorosa. Trata-se do outro lado do transplante, onde se encara abertamente a morte para que dela renasça a esperança de outra vida, fazendo com que a morte de alguém não seja em vão. Talvez por isso, muitos dos médicos anestesistas que trabalham nas unidades de cuidados intensivos, onde ocorrem situações de morte cerebral que poderão dar origem a potenciais dadores, sejam, na sua maioria, os mesmos que integram a equipa de anestesia presente no transplante. Estes anestesistas parecem procurar, deste modo, uma espécie de compensação por todo o desgaste provocado por uma actividade médica que se confronta sistematicamente com a morte.

Nas unidades de cuidados intensivos, perante uma situação de morte cerebral, estes médicos vão mantendo o cadáver através duma vigilância apertada, intervindo constantemente para que o processo de morte, ao avançar, se efectue de forma a garantir que os órgãos a ser colhidos não sofram qualquer espécie de danos, pensando no receptor que vencerá a morte graças à dádiva de alguém que já morreu. É então que a recompensa de assistir à transformação da morte em vida se vislumbra e o médico intensivista se transforma no anestesista que participará, desta forma, no acto de transplante.

O acto de colheita, que como já foi referido ocorre no bloco operatório da unidade de cuidados intensivos do hospital onde se encontra o dador, implica a coordenação de vários elementos das diferentes equipas médicas e de enfermagem, sendo que todo este processo é liderado pelo GCCOT. Também aqui, o confronto entre as diferentes formas de organização de trabalho, agudizadas pelo facto dos cirurgiões que procedem à colheita pertencerem a outro hospital, cria fricções pontuais. As dificuldades de conjugação prendem-se, sobretudo, mais uma vez, com as diferentes posturas perante a passagem do tempo que impõe o ritmo de trabalho dos médicos das unidades de cuidados intensivos e da equipa de cirurgiões. Assim, para quem está com o cadáver impõe-se reduzir ao máximo o tempo de espera entre o decretar da morte cerebral e a colheita de órgãos, estando estes médicos dispostos a conviver com a morte apenas as horas que forem necessárias para beneficiar doentes.

"... Quando está confirmada a morte ... a colheita deve ser feita de imediato. As unidades de transplante têm de estar preparadas para dar resposta a qualquer hora e avançarem com o receptor para o bloco, a qualquer hora. Nós só esperamos e só atrasamos a colheita se, por exemplo, estamos à espera de doentes, não à espera de equipas ... Não espero por equipas de cirurgiões que gostam de começar às oito da manhã em vez de começarem às cinco... Não se espera porque as vagas são para os vivos, não são para os mortos. (...) Acho que deve ser assim porque tem de haver respeito por quem está a tratar de tudo, porque quem tem a sobrecarga de tratar dos mortos, de dizer às famílias que vai ser feita colheita ... Isto é um daqueles pontos que eu lhe disse que às vezes há um certo atrito e que nós às vezes nos sentimos um bocadinho mal, pronto: «Ah! Porque é que não ficam com o dador mais duas horas para a gente em vez de começar às seis começar às oito...». Porque essas duas horas são duas horas que custam muito e que são desnecessárias e que eles têm de perceber que dormem ali menos duas horas, mas nós ficamos duas horas mais cedo aliviados de um problema que já é nosso há muito tempo".
(MDG GCCOT 24)

A recepção do órgão e a cirurgia de transplante implicam necessariamente uma reorganização do trabalho no serviço, envolvendo todos os elementos das equipas médicas e de enfermagem. Tratam-se de momentos cruciais onde é possível observar o confronto entre diferentes ritmos e formas de organização de trabalho entre hepatologistas, anestesistas, cirurgiões e, sobretudo, entre todos eles e os enfermeiros. A par da rotina habitual, que foge ao padrão das rotinas que caracterizam os cuidados de enfermagem em qualquer serviço, e das características específicas dos doentes internados, a realização de transplantes renais e hepáticos tem consequências por vezes imprevisíveis no funcionamento do serviço. A qualquer momento, as equipas mobilizam-se e reformulam as suas rotinas de forma a poderem responder às exigências do serviço, deslocando-se da enfermaria para o bloco e vice-versa. Constantemente, assistimos a situações de improviso acompanhadas duma azáfama sufocante, entre ordens e contra ordens e alterações permanentes na programação do trabalho dos enfermeiros.

Este aspecto constitui um dos mais importantes pontos de conflito entre médicos e enfermeiros. Perante uma rotina inerente à organização do trabalho dos enfermeiros, a eventualidade de um transplante implica necessariamente um confronto com formas de organização mais flexíveis que caracterizam o trabalho dos médicos, em particular dos cirurgiões que dividem o seu tempo entre o serviço de cirurgia e a unidade de transplantação, incluindo a colheita de órgãos em vários hospitais da região de Lisboa.

Neste sentido, a gestão dos tempos, por parte do cirurgião, é por vezes efectuada no momento, sendo quase impossível prever como irão decorrer as horas seguintes. Nestas fases de maior instabilidade na programação do serviço, os enfermeiros insurgem-se contra quem põe em causa o seu trabalho de coordenação das diferentes equipas e da organização dos aspectos logísticos, como sejam a marcação do bloco operatório e o contacto com os serviços do hospital que apoiam directamente a cirurgia de transplante.

De acordo com Strauss *et al.* (1985), trata-se de um momento, ou ponto da trajectória, em que ocorre a necessidade de desempenhar um conjunto de tarefas diferentes, onde é possível reconhecer uma ordem sequencial e uma base organizacional. No entanto, não cabe aos médicos a preocupação com os detalhes organizacionais e operacionais, como a supervisão e articulação desse conjunto de procedimentos, mas sim, neste caso concreto, aos enfermeiros.

A presença do hepatologista de serviço neste momento é fundamental, não só na escolha do receptor, de acordo com as informações provenientes do GCCOT acerca das características do dador, muitas vezes fornecidas através dos cirurgiões, mas também na passagem da responsabilidade do doente para a equipa de anestesia. Assim, momentos antes da entrada do doente no bloco, o hepatologista passa o processo do doente ao anestesista, estabelecendo-se um pequeno diálogo acerca do seu estado geral e patologia. Também aqui, as diferentes posturas dos elementos da equipa de hepatologia se fazem notar, sendo que muitos dispensam o contacto directo com o anestesista. Esta passagem do doente entre duas especialidades médicas, gastroenterologistas e anestesistas, e não entre uma especialidade médica e uma especialidade cirúrgica, é extremamente relevante acerca das fronteiras rígidas entre saberes e competências da medicina. No caso concreto, o anestesista assume o papel de único médico no bloco, distinguindo-se de forma clara e inequívoca do papel do cirurgião.

A equipa de anestesia tem o primeiro contacto com o doente momentos antes da entrada para o bloco, salvo raras excepções em que o coordenador da equipa de anestesia é chamado a intervir para se pronunciar acerca da condição física de alguns doentes mais problemáticos, no momento da tomada de decisão da entrada do doente no programa de transplantação hepática.

Apenas um dos elementos da equipa de anestesia, que assume funções de coordenação, pertence ao serviço. Todos os outros elementos que integram o grupo de anestesistas pertencem a outros hospitais e são contactados pelo anestesista coordenador para constituírem a equipa de anestesia em cada transplante. Esta equipa é composta por dois anestesistas, um sénior e um auxiliar, apenas no momento em que o GCCOT informa o serviço da existência de um eventual dador. É de referir que a indisponibilidade demonstrada por parte dos médicos anestesistas do hospital para a actividade de transplante, desde a abertura da Unidade de Transplantação, criou a necessidade de constituir uma equipa de anestesistas provenientes de outros hospitais que foram aperfeiçoando o domínio das técnicas de anestesia e reanimação na área específica dos transplantes, quer a partir da experiência, quer de estágios em hospitais e centros de transplantação no estrangeiro (sobretudo os anestesistas seniores).

Da lista de cerca de dezena e meia de anestesistas disponíveis para estarem presentes no transplante hepático, o coordenador vai contactando de forma aleatória os nomes de uns e outros, procurando que haja uma certa rotatividade de forma a que todos os elementos da equipa tenham oportunidade de praticar as técnicas de anestesia e reanimação tão sofisticadas, impostas pela cirurgia do transplante hepático.

No transplante hepático, à semelhança do que acontece com a área da cirurgia, deparamos com uma área de hiper-especialização no que diz respeito à anestesia e reanimação. Como consequência, este grupo de anestesistas, cuja actividade principal não está ligada ao serviço, é bastante reduzido no número de elementos que o compõe. No entanto, a dificuldade em mobilizar anestesistas disponíveis é acrescida pelo facto de todos os anestesistas terem de se deslocar de outro hospital para o serviço, ao contrário dos cirurgiões que acumulam com outro serviço dentro do mesmo hospital.

O coordenador da equipa de anestesia, que acumula com a coordenação da equipa de intensivistas que prestam apoio no pós--operatório imediato do transplante hepático, constitui uma peça fundamental no funcionamento do serviço. À semelhança do director de serviço e do hepatologista coordenador, este anestesista é reconhecido pela sua competência e experiência, bem como por todo o trabalho de investigação que tem vindo a desenvolver na área da anestesia e intensivismo no transplante hepático.

A sua total disponibilidade e dedicação fazem deste elemento o ponto de ligação não apenas entre os anestesistas, mas também, e sobretudo, entre as várias especialidades médicas. As suas opiniões acerca da condição do doente, em momentos decisivos de tomada de decisão, são escutadas e respeitadas por todos os elementos das equipas médico-cirúrgicas. Os próprios enfermeiros confirmam junto deste médico algumas directrizes que lhes parecem menos claras ou mesmo duvidosas. O próprio director do serviço tem consciência da importância deste elemento, de tal forma que se justifica a sua presença exclusiva neste serviço bem como na quase totalidade dos transplantes hepáticos.

No bloco operatório, a divisão do trabalho entre os dois anestesistas caracteriza-se por uma relação de hierarquia onde o anestesista sénior assume o comando, organizando, delineando as directrizes em relação ao trabalho do anestesista auxiliar e dos enfermeiros que dão apoio exclusivo à anestesia, e tomando a decisão nos vários momentos da cirurgia. A divisão do trabalho entre anestesistas e cirurgiões é clara e evidente. Trata-se de um verdadeiro trabalho entre equipas que se distinguem pelo espaço que ocupam dentro da sala de cirurgia, pelo tipo de técnicas que executam, bem como pelas atitudes que assumem perante uma mesma realidade. As fronteiras entre estas duas especialidades estão perfeitamente delineadas e são inultrapassáveis, não se verificando qualquer situação de dominação de parte a parte. Deste modo, as duas equipas conjugam estratégias e opções, reajustando ao longo da intervenção a estratégia global, através dum diálogo permanente, embora por vezes tenso em alturas em que a fronteira entre a vida e a morte se dilui.

A propósito da organização do trabalho no bloco operatório e da divisão do trabalho entre anestesistas e cirurgiões, N. Fox (1992: 100-101) refere que a responsabilidade sobre o doente e a gestão conjunta do caso está institucionalizada, ao contrário de outras situações onde a responsabilidade sobre o doente não é partilhada (embora, algumas vezes, em condições em que estão envolvidas várias especialidades isso aconteça). O autor refere ainda as interrupções da rotina cirúrgica, onde os cirurgiões são apontados como os principais responsáveis pelas quebras de rotinas e de horários e pela imposição de ritmos diferentes de trabalho. De acordo com o autor, os cirurgiões justificam as interrupções das rotinas com as situações de incerteza inerentes à sua actividade, legitimando deste modo este tipo de situações.

Ao contrário dos hepatologistas, a equipa de cirurgia assenta numa hierarquia formal muito bem definida que corresponde a uma hierarquia técnica ou de competências que caracteriza a natureza do trabalho do cirurgião. Dos cerca de nove cirurgiões que integram a equipa de transplante destaca-se o próprio director do serviço no topo da hierarquia, seguido de quatro cirurgiões seniores, todos eles apresentando uma enorme competência técnica na especialidade e, em particular, no transplante hepático. São cirurgiões que se distinguem dos restantes elementos da equipa sobretudo pelos anos de experiência nesta área cirúrgica específica. Nestes anos adquiriram não apenas conhecimentos mas, principalmente, prática cirúrgica. Deste modo, estes cirurgiões estão aptos, se necessário, para cobrir de forma autónoma qualquer uma das fases da cirurgia de transplante, ao contrário dos cirurgiões mais novos que ainda terão de percorrer alguns anos na actividade cirúrgica de transplante. Desta capacidade técnica que é sinónimo de prática cirúrgica, decorre directamente uma capacidade de tomada de decisão, que é absolutamente respeitada pelos cirurgiões mais novos.

Os cirurgiões seniores assumem um enorme protagonismo no que respeita às decisões e orientações, bem como à organização do trabalho da equipa de cirurgia, disputando entre si a liderança de todo o processo. O facto do número de cirurgiões ser reduzido implica uma permanência de todos os elementos da equipa em todos os transplantes hepáticos, por forma a assegurar a permanência de pelo menos um cirurgião sénior e um cirurgião auxiliar no bloco, ao longo das cerca de dez horas de cirurgia.

Devido ao elevado número de horas que implica o transplante de fígado, os cirurgiões distribuem o trabalho de acordo com as diversas fases da cirurgia e com a disponibilidade dos seus elementos. Deste modo, definem-se, na hora, as pequenas equipas de cirurgiões, constituídas por um cirurgião sénior e um cirurgião auxiliar, que estarão presentes em cada uma das fases de trabalho do transplante que engloba igualmente a colheita do órgão. A relação de hierarquia entre cirurgiões seniores e auxiliares é nítida no funcionamento destas equipas e caracteriza-se por uma relação de submissão e de alguma deferência dos mais novos para com os mais experientes, perfeitamente assumida de parte a parte. Na hierarquia dos cirurgiões, uma espécie de gratidão marca os laços profissionais entre os vários elementos, dos cirurgiões auxiliares para com os seniores e de todos para com o director da unidade.

Pringle (1998) chama a atenção para a existência de poucas mulheres na especialidade de cirurgia, referindo aspectos relacionados com o seu quadro social como justificação para a dificuldade que sentem em tornar seus os hábitos dos cirurgiões. Tratando-se, de acordo com a autora, de um campo cujas tradições e valores são firmemente masculinos, as mulheres não se sentem bem vindas numa área em que a maioria é incapaz de sobreviver. No caso da unidade, apenas uma mulher integra a equipa de cirurgiões. No entanto, este facto não parece que tenha a ver com qualquer atitude de entrave à entrada de mulheres na equipa, por parte dos cirurgiões homens, mas antes parece dever-se a aspectos inerentes às opções pessoais de homens ou mulheres, perante uma área de especialização que implica total disponibilidade e a quase renúncia a uma vida privada.

É de referir ainda que a divisão do trabalho entre cirurgiões, na fase da cirurgia, não se define apenas por questões relacionadas com a organização do tempo de cada um dos elementos da equipa. Apesar de todos os cirurgiões seniores serem polivalentes em termos de funções (não se manifestando discrepâncias em termos de diferenciação técnica entre eles, nem que seja pelo simples facto de serem poucos), verifica-se uma tendência crescente para uma especialização dentro do acto cirúrgico, de acordo com as preferências pessoais de cada um dos elementos. Deste modo, sempre que possível, a divisão do trabalho no bloco entre cirurgiões toma igualmente em consideração este aspecto.

De facto, o trabalho em equipa constitui a forma predominante da actividade cirúrgica, em contraste com as formas de organização do trabalho inerentes à actividade dos hepatologistas. Este trabalho em equipa reflecte-se no próprio comportamento dos cirurgiões fora do bloco operatório, deslocando-se em grupos pelos corredores do hospital. O facto de todos pertencerem, em simultâneo, ao Serviço de Cirurgia e à Unidade de Transplantação permite uma maior aproximação e o fortalecimento das relações entre os cirurgiões que dividem o trabalho entre os dois serviços e a urgência geral do hospital, conjugando os vários elementos da equipa. O próprio director do serviço facilita esquemas de organização entre os dois serviços e a mobilidade das equipas, já que ele próprio acumula duas direcções de serviço: Cirurgia e Unidade de Transplantação.

Na transplantação hepática, o acto cirúrgico implica uma reorganização que ultrapassa as fronteiras do próprio serviço. Todo o hospital é contagiado por esta mobilização de recursos necessários ao transplante. Tal como noutras fases ou trajectórias do circuito de transplantação hepática, vários serviços prestam um apoio indispensável a esta cirurgia sofisticada que não prescinde de outras competências para além das inerentes às especialidades médicas directamente envolvidas. É o caso do serviço de sangue e do laboratório de análises clínicas que mantêm uma comunicação constante com os médicos anestesistas que se encontram no bloco, por forma a que os vários valores vitais sejam repostos. Tal como estes dois serviços, a anatomia patológica está disponível 24 horas para proceder à análise do órgão doado, sobretudo quando persistem dúvidas acerca do seu estado, antes de se proceder ao transplante.

Dos cuidados intensivos à enfermaria

Alcançado um novo ponto da trajectória do circuito de transplantação hepática, após a cirurgia de transplante, o doente é transportado para um dos dois quartos de cuidados intensivos da enfermaria do serviço. Caso estes estejam ocupados, existe um quarto isolado na Unidade de Cuidados Intensivos, situada num dos pavilhões do hospital, que até à abertura da nova enfermaria funcionou como o único espaço disponível para receber e prestar cuidados intensivos ao transplante hepático.

Sempre acompanhado pela equipa de anestesistas e por um enfermeiro, o doente ainda monitorizado é entregue ao médico intensivista que o aguarda. Já no quarto, enquanto o enfermeiro procede à ligação do doente ao ventilador e monitores, o anestesista reúne com o intensivista explicando todas os procedimentos efectuados no bloco, o estado geral do doente e as terapêuticas administradas, ao mesmo tempo que vai folheando o processo do doente, reforçando as informações com a exibição de mapas e quadros onde estão registados todos os valores analíticos referentes à cirurgia.

A partir deste momento o doente fica sob a responsabilidade do intensivista, permanecendo nos cuidados intensivos cerca de 48 horas, dependendo da evolução do pós-operatório, até ao momento em que o doente não necessite de ventilação e monitorização. Os médicos que trabalham em cuidados intensivos, os intensivistas, são, de um modo geral, médicos com especialidade numa de três áreas: anestesia e reanimação, cardiologia ou medicina interna, com prática médica de pelo menos um ano em unidades polivalentes de cuidados intensivos, ficando assim com a sub-especialidade de intensivismo.

No caso dos intensivistas que dão apoio ao pós-operatório imediato do transplante hepático é importante distinguir os que pertencem à Unidade de Cuidados Intensivos dos que dão apoio aos dois quartos de cuidados intensivos, localizados no serviço, e que pertencem à Unidade de Intervenção Vascular. Estes dois grupos de intensivistas distinguem-se não apenas pelos serviços a que pertencem, mas, sobretudo, pelas especialidades de que são provenientes, medicina interna e cardiologia, respectivamente.

A estes diferentes saberes e competências, importa acrescentar a experiência de intensivismo em transplantados hepáticos e que distingue claramente cada um dos grupos, i.e., entre os intensivistas da Unidade de Cuidados Intensivos e os seus colegas da UIV, existem dez anos de prática médica no acompanhamento de doentes transplantados hepáticos. Desta diferença decorrem formas distintas de organização do trabalho e mesmo de abordagem na prestação dos cuidados intensivos, sobretudo ao nível das relações com as outras especialidades médicas. No entanto, em ambas as situações, a prestação contínua de cuidados especializados caracteriza-se por uma vigilância permanente dos sinais vitais através de equipamentos sofisticados de monitorização.

A combinação de cuidados médicos e de enfermagem, embora não assuma os contornos de um trabalho de equipa, caracteriza-se por um trabalho conjunto onde a distinção de tarefas é nítida. O trabalho de enfermagem à cabeceira do doente é permanente, de tal forma que se justifica a presença de um enfermeiro na prestação deste tipo de cuidados exclusivamente para o transplante hepático. Os médicos vão circulando em torno do doente, olhando atentamente os valores debitados pelos aparelhos que o circundam e rectificando as terapêuticas de acordo com as necessidades específicas do momento. Aqui, o trabalho do enfermeiro é ainda mais especializado e adquirido através da experiência, existindo por vezes a sensação de alguma autonomia, fugindo de certa forma ao controlo e supervisão dos médicos. No entanto, e apesar da existência de alguns pontos onde as tarefas médicas e de enfermagem se associam, a decisão e a supervisão da prestação dos cuidados está sob a alçada do médico intensivista.

Nas zonas de fronteira entre os intensivistas e as outras especialidades médicas, o contraste entre posturas e prioridades assumida pelos diferentes actores faz-se notar, sobretudo na relação com os hepatologistas. Na fase do pós-operatório imediato qualquer decisão acerca do doente é da inteira responsabilidade do intensivista, excepto na prescrição da terapêutica imunossupressora que é da exclusiva responsabilidade dos hepatologistas. Enquanto o doente se encontra nos cuidados intensivos o hepatologista não interfere, limitando-se apenas a prescrever a medicação específica e a trocar impressões com o intensivista ou mesmo com o enfermeiro, acerca da evolução do estado do doente. Por vezes, alguns hepatologistas aproximam-se da cabeceira do doente, mas quase sempre sem tocá-lo; outros nem sequer ultrapassam a porta do quarto, apenas espreitando de fora, como se de um território interdito se tratasse e como se as técnicas praticadas naquele espaço não lhes dissessem respeito.

A relação entre estas duas especialidades, apesar do contacto ser pontual, é polémica, particularmente na passagem do doente para a enfermaria que corresponde igualmente a uma passagem da responsabilidade sobre o doente, do intensivista para o hepatologista. A partir do momento em que o intensivista decide que o doente não necessita mais de cuidados intensivos, entra em contacto com o hepatologista de serviço para que a passagem do doente seja efectuada. Aqui, as divergências no que diz respeito ao momento dessa passagem dão origem a situações de conflito entre intensivistas e hepatologistas. Também nos casos mais polémicos em que a doença se agudiza, dando origem a um prolongamento da estadia dos doentes nos cuidados intensivos, surgem atritos acerca das terapêuticas e procedimentos médicos entre estas duas especialidades que raramente organizam o seu trabalho por forma a criarem zonas de associação entre elas. Por serem duas especialidades médicas, o confronto e a competitividade pelo exercício de poder sobre o doente é evidente. No entanto, nesta fase, o intensivista reserva-se o direito de decisão e de controlo da situação, sob o olhar crítico e atento do hepatologista.

A interferência dos cirurgiões nesta fase limita-se aos aspectos relacionados com a ferida operatória e com o enxerto. Deste modo, sempre que exista suspeita de rejeição ou de complicações ao nível das ligações das artérias, o intensivista entra em contacto com o cirurgião que decidirá, nunca antes de reunir com as outras especialidades, da necessidade de intervir cirurgicamente, seja para proceder a correcções ou a um novo transplante. Nestas situações, e de acordo com o modelo de Strauss et al. (1985), estamos perante circunstâncias que podem envolver alterações em relação aos esquemas estipulados, sendo que a trajectória prevista sai temporariamente fora do controlo, implicando que a sequência do trabalho apenas será conhecida após o caso estar terminado. Assim, ao longo da trajectória vão sendo decididos determinados procedimentos, que, neste caso concreto, podem implicar um novo transplante.

Da enfermaria à consulta de rotina

Na enfermaria, ultrapassada a fase dos cuidados intensivos, o doente prepara-se para um longo trajecto que o levará de volta a casa e que durará, em média, quatro semanas. Durante este tempo, a enfermaria do serviço será a sua casa e os enfermeiros, os médicos e os outros doentes, a sua família. Todos os doentes com quem tivemos oportunidade de falar estabelecem com o serviço uma relação estreita, não apenas nos termos clássicos de médico-doente ou enfermeiro-doente, mas, sobretudo em termos afectivos. O longo período de tempo que passam na enfermaria encerra em si momentos de dor física e psicológica onde tudo à volta parece ruir e o espectro da morte espreita em muitos momentos. Os enfermeiros e os médicos do serviço são os únicos pontos de apoio que ajudam a vencer, a pouco e pouco, as enormes dificuldades e obstáculos que vão surgindo. Por tudo isto, os doentes guardam um sentimento de gratidão e profunda amizade para com o pessoal do serviço, sentimentos que são correspondidos pelos médicos, enfermeiros e administrativos que identificam individualmente cada doente, como se de único se tratasse.

A enfermaria constitui um local particularmente rico em rotinas diárias e o ritmo diário do serviço está ligado à organização temporal das actividades dos médicos e dos enfermeiros. Tal como refere Zerubavel (1979), no serviço em questão encontramos actividades que estão fixadas no tempo sob várias formas. Assim, temos a forma rotineira, no sentido em que existem determinadas actividades que ocorrem todos os dias à mesma hora, outras que ocorrem todos os dias embora não à mesma hora e ainda algumas actividades que ocorrem à mesma hora mas não todos os dias. São actividades de rotina diária mas ao mesmo tempo flutuantes, ou seja, temporalmente localizadas no ciclo diário de forma a que possam ter lugar em qualquer parte do dia que não esteja ocupada com actividades prioritárias. No fundo, o ritmo de trabalho dos enfermeiros impõe-se sobre os outros. Também as altas dos doentes internados na enfermaria são forçadas a encaixar no ciclo diário do serviço, sendo estruturadas temporalmente, em geral, durante a permanência do hepatologista na enfermaria, todas as manhãs, depois das consultas.

Nesta fase, a divisão do trabalho entre as especialidades é clara. Depois das consultas, os hepatologistas deslocam-se à enfermaria para acompanhar os pós-operatórios que, a partir do momento que saem dos cuidados intensivos, passam novamente a estar sob a sua responsabilidade. Aqui, os hepatologistas retomam a mesma metodologia de divisão do trabalho entre os elementos da equipa. Cada hepatologista, diariamente, desloca-se à enfermaria para acompanhar exclusivamente os seus doentes, desfolhando os processos individuais, analisando atentamente os valores registados nas folhas de enfermagem, pedindo novos exames complementares e prescrevendo as terapêuticas[2]. Por vezes,

---

[2] Os diários do doente constituem um elemento extremamente importante para garantir a cobertura contínua dos cuidados. Todos os dias, enfermeiros e médicos actualizam os processos dos doentes de modo a minimizar os efeitos das interrupções. Estas notas ajudam a transição para os sucessores, no caso dos enfermeiros, que têm de assumir a responsabilidade pelos doentes. De acordo

mas nem sempre, o hepatologista desloca-se aos quartos para observar os doentes e dirigir-lhes algumas palavras de conforto. Quando necessário, os hepatologistas trocam algumas impressões entre si acerca dos doentes, alargando o diálogo aos nefrologistas ou aos cirurgiões sempre que se justifica a opinião do foro exclusivo destas especialidades.

No entanto, é apenas quando o doente recebe alta do hepatologista que este último recupera em pleno a posse do doente. A partir desse momento, o transplantado hepático passa a ser seguido, periodicamente e durante toda a sua vida, pelo seu médico hepatologista através da consulta. Tudo o que diz respeito à vida do doente passa agora pela decisão do hepatologista. Trata-se de uma ligação para o resto da vida, ficando o doente referenciado na Unidade de Transplantação dependente de todos aqueles que lhe proporcionaram uma vida nova.

A passagem dos cirurgiões pela enfermaria é espontânea e imprevisível. Ao contrário dos hepatologistas, todos os elementos da equipa de cirurgiões prestam cuidados a todos os doentes, não havendo uma divisão dos doentes. Tal como no bloco, na enfermaria existe um verdadeiro trabalho de equipa na prestação dos cuidados pós-operatórios. Todos os cirurgiões acompanham todos os doentes e conhecem as trajectórias individuais da evolução do transplante. Diariamente, às mais variadas horas, um ou outro cirurgião vai passando na enfermaria para retirar drenos, prescrever exames de rotina relacionados com a parte cirúrgica, ou simplesmente observar o estado da ferida operatória.

Apesar de existir formalmente uma escala mensal onde estão destacados dois cirurgiões para procederem ao acompanhamento dos doentes internados, os restantes elementos da equipa vão igualmente passando pela enfermaria. Os cirurgiões, ao contrário dos hepatologistas, raramente tomam notas ou registam

---

com Zerubavel (1979), o aspecto funcional destes diários médicos e de enfermagem são a garantia de uma cobertura contínua dos cuidados de saúde nos serviços hospitalares.

qualquer ocorrência nos processos individuais de cada doente. Deste modo, a passagem de informações sobre os doentes e a comunicação entre cirurgiões resulta numa troca informal e directa entre os vários elementos, de tal forma que, a qualquer momento, qualquer elemento da equipa tem capacidade para intervir em qualquer doente.

Na equipa de cirurgia todos os membros são colectivamente responsáveis pelo doente. A equipa é de facto coesa. As fronteiras deste grupo de cirurgiões constituem-se também como uma espécie de fronteiras morais, desenvolvendo-se nesta equipa uma ética própria que a distingue das outras equipas do serviço e também das outras equipas do serviço de cirurgia, ao qual, como já referimos, todos os cirurgiões da unidade também pertencem. Assim, nesta equipa, tal como na equipa de hepatologistas quando se assumem enquanto tal, há uma representação colectiva de "espírito de corpo", sendo que determinados padrões de comportamento e ritmos de trabalho fazem igualmente parte do código moral do grupo.

Os membros da equipa dos cirurgiões não estão ligados entre si apenas por aspectos mecânicos mas também orgânicos (Zerubavel, 1979: 74). Apesar de partilharem os mesmos tempos de trabalho, a sua cobertura individual é funcionalmente diferenciada. Uma interdependência orgânica está implícita no facto das diferenças entre estes dois padrões de cobertura (mecânicos e orgânicos) serem complementares em relação uns aos outros, ou seja, os cirurgiões da unidade participam igualmente num outro serviço, o que implica uma sofisticada divisão temporal do trabalho, ligando os membros de forma mecânica e orgânica. Assim, os aspectos mecânicos contribuem para que os membros deste grupo transitem em simultâneo, no mesmo turno, entre serviços, sendo que os vários grupos da equipa de cirurgiões da unidade correspondem às equipas que estão de banco no hospital.

Explorando o fenómeno dos ciclos sociais, analisando a estrutura temporal das carreiras profissionais, sistemas de cobertura dos serviços e rotinas médicas e de enfermagem, Zerubavel (1979) demonstra como esses ciclos forçam os acontecimentos a coincidirem com padrões temporais regulares, introduzindo uma estrutura rítmica na vida dos serviços hospitalares. Existem, no entanto, vários problemas nesta multiplicidade de ciclos que ocorrem em simultâneo numa mesma instituição. Muitos deles ocorrem independentemente dos outros e, como não existe nenhuma tendência para coordená-los, os conflitos surgem. Esta ausência de coordenação das actividades entre os enfermeiros e os médicos resulta muitas vezes em coincidências temporais entre estes dois grupos.

Zerubavel (1979) chama a atenção para os aspectos relacionados com a cobertura contínua dos cuidados que caracteriza a organização hospitalar e que envolve a necessidade indispensável da disponibilidade ininterrupta dos cuidados médicos e de enfermagem, na medida em que estes têm responsabilidade directa sobre os doentes. Deste modo, todas as alterações em termos de tempo são geridas a um nível interpessoal e envolvem alguma coordenação temporal com outros elementos. Mais ainda, é apenas entre os médicos e os enfermeiros que as escalas de prevenção estão institucionalizadas, proporcionando uma cobertura geral do serviço, um sistema que cumpre com medidas de segurança com o objectivo de enfrentar o desafio iminente do imprevisto.

Manter uma cobertura contínua implica uma coordenação temporal efectiva entre os vários elementos no que respeita à transição da responsabilidade, sendo que a interrupção da continuidade por parte de um médico ou de um enfermeiro só é possível porque um outro elemento, socialmente definido como seu equivalente funcional, pode tomar o seu lugar e assumir as suas responsabilidades. De acordo com o autor, no caso dos enfermeiros, a responsabilidade sobre os doentes é habitualmente dividida entre todos os elementos da equipa numa base colectiva, de modo que os doentes raramente estão associados a um enfermeiro em particular, o que no caso da unidade não se verifica, devido à existência de um modelo misto de organização do trabalho, como tivemos oportunidade de referir. Em relação aos médicos, como é o caso dos hepatologistas, os doentes estão sempre associados a um médico em particular que é pessoalmente responsável por ele. No entanto, existem situações onde a responsabilidade médica pelos doentes é também colectiva, sendo o exemplo dos cirurgiões bastante elucidativo.

É de referir que neste serviço não existe uma visita diária à enfermaria, onde médicos e cirurgiões, acompanhados pelos enfermeiros, debatem os casos em frente ao doente, procedendo à observação clínica se necessário. De igual forma, a ausência duma reunião clínica que geralmente antecede este tipo de visitas, onde as várias especialidades consultam os processos dos doentes e discutem a evolução da doença, permite-nos afirmar que este serviço contradiz a metodologia tradicional de organização de trabalho das várias equipas médicas e de enfermagem, subjacente à maioria de outros serviços hospitalares.

Apesar de se tratar de um serviço de ponta onde confluem várias áreas de hiper-especialização médica, este serviço assume formas particulares de organização onde as várias equipas articulam o seu trabalho no limiar das fronteiras que as separam e não numa associação constante e repartida ao longo do circuito de transplantação hepática. Deste modo, a convergência das várias competências técnicas efectua-se em contextos onde é absolutamente necessária uma tomada de decisão conjunta, contornando-se a necessidade permanente de efectuar essa convergência de forma mais sistemática.

A partir da análise dos diversos tipos de trabalho e das suas relações, que constituem no seu conjunto os cuidados de saúde prestados pela unidade, procurámos evidenciar a primazia do trabalho sobre os aspectos relacionados com a divisão do trabalho, de acordo com o modelo de Strauss el al. (1985). Assim, caracterizado o modelo de organização do trabalho ao longo do circuito de transplantação hepática pretendeu-se evidenciar o papel dos diversos actores envolvidos no trabalho concreto e na sua organização, na sequência das trajectórias ou fases do percurso.

Deste modo, a partir da observação das diversas linhas de trabalho, é possível demonstrar a necessidade de uma coordenação permanente, já que os rearranjos não são automáticos, o que exige um enorme esforço de articulação. Verificam-se também, na linha de Strauss et al. (1985), diversas situações que levam à ruptura do trabalho médico, de acordo com as fontes de ruptura apresentadas pelos autores. Assim, para além dos aspectos de incerteza inerentes à própria doença, deparamos com aspectos de natureza organizacional, dos quais destacamos a tecnologia médica e a organização do hospital, considerando que a coordenação do trabalho na Unidade de Transplantação depende também de outros serviços.

Resta-nos concluir referindo que, no caso do serviço estudado, o arco de trabalho nem sempre é globalmente visualizado, na medida em que as situações concretas implicam grande complexidade, quer na definição das trajectórias da doença, quer na dos médicos e enfermeiros, que se estendem pelo espaço e pelo tempo de uma forma pouco previsível. No caso deste serviço, em cada fase vão sendo decididos determinados procedimentos, tais como exames específicos, terapias ou mesmo um novo transplante, o que implica muitas vezes que a sequência de trabalho apenas é conhecida após a conclusão completa do circuito.

Capítulo II
Da tecnologia às tecnocracias médicas

Introdução

No que diz respeito à definição do termo *tecnologia*, e em particular *tecnologia médica*, verificamos a existência de abundante material, na literatura médica, que descreve a evolução histórica deste tipo de tecnologia. A maior parte dos trabalhos diz respeito a inovações muito específicas como, por exemplo, a descrição de vacinas ou o desenvolvimento de técnicas cirúrgicas. De um modo geral, o termo tecnologia não é claramente definido ou, pelo menos, é definido de forma arbitrária.

Griner (1992:123-124) define os componentes das novas tecnologias médicas, classificando-as arbitrariamente em cinco grupos: novos equipamentos de diagnóstico ou de terapia; procedimentos dispendiosos como, por exemplo, a transplantação; produtos farmacêuticos; "tecnologias de suporte", tais como os sistemas das unidades de cuidados intensivos; novas tecnologias "ocultas" – alterações nas práticas médicas em resultado de novos conhecimentos que implicam a existência de tecnologia no hospital, quer ao nível do diagnóstico, quer ao nível do tratamento.

Também Robinson (1994:1) define tecnologias da saúde como um conjunto de drogas, aparelhos, procedimentos cirúrgicos e clínicos, associados à gestão dos problemas de saúde. Avançando com a noção de *altas tecnologias médicas*, o autor chama a atenção para a ilusão provocada pelo termo, na medida em que, geralmente, se associa à imagem de tecnologias de ponta, desenvolvidas nas fronteiras do conhecimento científico e utilizadas nos limites entre a vida e a morte. Unidades de cuidados intensivos e blocos operatórios (aos quais podemos acrescentar as unidades de transplantação) constituem geralmente as imagens imediatas que exibem equipamentos a serem utilizados por profissionais altamente qualificados.

Uttley (1991:30), por outro lado, avança com uma classificação dum conjunto de tecnologias aplicadas nos cuidados de saúde, utilizando a definição de tecnologia enquanto produtora ou substituta de funções biológicas. Esta abordagem geral da noção de tecnologia parece-nos apropriada ao reconhecimento de que, nos cuidados de saúde, algumas tecnologias afectam o funcionamento do consumo directo dos cuidados, enquanto que outras influenciam as capacidades daqueles que providenciam esses serviços aos consumidores. Assim, aquilo que constitui "progresso" e/ou "melhoria" para o corpo individual está intimamente ligado ao corpo social, na medida em que o tratamento da doença pode afectar não apenas o indivíduo mas também a comunidade.

Nesta investigação foram adoptadas as perspectivas que privilegiam, na discussão sobre o papel das tecnologias médicas, o verdadeiro significado da noção de tecnologia, em oposição à maioria dos trabalhos que estão presentes no debate actual acerca do peso das inovações tecnológicas na área da saúde. Estes últimos privilegiam as questões relacionadas com o aumento das despesas no sector da saúde nos países desenvolvidos. Neste sentido, é nossa intenção, neste capítulo, salientar e esclarecer o significado do termo e as formas através das quais as tecnologias médicas contribuem para a construção das fronteiras entre especialidades médicas e se constituem sob a forma de tecnocracias.

Então, qualquer tentativa de conceptualizar a tecnologia nos cuidados médicos deve, necessariamente, ter em consideração as suas dimensões sociais e não apenas analisar as tecnologias médicas isoladamente, em termos de máquinas ou procedimentos técnicos. No seu trabalho, Uttley (1991:30) aponta as limitações das abordagens que encaram a mudança tecnológica apenas enquanto modificações de um conjunto de produtos e serviços e do modo como são produzidos. O ambiente social que envolve a tecnologia bem como as influências que a modificam, e que se traduzem em termos de inovações que são adoptadas de formas diferenciadas, são aspectos fundamentais a ter em consideração. O ambiente social constitui ele próprio uma base tecnológica que, simultaneamente, é modificada pelas inovações na produção de bens e serviços e proporciona mudanças tecnológicas que criam novas oportunidades em termos de inovação desses mesmos bens e serviços. Assim, de acordo com esta definição geral e lata de tecnologia, e a partir duma exaustiva revisão da literatura, o autor avança com a identificação de tipos específicos de tecnologias da saúde, que incluem tecnologias "sociais" ou "não técnicas" e que vão servir de base nesta investigação para caracterizar as tecnologias médicas presentes na transplantação hepática.

A partir da tipologia apresentada por Utley (1991), a propósito das tecnologias da saúde, destacam-se cinco categorias que passamos de imediato a descrever: tecnologias de diagnóstico; tecnologias de tratamento; tecnologias de prevenção e manutenção da saúde; tecnologias de organização e distribuição da saúde; tecnologias consumíveis.

Tecnologias de diagnóstico

Este tipo de tecnologias permite a monitorização do funcionamento do corpo e o acesso à presença da doença a ser diagnosticada. Um amplo conjunto de tecnologias de diagnóstico tem vindo a ser cada vez mais vasto e mais complexo com a introdução de inovações nas tecnologias mecânicas, tais como o microscópio, o raio-x, electrocardiografos e *scanners* digitais. A par destas inovações, constata-se um aumento de conhecimento acerca das propriedades químicas do corpo humano e das correspondentes tecnologias que permitem monitorizar essas características.

Tecnologias de tratamento

Tratam-se de tecnologias que permitem a intervenção no corpo, possibilitando a alteração dos efeitos provocados pela doença. Estas intervenções possibilitam ao doente recuperar os níveis de funcionamento anteriores à doença ou melhorar a manutenção dos níveis de funcionamento que não seriam possíveis de conseguir se não houvesse possibilidade de intervenção. Este tipo de tecnologias engloba um vasto conjunto: cirurgia, terapia por medicamentos, substituição de órgãos ou manutenção através de fisioterapia e tratamentos alternativos de vários tipos, etc. Frequentemente, assistimos à combinação de diversos tratamentos num pacote global de intervenções. Nomeadamente as intervenções cirúrgicas estão dependentes de uma variedade de tecnologias de suporte vital, tais como a anestesia, a assepsia, a transfusão de sangue e os cuidados intensivos[1].

Tecnologias de prevenção e manutenção da saúde

Estas tecnologias cobrem dois aspectos fundamentais: os relacionados com a saúde dos indivíduos e os que influenciam os cuidados de saúde de grupos mais vastos ou de conjuntos de populações. Existem inúmeras tecnologias individuais que cabem nesta categoria: programas de imunização com vista a prevenir a incidência de doenças específicas; programas de exercício físico

---

[1] Bronzino (1990:118) refere como inovações tecnológicas na área da transplantação, relativamente recentes, as tecnologias de suporte de vida, as drogas imunossupressoras, as técnicas cirúrgicas, a monitorização dos doentes, sem as quais não seria possível a transplantação. Quando se fala em recursos, na transplantação, há que ter ainda em consideração a escassez de órgãos a transplantar e o facto do número de receptores exceder em muito o de dadores. As sofisticadas tecnologias que tornam possível a transplantação de órgãos provenientes de cadáveres não conseguem, de facto, ultrapassar esta dificuldade.

ou programas de nutrição com objectivos de combate à doença e à promoção da qualidade de vida; programas de cuidados pré e pós-natais com o objectivo de promover a saúde das mães, das crianças e da família; programas gerais de educação para a saúde que podem incidir no controlo de condições específicas, tais como o alcoolismo e a toxicodependência, ou de prevenção do alastramento de doenças específicas.

Tecnologias de organização e distribuição da saúde

Este conceito refere-se ao modo como os cuidados de saúde são organizados e distribuídos, enquanto factor importante de inovação tecnológica nos cuidados de saúde e, consequentemente, no conjunto de base tecnológica dos cuidados de saúde. Neste sentido, Uttley (1991) distingue três elementos nesta área das tecnologias da saúde: tecnologias institucionais ou de gestão, tecnologias políticas e tecnologias de *marketing*. As alterações no modo como os serviços de saúde se organizam, e nas estruturas institucionais onde operam, devem, assim, ser tomadas em consideração no desenvolvimento dos cuidados de saúde, como, por exemplo, a evolução do papel dos hospitais ao longo dos últimos três séculos. Do mesmo modo, os movimentos tendo em vista a centralização dos serviços e o aumento da especialização dos cuidados de saúde devem ser encarados como exemplos importantes de inovação tecnológica com substancial impacto na evolução dos cuidados de saúde. Finalmente, o papel desempenhado pelas decisões governamentais, no que diz respeito aos aspectos organizacionais e financeiros tendo em vista o tipo de cuidados de saúde a serem produzidos e consumidos, constituem fontes cruciais de mudança tecnológica.

Tecnologias consumíveis

O autor faz a distinção entre serviços finais e intermediários e serviços de mercado e de não-mercado. Assim, em termos de cuidados de saúde, os produtos e serviços são providenciados directamente aos consumidores finais ou indirectamente através de produtores de outros serviços de saúde. As decisões sobre o que é consumido, e por quem, constituem uma parte da tecnologia organizacional dos cuidados de saúde que deve ser considerada quando se trata de compreender o quadro completo da mudança tecnológica na produção de bens e serviços, num sistema de cuidados de saúde (Uttley, 1991:33).

As tecnologias da saúde geram fluxos complexos de bens e serviços nos quais podem existir vários utilizadores de produtos de cuidados de saúde. Alguns produtos, como os medicamentos, são consumidos directamente por pessoas que podem comprá-los através do farmacêutico ou através da prescrição do médico. No entanto, alguns medicamentos e um conjunto vasto de equipamentos de diagnóstico e tratamento são, de facto, consumidos nos serviços de saúde, na prestação directa de cuidados. Deste modo, os profissionais da saúde funcionam como intermediários entre a produção e o consumo. Por exemplo, o consumo de um determinado medicamento está dependente da prescrição do médico que funciona aqui como intermediário. Assim, a importância das instituições públicas e das organizações com fins não lucrativos, na prestação de cuidados de saúde, é fulcral. De acordo com o autor, a maioria dos serviços de saúde proporciona o produto final aos consumidores, a custo zero ou subsidiado, através da prestação pública e directa de serviços. Este é também o caso dos cuidados de saúde prestados na transplantação hepática.

A partir desta tipologia, e a propósito da difusão das tecnologias da saúde, Uttley (1991:44) refere a influência dos níveis de procura de serviços de saúde, bem como do conjunto de valores contraídos tanto pelos fornecedores como pelos utilizadores dos serviços de saúde. Este conjunto de valores afecta a globalidade da envolvente organizacional, incluindo as atitudes perante a formação por parte dos profissionais da saúde. Assim, torna-se particularmente importante, para compreender a difusão das tecnologias, entender a atitude dos profissionais da saúde devido ao poder que exercem, especialmente no que diz respeito às decisões sobre a utilização de recursos em relação a casos individuais.

Neste sentido, interessa neste trabalho salientar, sobretudo, em que medida o reconhecimento profissional, em forma de posse ou segurança de emprego e promoção numa profissão, depende do conhecimento produzido e da troca desse conhecimento com outros. Esta troca ocorre tanto num grupo de especialistas como na profissão enquanto um todo. A formação e aprendizagem são valorizadas enquanto objectivo e também enquanto valor instrumental em termos de *status* e promoção. Esta ênfase na formação contínua, entre os profissionais da saúde, influencia os requisitos de formação associados à adopção e difusão de inovação tecnológica. A atitude geral dos profissionais é a de encorajar rapidamente a adopção de inovações, embora possam resistir a inovações radicais que representem uma ruptura com os aspectos convencionais que prevalecem na profissão perante um problema particular e potenciais soluções (Uttley, 1991:45).

A este propósito, Bucher e Strauss (1961) referem a diversidade e o conflito de interesses presentes nas profissões, salientando a existência de grupos dentro das profissões que designam de *segmentos*, que se desenvolvem enquanto identidades distintas e que organizam actividades que asseguram uma posição institucional e permitem implementar os seus objectivos distintos. É a partir da competição e do conflito entre os segmentos profissionais em movimento que a organização da profissão se dinamiza. Assim, Bucher e Strauss (1961:326) desenvolvem a noção de profissão como uma amálgama solta de segmentos que perseguem diferentes objectivos de diversos modos e que, mais ou menos de forma delicada, se mantêm sob uma designação comum.

Deste modo, e considerando as múltiplas identidades, valores e interesses que tendem a ser partilhados no interior duma profissão (a partir de alianças que se desenvolvem em oposição umas às outras), estes grupos, que surgem como segmentos de uma profissão, podem, de acordo com os autores, ser definidos como especialidades:

> "As especialidades podem ser vistas como segmentos principais, excepto quando um olhar mais de perto sobre uma especialidade denuncia uma reivindicação pela unidade, revelando que as especialidades, também elas, habitualmente contêm segmentos, e, se alguma vez estes partilharam definições comuns com todas as linhas da identidade profissional, terá sido, provavelmente, num período muito especial e inicial do seu desenvolvimento" (Bucher e Strauss, 1961:326).

Com base na proposta de Bucher e Strauss (1961), importa reconhecer, na transplantação hepática, as divergências e clivagens existentes na divisão do trabalho, apesar de os médicos partilharem objectivos comuns de forma mais evidente do que noutras profissões (a partir de um ponto de convergência – a melhor prestação possível de cuidados aos doentes). No entanto, os autores salientam que se trata de uma deturpação dos valores e da organização de actividades, tal como são assumidas pelos vários segmentos da profissão. Nem todos os objectivos partilhados pelos médicos são característicos da profissão médica ou se encontram intimamente relacionados com o trabalho médico. Aquilo que é característico da medicina prende-se com alguns dos seus segmentos, podendo ser ou não partilhado por outros médicos. Neste sentido, Bucher e Strauss (1961) analisam alguns destes valores que podem consistir em autênticos pontos de conflito.

As pressões dos fornecedores, tendo em vista a difusão rápida, devem ser igualmente tomadas em consideração. Os profissionais da saúde são "apanhados" pelo sucesso da apresentação das tecnologias ao público. Com o argumento de que através do progresso científico todos os problemas são susceptíveis de solução, e que as novas ideias e terapias estão constantemente a tornar-se disponíveis, assistimos ao encorajar das expectativas entre os consumidores, de que os tratamentos são sempre possíveis e que as intervenções reflectem o estado da arte das tecnologias. De igual modo, a atenção dos media e dos consumidores, face ao tratamento da doença, assume muitas vezes várias formas de pressão perante os médicos no sentido de tentar qualquer tipo de tratamento inovador que possa estar disponível. Assim, muitas vezes, deparamos com situações desesperadas onde os médicos utilizam uma inovação na tentativa de ajudar o doente, apesar de ser evidente a não indicação duma determinada intervenção, como é o caso, por exemplo, da pressão exercida por algumas especialidades em situações que não têm indicações claras para o transplante.

Robinson (1994:6) chama a atenção para a aplicação clínica de determinadas tecnologias de ponta, particularmente das que se relacionam com a manutenção da vida, dando o exemplo do desenvolvimento de técnicas cirúrgicas avançadas, assistidas por conjuntos de tecnologias associadas, incluindo máquinas que substituem determinadas funções do corpo ou a utilização de tecidos ou órgãos transplantados. O poderoso objectivo de salvar vidas está profundamente enraizado no discurso médico e constitui, formalmente, uma parte substancial das expectativas e compromissos dos cuidados médicos. No entanto, com o aumento da possibilidade de salvar e manter a vida, através da utilização das mais variadas tecnologias de intervenção, a qualidade de vida e as questões pessoais, sociais e éticas, a ela associadas, têm sido alvo de investigação. O debate tem sido muito intenso, particularmente no que diz respeito às fronteiras entre a vida e a morte e à forma como essas fronteiras podem ser medicamente estabelecidas/restabelecidas, no sentido de tornar claras as opções para médicos e doentes.

A questão do imperativo tecnológico na medicina constitui outro aspecto referido por Bronzino (1990:543). Este fenómeno consiste na identificação de práticas médicas de alta qualidade que implicam a utilização de tecnologia de ponta, ou seja, a crença de que os melhores cuidados de saúde são aqueles que utilizam a tecnologia médica mais sofisticada possível. Alguns aspectos parecem contribuir para este fenómeno, entre os quais destacamos o facto de os médicos justificarem as suas acções em função dos interesses médicos, embora tendo em vista o doente, de uma forma agressiva e determinada. Este processo de socialização médica instiga uma vontade, por parte dos médicos, em esgotar todas as hipóteses de terapêutica e de diagnóstico. Deste modo, os médicos estão motivados para utilizar todos os meios de diagnóstico e tratamento disponíveis, incluindo as últimas novidades tecnológicas.

A este propósito, um outro aspecto igualmente importante a salientar tem a ver com o facto de os médicos terem consciência de que o conhecimento médico consiste em generalizações, e que, independentemente do facto de estas estarem bem sedimentadas em dados empíricos, elas nunca podem cobrir todos os casos. Assim, cada doente é um indivíduo único ou, como refere um dos hepatologistas, "não há doenças mas sim doentes" (n.t.c.). Neste sentido, por vezes, podem surgir casos anormais, autênticas excepções que simplesmente não encaixam nas generalizações, sendo que alguns médicos, hepatologistas ou cirurgiões, utilizam por vezes este argumento para convencerem os médicos das outras especialidades a optarem por determinadas terapias em relação às quais estes casos não têm indicação. De igual modo, o desejo de evitar diagnósticos e/ou tratamentos errados, por falha no reconhecimento de casos anormais ou excepcionais, leva a que, tendencialmente, se utilizem todos os meios tecnológicos disponíveis.

Uma das situações mais elucidativas e trágicas da desumanização dos cuidados de saúde, associada à ideia de imperativo tecnológico, tem a ver com a obsessão aparente com a prevenção da morte. Para os profissionais da saúde, a morte, mesmo que inevitável e não prematura, tem um significado sempre associado ao erro. Trata-se de um desejo legítimo e compreensível de evitar esta falha, motivando os médicos a agir agressivamente por forma a manter a vida dos doentes. Obviamente, existem situações em que esta postura é justificada. No entanto, quando se torna a resposta predominante face à morte, seja em que circunstância for, como aliás muitos defendem, colocam-se várias questões pertinentes. Destas, o perigo, que pode ser já uma realidade inerente a situações que têm a ver com doentes idosos ou com estados onde a medicina pouco mais pode fazer, constitui o aspecto mais preocupante. Trata-se de manter a vida através de meios técnicos para além dos benefícios reais para o doente, incorrendo deste modo em situações onde morrer com dignidade parece ser menos importante do que perpetuar a vida mesmo que em circunstâncias de muito sofrimento. Nestas situações, as necessidades das pessoas são colocadas em segundo plano em benefício da manutenção da vida.

A explosão tecnológica e os seus efeitos, tanto ao nível da estrutura organizacional dos cuidados de saúde como do trabalho dos profissionais de saúde, veio afectar o tipo e a qualidade dos cuidados, i.e., o trabalho médico, de enfermagem e de outros técnicos de saúde. De acordo com Strauss et al. (1985:4), uma das particularidades da especialização médica e da inovação tecnológica é a de que ambas são simultaneamente paralelas e interactivas, criando um impulso para o desenvolvimento da inovação tecnológica e da especialização. A especialização médica conduz de novo à produção de novas tecnologias. Então, é através da utilização da tecnologia e das relações de *feed-back* à indústria das tecnologias da saúde que os progressos tecnológicos emergem, resultando numa crescente e sofisticada especialização médica e do seu trabalho.

A prática médica, utilizando a tecnologia de ponta como um recurso, implica encarar a tecnologia não de uma forma determinista, i.e. enquanto imperativo tecnológico, mas sim e apenas como um de entre muitos outros recursos disponíveis na prestação dos cuidados de saúde, todos eles sob o controlo dos médicos. De facto, estes recursos sofisticados permitem produzir informação decisiva na tomada de decisão médica, em termos de diagnóstico e tratamento, que não seria possível sem este tipo de tecnologias, não havendo razões para pensar que os médicos, perante situações concretas, tendem a ser mais distantes e insensíveis do que seriam perante outras tecnologias menos sofisticadas.

As tecnologias assumem, assim, um enorme peso nas rotinas, na maioria dos cuidados médicos. A medicina, tendo por base a ciência, implica uma dependência de um volume crescente de tecnologias, as quais, moldadas por processos ou forças, se relacionam com a sua estrutura e organização profissional, tendo vindo a dominar cada vez mais todos os aspectos relacionados com os cuidados de saúde. Retomando a definição generalista de tecnologia que abarca drogas, equipamentos, procedimentos médicos e cirúrgicos, numa estrutura organizacional de suporte, é fácil sustentar que a grande maioria dos aspectos relacionados com a prestação dos cuidados médicos tem como base, ou utiliza, tecnologias.

No entanto, esta definição pode ir mais longe se tivermos em consideração aquilo que Robinson (ed.) (1994:11) refere como *technological way* e que pode ser descrito como uma forma de encarar a medicina através da combinação de um conjunto de princípios e práticas que redefinem ou constroem novas áreas de aplicação. A partir desta grelha, é possível considerar as tecnologias, e em particular as tecnologias de ponta, como processos e práticas e não como entidades. Deste modo, a tecnologia é transversal a toda a actividade médica, sendo que cada uma das especialidades constrói esquemas próprios de organização onde inclui tecnologias específicas, constituindo-se enquanto tecnocracia. Definida a noção de tecnocracia médica, resta-nos perceber como os diferentes tipos de tecnologias contribuem para a construção das diversas tecnocracias médicas presentes na transplantação hepática, a partir de três pontos fundamentais que constituem este capítulo, a saber, o papel das tecnologias na produção dos cuidados médicos, na construção das fronteiras entre especialidades médicas e na definição dos processos de diferenciação no interior das especialidades envolvidas na transplantação hepática.

1. A produção dos cuidados médicos a partir da tecnologia

Retomando o modelo de Strauss et al. (1985), utilizado no capítulo anterior a propósito dos diversos tipos de trabalho e relações que constituem os cuidados médicos e de enfermagem, importa analisar de que forma as tecnologias contribuem para a produção dos cuidados médicos no circuito de transplantação hepática.

Deste modo, a partir dos vários momentos de divisão e organização do trabalho das várias especialidades médicas, inerentes às três fases ou trajectórias do circuito de transplantação hepática, caracterizadas no capítulo anterior, interessa agora identificar, em cada um dos momentos, as tecnologias médicas presentes, e as práticas das diferentes especialidades médicas a elas associadas, por forma a entender de que modo as tecnologias participam na construção dos cuidados médicos.

Strauss et al. (1985:40) referem a importância daquilo que designam de *machine work* na gestão e formação das trajectórias, reflectindo sobre os aspectos técnicos do trabalho médico e de enfermagem. A noção de *machine work* diz respeito às várias máquinas e equipamentos espalhados pelas mais diversas áreas do hospital e que são manipulados por médicos e enfermeiros que trabalham em torno dessas tecnologias (em conjugação com as quais utilizam drogas, técnicas e outros procedimentos).

Strauss et al. (1985:44-45) propõem algumas categorias analíticas na abordagem do que referem como *machine work*, de entre as quais destacamos a produção do trabalho médico a partir da tecnologia, na medida em que são os aspectos relacionados com a utilização da tecnologia por parte dos médicos, ou seja, a sua utilização em termos de produção de cuidados médicos, que são relevantes nesta investigação. As actividades orientadas para os doentes incluem, de acordo com os autores, a monitorização dos doentes através de máquinas, tendo em vista a sua segurança clínica, a interpretação da informação proveniente das máquinas, a ligação/desconexão dos doentes às máquinas, a explicação ao doente dos procedimentos que impliquem a aplicação de tecnologias, a coordenação do escalonamento dos doentes com a utilização das tecnologias, a movimentação dos equipamentos e doentes e, finalmente, o ensino dos doentes sobre a utilização das tecnologias quando saírem do hospital.

Estas actividades, tal como referimos no capítulo anterior, estão intimamente ligadas aos diferentes tipos e fases das trajectórias. No sentido estrito do termo, todas as actividades constituem instâncias do trabalho de trajectória, sendo que os diferentes cenários clínicos exibem diferentes graus e combinações do que se designa de *machine work*, bem como grupos e tarefas que constituem cada tipo de trabalho. Mais uma vez, as tecnologias médicas não são tão únicas que não partilhem com outras tecnologias algumas das actividades das várias trajectórias. Mais ainda, as tecnologias são utilizadas nos corpos, dentro dos corpos e com os corpos dos doentes que reagem às tecnologias ou a quem as manipula, sendo eles próprios, potencialmente, pessoas que também trabalham com as máquinas (Strauss, et al., 1985:45).

No que diz respeito aos enfermeiros, constatamos que a grande maioria das características do trabalho orientado para as tecnologias de ponta é adquirida através da experiência contínua na prática da prestação de cuidados específicos, como é o caso da formação de enfermeiros no bloco operatório ou na pequena unidade de técnicas de gastroenterologia situada na UT. No entanto, para além desta formação no próprio local de trabalho, alguns enfermeiros adquiriram parte da sua experiência no manuseamento das máquinas de hemodiálise, a trabalhar em clinicas particulares. Assim, e de acordo com Strauss et al. (1985:42):

> (...) o mundo médico está repleto de *workshops* extra-muros, conferências, programas de formação contínua, alguns dos quais implicam trabalho com equipamento. Em suma, de um modo geral, parece seguro afirmar que os médicos aprendem a trabalhar com as máquinas ao longo dos anos mais avançados da sua experiência e no seu trabalho, enquanto que os enfermeiros aprendem sobretudo no seu trabalho.

Como em qualquer outro hospital, conseguimos, na nossa observação, perceber quais são os lugares, espalhados ao longo dos edifícios e pavilhões do hospital, onde estão concentradas as diversas tecnologias. Alguns serviços caracterizam-se pela presença de muitos equipamentos, enquanto que, pelo contrário, outros serviços contêm equipamentos relativamente dispersos. A actividade de transplantação e, em particular, da transplantação hepática, constitui uma importante valência para o hospital e, nesse sentido, o transplante tem prioridade e condições excepcionais, implicando uma fluidez de recursos técnicos e humanos, dinamizando outros serviços do hospital e impondo parâmetros de alta qualidade que implicam a presença de tecnologias de ponta. Deste modo, tal como referimos no capítulo anterior, vários serviços prestam um apoio indispensável ao transplante hepático que não prescinde de outras competências em vários pontos das trajectórias, para além das inerentes às especialidades médicas directamente envolvidas.

O tráfego de máquinas e corpos no hospital é impressionante, especialmente se tivermos em consideração as distâncias consideráveis que percorrem. Como acontece em todos os hospitais, este tem um serviço de transportes com vários veículos ao seu dispor, desde cadeiras de rodas a ambulâncias e carros próprios para transporte de equipamentos. Este trabalho de transporte intersecta-se com outro tipo de trajectórias de trabalho. Por exemplo, muitas vezes, os doentes desesperam à espera de um raio-x e de outros exames de diagnóstico, estacionados nos corredores do hospital junto aos serviços onde estão as tecnologias necessárias para o efeito. Isto significa trabalho acrescido para médicos, enfermeiros e técnicos, que devem lidar com as queixas e a ansiedade dos doentes, para além dos procedimentos inerentes às próprias tecnologias.

Também, depois, no transporte de regresso à enfermaria, médicos e enfermeiros lidam com situações de segurança clínica, relacionadas com o transporte e o tempo de espera. É o caso do transporte do doente transplantado, do bloco para a UCI ou para os quartos de cuidados intensivos da UT. Aqui podemos observar a decisão do anestesista e do enfermeiro que acompanha estes doentes de alto risco – durante a viagem vão controlando os sinais provenientes dos aparelhos de monitorização e do ventilador manual. O mesmo se passa com o transporte do cadáver para o bloco operatório, onde a presença do anestesista/intensivista é fundamental para garantir a manutenção do cadáver e minorar os riscos de perda do dador, que se encontra em situação muito instável devido às próprias condições inerentes ao seu estado de morte cerebral.

Acresce referir ainda, no que respeita ao transporte da tecnologia, os aspectos relacionados com a deslocação de todo o material cirúrgico e anestésico, que inclui desde os materiais mais simples, como compressas e fármacos, até aos mais sofisticados equipamentos das áreas da anestesia, intensivismo e cirurgia. Todos esses materiais são transportados da unidade para o bloco de ortopedia sempre que é efectuado um transplante, fazendo-se mais tarde, quando tudo termina, o percurso de regresso ao serviço. Este facto constitui um dos aspectos mais controversos da organização do trabalho da unidade de transplantação. Para além de implicar uma grande mobilidade de meios e grandes gastos, também provoca situações de grande irritabilidade, sobretudo da parte dos enfermeiros, no que respeita ao tempo. Ainda, a deslocação sistemática dos equipamentos provoca desgaste e mesmo avarias dos materiais mais sensíveis.

Qualquer tecnologia utilizada nos doentes implica, necessariamente, uma ligação ao doente, i.e., diferentes tarefas executadas no corpo e/ou na máquina. Ligar máquinas e doentes constitui uma das categorias mais importantes do *machine work*, envolvendo tempo e esforço, por parte dos técnicos, enfermeiros e médicos. Estas ligações entre o corpo e a máquina variam muito consoante o tipo de tecnologia, a fase da trajectória do doente e a condição física deste. Assim, Strauss et al. (1985:56) indicam alguns factores que caracterizam as relações de trabalho que implicam a ligação das tecnologias ao corpo, a saber: aplicação no interior ou no exterior do corpo; duração no tempo (temporária ou a longo prazo); frágil ou resistente; rotineira ou potencialmente arriscada; desconfortável ou não para o doente; única ligação ou simultânea; visível ou não; possível ou não de corrigir ou ajustar.

Assim, as ligações mais rotineiras entre tecnologia e doente são, de uma forma geral, rápidas e implicam competências relativamente simples. As ligações potencialmente mais arriscadas requerem mais cuidados, competências consideráveis e, por vezes, mais do que um agente. As ligações que ocorrem dentro do corpo implicam a presença de médicos altamente experientes, bem como a monitorização dessas ligações. As ligações potencialmente dolorosas requerem apoio aos doentes. A estes factores devemos acrescer as características dos agentes que fazem essa ligação e que se apresentam em termos de competência e proximidade afectiva. O trabalho de ligação gera uma atmosfera por vezes conflituosa entre agentes nervosos e doentes queixosos e atentos. Este tipo de trabalho impõe necessariamente outro tipo de funções, especialmente de apoio psicológico, transmissão de conforto e serenidade, que implica tempo, esforço e competência, que ultrapassam os cuidados relacionados directamente com a ligação das tecnologias aos doentes. No caso específico da UT, este tipo de cuidados recai sobretudo no pessoal de enfermagem que, pela natureza das suas funções, passa mais tempo com os doentes e as suas famílias. É de referir, também, que as características dos doentes afectam este trabalho de ligação, não apenas pelas questões relacionadas com as diferentes patologias, estado físico do doente e tecnologias a serem aplicadas, mas também com o seu temperamento, estado de espírito, sensibilidade, *background* social e relação com a família.

Na maior parte das situações, nas enfermarias não assistimos à presença de muitos equipamentos, sendo que os doentes são enviados para outros serviços dentro do hospital quando necessitam de cuidados específicos (diagnóstico, monitorização ou tratamento) que não podem ser prestados pelo serviço onde estão internados. No caso da UT existem algumas *nuances* em relação a este tipo de situações, por se tratar de uma unidade de ponta que está apetrechada com tecnologias específicas. As próprias máquinas são muito variadas, pelas suas características e pelas diferentes funções que desempenham. Elas incluem equipamentos utilizados para diagnóstico, monitorização e tratamento, para aliviar situações de desconforto ou para substituir uma parte do corpo danificada, funcionando frequentemente com equipamento de *life-sustaining*.

Deste modo, o conjunto de características das diferentes tecnologias é bastante extenso: de grande e pequena dimensão; umas implicam mais custos financeiros em termos de aquisição e/ou utilização; umas têm um ar antigo e usado, outras são modernas e sofisticadas; umas transportam-se mais facilmente, outras são fixas; umas são muito utilizadas, enquanto que outras são apenas utilizadas esporadicamente; umas requerem capacidades e conhecimentos muito específicos por parte de quem com elas trabalha, tanto em termos de aplicação, como em termos de interpretação dos dados que produzem; outras não requerem competências específicas no seu manuseamento, mas implicam competências específicas de interpretação dos dados que produzem. Neste sentido, podemos afirmar que as várias combinações das diferentes características do conjunto de tecnologias envolvidas na transplantação hepática afecta o trabalho daqueles que trabalham em torno delas.

A interposição da tecnologia entre o médico e o doente altera, necessariamente, a natureza desta relação, sendo que é através da tecnologia que o médico faz a aproximação ao doente, pela posse de informações cruciais para a construção do diagnóstico e para a adopção de medidas terapêuticas. É também através da tecnologia que o médico intervém no doente, sendo que a relação é menos íntima em termos de contacto. A atenção do médico vai, em primeira instância, para a tecnologia, embora tenha sempre em vista os benefícios do doente.

Todas estas influências variam consoante e através dos vários tipos de serviços. O estado da arte das várias especialidades médicas constitui uma visível presença, afectando, em primeiro lugar, o tipo de tecnologias que fazem parte de um serviço e, em segundo lugar, o tipo de doenças e as várias fases que predominam em determinado serviço, i.e., na definição das doenças que têm acesso aos serviços. Então, cada serviço está profundamente ligado ao tipo de tecnologias e de especializações médicas que nele se inserem. As tarefas desempenhadas em torno da tecnologia e da especialização médicas (também ela uma tecnologia), bem como as formas de doença e a organização do trabalho, interagem fortemente. Contudo, o conjunto e tipos de tarefas mudam com considerável rapidez, não se devendo assumir que também as formas de trabalho mudam rapidamente. Pelo contrário, são bem mais persistentes (Strauss et al., 1985:68).

De acordo com Strauss et al. (1985:3), a grande maioria das especialidades médicas está fortemente dependente da utilização de tecnologias. Os autores utilizam igualmente a noção de *halfway technology*[2] (tecnologia intermédia) para referir a existência de um determinado tipo de tecnologias que constituem intervenção médica, aplicadas depois de determinadas ocorrências, por forma a compensar a incapacidade proveniente dos efeitos da doença cuja trajectória é impossível de travar.

Muito se tem dito sobre as relações entre ciência e cuidados de saúde, muitas vezes na perspectiva de que os cuidados de saúde constituem necessariamente o produto de uma relação entre o conhecimento, criado por cientistas em laboratórios, desenvolvido em tecnologias e, então, aplicado pelos médicos nas diversas instituições de saúde. Para os doentes, esta relação pode parecer muitas vezes o inverso: alguns técnicos de laboratório utilizam tecnologias rotineiras ao serviço de médicos poderosos. Informação, conhecimento e tecnologias movimentam-se em

---

[2] Este termo foi popularizado por Lewis Thomas no seu livro publicado em 1974, *The Living Cell*. (Strauss et al., 1985:3)

várias direcções entre a prática e o laboratório. As fronteiras entre os diversos tipos de laboratórios podem ser permeáveis e distorcida a distinção entre ciência e prática de cuidados de saúde. A prática clínica constitui certamente uma fonte importante de dados utilizados simultaneamente para investigação e tratamento.

Assim, as relações complexas e multifacetadas entre a medicina e a ciência, em contextos particulares, e os discursos que estas relações constroem, constituem tópicos importantes desta investigação. A grande maioria dos cenários de retaguarda, relativamente invisíveis, como sejam os trabalhos de laboratório, têm recebido pouca atenção por parte da sociologia médica. Na retaguarda, os testes de laboratório e tecnologias que os assistem, constituem a grande maioria das tecnologias médicas contemporâneas e raramente têm sido analisadas, excepto quando são apresentadas enquanto extensões do *clinical gaze* de Foucault. Assim, a extensão em que o olhar clínico pode ser ultrapassado pelo laboratório importa ser considerada. As novas tecnologias podem trazer profundas implicações para a vivência da doença e para a organização dos cuidados de saúde. Falta, no entanto, perceber como é que estas tecnologias se desenvolvem e se introduzem nas práticas médicas, já que esta questão tem sido apenas encarada como tecnologicamente determinada.

A separação entre objectivos da aplicação de técnicas de diagnóstico e objectivos da prática médica é óbvia, se analisarmos o esquema de organização das várias especialidades da medicina. Este é, nomeadamente, o caso da anatomia patológica, uma das especialidades médicas mais antigas, cuja missão tradicional consistia em servir como ciência de base da medicina sem qualquer intervenção na prática clínica e na prestação de cuidados médicos directos. Apesar de hoje em dia a grande maioria dos médicos e cirurgiões evidenciar a importância das actividades de investigação, a par da prática médica, a disponibilidade exigida para conciliar esta duas vertentes continua a deixar clara a separação, mais ou menos evidente, destas duas actividades. Assim, continuamos a assistir à presença de especialidades médicas quase inteiramente vocacionadas para a investigação, enquanto outras se dedicam quase exclusivamente à prestação de cuidados médicos. Uma outra distinção clássica está patente entre as duas mais antigas áreas da actividade médica, cirurgia e medicina, como o testemunham a literatura e a prática médicas. Como já referimos anteriormente, médicos e cirurgiões assumem literalmente os seus lugares nestes dois campos distintos da medicina.

Do mesmo modo, há tendência para a doença ser encarada como que localizada em estruturas específicas do corpo, e para, no seu tratamento, o médico apenas olhar para as estruturas implicadas. Trata-se, de acordo com Bronzino (1990:539), do segundo momento mais importante da história da medicina – a especialização médica. Isto significa que os médicos vão cada vez mais concentrar-se em aspectos específicos e limitados do corpo. Assim, incorremos num resultado inevitável – o doente é cada vez menos encarado como um todo, enquanto corpo e enquanto pessoa.

A primeira informação utilizada para qualquer decisão clínica é constituída habitualmente pelos dados médicos, recolhidos durante a prestação de cuidados ao doente. Estes dados são, muitas vezes, processados em laboratórios clínicos que providenciam serviços de análises químicas, hematológicas, microbiológicas e sanguíneas. A organização tradicional dos laboratórios clínicos inclui, de forma geral, as disciplinas de hematologia, química e microbiologia.[3] As actividades destes laboratórios clínicos

---

[3] Bronzino (1990:283), especifica o tipo de actividades de acordo com estas três disciplinas, seguindo o trabalho de R. Martinek (1972), "Automated analytical systems" In: *Medical Electronics and Data*. 3:33-39. Deste modo, a hematologia diz respeito ao controlo da actividade dum simples processo fisiológico – a formação e desenvolvimento de eritrócitos (glóbulos vermelhos); a química clínica baseia-se nas ciências químicas e é sobretudo orientada para a aplicação de métodos clínicos sem ter em vista qualquer sistema fisiológico específico ou grupos anatómicos de órgãos ou doenças, mas sim o estudo dos aspectos químicos e a aplicação dos métodos químicos de laboratório no diagnóstico, controlo, tratamento e prevenção da doença; finalmente, a microbiologia clínica, que inclui a bacteriologia, a serologia, a imunologia, a virologia e outras disciplinas

têm sobretudo como objectivo produzir informação, tendo em vista a presença de qualquer condição patológica. Se a fisiologia é definida como o estudo do normal funcionamento das células, tecidos e órgãos, então a patologia constitui o estudo das alterações do corpo que indiciam a presença duma doença. Os vários procedimentos laboratoriais, que incluem os testes químicos, exames microscópicos e cultura de tecidos, são vitais para a construção do diagnóstico e para o controlo do percurso da doença. Para ter um valor clínico, esta informação necessita de ser precisa, acessível, e processada o mais rapidamente possível.

Assim, a principal função do laboratório clínico é a de produzir dados acerca dos doentes para serem estudados e revistos pelos médicos. Para cumprir esta função, o laboratório tem de recolher amostras, proceder a testes, transmitir os resultados, e armazenar todos os dados relevantes recolhidos em cada doente. Em termos tecnológicos, estamos perante um terreno onde podemos encontrar todas as etapas necessárias ao desenvolvimento de sistemas computorizados e de tecnologias sofisticadas (Bronzino, 1990:284).

Assim, consoante as trajectórias e as suas fases, a intervenção das diversas tecnologias varia. Dependendo da trajectória ou fase, diferentes tecnologias são utilizadas, com fins de diagnóstico, terapêuticos ou de monitorização. Os resultados provenientes destes exames de diagnóstico constituem, muitas vezes, o ponto de partida para a interacção entre cada uma das especialidades que os produzem e as outras especialidades clínicas directamente ligadas ao transplante hepático: hepatologistas, cirurgiões, anestesistas e intensivistas. A observação das práticas médicas nas zonas de fronteira entre especialidades permite-nos identificar as várias formas que as diferentes tecnologias assumem

---

relacionadas, tem como preocupação principal a detecção de agentes biológicos externos, incluindo igualmente os bancos de sangue e todas as actividades com ele relacionadas, como a colheita, preservação e caracterização de compatibilidades.

na construção desses espaços de transição, como teremos oportunidade de ver mais à frente.

O bloco de cirurgia onde se efectua o transplante hepático é, certamente, um dos lugares mais apetrechados em termos de equipamento pesado, seja de cirurgia seja de anestesia. De igual modo, a unidade de cuidados intensivos, com todas as tecnologias de *live-saving*[4], constitui um dos exemplos de presença de

---

[4] A propósito das tecnologias presentes nas UCI, Bronzino (1990) salienta que uma adequada monitorização dos valores vitais é essencial em situações agudas de tratamento, devido às alterações rápidas e inesperadas das funções vitais. Nestas situações, é fundamental que as equipas de cuidados intensivos estejam a par das ocorrências que podem comprometer a vida do doente e proceder a tempo a situações de correcção. Essencialmente, o conceito que está subjacente à utilização deste tipo de equipamento em situações críticas tem como objectivo proporcionar, através do registo e monitorização de vários parâmetros, a informação necessária a correcções específicas. Deste modo e de acordo com Bronzino (1990:29), a capacidade dos profissionais de saúde integrarem a informação e seleccionarem os procedimentos terapêuticos apropriados torna-os o factor chave para assegurar que o doente recebe os cuidados imediatos e o tratamento apropriado, quando necessário.

Estes dispositivos permitem, através dos sistemas de alarme, que os médicos e enfermeiros sejam alertados automaticamente sempre que qualquer dos parâmetros vitais atingir os limites, proporcionando, deste modo, um sistema de vigilância permanente. Trata-se daquilo que Bronzino (1990:29) refere como "the eyes of the staff". De facto, a grande maioria das inovações tecnológicas que permitem aos profissionais de saúde manter a vida dos doentes é particularmente visível nas unidades de cuidados intensivos (UCIs). No entanto, o que parece menos óbvio é que a presença desta tecnologia provocou uma revolução em termos de formação de enfermeiros que utilizam estes equipamentos por forma a atender às necessidades dos doentes em estado crítico. Consequentemente, a disponibilidade das novas tecnologias médicas utilizadas por profissionais altamente qualificados nestas unidades conduziu à melhoria dos cuidados intensivos e também ao aumento dos custos desses cuidados. Mais ainda, a capacidade de prolongar a vida por longos períodos de tempo é agora possível, mesmo em doentes em morte cerebral. As capacidades proporcionadas por estas inovações tecnológicas e por estes clínicos implicaram uma reconsideração, por parte da sociedade, da natureza da vida e da morte, confrontando-se com dilemas sérios acerca de questões como a qualidade de vida e a definição da morte.

tecnologias mais sofisticadas. Nas enfermarias, nomeadamente na do serviço em questão, não presenciamos uma concentração considerável de equipamento, à excepção dos quartos reservados aos cuidados intensivos do pós-operatório do transplante hepático e às máquinas de hemodiálise. No entanto, a monitorização constitui apenas uma pequena parte das capacidades proporcionadas pelos sistemas computorizados. A documentação das observações clínicas e a localização das ocorrências constitui igualmente um aspecto importante. Por exemplo, determinados tipos de observações e acontecimentos podem ocorrer com determinada frequência na trajectória da doença. Muitas vezes é necessário que essas observações e acontecimentos sejam classificados adequadamente e apresentados cronologicamente de uma forma legível, o que não é possível, pelo menos de forma rápida e eficaz, sem ser através destes sistemas.

As várias tarefas de ligação dos doentes às tecnologias envolvem diferentes tipos de divisão do trabalho. Muitas ligações podem ser efectuadas apenas por um agente, mas algumas requerem vários agentes com diversas competências, tanto na ligação propriamente dita, como no apoio e na monitorização dessa ligação. No caso da realização de técnicas de gastroenterologia, por exemplo, o hepatologista não dispensa a presença do enfermeiro com competências específicas para a realização destas técnicas, sendo em algumas técnicas mais sofisticadas imprescindível a presença de vários médicos. Também em alguns exames radiológicos, a ligação dos doentes às máquinas implica uma acção conjunta entre médicos radiologistas e cirurgiões, como teremos a oportunidade de referir. No entanto, em nenhuma outra situação como a do trabalho no bloco operatório, entre cirurgiões, anestesistas e enfermeiros, é tão evidente esta necessidade de vários agentes em simultâneo, num mesmo espaço e tempo, por forma a desempenharem funções específicas, num trabalho conjunto de ligação e monitorização das diferentes tecnologias ao doente.

Assim, o trabalho de monitorização destas ligações é muito variável: algumas implicam pouca atenção enquanto que outras requerem uma atenção intensiva e cuidadosa. Os doentes podem assumir um papel importante neste processo de monitorização, chamando a atenção para qualquer problema que surja com o equipamento, como, por exemplo, durante uma sessão de hemodiálise.

Finalmente, existem relações complexas que envolvem todas as variáveis descritas nas várias fases das trajectórias. Passamos a enumerá-las: as características das ligações entre doente e tecnologia; as características dos agentes que fazem essas ligações e da divisão do trabalho em que estão envolvidos; as características das tecnologias; o impacto das tecnologias no corpo; o espaço em que essa ligação ocorre; as implicações dessas ligações para o resto do hospital. No caso da UT, podemos referir alguns exemplos que ilustram algumas destas relações complexas apresentadas por Strauss et al. (1985:58). Na UCI e nos quartos de cuidados intensivos situados na unidade, em torno de estados agudos de doença, a prontidão da acção das máquinas é requerida, implicando grandes competências e recursos por forma a proceder às ligações correctas entre máquinas e doentes. Igualmente no serviço de radiologia, onde os doentes por vezes se deslocam para proceder a exames como as colangeografias, raio-x ou ecografias ou eco-dopplers, a dimensão das máquinas, as competências requeridas e os potenciais riscos provenientes do seu manuseamento (tanto para os médicos como para os técnicos que aplicam esta tecnologia) constituem situações onde as formas habituais de ligação da tecnologia aos doentes implicam a deslocação do doente a um espaço próprio, salvo excepções em que o doente está incapacitado de se deslocar devido ao seu estado de saúde (conduzindo-se, então, um equipamento portátil à sua cabeceira).

As ligações, quando feitas no interior do corpo, combinam competências muito especializadas e recursos consideráveis por forma a monitorizar máquinas e corpos. Aqui, o bloco operatório constitui um cenário por excelência para as ligações, enquanto que a enfermaria funciona como espaço residual para este tipo de trabalho. Na transplantação hepática, as ligações das várias tecnologias cirúrgicas e de monitorização são efectuadas no interior do bloco operatório. No caso concreto dos dispositivos de monitorização que são implantados no interior do corpo, é de referir o mais sofisticado – o catéter de Swan Ganz, colocado pelo anestesista, no início da intervenção, directamente na veia jugular até à artéria pulmonar, através do controlo de raio-x. Este catéter permite transmitir informação para um microprocessador que regista a curva da temperatura, traduzindo-a em fluxo de sangue por minuto. Esta ligação do doente a uma tecnologia específica implica competências especializadas de um agente que execute a ligação, neste caso um anestesista sénior. Tanto este dispositivo de monitorização como outros que são colocados no doente no bloco operatório, imediatamente antes da intervenção cirúrgica, permanecem ligados ao doente até ao momento em que este sai dos cuidados intensivos para a enfermaria. Assim, a maioria das ligações entre tecnologia e doente, necessárias à monitorização na fase dos cuidados intensivos, é previamente realizada num outro espaço e num tempo diferente.

Tendo em consideração que as tecnologias médicas são utilizadas nos corpos, a sua monitorização não se limita apenas aos aspectos associados ao seu funcionamento mecânico. Tal como referem Strauss et al. (1985:59), o termo "monitorizar" aplica-se aos mais variados contextos em que a tecnologia é utilizada. Por forma a evitar equívocos quanto à utilização do termo, os autores referem os vários tipos de monitorização envolvidos na prestação de cuidados que implicam um trabalho altamente qualificado. No caso da transplantação hepática, o melhor exemplo prende-se com a fase do trabalho do anestesista no bloco operatório e dos intensivistas na fase imediatamente posterior, nos quartos de cuidados intensivos. Médicos e enfermeiros monitorizam os equipamentos, interpretando os resultados de acordo com as funções fisiológicas. Os sinais sonoros provenientes do equipamento, assinalando uma espécie de alarme, mantêm os médicos atentos em relação ao estado do doente. De igual modo, no caso da UCI, onde o doente já está consciente, esses sinais indicam a evolução do seu estado. Movimentos, aspecto, queixas, constituem importantes elementos a considerar quanto à questão da monitorização. Também os relatórios dos enfermeiros, os diários de enfermagem, são instrumentos fundamentais na monitorização das tecnologias, na medida em que são estes elementos que vigiam de perto, quer as máquinas, quer o doente, transmitindo essa informação aos médicos.

De acordo com Strauss et al. (1985:61), os processos de monitorização são concebidos por forma a manter médicos e enfermeiros a par de vários aspectos, que os autores designam de "dimensões". Em primeiro lugar, existe a monitorização da estabilização ou alteração da trajectória (negativa ou positiva), bem como a avaliação dessa alteração/estabilização. Um aspecto importante desta espécie de "condição presente" significa a sua localização precisa na trajectória. Uma segunda dimensão implica que, se as mudanças negativas são drásticas, a segurança clínica está em jogo e ocorre a necessidade de monitorização, especialmente em situações que envolvem trajectórias de alto-risco ou durante fases críticas. Em terceiro lugar, os autores chamam a atenção para situações em que pode ocorrer monitorização ao longo de duas outras dimensões que, apesar de não serem estritamente médicas, podem afectar o trabalho médico: uma tem a ver com o conforto dos doentes e a outra com problemas psicológicos que o uso de determinada tecnologia pode provocar no doente.

Alguns elementos podem influenciar a monitorização, entre eles os agentes e a variabilidade produzida pelas diversas trajectórias, fases, medicamentos e procedimentos. Aqueles que procedem à monitorização podem ter competências, experiências e preocupações variadas. Por outro lado, a precisão da sua monitorização pode ser afectada pelos recursos disponíveis, como a eficiência dos equipamentos, o tempo, outros agentes envolvidos na monitorização e o número de doentes a serem monitorizados.

Por outro lado, a informação proveniente dos sistemas de monitorização deve ser validada pelos enfermeiros e médicos. A atenção dada às máquinas, e aos alarmes que indicam alterações do estado do doente, implica uma constante disponibilidade dos recursos humanos. Os alarmes assumem um papel importante, mesmo vital, em termos de monitorização, na medida em que a sua acção indica a aproximação dos limites.

O trabalho de monitorização é aprendido com a experiência, tal como qualquer outro tipo de trabalho que implique a prestação de cuidados de saúde. Ler o corpo e os seus sinais, ler os resultados provenientes dos exames de diagnóstico, implica muito mais do que o que é transmitido nos cursos profissionais. Implica aprender com a experiência, no contacto directo com os doentes e as tecnologias, e aprender também com a experiência dos outros que nos vão transmitindo as suas próprias experiências. Pelo lado dos médicos, por serem tipicamente especialistas e trabalharem directamente com vários tipos de equipamentos ao longo da sua vida profissional, o seu trabalho em termos de monitorização é sobretudo interpretativo e aprendido ainda na fase do internato, apesar de o aperfeiçoarem nos anos adicionais de experiência clínica, como teremos oportunidade de ver mais à frente.

Outros actores, por vezes esquecidos quando se fala em monitorização, são os próprios doentes. Os doentes, como é no caso da UT, devido à longa estadia no hospital, acabam por ficar familiarizados com as tecnologias. Não raramente, observamos alguns doentes que, durante as consultas de rotina, perguntam aos médicos pelos valores de determinados parâmetros contidos nas suas análises de sangue, por forma a eles próprios poderem avaliar o respectivo estado de saúde, recorrendo à comparação com resultados de exames anteriores. Os próprios enfermeiros e médicos acabam por perceber até que ponto podem delegar em determinados doentes as funções de monitorização de algumas tecnologias, nomeadamente as que se relacionam com a medicação que os acompanha ao longo das suas vidas. Quase sempre, na consulta de hepatologia, são os próprios doentes que informam os médicos de que necessitam de determinados medicamentos que sabem que têm de tomar em determinadas situações que vulgarmente podem ocorrer nos transplantados hepáticos. Neste sentido, no que respeita à monitorização, a participação do doente é fundamental na UT e implica desde muito cedo o doente. Tal acontece ainda na fase do pré-transplante, na monitorização dos sinais provenientes do seu corpo.

As notas dos enfermeiros e dos médicos são formas de monitorização que são transmitidas entre eles. Trata-se da transmissão de informação (Strauss et al., 1985:65). Ela permite, sobretudo aos médicos, interpretações informadas com base nas trajectórias dos doentes: localização, movimentos e relações com outras intervenções médicas passadas. As futuras trajectórias de acção médica – opções escolhidas e assumidas – dependem sobretudo destas interpretações, duma pirâmide de informações recolhidas pelos médicos, enfermeiros e técnicos de saúde, e por laboratórios especializados. À cabeceira do doente, a transmissão de informação monitorizada da enfermeira à enfermeira-chefe ou ao médico resulta em decisões que implicam de imediato acções, tendo em vista a segurança, conforto ou ansiedade do doente.

Strauss et al. (1985:65-66) chamam a atenção para a absoluta necessidade, em termos analíticos, de distinguir entre estes dois níveis de informação transmissível: eles correspondem à distinção feita anteriormente entre opções tomadas rapidamente ao nível mais baixo ou operacional e as decisões tomadas no topo, pelos médicos responsáveis pela trajectória do doente.

Seja qual for a natureza da monitorização, ela constitui um aspecto extremamente importante de toda a produção de trabalho médico que tem vindo a implicar, cada vez mais, a tecnologia. Tecnologia é não apenas o produto do conhecimento e da especialização médicos em progresso e evolução, mas, também, um aspecto crucial na produção de informação e na construção do conhecimento médico, traduzido, em termos clínicos, na profusa criação de novos tipos de trajectórias, mais curtas ou prolongadas, com novas e diferentes fases. Isto significa alterações no percurso da doença e nas tarefas e na organização do trabalho implicadas nestas mudanças que ocorrem nas trajectórias. Um dos exemplos mais significativos nas áreas da transplantação, e particularmente na transplantação hepática, tem a ver com o surgimento das drogas imunossupressoras que permitiram inverter por completo os resultados de mortalidade, alterando a natureza das várias trajectórias da doença e do trabalho dos que prestam os cuidados de saúde.

Para além da produção de informação e de conhecimento médicos, as questões tecnológicas estão intimamente relacionadas com a definição dos limites que separam as várias áreas do conhecimento médico, que se encontram agrupadas em especialidades. Deste modo, importa analisar, no contexto das práticas médicas, de que forma a tecnologia assume um papel fundamental na construção das fronteiras das diferentes especialidades médicas envolvidas na transplantação hepática.

2. A tecnologia na construção das fronteiras entre especialidades

Como já foi referido, na transplantação hepática intervêm especialidades cuja actividade se organiza quase exclusivamente em torno do diagnóstico. Neste sentido, algumas tecnologias utilizadas no hospital não são aplicadas nos corpos. É o exemplo dos equipamentos dos laboratórios clínicos, que apenas utilizam produtos do corpo, como o sangue e a urina, ou o da anatomia patológica, que analisa tecidos do corpo. Assim, fragmentos do corpo espalham-se por vários cenários, dispersando-se na complexidade organizacional que é o meio hospitalar e pelas várias especialidades que produzem informação e a comunicam, contribuindo cada especialista com o seu olhar sobre a realidade. No entanto, salvo estas excepções, a maioria das tecnologias está relacionada com a intervenção directa no corpo, ou seja, elas são utilizadas nos doentes cujos corpos são conjugados com as máquinas. Desta forma, assistimos ao transporte quer de corpos quer de máquinas, de corpos ou partes de corpos que se ligam ou desligam das máquinas. Em suma, as tecnologias utilizadas no corpo envolvem aspectos complicados que não estão contemplados nas tecnologias que não intervêm nele. De igual modo, incluem posteriormente, implícita ou explicitamente, outras formas de trabalho.

Assim, importa salientar, mais uma vez, o papel fundamental de algumas especialidades médicas de outros serviços do hospital, ligados aos meios complementares de diagnóstico e terapêutica, que prestam um contributo indispensável na elaboração do diagnóstico e na avaliação de terapêuticas nas várias fases do circuito de transplantação hepática. A actividade destes especialistas não se limita ao acto clínico individualizado, antes estendendo-se à aplicação de tecnologias sofisticadas, localizadas noutros tempos e espaços que constituem autênticos bastidores de retaguarda onde se produz informação crucial para a tomada de decisão nas várias trajectórias do circuito de transplantação hepática. Através de protocolos definidos, que assentam na realização de exames complementares por vezes sofisticados, os serviços de radiologia, anatomia patológica, hemoterapia e patologia clínica, constituem nichos tecnológicos onde médicos especializados em cada uma destas diferentes áreas dominam equipamentos e procedimentos da sua exclusiva área de competência.

No caso concreto dos radiologistas, é importante referir o facto de estes especialistas nunca intervirem em termos clínicos. Sempre que é necessária a realização de exames radiológicos específicos, como as colangiografias e os eco-dopplers na fase de pós-transplante, com o objectivo de controlar o estado do enxerto e o património vascular do novo órgão, estes são sempre efectuados a pedido e sob orientação dos cirurgiões ou hepatologistas. Na situação concreta da colangiografia, é sempre um dos cirurgiões seniores que procede à introdução do líquido de contraste nas vias biliares, orientando o trabalho do radiologista no sentido de se obter uma melhor imagem. Durante o tempo em que ocorre o exame, particularmente no final, o cirurgião e o radiologista interpretam em conjunto as imagens, completando o diagnóstico com dois olhares diferentes, essenciais para uma correcta avaliação da situação.

> "(...) a colangio, acho que tem toda a vantagem em ser feita em conjunto. O EcoDoppler também, para explicar o que é que foi feito no transplante. Para que o radiologista não vá procurar alguma coisa que até pode nem lá estar. Procurar alguma artéria ... e nós sabemos que a artéria não está ali porque tivemos de fazer de outra maneira. E depois ele anda ali à procura e não tem. E não tem mesmo, está noutro sítio." (MC UT 4)

Esta interligação entre radiologistas e cirurgiões constitui um exemplo notável da definição de fronteiras através do controlo de uma determinada tecnologia. A propósito da realização deste exame concreto, os cirurgiões assumem claramente a sua intenção em ganhar vantagem no domínio desta tecnologia em relação aos radiologistas, num terreno que pertence a estes últimos:

> "Em relação ao EcoDoppler, é feito pelos radiologistas. Nós estamos a ver se os nossos internos começam ... vão entrando, não é? Quanto mais se começa a fazer mais se é solicitado. O hospital tem radiologia e tem dado uma boa resposta. De qualquer maneira se houvesse mais uma ou duas pessoas a fazer, com a visão do cirurgião, era óptimo, era óptimo." (MC UT 4)

Ainda a propósito do trabalho do médico radiologista, há a referir que as fronteiras com as outras especialidades directamente relacionadas com o transplante hepático (hepatologistas, intensivistas ou mesmo anestesistas) são mais nítidas. Raramente estas especialidades estabelecem práticas médicas na fronteira com o serviço de radiologia, como acontece no caso dos cirurgiões. Assim, podemos afirmar que, apesar destas especialidades precisarem do apoio complementar da imagiologia e da radiologia clássica, este é sempre realizado a partir da iniciativa destas especialidades. Nestas situações, o técnico de radiologia apenas se limita a manipular o equipamento e a produzir imagens do órgão a ser observado, sendo que são os médicos, hepatologistas, anestesistas ou intensivistas, que interpretam os resultados e agem em conformidade com o diagnóstico produzido exclusivamente por eles.

Outros exemplos envolvendo outras especialidades foram, de igual modo, observados na Unidade de Transplantação. É o caso da interligação entre o serviço de patologia clínica e os intensivistas e hepatologistas. O trabalho da patologia clínica é crucial, existindo quase uma relação de dependência, sobretudo dos intensivistas e hepatologistas, em relação a esta especialidade, pela proximidade destas duas especialidades médicas em relação aos aspectos relacionados com a patologia clínica e, em particular, aos resultados produzidos em laboratório pelo conjunto da patologia do doente. Neste sentido, sobretudo com os intensivistas que assistem ao pós-operatório imediato, o serviço de patologia clínica estabelece um diálogo quase permanente a propósito da interpretação dos resultados que é construída, muitas vezes, a partir desta ligação estreita nas fronteiras entre os médicos intensivistas e os patologistas clínicos.

> "Portanto, as análises são um dado fundamental. É preciso ter um diálogo com o patologista clínico e, no transplante hepático, é uma das áreas em que é mesmo fundamental. E nesse aspecto funciona bem. É claramente uma das áreas em que isso é importante, porque a imunoterapia intervém muito activamente na própria programação da terapêutica do doente. Do ponto de vista da imuno-hemoterapia, eles discutem muito isso connosco." (MI UIV 21)

No entanto, o serviço de patologia clínica deste hospital não efectua algumas análises laboratoriais específicas que são necessárias ao diagnóstico de algumas patologias, nomeadamente as hepatites, presentes em alguns doentes do programa de transplantação hepática. Deste modo, o serviço, através dos hepatologistas, tem necessidade de recorrer a laboratórios particulares.

De igual modo, o apoio dos patologistas clínicos é crucial na fase da cirurgia de transplante, estabelecendo-se uma ligação directa e permanente, durante toda a intervenção cirúrgica, entre estes e os médicos anestesistas. Frascos de sangue e urina, colhidos pelos anestesistas, circulam do bloco operatório para os laboratórios do serviço da patologia clínica, em intervalos regulares. Constantemente, estes especialistas estão em contacto telefónico por forma a assegurar uma correcção atempada dos valores. Também o serviço de hemoterapia (serviço de sangue) contacta regularmente com os anestesistas com o objectivo de serem providenciadas as quantidades de sangue e plasmas necessários para transfusão, em função dos resultados provenientes dos laboratórios de patologia clínica e da indicação dos anestesistas que controlam todo o processo.

Finalmente, de entre os vários serviços que prestam apoio complementar de diagnóstico e terapêutica, o serviço de anatomia patológica constitui um importantíssimo elemento a ter em consideração na transplantação hepática. As relações de fronteira entre este serviço e as várias especialidades médicas envolvidas directamente na transplantação hepática estabelecem-se, sobretudo, com os hepatologistas, embora, pontualmente, também com os cirurgiões. Os anatoma-patologistas, particularmente alguns elementos vocacionadas especificamente para as patologias do fígado, desempenham uma função extremamente importante na avaliação das diversas patologias do fígado e intervêm em várias fases.

Seguindo o circuito de transplantação hepática, a primeira prestação destes especialistas começa antes do transplante, quando são chamados a analisar algumas das patologias presentes nos doentes candidatos ao transplante. Nesta fase, hepatologistas e anatomo-patologistas, em momentos muito precisos, em torno dos resultados provenientes das biópsias hepáticas e de outros exames complementares de diagnóstico, trocam informações e por vezes interpretam em conjunto um leque considerável de informações, por forma a elaborar um diagnóstico.

Também na fase da colheita do órgão, quando a colheita de tecidos para biópsia do fígado é efectuada no hospital de acolhimento do dador, o serviço de anatomia patológica intervém. Os tecidos são transportados para o laboratório de anatomia patológica do hospital onde vai ser efectuada a cirurgia de transplante, i.e., onde está localizada a unidade de transplantação, por forma a proceder-se à análise dos tecidos colhidos e a um estudo, o mais aprofundado possível, das características das células do fígado a ser transplantado. Já na posse dos resultados, o especialista entra em contacto com o hepatologista ou com a enfermeira de coordenação, ou mesmo com os cirurgiões que esperam uma resposta do serviço de anatomia patológica para procederem ao transplante, cuja realização depende, nesta fase, dos resultados provenientes da biópsia hepática que permitem avaliar as condições do fígado a ser transplantado.

Nas trajectórias seguintes, o trabalho destes especialistas continua a ser imprescindível, na medida em que, em algumas situações, é necessário proceder a várias biópsias hepáticas na fase pós-operatória por forma a controlar o funcionamento do fígado e eventuais sinais de rejeição do novo órgão. Nestas situações, os resultados são discutidos com os hepatologistas e também com os cirurgiões com o objectivo de se tomar uma decisão.

Mas a relação do serviço de anatomia patológica com o transplante hepático estende-se para além destes momentos precisos. O estudo dos fígados retirados dos doentes faz parte dos programas de trabalho de alguns dos anatoma-patologistas deste hospital. Este aspecto prende-se não apenas com questões relacionadas com a investigação médica mas, sobretudo, com o aprofundamento das situações concretas que apenas são possíveis de diagnosticar com maior rigor quando o fígado é retirado. O estádio de desenvolvimento da doença, as terapêuticas a administrar, as complicações que podem ocorrer futuramente naqueles doentes concretos, são, assim, controlados de uma forma mais segura graças à contribuição prestada por estes especialistas que acrescentam e esclarecem informações, através do estudo aprofundado do fígado. Esta questão extremamente importante implica uma relação estreita com os hepatologistas que acompanham os doentes após a fase da cirurgia. Hepatologistas e anatoma-patologistas vão completando mutuamente as informações necessárias ao acompanhamento da doença, esclarecendo-se constantemente com olhares complementares sobre o doente.

As ligações das diferentes especialidades médicas às diversas tecnologias estão intrinsecamente relacionadas com os aspectos que dizem respeito à manipulação e à aplicação dos equipamentos e técnicas, e com a interpretação das informações produzidas pelas diferentes tecnologias. Assim, é importante identificar, nas diferentes especialidades ligadas directamente ao transplante hepático, de que forma é que são utilizadas as diferentes tecnologias, dando ênfase particular às zonas de fronteira entre as várias especialidades.

No caso particular dos hepatologistas, destaca-se toda a tecnologia de gastroenterologia, endoscópio e colonoscópio, que é exclusivamente aplicada pelos hepatologistas. A este propósito, um dos hepatologista reforça a imagem destes especialistas (directamente associada às tecnologias que identificam esta especialidade como uma especialidade interventiva) de tal forma que o trabalho, conhecimento e experiência médicos são uma extensão da própria tecnologia e a sua verdadeira razão de ser. Assim, em muitos casos e no exemplo dos gastroenterologistas em particular, as especialidades médicas estão associadas a instrumentos e técnicas específicos, como podemos exemplificar a seguir:

> "A tecnologia que nós precisamos também inclui uma pequena unidade de endoscopia digestiva que foi, na altura, pensada para os doentes da Unidade. Mas hoje, por necessidade, vai dando apoio aos outros serviços hospitalares, com a excepção da urgência. Nós não fazemos urgência e como não cedemos aparelho sem médico ..." (MH UT 12)

"Os gastroenterologistas gostam mais de pôr o tubo por baixo, um tubo por cima e picar, do que ver um doente, apalpar a barriga ..." (MH UT 11)

Como podemos constatar a partir desta última citação, proveniente duma entrevista a um dos médicos hepatologistas, cada vez mais o exercício da medicina recorre à utilização de tecnologias. De igual modo, o desenvolvimento de tecnologias que permitem trabalhar no interior do corpo do doente, como é o caso das técnicas de gastroenterologia, possibilita que a utilização destas tecnologias constitua um ganho objectivo em termos de prestação de cuidados e favorece a produção de informação científica para a constituição de um diagnóstico de base. Deste modo, podemos salientar dois aspectos fundamentais sobre esta questão. Em primeiro lugar, significa que o médico assume uma atitude cada vez mais objectiva em relação ao doente, uma postura onde os valores próprios dos médicos são postos de lado. Esta situação de distanciamento face ao doente enquanto pessoa implica uma tendência crescente para encarar o doente como um objecto. Em segundo lugar, significa que a informação que o médico considera crucial para a construção de um diagnóstico não tem como principal origem a conversa e o diálogo com o doente.

Certamente, perante a informação objectiva que as tecnologias de diagnóstico produzem, a informação inerentemente subjectiva fornecida pelo doente tem tendência a ser secundarizada. O sentimento que os doentes têm de que os médicos apenas se preocupam com a sua doença, e não com eles próprios enquanto pessoas por inteiro, deve ser atribuído, pelo menos em parte, a estes aspectos que acabámos de referir. Acresce que estas duas notas acerca das tecnologias de diagnóstico são certamente reforçadas pelo impacto das tecnologias cirúrgicas, tecnologias que apenas conseguem tratar o corpo do doente e que não têm capacidade para contemplar aspectos subjectivos.

No diagnóstico procura-se colocar o doente numa categoria onde se encontram outros doentes que apresentam sintomas semelhantes da doença. A semelhança dos sintomas entre os vários doentes da mesma categoria não os torna necessariamente idênticos. Aquilo que é único num doente pode ser muitas vezes entendido melhor através de meios não tecnológicos, como, por exemplo, o diálogo. Estes meios lidam com as sensações e percepções do doente e são relevantes no tratamento da doença. A doença não constitui apenas um distúrbio físico das estruturas e funções do corpo; é igualmente uma experiência vivida pelo doente que preenche a doença com um significado. Conhecer o que esta resposta pessoal envolve constitui uma informação crucial para a terapia. A terapêutica é bem sucedida na medida em que implica não apenas as necessidades de cura duma determinada doença, mas em que também modifica os sentimentos causados pela doença.

É de referir, a propósito do trabalho dos hepatologistas e, em particular, da relação que estabelecem com os doentes logo a partir da primeira consulta, que existe uma especial preocupação na utilização de técnicas de diagnóstico a que chamamos mais clássicas, onde os sentidos do médico e a sua longa experiência funcionam como autênticos instrumentos de diagnóstico. Aqui, apesar do hepatologista não prescindir de exames específicos complementares do diagnóstico, as várias abordagens ao doente, sobretudo nas consultas, substituem os aparelhos e os relatórios de exames e análises pelo método de observação directa e minuciosa do doente, onde os únicos interfaces entre médico e doente são o diálogo, os sentidos e, quando muito, um estetoscópio.

"(...) quando os doentes entram, uma pessoa pergunta: «então de que é que se queixa?» e o doente responde: «eu tenho aqui um exame». E eu digo, «desculpe, não foi isso que eu perguntei. Eu perguntei de que é que se queixa, o que é que o senhor tem.». «Ah! Mas eu tenho aqui uns exames que mostram.» «Então porque é que o senhor fez estes exames que mostram? Deve-se ter queixado de alguma coisa para fazer estes exames.» E os doentes já estão tão assim, que não imagina a dificuldade que é. Os médicos, cada vez mais, tocam menos. Os doentes aparecem com sacos de plástico cheios de exames que os médicos não sabem ler ... lêem o relatório." (MH UT 11)

Neste excerto de entrevista surge ainda uma referência ao outro lado da tecnologia que não tem apenas a ver com a sua aplicação, mas também com a questão do domínio dos conhecimentos e experiências que permitem a interpretação correcta dos resultados produzidos pelas tecnologias de diagnóstico. Trata-se de saber olhar para os valores e atribuir-lhes um significado de acordo com outras informações sobre o doente, já previamente recolhidas e analisadas pelo médico assistente. Neste sentido, não é suficiente ter acesso à interpretação do técnico ou médico que aplicou uma determinada tecnologia no doente e que interpretou os valores provenientes dessa aplicação sem conhecer o doente. É fundamental que o médico saiba ler os resultados em bruto, sendo que a interpretação a partir de outras interpretações pode conduzir a um diagnóstico deturpado. Neste sentido, o trabalho conjunto nas zonas de fronteira entre as várias especialidades que intervêm, de forma mais ou menos directa, na transplantação hepática, é crucial para este serviço.

Assim, como já foi referido, para além das técnicas específicas de gastroenterologia, os hepatologistas recorrem a outras especialidades de apoio complementar de diagnóstico (nomeadamente aos serviços de radiologia, patologia clínica e anatomia patológica), sendo que, nestas situações, as relações com a tecnologia não se traduzem na sua utilização directa, mas, antes, no uso dos seus produtos sob a forma de resultados e valores, sob a forma de imagens ou números que são interpretados pelos hepatologistas que, na grande maioria dos casos, dispensam ou mesmo ignoram o relatório que os acompanha.

No que diz respeito à definição dos aspectos terapêuticos, e particularmente à prescrição de medicamentos, para além de todo um conjunto de fármacos com objectivos profiláticos e de controlo de determinados valores vitais específicos que, de um modo geral, são prescritos pelos hepatologistas desde as primeiras consultas (e que vão sendo sujeitos a alterações ao longo do circuito de transplantação), existe um conjunto de medicamentos com funções muito específicas que são da exclusiva responsabilidade dos hepatologistas: os imunossupressores que se destinam, essencialmente, ao controlo da rejeição do novo órgão pelo organismo. Trata-se duma tecnologia que veio revolucionar toda a actividade de transplantação e que permitiu inverter por completo os resultados nesta área: 80% por cento de sobrevivência ao fim de cinco anos após o transplante. A evolução dos fármacos ligados à imunossupressão é constante e muito rápida, e os hepatologistas são os especialistas que estão atentos a estas questões. Foi possível observar, algumas vezes, os delegados de informação médica que se encontravam à espera nos corredores junto aos gabinetes de consulta de hepatologista e que vinham divulgar novos produtos nesta área.

A propósito do controlo deste grupo de fármacos, ao nível da prescrição das terapêuticas medicamentosas, no caso dos hepatologistas verificamos que este aspecto constitui um exemplo claro de controlo de tecnologias específicas por parte de especialidades concretas. Assim, ao nível da imunossupressão, mesmo nas trajectórias em que o doente passa a estar sob a responsabilidade dos intensivistas, na fase de cuidados intensivos, os hepatologistas não abdicam da prescrição deste conjunto específico de medicamentos, como forma de demonstrar que mesmo numa fase em que o doente escapa ao seu controlo, pelo tipo de cuidados específicos de que necessita, o hepatologista continua a ter a palavra final em matérias cruciais para o sucesso do transplante, como é o caso da imunossupressão.

Neste sentido, importa compreender o trabalho entre hepatologistas e intensivistas e a definição das fronteiras entre estas especialidades na transplantação hepática. Pela proximidade em termos de especialização médica, as relações de trabalho entre intensivistas e hepatologistas são por vezes problemáticas, caracterizando-se por divergências e olhares diferentes sobre o estado do doente. A intervenção do intensivista limita-se a uma fase muito específica do circuito de transplantação hepática: o pós-operatório imediato que necessita de alguns dias de cuidados intensivos, que vão desde 48 horas a 7 dias, consoante os casos (embora algumas vezes os doentes deixem os cuidados intensivos logo após 24 horas). Nesta fase, os doentes estão sob a responsabilidade exclusiva dos médicos intensivistas, ainda que sempre sob o olhar atento do hepatologista que, na maioria dos casos, não intervém nesta fase, a não ser para prescrever, como já foi referido, a terapêutica de imunossupressão.

A articulação destas duas especialidades é praticamente inexistente. Muito raramente o intensivista procura o hepatologista para trocar impressões sobre o doente, até porque a grande maioria dos intensivistas que presta cuidados ao transplante hepático têm muita experiência com estes doentes. De acordo com os intensivistas, o papel dos hepatologistas, nesta fase, acaba por ser um pouco secundário, resumindo-se apenas aos aspectos relacionados com a imunossupressão, já que as complicações do foro médico são assistidas pelos intensivistas.

Este aspecto de sobreposição de patrimónios comuns entre estas duas especialidades médicas constitui, de facto, um ponto de fricção que importa analisar mais de perto. Por um lado, encontramos os hepatologistas que se afastam do doente e de todo um conjunto de tecnologias e procedimentos que não dominam. Trata-se duma fase aguda e particularmente complicada com a qual o hepatologista não se identifica enquanto actor interventivo. Então, faz por se afastar de todo aquele ambiente de trabalho pesado e diferente do seu, embora controlando à distância, numa troca de informações pontuais com o intensivista que raramente solicita a sua presença. No entanto, um ou outro hepatologista pode eventualmente intervir mais, querendo saber, dando opiniões ou mostrando-se mais disponível para a discussão de casos relacionados com os seus doentes directos. Como tivemos a oportunidade de referir, de entre as várias especialidades directamente ligadas ao transplante hepático, o grupo dos hepatologistas, individualmente, revela um sentimento de posse em relação aos seus próprios doentes, em parte pelo facto de os acompanharem desde o início do processo até ao final das suas vidas. Este sentimento de posse é, nesta fase de cuidados intensivos, traduzido, por vezes, num acompanhamento diferenciado em relação aos vários doentes transplantados, sendo que se verifica, embora de forma velada, um maior afastamento em relação aos doentes dos seus pares e um olhar mais atento em relação aos seus doentes.

Este afastamento do hepatologista em relação aos cuidados intensivos suscita algumas reacções, por vezes contraditórias, no grupo dos intensivistas. Se, por um lado, os intensivistas quase que dispensam a presença do hepatologista, por outro, chamam a atenção para a necessidade de uma maior participação desta especialidade. Assim, justificam o facto de se sentirem auto-suficientes em relação ao transplante hepático, não apenas por também eles serem médicos que dominam a morfologia do fígado, todas as técnicas de cuidados intensivos, e a experiência neste tipo de pós-operatórios, mas também por nunca terem podido contar com a participação dos hepatologistas que se põem deliberadamente à margem, desresponsabilizando-se do processo. Nos testemunhos de alguns intensivistas são relatados episódios de recusa por parte dos hepatologistas em dar apoio ao pós-operatório imediato.

Pelo lado dos hepatologistas, o distanciamento face a uma situação que não dominam fá-los sentir, por vezes, uma sensação de desconforto. Se, por um lado, têm confiança na capacidade dos intensivistas, nos seus conhecimentos médicos e no seu domínio de tecnologias sofisticadas e poderosas, por outro, não resistem a deixar de manter o olhar atento, embora distante, sobre o acompanhamento médico dos intensivistas, discordando em alguns pormenores e tentando intervir pontualmente. Por vezes, esta tentativa em participar no trabalho dos intensivistas é bem vinda e até apreciada. Noutros casos, é vista como uma intervenção indevida em áreas que são da exclusiva competência dos intensivistas. No entanto, estas últimas situações são extremamente raras no que toca aos intensivistas, sendo que os hepatologistas assumem uma atitude mais elitista no que respeita à intervenção dos intensivistas no foro da sua especialidade, sentindo algum incómodo quando o intensivista toma alguma decisão directamente relacionada com o funcionamento do fígado, sem consultar o hepatologista. Trata-se de uma atitude de desafio, nesta fase da inteira responsabilidade do intensivista, em relação à posse do doente, por parte do hepatologista.

Outro importante ponto de conflito entre hepatologistas e intensivistas tem a ver com a passagem do doente dos cuidados intensivos para a enfermaria, que corresponde igualmente a uma passagem de responsabilidade do intensivista para o hepatologista. Este ponto de viragem na trajectória do doente suscita algumas divergências no que diz respeito ao momento certo para efectuar esta transição. A partir do momento em que os intensivistas entendem já não ser necessária a prestação de cuidados intensivos ao doente, articulam com os hepatologistas todos os procedimentos que implicam esta passagem. Acontece muitas vezes que os hepatologistas tentam protelar por mais tempo a estadia do doente nos cuidados intensivos, por forma a não correrem riscos relacionados com um desligar prematuro das máquinas e dos cuidados rigorosos e apertados dos intensivistas. Por não dominarem as técnicas de intensivismo, os hepatologistas não querem assumir uma responsabilidade prematura em relação aos doentes, enquanto que, por outro lado, os intensivistas sentem que a situação dos doentes já não inspira cuidados específicos das suas áreas de intervenção.

Mas se os intensivistas praticamente dispensam a participação dos hepatologistas no pós-operatório imediato, justificada pelo património comum de saberes médicos no que diz respeito à morfologia e patologia do fígado, o mesmo não é válido no que respeita a outras áreas, nomeadamente à da cirurgia. Aqui, a articulação dos intensivistas com os cirurgiões é muito estreita. A surgirem, as complicações do foro médico estão completamente asseguradas pelos intensivistas e pelo conjunto de tecnologias que dominam. No entanto, o mesmo não acontece com as complicações do campo cirúrgico, que são muito recorrentes no transplante hepático. A tecnologia dos cuidados intensivos define com muita precisão a posição e as fases da trajectória onde os intensivistas têm um maior peso no que diz respeito à responsabilidade do doente. Este excerto duma entrevista a um cirurgião é, aliás, muito significativo:

> "Se é preciso a visão do cirurgião, se há necessidade de intervir, se é preciso fazer alguma coisa do ponto de vista cirúrgico, aí intervimos. Nessa altura o doente, praticamente, não é nosso, é do intensivista. Porque o doente é um doente que está ventilado. É um doente que está com linhas, ora tem linha ora não tem linha e tudo o mais ... é um doente dos cuidados intensivos." (MC UT 10)

Assim, nesta fase pós-operatória imediata, apesar dos hepatologistas e cirurgiões passarem diariamente pelos cuidados intensivos para se informarem do estado do doente, quando surgem complicações do foro cirúrgico, o cirurgião intervém a partir da iniciativa do intensivista que o procura. Aliás, os transplantados hepáticos são definidos pelos intensivistas como "doentes cirúrgicos", expressão que revela uma preocupação em termos de vigilância, com eventuais complicações da área da cirurgia. Assim, estamos perante áreas do conhecimento muito específicas onde as fronteiras entre as duas especialidades são nítidas e concretas.

Intensivistas e cirurgiões dominam saberes, tecnologias e técnicas diferentes que são complementares e cruciais nesta fase da trajectória do transplante hepático, e, neste sentido, o entendimento entre estes dois grupos é bem diferente em relação à situação anteriormente descrita, a propósito das fronteiras entre hepatologistas e intensivistas. Estamos perante duas especialidades médicas que não se sobrepõem reivindicando saberes que são comuns, mas que, antes, se complementam na prestação de cuidados médico-cirúrgicos fundamentais ao longo de todo o circuito de transplantação hepática e, mais particularmente, no pós-operatório imediato.

A transmissão de informações acerca dos procedimentos e complicações cirúrgicas durante a cirurgia vai influenciar as opções dos intensivistas na prestação dos cuidados, tal como é referido por um médico intensivista:

> "(...) e na fase aguda penso que a gente não pode fazer mais coisa nenhuma. E o cirurgião não. O cirurgião às vezes é muito preciso, muito útil. Primeiro para nos explicar o que fez na cirurgia, quais são as complicações durante a cirurgia. Porque isso é óptimo para perceber determinadas complicações, não é? Porque a gente nunca pode diagnosticar se não souber o que se passou." (MI UCI 23)

Nesta relação, a intervenção de cada uma das especialidades está claramente delimitada a partir duma fronteira entre os cuidados médicos e cirúrgicos, embora em muitas situações, que impliquem ambas as competências, os casos concretos sejam discutidos, esclarecendo-se mutuamente, através de trocas de informações entre intensivistas e cirurgiões. É de referir ainda que, apesar de o doente estar sob a responsabilidade do intensivista no pós-operatório imediato, a atitude do cirurgião em relação ao acompanhamento do doente é diferente da do hepatologista. Possivelmente pelo facto do cirurgião procurar um *feed-back* do seu trabalho no transplante, ou ter consciência plena do estado do doente, está agora muito mais próximo da situação concreta do que o hepatologista.

Uma outra ligação fundamental para o trabalho do intensivista assenta na sua ligação aos médicos anestesistas presentes na cirurgia de transplante. De facto, as palavras de um dos intensivistas traduzem bem esta necessidade de articulação com "os únicos médicos presentes no bloco, capazes de nos transmitirem informações precisas do foro médico" (n.t.c.), por forma a que os intensivistas possam dar continuidade ao trabalho iniciado no bloco operatório, marcando, desta forma e mais uma vez, a distinção clássica entre os dois campos da medicina – a medicina e a cirurgia. Nesta interligação, que se resume a um único momento preciso mas crucial em todo o processo, o intensivista recebe do anestesista todas as informações do ponto de vista médico. Por vezes os anestesistas transmitem igualmente dados referentes à cirurgia. Esta passagem do doente para os cuidados intensivos inclui a transmissão das fichas de registo anestésico, onde estão descritas todas as ocorrências registadas nas várias fases da cirurgia, tais como os valores dos sinais vitais, os valores analíticos, as drogas administradas e todas as informações acerca do doente que o anestesista decida ser importante registar.

Esta passagem, entre anestesistas e intensivistas, para uma nova fase no circuito de transplantação hepática, transmite uma imagem de continuidade na prestação dos cuidados, quer pelo tipo de tecnologias que são utilizadas, quer pelo tipo de trabalho médico a elas associado. De igual modo, a natureza dos conhecimentos médicos em ambas as especialidades toca aspectos comuns, sendo a actividade de intensivismo um prolongamento do trabalho executado pelo anestesista – a vigilância permanente dos sinais vitais, dos sinais de infecção, da ventilação, dos aspectos hemodinâmicos, e a administração das drogas necessárias à manutenção da estabilidade do doente. Enfim, trata-se de prolongar a utilização da maior parte da tecnologia usada pelo anestesista desde o início da intervenção cirúrgica, particularmente da tecnologia de monitorização. O próprio coordenador dos anestesistas acumula esta função com a coordenação da equipa de intensivistas que assegura o apoio aos dois quartos de cuidados intensivos da UT. Do mesmo modo, verificamos que a grande maioria dos anestesistas do transplante hepático é igualmente intensivista noutros hospitais, inclusive em unidades de cuidados intensivos, prestando alguns deles cuidados na manutenção de cadáveres que entraram em morte cerebral e que constituem potenciais dadores. Estes cuidados caracterizam-se pela continuidade das mesmas medidas que o dador tinha em vida, isto é, antes de entrar em morte cerebral. No fundo, trata-se não de prolongar a vida, porque ela já não existe, mas de abrandar o processo de morte, que é irreversível, através da vigilância e manutenção de valores vitais aceitáveis.

À semelhança da interligação entre intensivistas e anestesistas, as fronteiras entre o trabalho dos hepatologistas e anestesistas é muito pontual e resume-se à passagem do doente e de todo o seu processo clínico, que é controlado pelo hepatologista, para os anestesistas que vão acompanhar o doente ao longo da cirurgia de transplante. Também aqui o anestesista é, aos olhos do hepatologista, o único médico presente no bloco, sendo que os hepatologistas entregam os "seus" doentes nas mãos daqueles que, em sua substituição, vão assegurar a prestação dos cuidados médicos. Nesta passagem do doente para uma nova fase da trajectória, o hepatologista comunica pessoalmente ao anestesista todas as informações acerca do doente e da sua patologia, chamando a atenção para alguns pormenores que possam ser importantes (quase todos presentes no processo do doente, de que constam notas médicas, resultados de exames, análises patológicas e todo um conjunto de outras informações necessárias ao processo). Alguns hepatologistas chegam mesmo a acompanhar o doente ao bloco, enquanto que outros efectuam esta passagem ainda na enfermaria onde o doente espera. Porém, outros hepatologistas dispensam o contacto pessoal e directo com o anestesista, passando todas as informações por escrito ou por telefone.

Acresce ainda referir outras situações muito particulares onde os hepatologistas estabelecem, por sua iniciativa, o contacto com o anestesista. Tratam-se de contextos onde o hepatologista necessita de recolher informações que complementem o seu olhar sobre o estado geral do doente, por forma a decidir sobre a entrada do doente no programa de transplantação hepática. Nestas situações concretas, o doente apresenta sinais de grande debilidade física que podem pôr em causa o sucesso do transplante. Aqui, mais do que o hepatologista, o anestesista consegue avaliar o estado geral do doente, completando as informações e o conhecimento dos hepatologistas, permitindo, assim, a construção de um diagnóstico mais rigoroso.

Em relação ao trabalho dos anestesistas, é sem dúvida nas fronteiras com o trabalho do cirurgião, na fase do transplante, em pleno bloco operatório, que podemos assistir a um dos mais impressionantes exemplos de duas tecnocracias perfeitamente distintas que jamais se confundem, quer pelo tipo de tecnologias que implicam, quer pelo tipo de práticas médicas que lhes estão associadas (mas que se conjugam e complementam de forma tão natural, que cada uma das actividades não pode ser compreendida sem a outra). O trabalho conjunto entre anestesistas e cirurgiões, podemos afirmá-lo, constitui, por si só, aquilo que podemos designar de uma única tecnocracia do bloco, onde as fronteiras entre cada actividade estão inconfundivelmente definidas e são impossíveis de transpor, tanto mais que se trata de uma especialidade médica e de uma especialidade cirúrgica.

No bloco, a articulação entre estas duas especialidades é notável. Ambas dominam um conjunto de tecnologias e técnicas sofisticadas, dentro de cada uma das especialidades. A anestesia de transplante constitui o patamar superior desta especialidade. Equipamentos, técnicas, fármacos, experiência, tudo é diferenciado em relação a qualquer outro tipo de anestesia, sendo esta tecnologia fundamental para o sucesso da intervenção cirúrgica.

> "A monitorização do transplante hepático, sob o ponto de vista de anestesia e intensivismo, é uma monitorização de ponta." (MA UT 15)

> "A grande diferença entre a anestesia do transplante hepático e de qualquer outra intervenção, é que o transplante hepático interfere muito mais nas funções vitais do receptor do que qualquer outra intervenção. Portanto, é uma intervenção extremamente agressiva e que pode ter grandes alterações, tanto por perdas brutais de sangue, como por entrada em circulação de produtos nocivos para o organismo. Portanto, o que nós temos de ter é uma boa base tecnológica que nos permita muito rapidamente fazer essa correcção. O que pressupõe ter na sala um equipamento tecnológico mais sofisticado para detectar as alterações mais rapidamente e, principalmente, ter meios de actuação mais rápidos." (MA UT 24)

Deste modo, ao nível da tecnologia de monitorização e de intervenção, o trabalho dos anestesistas é marcado por uma sofisticação de equipamentos que constituem o topo em termos de tecnologia no campo da anestesiologia. Trata-se duma monitorização invasiva, sendo que algumas tecnologias são ligadas no interior do doente, como, aliás, tivemos oportunidade de referir, o que requer um trabalho, por parte do anestesista, de grande controlo e domínio técnico. Pelas suas características, o transplante hepático implica todo um conjunto de recursos materiais e humanos que permitem assegurar a integridade física do doente. Neste sentido, a anestesia constitui uma das tecnocracias mais marcantes da transplantação hepática.

A par dos equipamentos e fármacos, o trabalho do anestesista é também diferenciado, implicando por parte destes especialistas uma grande experiência e conhecimentos sofisticados, que se traduz no facto de existirem poucos anestesistas a trabalharem nesta área. O domínio das técnicas associadas às tecnologias envolvidas na anestesia de transplante, assim como o conhecimento das variadas patologias presentes nos doentes a transplantar, bem como as complicações médicas que este tipo de cirurgia implicam, constituem aspectos fundamentais na definição do perfil do anestesista de transplante. Mais uma vez, tal como referido, as fronteiras entre a anestesia e o intensivismo diluem-se, já que o anestesista presente no bloco deve dominar os conhecimentos e técnicas do intensivismo para fazer face às mais variadas situações críticas que podem ocorrer em termos médicos.

"Um anestesista de transplante, para já, tem de ser um anestesista com uma grande formação em cuidados intensivos. Porque a anestesia de transplante tem muito a ver com correcções muito mais importantes do que as que o anestesista habitual faz e está habituado. Portanto, necessita de pessoas que tenham um perfil que é um pouco de excepção. É o toque da anestesia. Portanto, nem todas as pessoas chegam a equipas destas." (MA UT 24)

De notar neste excerto, a expressão utilizada pelo anestesista que denuncia a ideia do anestesista de transplante escapar ao padrão habitual dos anestesistas. O anestesista de transplante não é de facto um "anestesista habitual". Preparado para lidar com situações de alto risco onde a fronteira entre a vida e a morte se dilui, estes anestesistas assumem claramente uma atitude de superioridade, colocando-se para lá, acima, em relação aos seus pares da especialidade.

> "Estes anestesistas serão os que ao longo da vida se vão vocacionando mais para esta anestesia de risco e, por outro lado, também as pessoas que têm uma disponibilidade maior e que têm um certo *élan* com a transplantação. Porque se a pessoa não tiver *élan* não consegue trabalhar sempre à noite e sempre em condições tão adversas, e sempre sob tanto stress. Por isso é que o número de anestesistas de transplante não tem vindo a aumentar muito, porque são pessoas que têm de ter um perfil muito especial" (MA UT 24)

A presença desta forte tecnocracia, por parte da anestesia no bloco operatório, é testemunhada pelos cirurgiões.

> "O anestesista tem que ser um elemento que esteja sempre em cima. Nós também entendemos que temos uma competência em termos de anestesia que, quer dizer, não podíamos estar melhor. Realmente, transmite-nos uma grande segurança no transplante hepático e renal, mas no transplante hepático, sobretudo. Realmente eles são um grupo diferente." (MC UT 8)

Cumplicidade, harmonia, complementaridade, são termos que podem definir, no seu conjunto, o trabalho entre anestesistas e cirurgiões. Um autêntico trabalho de equipa onde a confiança mútua entre os dois grupos é uma realidade que transparece em todas as fases da cirurgia. No bloco respira-se uma dinâmica e competências crescentes de parte a parte que se influenciam mutuamente, dando origem a uma espécie de bola de neve que se traduz numa complementaridade e profissionalismo.

Mas, apesar deste contexto onde os dois trabalhos se interligam permanentemente, as fronteiras entre o trabalho dos anestesistas e dos cirurgiões, o domínio das tecnologias, as responsabilidades, jamais se confundem. Nunca em nenhuma outra zona de fronteira, entre qualquer outra especialidade directamente implicada no transplante hepático, assistimos a limites tão bem definidos e tão intransponíveis e, ao mesmo tempo, a duas áreas tão dependentes entre si. Como diz um dos cirurgiões na entrevista, "a cirurgia e a anestesia são duas especialidade que são unha com carne." (MC UT 10).

O próprio pano colocado na vertical, a três quartos do corpo do doente, marca a barreira entre o trabalho do anestesista e do cirurgião, como que a lembrar que cada grupo trabalha no seu terreno próprio. Por serem especialidades tão diferentes, que dominam conhecimentos e técnicas que praticamente não se sobrepõem, estes dois saberes não competem entre si pelo controlo de tecnologias e práticas a elas associadas, sendo que este aspecto é reforçado pelo facto de cada uma destas especialidades não poder ser exercida, ou mesmo ter sentido, sem a existência da outra. Mais ainda, a evolução de cada uma destas especialidades está intrinsecamente ligada, sendo que os progressos na área da anestesiologia permitem à cirurgia experimentar novas técnicas. Do mesmo modo, graças à segurança que os anestesistas proporcionam aos cirurgiões, esta equipa foi pioneira em Portugal na utilização de uma técnica cirúrgica que implica mais riscos durante a cirurgia, mas menos riscos no pós-operatório. Por outro lado, quanto maior for a competência técnica do cirurgião, mais seguro é o trabalho do anestesista. Assim, podemos afirmar que estas duas especialidades, pelo menos no transplante hepático, se fecundam mutuamente.

> "A gente não pensa sequer no que se está a passar. A equipa de anestesia permite-nos uma segurança que nos faz, por exemplo, fazer umas hepatectomias [acto cirúrgico de retirar o fígado] mais difíceis." (MC UT 6)

> "Há uma relação de segurança absoluta em relação ao trabalho da equipa anestésica. Eu penso que, e se perguntar aos meus colegas da anestesia, provavelmente, eu terei o prazer de constatar que eles dirão o mesmo de nós, essa relação de segurança e de

apoio tem de ser de parte a parte. Senão é um factor de destabilização completa. Assim como nós, a equipa cirúrgica, está inteiramente tranquila com a equipa de anestesia, os anestesistas também, penso, estarão perfeitamente tranquilos com o que se passa do outro lado dos panos." (MC UT 6)

O diálogo entre anestesistas e cirurgiões circunscreve-se a momentos muito precisos. Corresponde às diferentes fases da cirurgia que são mais críticas ou a situações inesperadas que ocorrem e que podem pôr o doente em perigo de vida. Na maioria dos casos, o diálogo entre os dois grupos tem como objectivo transmitir informações do foro médico e cirúrgico, por forma a ajustar os procedimentos, quer da parte dos anestesistas, quer da parte dos cirurgiões. No entanto, muitas vezes este diálogo serve para tranquilizar cada um dos lados e resume-se a um "está tudo bem por aí? Sim, está tudo bem" (n.t.c.). Como diria um dos cirurgiões, "quando não se dá pela anestesia é óptimo" (MC UT 4).

Neste ambiente onde reina uma calma aparente, a par de um dinamismo e de competências exuberantes que transmitem confiança, conseguimos adivinhar uma tensão latente pronta a explodir a qualquer momento. A delicadeza da situação que envolve o transplante hepático deixa marcas de *stress* nos silêncios prolongados, nos suspiros ou, até, num ou outro grito de alguns intervenientes mais impulsivos. Neste aspecto, é de salientar a postura da equipa de anestesistas que tenta nunca transmitir para o outro lado situações de perigo iminente, das quais muitas vezes só o anestesista se apercebe a partir das indicações dos aparelhos de monitorização e que põem qualquer um à beira de um ataque de nervos. Só mesmo quando é inevitável o cirurgião é informado da situação. Do mesmo modo, sempre que os cirurgiões se apercebem de alguma ocorrência cirúrgica que possa destabilizar o doente avisam o anestesista.

"O trabalho entre nós é o mais harmonioso possível, o mais harmonioso possível. É plenamente, plenamente! Eu penso que são tudo pessoas de categoria profissional. Portanto, eles têm confiança no nosso trabalho, nós temos confiança no trabalho deles. Eles nem têm de ter a mínima preocupação, assim como eu não tenho preocupação com o que se passa lá. Eles não têm de ter connosco. Até porque parte-se do princípio que se há alguma coisa que corre mal, a gente alerta-se uns aos outros" (MA UT 24).

"São trabalhos diferentes, portanto, normalmente não interferem. Não interferem e são complementares, porque há uma relação muito de troca de informação. Porque são doentes muito difíceis, são doentes que de um momento para o outro podem complicar, podem perder muito sangue, podem ficar em estados críticos. E nós passamos a informação rapidamente para o anestesista, para ele poder alterar também a sua maneira de trabalhar. A relação é muito pontual, é muito na base de se o doente está bem, ou na base se o anestesista achar que algo não está a correr bem do ponto de vista da função do fígado. Pedir uma opinião nossa sobre o que é que se está a passar ... mas há muito pouco." (MC UT 5).

Fox (1992), a propósito da relação entre cirurgiões e anestesistas, refere a gestão conjunta do doente que, neste caso concreto, é institucionalizada. A divisão do trabalho no bloco operatório entre estas duas especialidades pode ser compreendida enquanto duas perspectivas diferentes sobre o doente, sendo que estas diferenças estão institucionalizadas no discurso das especialidades, como teremos oportunidade de verificar mais à frente.

Resta-nos referir, ainda a propósito do papel da tecnologia na construção das fronteiras entre especialidades, o trabalho entre cirurgiões e hepatologistas. A observação directa e continuada, ao longo das várias trajectórias que constituem o circuito de transplantação hepática, permitiu-nos identificar um dos mais importantes exemplos de construção, afirmação e consolidação de duas das mais importantes tecnocracias presentes no contexto estudado. Cirurgiões e hepatologistas, a partir do controlo e aplicação de tecnologias específicas, negoceiam constantemente os seus poderes, impondo as suas perspectivas e práticas médicas, utilizando as tecnologias e respectivos procedimentos a elas associados, por forma a fortalecerem e concertarem posições na sua relação com as outras especialidades.

À mínima oportunidade, cada um destes grupos procura conquistar as áreas dominadas pelo outro grupo, avançando no terreno, dominando novas técnicas que, embora continuem a pertencer às suas áreas específicas, permitem interferir em situações clínicas onde, até aqui, apenas a outra especialidade interferia, a partir de abordagens específicas, inerentes a essa especialidade. Trata-se de situações onde, por exemplo, o hepatologista, a partir do domínio de uma tecnologia do campo da gastroenterologia, passa a interferir em situações até aqui da exclusiva competência do cirurgião e da sua abordagem cirúrgica ou vice-versa.

Estas situações marcam ainda a existência duma fronteira que está constantemente presente no exercício da medicina e que já se tornou clássica e que já foi anteriormente referida: a fronteira entre a medicina e a cirurgia. Este aspecto encontra-se particularmente marcado nas relações entre hepatologistas e cirurgiões, nos vários momentos da transplantação hepática. Cada especialidade reivindica para si o domínio de cada um destes campos, quer no domínio do conhecimento, quer na aplicação de tecnologias especificamente médicas ou cirúrgicas. No caso dos hepatologistas, é através da abordagem médica e não cirúrgica que este grupo se impõe em face dos cirurgiões, exibindo conhecimentos e experiências acumuladas, bem como a aplicação de técnicas sofisticadas da sua exclusiva competência e responsabilidade. Assim, sempre que possível, os hepatologistas procuram impor o olhar do médico, nomeadamente em situações em que a solução do transplante parece mais polémica. Nestes contextos, este grupo apela para a sua competência em termos de domínio das patologias médicas associadas aos casos em discussão, como teremos oportunidade de referir.

Do mesmo modo, o grupo dos cirurgiões impõe a abordagem cirúrgica. O transplante constitui, acima de tudo, uma cirurgia, sendo a Unidade de Transplantação uma unidade cirúrgica dirigida, aliás, por um cirurgião. Este facto incontornável é aceite por todas as especialidades envolvidas, colocando os cirurgiões, à partida, numa posição de força face aos hepatologistas. Neste sentido, sob o olhar atento dos hepatologistas, que pela natureza do seu trabalho têm uma maior aversão ao risco, o cirurgião vai avançando e intervindo no doente, a partir da aplicação de técnicas mais invasivas, algumas das quais da esfera do gastroenterologista, como a biópsia hepática. Neste caso concreto, o cirurgião ganha terreno pelo facto de estar familiarizado com técnicas invasivas e também pelo incómodo sentido pelos hepatologistas na aplicação de técnicas de alto risco. No entanto, o hepatologista contorna esta situação argumentando que a realização deste exame específico a partir do domínio de outras técnicas menos invasivas, por parte dos hepatologistas, devolveria aos hepatologistas o controlo da situação, reforçando assim a tecnocracia desta especialidade:

> "Eu, por exemplo, gostaria de dominar uma técnica que acho que é importante para fazer um melhor transplante, que é a técnica da biópsia hepática transjugular. Porque no centro onde trabalhei, em França, não há nenhuma biópsia hepática que se faça *per cutânea* ... como aqui. Aqui é feita por um cirurgião, não porque nós não sejamos capazes, mas ... porque inicialmente, tivemos imenso medo. É a palavra medo. Era estragar o trabalhinho que os cirurgiões fizeram e portanto, o melhor era eles aplicarem. Já que é uma técnica invasiva com imenso risco, o melhor é serem os cirurgiões a picar. Ora isso tudo contorna-se muito bem se nós, hepatologistas, domináss emos a técnica de biópsia transjugular" (MH UT 14).

> "A biópsia hepática é uma técnica que tem mortalidade, embora seja uma coisa relativamente simples de executar, mas que tem mortalidade. E o director desde o primeiro dia pôs esta técnica nas mãos dos cirurgiões, quando nós temos muito mais experiência em fazer biópsias hepáticas. Claro que a mim, pessoalmente, só me deu prazer isso, porque é uma técnica que eu abomino porque tem risco, e porque eu não preciso de a fazer. Eu não preciso de a praticar, porque aquilo é muito repetitivo. Portanto, não é uma técnica que a gente precisa de fazer todos os dias para não perder a mão" (MH UT 13).

A propósito destas interferências mútuas em situações em que uma das especialidades intervém em domínios que pertencem a outras especialidades, é interessante observar a atitude dos diferentes especialistas ao constatarem este facto. Numa ocasião abordámos um dos hepatologistas, a propósito da realização de um exame específico realizado pelos cirurgiões no pós-operatório. Concretamente, questionámos sobre a possibilidade de vir a ser o hepatologista a efectuá-lo. A resposta foi bastante significativa, deixando transparecer a ideia de que esse exame era efectuado pelo cirurgião, não pelas verdadeiras razões, i.e., pelo facto de ser um exame invasivo que exige domínio técnico e experiência (apenas os cirurgiões seniores o realizam), mas apenas porque o hepatologista consentia. Neste sentido, esta espécie de concessão por parte dos hepatologistas funciona como uma recompensa pelo facto de ter sido o cirurgião a colocar o novo órgão.

"São eles que as fazem porque gostam. Como são os cirurgiões que metem o fígado, gostam depois de ser eles a controlar se as vias biliares, se as ligações ficaram bem. E nós deixamos que sejam eles a fazerem. Esta tecnologia não tem nada de especial." (n.t.c.)

Do mesmo modo, a propósito da realização da biópsia hepática, os hepatologistas assumem perante o investigador que os cirurgiões demonstram um melhor domínio desta técnica. No entanto, sentem que a sua aplicação foi perdida para o cirurgião, já que inicialmente a biopsia hepática era do domínio da hepatologia. O excerto de uma das entrevistas a um dos cirurgiões é bem elucidativo:

"A situação é mais complicada. Com o hepatologista, pronto, é mais complicado, porque há coisas que são os hepatologistas que fazem. Mas como os doentes são transplantados, somos nós que fazemos. Por exemplo, a biópsia hepática, é um bocado *à la carte*: «precisamos de uma biópsia hepática para este doente, vocês fazem?» Mas eles fazem biópsias hepáticas com mais frequência até do que nós. E depois dizem que eles fazem melhor. Nós podemos até achar que o doente não tem indicação. Há aqui uma dificuldade de coordenação e até mesmo de comunicação" (MC UT 7).

No caso da transplantação hepática, a combinação de técnicas médicas e cirúrgicas apresenta as suas próprias possibilidades de disputa, extremamente peculiares. Os vários actores podem divergir, dando ênfase às respectivas abordagens cirúrgicas ou médicas. Por exemplo, um dos hepatologistas, contrapondo a abordagem do gastroenterologista à do cirurgião, referia, a propósito de um doente transplantado, que tinha sido capaz de diagnosticar correctamente o problema a partir da análise dum exame imagiológico, ao contrário do cirurgião que, mesmo abrindo o corpo, não conseguiu detectar a origem do problema.

Apesar da constante interpenetração destas duas especialidades, concretizada nas práticas médicas e cirúrgicas, e do conflito latente localizado nas fronteiras do trabalho médico/cirúrgico, a confiança existente entre cirurgiões e hepatologistas em relação à competência e experiência sentidas em cada um dos lados permite transmitir, a ambas as especialidades, a existência de uma retaguarda de confiança para ousarem tanto quanto possível na aplicação de novas técnicas. Deste modo, podemos afirmar que o fortalecimento das diferentes tecnocracias se apoia num trabalho interdisciplinar, onde cada uma das especialidades envolvidas, a par do exercício das suas técnicas específicas, assegura os cuidados médicos inerentes à sua especialidade, agindo quando necessário em situações emergentes e fornecendo garantias de segurança às outras especialidades envolvidas no processo.

"Digamos que tem-se assistido e é para o bem e para o mal, a uma certa autonomia de competências. Eu, por exemplo, não me sinto minimamente competente para discutir com os meus colegas hepatologistas se a dose de ciclosporina está correcta ou não. É evidente que assim como eles delegam em mim a resolução de problemas cirúrgicos, nós delegamos neles toda a resolução dos problemas médicos. Às vezes temos é perspectivas diferentes. Sem dúvida nenhuma. Eles, por vezes, tentam-nos convencer que será necessário, por exemplo, reoperar um doente que nós não concordamos que ele seja reoperado, por exemplo. Ou vice-versa, nós achamos que determinado doente no pós-operatório beneficiaria com determinado gesto cirúrgico e eles acham que não. Portanto, pontualmente, há isso, não é" (MC UT 6).

"Em relação à cirurgia, os cirurgiões são muito práticos, pouco teóricos e muito (silêncio), deixe-me ver (silêncio), pouco médicos, está a ver? E portanto, interessam-se pouco pelos problemas da medicina e também porque confiam em nós, têm suficiente confiança. Portanto, não precisam de se estar a chatear, a meterem-se em determinados problemas, se acham que estão a ser bem orientados. E portanto, respeitam-nos e também vêem que as coisas lhes parecem bem e também não interferem" (MH UT 14).

Assim, ao mesmo tempo que cada especialidade reforça a sua tecnocracia, assegura as condições necessárias para que as outras especialidades também o façam. Diferentes técnicas, olhares e valorização dos resultados traduzem os limites, em termos de intervenção, para cirurgiões e hepatologistas, sendo que cada um dos grupos atribui pesos diferentes às mesmas situações de doença, consoante as perspectivas e abordagens que marcam cada uma das competências.

"Nós somos médicos, tacteamos com as mãos porque somos médicos. Apalpamos, auscultamos. O cirurgião também tem boas mãos. Às vezes não lhe interessa muito é ver o resto. É o fígado. O coração já lhe disseram que está bom, não quer ... está a ver? Quem vê se está bom sou eu e se eu não sei peço a ajuda ao cardiologista que sabe mais do coração do que eu" (MH UT 12).

Como já foi referido, as fronteiras entre cirurgiões e hepatologistas constituem o exemplo mais explícito e marcante de afirmação das respectivas tecnocracias. Em nenhuma outra situação, a propósito das fronteiras entre especialidades, verificamos uma constante tentativa, por parte de cada um dos elementos envolvidos, de ultrapassar os limites definidos para cada uma das áreas, permeando as outras e alargando as suas fronteiras, consolidando deste modo as diferentes tecnocracias. Assim, cirurgiões e hepatologistas põem em prática várias estratégias que encerram um objectivo duplo. Por um lado, ambas as especialidades procuram fortalecer a Unidade de Transplantação (ela própria, no seu conjunto, uma tecnocracia que se impõe no hospital), defendendo o alargamento do âmbito deste serviço e propondo uma redefinição dos seus objectivos a partir duma maior e mais diversificada oferta de cuidados médicos e cirúrgicos. Por outro lado, justificando esta intenção a partir desta necessidade, cada uma das especialidades apresenta soluções que reforçam as suas tecnocracias individuais, na medida em que as soluções apresentadas vão de encontro à necessidade de aplicação de novas tecnologias médicas ou cirúrgicas, caso se trate dos hepatologistas ou dos cirurgiões.

Neste sentido, as especialidades em causa propõem um novo projecto, uma nova unidade mais alargada no seu âmbito de intervenção. Na situação concreta dos hepatologistas, estes actores pretendem um espaço dentro do serviço que lhes permita alargar o âmbito das respectivas práticas médicas e aplicação de todo um conjunto alargado de tecnologias de gastroenterologia que não são relevantes para o transplante. Por isso, o alargamento de serviço para outras vertentes, em termos de cuidados de gastroenterologia, que não incluam apenas a transplantação hepática, permitiria a esta especialidade a oportunidade de pôr em prática todo o conjunto de técnicas da sua exclusiva competência, impondo desta forma a sua tecnocracia perante as outras especialidades, particularmente a cirurgia com quem estabelece uma relação de forças constante.

"Eu acho que isto deveria ser um serviço, um departamento, não sei o que é que é. Qualquer coisa que entre outras coisas pudesse oferecer aos doentes uma alternativa terapêutica, que era o transplante. Mas todas as outras alternativas deveriam ser oferecidas, desde terapêuticas médicas a terapêuticas endoscópicas, cirúrgicas ou não cirúrgicas; e depois também deveria haver uma alternativa que era o transplante hepático. Os doentes chegam aqui para serem transplantados; podem ter sido bem ou mal seguidos; umas vezes bem estudados, outras vezes vêm mal estudados. Outras vezes a gente transplanta doentes que se tivessem tido uma intervenção, sei lá, atempada, não precisariam de ser transplantados ou não precisariam de ser transplantados naquela altura" (MH UT 13).

Da mesma forma, os cirurgiões pretendem alargar o espectro da sua tecnocracia, trazendo para o novo serviço todas as situações clínicas que implicam a cirurgia abdominal, que não unicamente o transplante. Reforça-se, assim, a tecnocracia do cirurgião a partir da criação de condições que proporcionem um terreno que permita consolidar todo um conjunto de técnicas cirúrgicas sofisticadas e pôr em prática um treino cirúrgico tão necessário que, embora específico, fica deste modo mais alargado.

"Era um serviço que nós poderíamos chamar de gastroenterologia, médico-cirúrgico. Um serviço de transplantação que tivesse transplantação e cirurgia abdominal e que tivesse várias unidades, nomeadamente a unidade de gastro, a unidade de laparoscopia, uma unidade de cirurgia hepato-bilio-pancreática. Em que os doentes vinham, eram referenciados por nós, que tínhamos muita experiência. Sermos uma unidade de referência em que o doente é transplantado se for isso o melhor para ele, mas nós termos dentro de nós, a nível da Unidade e do serviço, outras alternativas para esse doente, até eventualmente só médicas. Fazer só um tratamento médico e eventualmente encaminhar com o apoio da oncologia médica, fazer quimioterapia, radioterapia ..." (MC UT 4).

"Não pode haver um serviço, uma unidade de transplantação, com um quadro de cirurgiões a fazer só e exclusivamente transplantação. Isso tem a ver com o treino cirúrgico. Portanto, temos de definir que unidade é que a gente pode ter. Eu acho que, a minha opinião e posso-lhe dizer, a Unidade de Transplantação devia ser não só de transplante renal e hepático, mas também de alguma cirurgia que desse treino. E seria a cirurgia hepato-bilio-

-pancreática. Cirurgia do fígado e cirurgia da vesícula. Portanto, para se manter uma certa actividade cirúrgica semanalmente. Esta é a minha opinião. Seria um alargamento de tratamento da Unidade" (MC UT 5).

É de notar, como aliás acontece em relação aos hepatologistas, a necessidade absoluta de manter um trabalho interdisciplinar que permita assegurar a presença de vários saberes fundamentais em situações onde a intervenção no corpo, seja médica ou cirúrgica, atinge níveis extremamente delicados que implicam uma sofisticação em termos técnicos de todas as vertentes envolvidas. Neste sentido, a interacção entre estes vários olhares e saberes é uma relação de extrema cumplicidade e, ao mesmo tempo, de competição.

"O gastroenterologista actual, ao utilizar endoscopia de intervenção, interfere de uma maneira brutal naquilo que era o campo clássico da cirurgia. Portanto, digamos, entre aspas, rouba muitos doentes à cirurgia, no bom sentido. Mas, por outro lado, também precisa de uma retaguarda de apoio da cirurgia. Portanto, as relações entre a gastroenterologia e a cirurgia, isto com mentalidades abertas, é uma relação cúmplice. A endoscopia de intervenção intervém em casos proibitivos da cirurgia clássica. Isto é, são indivíduos de altíssima mortalidade que qualquer cirurgião consciente e experiente sabe que intervir naquele indivíduo é quase ... é quase ... é irreversível" (MH UT 13).

Para finalizar, resta-nos salientar a importância de uma fase específica do circuito de transplantação: o trabalho de coordenação da colheita do órgão, efectuado pela equipa de cirurgiões e enfermeiros do Gabinete de Coordenação e Colheita de Órgãos e Transplantação. Esta etapa de coordenação da colheita constitui por si só uma tecnocracia específica onde o enfermeiro coordenador e o Director do Gabinete, um médico anestesista ligado simultaneamente ao transplante e à prestação de cuidados intensivos no hospital onde está localizado o gabinete, possuem competências e experiência específicas nesta área de coordenação da colheita de órgãos, que se constitui como especialidade – "A coordenação de colheita e transplante é uma especialização"[5] (MDG GCCOT 24).

Os próprios cirurgiões presentes na colheita, os mesmos que depois efectuam o transplante do novo órgão, dominam as diversas técnicas específicas imprescindíveis ao acto da colheita, adquiridas em estágios realizados em centros de transplantação no estrangeiro, mas, sobretudo, na prática permanente e num saber de experiência acumulada. Estes cirurgiões comandam todo o processo cirúrgico desde o início. No bloco onde se efectua a colheita, estes médicos assumem a posse do doente que é respeitada pelas outras especialidades, algumas também cirúrgicas, presentes na colheita. Nas situações de multi-colheita de órgãos, como é o caso da maioria das situações, os cirurgiões procedem à abertura da cavidade abdominal à semelhança duma grande cirurgia abdominal. Dentro da sala, estes especialistas são os únicos habilitados a efectuar esta intervenção, sendo que as outras especialidades presentes (médicos de outros hospitais que vão proceder ao transplante de outros órgãos como, por exemplo, o coração e córneas), apenas aguardam o momento certo para colherem específica e unicamente o órgão que pretendem. Assim, muitas vezes, assistimos a colheitas onde o cirurgião cardio--toráxico apenas intervém no sentido de colher o órgão em causa, apenas durante alguns minutos, depois de dada "luz verde" por parte dos cirurgiões que lideram o acto da colheita.

A atmosfera sentida neste bloco traduz o peso desta tecnocracia. Enquanto os cirurgiões procedem à abertura da cavidade abdominal, os outros especialistas aguardam com curiosidade,

---

[5] Os enfermeiros coordenadores dos vários Gabinetes de Coordenação possuem o Curso Europeu de Coordenação de Transplante que tem a duração de dois anos e é leccionado em Barcelona por uma entidade que detém a certificação para realizar cursos de formadores nesta área específica, sendo o modelo espanhol um modelo de referência para a maior parte dos países europeus, entre os quais Portugal.

observando atentamente como que maravilhados com o trabalho destes especialistas e a forma como manuseiam instrumentos e técnicas que exigem muita perícia e destreza. Por vezes, alguns atrevem-se a dar palpites ou a expressar comentários a propósito da intervenção. Do outro lado, a resposta oscila entre um silêncio e uma frase seca de desacordo, traduzindo um sentimento de quase indignação pela ignorância das técnicas utilizadas. Reforça--se, assim, a tecnocracia exibida por estes cirurgiões em pleno acto de colheita, reforçada mais tarde já com os seus pares, na Unidade de Transplantação, através de comentários acerca de quem estava presente na colheita.

> "Só mandavam *bitaites* e questionavam porque é que era assim e não assado. Eu nem lhes respondia. Não percebiam nada daquilo, estavam excitadíssimos. Nunca tinham visto nada assim" (n.t.c.).

A força desta tecnocracia é, aliás, reconhecida pelo GCCOT. Na entrevista, a enfermeira-coordenadora não esconde a absoluta dependência deste organismo em relação aos cirurgiões da Unidade:

> "(...) é uma equipa fundamental para nós. É uma equipa extremamente estreita connosco e que conjuga muito bem connosco. Qualquer factor que saia daqui está presente lá, é aceite por eles, qualquer factor que saia deles é aceite por nós" (ECG GCCOT 25).

Identificadas as diferentes tecnocracias médicas, ao longo do circuito de transplantação hepática, e o modo como contribuem para a definição das fronteiras entre as especialidades médicas que intervêm no processo, importa entender como as diferentes tecnocracias médicas contribuem para a construção de esquemas de diferenciação interna entre os vários elementos de cada uma das especialidades presentes na transplantação hepática.

3. A tecnologia como processo de diferenciação nas especialidades

A partir da proposta de Bucher e Strauss (1961) ficaram identificadas as formas através das quais as várias especialidades envolvidas no transplante hepático, partilhando um objectivo comum, contribuem individualmente para o esquema global de valores, utilizando frequentemente como argumento o facto de que o seu contributo particular é fundamental para o objectivo global. Este sentido de missão assume a forma de retórica na medida em que, provavelmente, ocorre em contextos de luta pelo reconhecimento de um estatuto institucional.

Deste modo, por exemplo, quando os cirurgiões que procedem ao transplante hepático lutam por uma identidade independente e diferenciada dentro da cirurgia geral, desenvolvem o argumento de que determinadas áreas anatómicas específicas, nas quais estão interessados, requerem uma atenção especial e que apenas os cirurgiões com experiência nessa área têm competência para dar resposta. Da mesma forma, os anestesistas presentes no transplante hepático desenvolvem o mesmo tipo de argumentação.

Este tipo de alegações separa determinados campos dentro da medicina e mesmo áreas dentro das especialidades formalmente instituídas, como é, por exemplo, o caso dos cirurgiões do transplante e dos hepatologistas que se destacam dentro da especialidade de gastroenterologia. Também os anestesistas que efectuam o transplante assumem características específicas em relação aos seus colegas da especialidade que não dominam esta área da anestesia. Estes grupos reivindicam uma área só para si, excluindo todos os outros elementos a partir duma tecnocracia, i.e., a partir do domínio duma tecnologia particular à qual o acesso dos profissionais é restrito.

Estamos assim, e de acordo com Bucher e Strauss (1961:327), perante especialidades organizadas em torno de objectivos específicos e, portanto, de tecnologias e práticas específicas, sendo que cada um dos segmentos procura dominar uma área a que chamamos tecnológica, reclamando para si o domínio de um campo específico da medicina. Acresce que, também no interior de cada especialidade, os diferentes elementos que constituem a equipa procuram diferenciar-se dos restantes a partir do domínio de tecnologias particulares. Então, mesmo no interior da cada especialidade médica existem diferenças de organização do trabalho no que diz respeito aos vários elementos do grupo, acentuando-se desta forma a segmentação interna. Deste modo, diferenças em termos de metodologias e técnicas aplicadas atravessam uma mesma especialidade.

Observando especificamente cada uma das especialidades envolvidas na transplantação hepática, é possível identificar exemplos concretos que vão de encontro a diversas formas de diferenciação entre os elementos que compõem estes grupos. No caso dos hepatologistas, constatamos que, apesar de constituírem um grupo da mesma especialidade onde a diferenciação interna é pouco acentuada em comparação com as outras especialidades, também aqui é possível identificar alguns traços que permitem distinguir os vários hepatologistas, nomeadamente quanto ao domínio de tecnologias e metodologias específicas. Neste sentido, verificou-se entre os vários elementos da equipa de hepatologia, apesar de todos, excepto a coordenadora, se encontrarem no mesmo estádio das suas carreiras médicas, diferentes interesses, competências e posturas no que respeita à prática clínica. Assim, um dos hepatologistas intervém mais do que os outros no que se refere à fase do pós-operatório imediato, na medida em que, apesar de não exercer cuidados médicos nas áreas da medicina interna, possui também, para além da especialidade de gastroenterologia, esta especialização. A mesma situação ocorre em relação à aplicação de determinadas técnicas de gastroenterologia, sendo que dois dos hepatologistas estão mais vocacionados para estas áreas de intervenção, praticando algumas técnicas noutros hospitais onde existem serviços especializados em técnicas de gastroenterologia. Esta situação possibilita-lhes continuar a aperfeiçoar e a desenvolver trabalho nesta área, que embora não directamente ligada à transplantação hepática, constitui uma mais valia, quer em termos individuais, quer em termos do grupo. É de referir, a este propósito, que a criação de um serviço mais alargado que incluísse não apenas a transplantação poderia dar a oportunidade a estes hepatologistas de estenderem o seu campo de acção e, deste modo, afirmarem a sua tecnocracia, o que justifica, em certa medida, o grande interesse, por parte dos hepatologistas, na criação de um novo serviço que exija competências mais diferenciadas na área da gastroenterologia. Acresce referir que, em relação ao grupo dos hepatologistas, existem elementos mais vocacionados para as áreas da investigação, a começar pela própria coordenadora que acumula a sua actividade clínica com a de investigação e ensino. Aliás, como já foi referido, a equipa de hepatologistas, pela sua origem em termos de formação, é, certamente, de entre o conjunto de especialidades que integram a transplantação hepática, a mais vocacionada para a investigação.

No entanto, apesar destes aspectos de diferenciação presentes no grupo dos hepatologistas, podemos afirmar que todos os elementos são polivalentes no que diz respeito ao desempenho das funções necessárias ao longo do circuito de transplantação hepática, sendo que o facto de a natureza do trabalho do hepatologista ser marcadamente individual, a par da presença de poucos elementos na equipa, contribui para acentuar estes aspectos. Assim, apesar da existência de interesses e vocações diversas na área da gastroenterologia que se prendem com opções pessoais ou, ainda, da presença de estilos diferentes de abordagem dos doentes e da doença, que denunciam diferentes personalidades, constatamos que não existem suficientes elementos que possam indiciar uma diferenciação ou segmentação significativas no interior desta especialidade.

No que diz respeito à definição das opções tecnológicas na área dos hepatologistas, mais uma vez, vemos reforçada a tendência para uma homogeneização dos conhecimentos e competências, fruto da escola e de experiências comuns que marcam a

Parte II – Capítulo II. Da tecnologia às tecnocracias médicas | 321

origem de todos os elementos do grupo. Os doentes admitidos na consulta de transplantação hepática cumprem com um protocolo de estudo definido em conjunto pelos hepatologistas do serviço, sob a orientação do coordenador da equipa. Assim, todos os procedimentos, exames e terapêuticas estão protocolados em documentos baseados no estado da arte desta área específica. No entanto, a criação deste protocolo não é rígida, nem sequer totalmente vinculativa, na medida em que assistimos frequentemente a desvios por parte de cada um dos hepatologistas, nomeadamente no que respeita à prescrição de fármacos, o que denuncia, por um lado, a existência de divergências técnicas entre os vários elementos da equipa e, por outro lado, uma autonomia das competências individuais. É ainda de salientar que a existência destas *nuances* em relação ao protocolo resulta de uma certa margem de manobra prevista na sua aplicação, por forma a assegurar os casos excepcionais e a discussão de aspectos concretos relacionados com esta actividade médica, discussão essa que ultrapassa as fronteiras da hepatologia e onde outras especialidades, nomeadamente os cirurgiões, são por vezes chamadas a intervir.

"(...) as opções são definidas. Existe o estado da arte, existem normas, regras escritas. Não são obrigatórias, mas existe o estado da arte. Mas muitas vezes a discussão vai para além disso e as opções são geralmente debatidas em comum. Os casos mais estranhos e mesmo os menos estranhos são discutidos em conjunto por nós, os hepatologistas, e também nas reuniões conjuntas com os cirurgiões. Isso discute-se, digamos que não há franco atiradores" (MH UT 12).

Em alguns casos é possível constatar que vários elementos partilham técnicas com membros de outras especialidades num trabalho interdisciplinar, não o fazendo com os seus pares da especialidade. Deste modo, é possível observar algumas situações onde hepatologistas e cirurgiões estabelecem relações preferenciais com elementos individuais de cada especialidade, onde trocam impressões acerca de situações específicas ou pedem mesmo a sua intervenção. Nestas ocasiões, verificamos muitas vezes que cada um dos elementos recorre quase sempre aos mesmos elementos das outras especialidades, o que deixa adivinhar a existência de relações preferenciais que, na sua maioria, não assentam tanto em aspectos de confiança profissional mas sim em afinidades pessoais.

A este propósito, as questões relacionadas com o acesso dos doentes ao programa de transplantação hepática revêem-se nestes contextos. Todos os doentes que chegam à consulta de hepatologia por via dos cirurgiões que estão ligados à unidade vêm directamente encaminhados para um dos hepatologistas em particular. Neste sentido, parece-nos interessante identificar os motivos que justificam estas relações preferenciais e de que forma elas estão ou não relacionadas com aspectos ligados à diferenciação de competências no interior da equipa dos hepatologistas. A partir das várias situações que tivemos oportunidade de observar, e das entrevistas realizadas, não nos parece que os fundamentos que justificam este tipo de relações tenham a ver com questões de confiança profissional, mas sobretudo com diferentes atitudes pessoais, e não médicas, em face de situações graves de doença. Se, por um lado, não existem quaisquer dúvidas do ponto de vista científico sobre a inclusão de um doente na lista de espera, por outro, podem subsistir algumas reservas do ponto de vista humano acerca da exclusão de doentes do programa, o que significa vedar-lhes o acesso a mais uma hipótese, muitas vezes a última, de sobrevivência. Assim, jogando com diferentes posturas em relação a estas situações de limite, os cirurgiões ou hepatologistas sabem que, do outro lado, na outra especialidade, existem elementos cuja postura está mais aberta para uma opção de transplante, mesmo que todas as indicações do ponto de vista científico contradigam esta opção. Neste sentido, os doentes são referenciados ao médico que, pelo seu perfil, tenderá a ir de encontro à opção desejada pelo cirurgião.

Provavelmente, as áreas em que os profissionais entram mais frequentemente em conflito de interesses têm a ver com situações onde procuram ganhar terreno e construir nichos nas instituições a que estão ligados, controlando o acesso de novos elementos para o grupo e as relações com o exterior. Tal como referem Bucher e Strauss (1961:330), estamos perante situações em que as relações de trabalho entre médicos constituem um dos principais indicadores de segmentação na profissão médica, sendo que a existência destes segmentos e/ou especialidades limita e dirige este tipo de relações. Deste modo, a identificação dos membros duma profissão com os diferentes segmentos não só dirige as relações destes com a profissão, como também assume uma importância crucial nas relações de vizinhança com outras ocupações. Os autores utilizam o termo "alianças" para distinguir este fenómeno do tipo de relações entre pares da mesma especialidade.

Por outro lado, existem algumas especialidades que, como já foi referido, praticamente, e apenas num certo sentido, não têm propriamente doentes. Estamos a pensar nos casos dos radiologistas, dos anatoma-patologistas e, mesmo, nos anestesistas (embora estes últimos, no caso da UT, apresentem uma relação particular com os doentes, dadas as características dos cuidados prestados). Os anatomo-patologistas raramente chegam a ter contacto com o doente, actuando nos bastidores da medicina através da análise minuciosa de tecidos humanos.

A este propósito, as relações entre médicos e doentes, de acordo com Bucher e Strauss (1961:329), apresentam características diferentes entre as especialidades ou segmentos de especialidades. As particularidades de cada especialidade médica conduzem a diferentes relações com os doentes. Deste modo, também no caso das diferentes especialidades médicas que integram a UT podemos observar diferentes modelos de relação entre médicos e doentes. Acresce que estas diferenças não se observam apenas nas fronteiras entre especialidades. Elas assumem formas muito específicas neste serviço pelo tipo de envolvimento profundo que caracteriza todo o trabalho de transplantação hepática. Este perpetua-se ao longo do tempo, envolvendo tanto o doente e a equipa de médicos e enfermeiros, como os familiares.

É no grupo dos cirurgiões que podemos assistir a uma diferenciação mais acentuada em termos de conhecimento, experiência e competência, entre os elementos que integram a equipa de transplante. Este grupo constitui um conjunto que se destaca da especialidade de cirurgia do hospital e que, ao longo dos anos, tem vindo a vocacionar-se e a desenvolver competências na área da transplantação, sendo que o transplante constitui, por si só, uma espécie de sub-especialização dentro da cirurgia abdominal. Estes "transplantadores", como alguns se auto-denominam, reconhecem-se como membros de um grupo à parte que tiveram o privilégio de enveredar por uma área que constitui um dos campos mais sofisticados da cirurgia – a colheita de órgãos e o transplante de fígado.

"São técnicas muito, poderia dizer que são técnicas superiores, que mexem com áreas de *know how*. Nomeadamente a abordagem da veia cava, a abordagem da via hepática e a abordagem do fígado. A cirurgia do fígado é uma cirurgia, vá lá, superior, só feita por especialistas. Está num patamar mais elevado, pelo menos em relação à cirurgia geral. É uma cirurgia extremamente diversificada, porque aborda muitas áreas, aborda a vasculatura, aborda todo o resto da cirurgia geral. Tende, provavelmente, a evoluir cada vez mais, não tanto no aspecto cirúrgico global, mas em alguns pormenores, a levar as coisas um bocadinho mais para a frente" (MC UT 10).

"É uma cirurgia muito diferenciada. Por exemplo, na cirurgia hepática não de transplante, nós notamos quem são os cirurgiões hepáticos que fizeram transplantes e os que não fizeram. Porque as coisas facilitam-se muito, nomeadamente com circulação extra corporal, permite-nos fazer recessões muito mais ambiciosas. É uma arma que ali temos. É a mobilização do fígado. A técnica que nós usamos para tirar o fígado acaba por ser transportada depois para a cirurgia e nós temos um à vontade a mexer nas estruturas, que o cirurgião geral que não fez transplante não tem. Quer dizer, as pessoas perdem o medo de mexer naquilo, caem tabus, acabam dogmas ..." (MC UT 9).

Esta diferenciação técnica corresponde a uma hierarquia de competências onde, abaixo do director da unidade (um dos pioneiros da transplantação hepática em Portugal), os cirurgiões seniores, mais antigos na carreira, assumem um papel de liderança nas opções tecnológicas e sobretudo na transmissão de conhecimentos aos elementos mais novos do grupo. Assim, os cirurgiões mais velhos assumem um papel quase paternal em relação aos seus pupilos, sendo que este aspecto transparece na forma como organizam as várias equipas de trabalho onde os cirurgiões seniores presentes num determinado transplante ou colheita de órgãos se fazem sempre acompanhar pelos mesmos cirurgiões juniores.

"É uma hierarquia de competências, uma hierarquia de competências é muito importante. Não é: «eu mando, porque estou aqui há mais tempo.» Não é nada disso. Ou «porque tenho mais autoridade do que tu, porque tu estás cá há menos tempo ... ou porque eu sou mais velho ou por isto ou por aquilo ...» Não. Essa hierarquia é porque há uma maior diferenciação de competências. E acho que isso é até salutar, porque nós temos de passar os conhecimentos uns aos outros. Mais! Todos nós temos de lutar para ir aperfeiçoando e temos capacidade e competência para fazer todas essas fases do transplante hepático, como todos nós fazemos" (MC UT 6).

"A cirurgia é mesmo assim: um cirurgião mais velho é aquele que à partida tem mais experiência. Deverá ser respeitado pelo cirurgião a seguir, que é mais novo e que terá menos experiência. Portanto, nessa base terá que haver sempre um entendimento, quando o cirurgião mais velho ajuda ou acha que o mais novo já pode fazer determinada parte da operação. É sempre numa base de respeito, respeito pelo mais velho. É sempre numa base de gratidão, no fundo, de gratidão, porque já tem capacidade para o fazer. Portanto, nesse aspecto, realmente, a hierarquia mantém--se. Eu acho que é salutar que essa hierarquia se mantenha, tem que haver ... senão entrávamos numa anarquia total, tem que haver. Nos hepatologistas não há porque eles estão juntos e são iguais ... iguais, iguais. Você se quiser pôr dois cirurgiões iguais se calhar também não há, também não é isso. Estamos a falar é de cirurgiões com mais experiência e outros mais novos. No caso da hepatologia estão todos no mesmo nível, estão ao mesmo nível, é muito complicado ..." (MC UT 5).

No entanto, a competência e vocação dos cirurgiões mais novos revela-se e acentua-se em cada transplante. Devido ao número reduzido de cirurgiões na área da transplantação e colheita, que implica uma presença quase permanente em todos os transplantes, estes cirurgiões adquirem continuamente a experiência necessária, conseguida a partir da única forma possível – a prática cirúrgica. Como os níveis de rotação entre os elementos da equipa são praticamente inexistentes, é dada a oportunidade aos mais novos de praticarem o acto cirúrgico nas diversas fases da cirurgia, mesmo nas que exigem maior capacidade e domínio de técnicas mais sofisticadas. Assim, podemos afirmar que não é apenas nos cirurgiões mais experientes do transplante hepático que encontramos um grande domínio das técnicas cirúrgicas consideradas de ponta, o que leva alguns enfermeiros a afirmarem que, por vezes, a hierarquia formal, de carreira, não corresponde à hierarquia técnica, de competências.

No entanto, alguns cirurgiões seniores encaram com alguma apreensão o facto de, por vezes, serem dadas oportunidades aos cirurgiões mais novos de praticarem determinadas técnicas que, no seu entender, devem ser apenas aplicadas pelos mais experientes. Assim, esta hierarquia de competências, que corresponde a um conhecimento de experiência acumulada, está perfeitamente interiorizada por todos os cirurgiões, independentemente da posição que ocupam.

"As pessoas mais velhas, é assim: as pessoas não é por serem mais velhas. Na carreira, já viram as situações mais vezes do que todos nós, já estudaram muito mais situações do que todos nós, têm muito mais experiências fora do hospital do que todos nós, quer dizer ... têm um acumular de coisas que realmente faz com que ..." (MC UT 8).

"Em relação à tecnologia empregue no transplante ela requer uma aprendizagem contínua. Portanto, o cirurgião começa, tem que ver muito, tem que ajudar muito e depois quando chegar ao ponto de ser autónomo e executar as técnicas, efectivamente, já aprendeu muito. Portanto, é uma técnica que é incompatível com a ideia de que qualquer cirurgião faz. Isso é incompatível. Portanto, é uma técnica, é uma operação que requer realmente esta aprendizagem ao longo do tempo. As técnicas são sofisticadas, os equipamentos que se utilizam também são sofisticados, a própria cirurgia é talvez a cirurgia mais diferenciada da cavidade abdominal, portanto, não se aprende, não se faz de um dia para o outro" (MC UT 5).

Neste sentido, apesar de ser permitido aos cirurgiões menos diferenciados, sempre sob orientação dos seniores, ousar ir mais além na aplicação de uma determinada técnica cirúrgica, aos cirurgiões juniores estão atribuídas as funções, como eles próprios designam, de "ajudantes" dos mais experientes. Estas funções têm como objectivo, por um lado, a formação de cirurgiões na área da transplantação e, por outro lado, um trabalho de apoio aos cirurgiões seniores que lideram todo o processo, acentuando o trabalho de equipa que caracteriza a actividade cirúrgica, ao contrário de outras especialidades, como a hepatologia, tal como revela o testemunho de alguns dos cirurgiões juniores.

"As minhas funções são basicamente todas as funções que estão adjudicadas, entre aspas, aos cirurgiões: ajudar na colheita, por vezes tenho a oportunidade de fazer uma ou duas colheitas de vez em quando, ajudar no transplante e depois toda a mecânica da Unidade, tirar os drenos, essas coisas todas, ajudar os cirurgiões, fazer as colangiografias" (MC UT 10).

Tal como já foi referido, os cirurgiões seniores, situados no topo da hierarquia desta equipa que efectua a cirurgia de transplante (logo a seguir ao director do serviço), constituem um grupo de quatro elementos perfeitamente autónomos no domínio de todas as tecnologias e procedimentos a elas associadas, em todas as fases que compõem esta cirurgia tão diferenciada. As três fases principais que compõem o transplante hepático, para além da operação de colheita do órgão que o antecede, correspondem a áreas diferenciadas em termos de competências, em que, apesar de todos os elementos as dominarem por completo, cada um procura impor, em cada fase, uma diferenciação técnica que se traduz na preferência de cada um dos cirurgiões por algumas áreas específicas. Estas preferências, se assim podemos dizer, permitem-nos testemunhar, por parte destes cirurgiões, uma afirmação em termos de aperfeiçoamento de técnicas muito específicas, na tentativa de reforçar o domínio individual dentro da equipa, por campos muito sofisticados da transplantação hepática, reforçando o peso das tecnocracias individuais.

"Digamos que o transplante tem várias etapas, tem vários passos. Há efectivamente cirurgiões mais vocacionados ... não é mais vocacionados, têm mais capacidade para uma determinada fase. Uns para a hepatectomia, outros têm mais vocação para fazer *back table* ... mas isso não é compatível com as equipas. Porque no fundo, no fundo, o transplante hepático que é uma cirurgia prolongada, neste momento há quatro cirurgiões que estão a realizar de maneira autónoma o transplante. Um deles muitas vezes não pode vir porque trabalha noutro hospital, portanto, ficam três cirurgiões. Se houver três transplantes seguidos é muito complicado. É muito complicado, nessa perspectiva de que um fará hepatectomia, outro fará a outra parte. Porque se estivermos num período de férias, ou num período de doença, ou num período de alguma impossibilidade de algum deles, o que estiver tem de fazer todas as etapas, para poder levar o transplante todo. Nessa perspectiva, todos nós, os cirurgiões seniores, passamos por todas as etapas. Agora pode haver os que tenham mais facilidade de arranjar tudo numa área ou noutra, mas penso que todos temos treino suficiente para realizar o transplante todo. Há trabalho no transplante que tem menos diferenciação, pode ser feito por pessoas mais novas. Há todo um apoio pós-operatório, como retirar drenos, retirar pontos, fazer colangios, fazer biópsias hepáticas, que podem ser feitos por colegas mais novos, que está dentro da aprendizagem. Começamos todos por aí, e portanto, também é uma parte importante de apoio, não é?" (MC UT 5).

No entanto, devido ao número reduzido de cirurgiões, bem como ao peso e ritmos impostos pela complexidade da cirurgia, que exige a presença simultânea de grupos diferentes em cada uma das fases, estes quatro elementos acabam por estar quase sempre presentes em todos os transplantes hepáticos, assegurando de forma mais ou menos rotativa, indiferentemente, os vários momentos. Assim, podemos dizer que, apesar de estarmos perante etapas muito diferenciadas dentro da mesma cirurgia, não existe uma diferenciação entre os cirurgiões do mesmo nível hierárquico, na medida em que o domínio desta tecnologia está circunscrita a poucos indivíduos. Mesmo assim, a pensar num eventual novo serviço que incluísse outras áreas cirúrgicas para além do transplante hepático, nomeadamente a cirurgia hepato-bilio-pancreática, como já foi referido, qualquer um dos cirurgiões seniores procura desenvolver e aperfeiçoar nichos tecnológicos, entre os quais se incluem também, para além das várias fases da cirurgia de transplante hepático, novas técnicas como a divisão do fígado, o transplante sequencial, o transplante pediátrico ou dador vivo.

> "Especialização eu acho que só faz sentido, realmente, se um cirurgião for multifacetado, quer dizer, um cirurgião que está no transplante, penso eu, esta é a minha opinião pessoal, acho que tem que ter competência suficiente. A não ser que esteja em fase de formação, o que é completamente diferente. Mas um cirurgião formado, já sénior, tem por obrigação, quanto a mim, de estar à vontade em qualquer parte. Até porque em qualquer altura poderá ter que ser solicitado por um mais novo, por exemplo, para substituição de outro que está a fazer determinada fase do transplante, desde a colheita até ao fim da intervenção do transplante. Portanto, a minha opinião pessoal é que, para já, tem que estar mais ou menos à vontade em todas as fases. Claro que depois há situações pontuais, em que, até por gosto pessoal, o cirurgião se sente mais vocacionado para determinada fase. Dou-lhe um exemplo. Houve uma altura da minha vida, quando eu comecei a trabalhar aqui, comecei obviamente como quase todos começam, pela colheita hepática e gosto muito da actividade relacionada com a

colheita. Mas depois há as nossas preferências profissionais, não é? À medida que nós vamos gostando e temos mais gosto em fazer determinada fase do transplante ou da colheita, começamos, mesmo involuntariamente, a despontar em termos técnicos com uma perfeição melhor nessa fase. Por exemplo, houve uma altura em que eu gostava muito de fazer a artéria hepática que é uma coisa que ... é um passo técnico que envolve alguma experiência de manuseamento de vasos de pequeno calibre, etc. Não tenho dúvida nenhuma que ao fim de quatro, cinco, tinha mais gosto em fazer aquela fase e, inclusivamente, estou convencido que o fazia melhor. Mas isso é uma coisa inevitável. Agora daí a dizer que há uma tendência para um de nós se especializar mais numa coisa do que noutra, penso que não. Até hoje o que nós estamos a fazer, temos feito ou tentado fazer, é rodar mais ou menos por tudo. Noutros centros, nós sabemos, por exemplo, há sempre gente que faz transplante de adulto e pediátrico, e há aí cirurgiões que se vocacionam mais para a pediatria do que outros, mas isso é perfeitamente normal, não é? Mas eu estou convencido que à medida que haja mais casuística e mais actividades na transplantação hepática, por exemplo, se começássemos a fazer transplante hepático pediátrico, se começássemos a fazer a divisão do fígado, se começássemos a fazer dador vivo em número suficiente, eu estou convencido que inevitavelmente haveria essa tendência para a sub-especialização. Tendência que, penso, ainda não é o caso na Unidade". (MC UT 6).

De igual modo, a formação contínua dos cirurgiões mais novos não prevê uma especialização específica em cada uma das áreas do transplante hepático. Aqui, o princípio é criar uma equipa polivalente onde todos os cirurgiões estão aptos no domínio de todas as tecnologias que compõem a globalidade do transplante hepático.

"Nós, na Unidade, nós temos o nosso percurso de aprendizagem e relativamente a isso todos nós temos a aprendizagem global em relação a todos os passos do transplante. Isso faz com que as pessoas que estão aptas a fazer transplante, o cirurgião principal no transplante, estejam aptos a fazê-lo em todas as fases. E isso é o que acontece. Basicamente as pessoas são treinadas a fazer todos os passos do transplante" (MC UT 8).

Retomando Bucher e Strauss (1961) e tendo em consideração o exemplo dos cirurgiões, grande parte da actividade dos segmentos profissionais consiste em lutas de poder pela posse de uma posição no interior desse segmento e pelo controlo deste. Por outro lado, os vários segmentos tendem a assumir relações fortes de interdependência e a serem receptivos em relação uns aos outros, sendo impossível analisar um segmento isoladamente sem considerar os outros. Finalmente, os indivíduos que os lideram são reconhecidos pelo seu estatuto na área – operam a partir de posições de relativo poder institucional e dominam as fontes de recrutamento institucional. Sobre este aspecto, os autores referem que os segmentos entram em competição pela dedicação dos alunos – alguns serviços podem constituir autênticas arenas de conflito. Ao longo do seu treino profissional, os internos entram no jogo, assumindo compromissos com diversos actores. Esta questão prende-se obviamente com o recrutamento de novos elementos, na medida em que a evolução, consolidação e sobrevivência de um segmento depende, em grande medida, do fluxo de candidatos que constituem potenciais sucessores. Deste modo, o recrutamento pode constituir mais um ponto crítico em termos de conflito.

Neste sentido, importa ainda referir um aspecto extremamente importante – o acesso dos cirurgiões à cirurgia do transplante hepático. Esta cirurgia é efectuada por uma equipa muito restrita de cirurgiões, o que nos leva a colocar uma série de questões. Porque razão não se criam condições de acesso a mais cirurgiões de transplante? Será que estas barreiras têm origem no próprio serviço com o objectivo de tornar restrita esta actividade específica dentro da cirurgia a um grupo de elite profissional que, deste modo, fortalece a sua tecnocracia? Ou, antes pelo contrário, os entraves ao acesso de novos cirurgiões são criados por outros profissionais não pertencentes à Unidade por forma a impedirem que um maior número de cirurgiões se tornem mais diferenciados no que diz respeito ao domínio e controlo das mais sofisticadas técnicas cirúrgicas?

Na opinião dos cirurgiões da UT, não existe por parte dos vários chefes de equipa do serviço de cirurgia do hospital, ao qual, aliás, todos os cirurgiões do transplante pertencem, disponibilidade para incentivar e proporcionar aos seus elementos a possibilidade de ingressarem pela via da transplantação. Esta postura tem muito a ver com o facto de a actividade de transplante implicar uma grande disponibilidade por parte dos cirurgiões, o que pode pôr em causa o trabalho no Serviço de Cirurgia (aspecto que não é bem visto pelos vários chefes de equipa). Por outro lado, o facto de ela facilitar aos cirurgiões o aperfeiçoamento em áreas nobres e sofisticadas da cirurgia pode significar, para estes chefes de equipa, pôr em causa a sua autoridade técnica em relação aos seus subordinados. Assim, constatamos que a grande maioria dos cirurgiões envolvidos no transplante tem a facilidade de poder conjugar o seu trabalho na Unidade com o do Serviço de Cirurgia, pelo simples facto de terem como chefe do serviço de cirurgia a que pertencem, o director da Unidade de Transplantação, o que, como temos oportunidade de referir mais à frente, contribui para algumas situações de conflito nas relações da unidade com o hospital.

"Outros acham que têm o direito que lhes é negado. Quando a Unidade é muito aberta ... a Unidade é muito aberta. Estou farto de dizer, entra-se na Unidade com os pés, a andar. Mas não é com os pés a baterem na porta. Não é preciso. Isto está aberto, é a andar. Entra-se na Unidade a andar. E se gosta está, e se está fica e se fica é! Está a ver como é que tem sido o recrutamento das pessoas aqui? Muitos saíram, muitos entraram, mas muitos saíram já ... Pessoas importantes que começaram e que saíram" (MD UT 2).

"Nós somos poucos, tem essa vantagem, e uma pessoa mesmo que não queira tem que fazer muito e tem que estudar muito. Há pouca gente, tem que ser feito. Se formos ver quantas pessoas é que vêm, normalmente aquilo é sempre os mesmos. Portanto, as pessoas que querem vir vêm. Ou as pessoas vêm com vontade de vir, não adormecem em cima da situação" (MC UT 4).

Neste sentido, constatamos a criação de algumas barreiras, de fora para dentro da UT, em relação ao acesso de novos cirurgiões ao transplante hepático. Muitas vezes foi possível observar alguns dos cirurgiões seniores a proporcionar, e até a incentivar alguns alunos a assistirem a uma colheita ou a um transplante. Noutras ocasiões, alguns destes alunos vieram assistir durante uma ou duas vezes consecutivas ao trabalho no bloco, ou acompanhar os cirurgiões nas visitas à enfermaria. No entanto, verificámos que esta permanência de alunos no serviço não é efectuada de forma constante e regular, sendo que a sua presença é puramente circunstancial e prende-se, provavelmente, mais com curiosidade do que com interesses de formação e aprendizagem.

> "Dizer que nós somos sobredotados em relação aos outros cirurgiões, julgo que não. Foi uma via por onde nós metemos, trabalhámos muito, tentando puxar pessoas para esta área. Não há aquele entusiasmo, não temos tantas pessoas a querer vir trabalhar para o transplante. Muitas pessoas acham que é uma coisa muito fechada, quando não é. O Dr.º (...) fica radiante quando alguma pessoa pede para vir para cá, ele diz logo que sim e facilita tudo. As pessoas julgo que não vêm para cá porque acham que é uma coisa que é fechada, que não é. É estranho que haja pessoas do serviço de cirurgia que nunca viram um transplante hepático. Para a cirurgia geral, o transplante é o supra sumo da cirurgia geral. As pessoas aproximam-se por curiosidade para ver uma operação destas, para ver como é que é o aspecto do doente sem um fígado posto. " (MC UT 4).

A definição das opções tecnológicas retrata, quase de forma fiel, a presença duma hierarquia de competências que define as relações de trabalho entre cirurgiões. Deste modo, do director do serviço para os cirurgiões seniores e destes para os internos de cirurgia que colaboram no transplante, a definição das técnicas e as abordagens cirúrgicas são transmitidas de forma quase dinástica. As grandes opções técnicas decorrem a partir de estágios efectuados em centros de transplantação estrangeiros, frequentados pelos cirurgiões seniores e pelo próprio director do serviço, e, sobretudo, a partir de anos de trabalho prévio num programa de transplantação em porcos, que decorreu neste hospital. Tratam-se de protocolos realizados a partir de saberes e experiências vividas ao longo de todos estes anos.

A este propósito, é importante salientar um aspecto fundamental para este centro de transplantação e que se refere ao facto desta unidade ter sido pioneira, desde o início do programa de transplantação hepática, na aplicação de uma técnica cirúrgica específica que exige um grande domínio por parte dos cirurgiões. Tratou-se duma opção tecnológica, numa tentativa clara de marcar a diferenciação e a supremacia técnica desta unidade em relação a outros centros de transplantação, uma "teimosia científica" (n.t.c.), imposta por um dos cirurgiões seniores por ocasião do arranque do programa, que permitiu a este serviço impor-se, tomando a dianteira na aplicação duma técnica cirúrgica verdadeiramente inovadora.

> "(...) há duas grandes opções, neste momento, duas grandes opções. Uma é fazer um *by pass*, derivar o sangue, que era o que se estava a fazer em 92, em noventa e tal por cento de todos os centros. Mas aqui, devido à obstrução, digamos, do Drº (...), fomos para uma opção que eu acho que nos deixa realmente bastante animados. Porque devemos ser o único centro no mundo que mais casos tem, que mais percentagem tem dessa técnica, que é fazer o transplante sem ter de recorrer ao *by pass*. E temos noventa e tal por cento dos transplantes feitos dessa maneira." (MC UT 8).

No entanto, para além das regras e princípios básicos do transplante hepático, as opções tecnológicas são definidas de acordo com as circunstâncias, o estado geral do doente, a patologia de base, as características do órgão doado, bem como de outros aspectos que podem influenciar a escolha de determinados procedimentos. Assim, os cirurgiões presentes no transplante discutem o caso em conjunto, sendo que os mais novos têm também oportunidade para opinar e mesmo propor. No entanto, a decisão cabe sempre aos mais experientes que, em caso de muitas dúvidas, chegam mesmo a apelar ao topo da hierarquia, ao director de serviço.

"Nós temos, isso também vem da experiência daquilo que sabemos, do que se sabe. Sabemos que para dado problema, normalmente como é que se resolve esse dado problema. Há doentes que nós previamente estamos à espera que surja um risco e isso é discutido antes. Neste doente se houver isto, fazemos assim, tentamos fazer assim, ou não tentamos fazer assim, ou tentamos fazer assim. Portanto, isso é uma coisa que nós já levamos antes de começar o transplante, isso é discutido em grupo. Às vezes há situações que se nos deparam e que precisam de uma decisão quase imediata de como é que se resolve. Isso depende muito da experiência de quem o está a fazer. Não há muito tempo para tentar reunir as pessoas para decidir como se vai fazer" (MC UT 4).

"Mas muitas vezes essas opções têm de ser feitas na altura, no momento. Variações anatómicas que surgem, que não estão estudadas, que previamente deveriam estar estudadas. Estudar certo tipo de anomalias vasculares, mas nós não fazemos esse estudo. Mas, muitas dessas opções às vezes podem ter de ser tomadas na altura, em cima do acontecimento. Porventura alguns doentes em pré-transplante que se pode antever que pode haver problemas, poder-se-á planear. Fazer esse planeamento será o desejável em todos os doentes. Embora, obviamente, possam surgir alterações anatómicas que levem a outro tipo de opções. (...) As opções difíceis são sempre tomadas em conjunto e, em último caso, são tomadas pelo grau máximo da hierarquia. Se der mal, a responsabilidade é assumida pela equipa, mas também lá em cima há a responsabilidade..." (MC UT 7).

Resta-nos ainda caracterizar de que forma as tecnologias contribuem para a definição dos aspectos de diferenciação no interior de outras duas especialidades médicas envolvidas no transplante hepático: os anestesistas e os intensivistas.

O coordenador, simultaneamente das equipas de anestesia e de intensivismo que colaboram na transplantação, é dos poucos elementos desta área que contém no seu perfil profissional uma dupla vertente: o intensivismo e a anestesia. Este médico está ligado à actividade de transplantação desde o início dos programas de transplantação renal e hepática, embora a sua ligação ao transplante anteceda este período, tal como acontece com alguns dos cirurgiões seniores deste serviço. Assim, esta figura está intimamente conotada com os percursores da transplantação em Portugal, a par do director da unidade, tendo dedicado grande parte da sua vida profissional ao alargamento e aperfeiçoamento de técnicas na área específica da transplantação. O seu papel na UT é tão crucial que o facto de se ter ausentado do serviço durante algum tempo veio repercutir-se de forma negativa no número de transplantes efectuados:

> "Quando o Dr. (...) saiu fez-nos uma falta tremenda e quando conseguimos fazê-lo regressar os transplantes duplicaram.(...) É o coordenador de zona. Vai coordenar uma disciplina e está cá dentro, vai coordenar uma disciplina fundamental, aliás, duas: a anestesia e os intensivistas. Duplicou logo, subiu aí nas curvas" (MD UT 2).

Mais do que o director da unidade em relação aos cirurgiões, este anestesista centraliza toda a actividade de transplante nas áreas do intensivismo e anestesia. A definição dos protocolos anestésicos, bem como da prestação de cuidados intensivos ao transplante hepático, são definidos e actualizados por este médico que é o único de entre os anestesistas e intensivistas que presta apoio exclusivamente ao transplante e que procura manter-se actualizado na aplicação de novas técnicas nesta área específica do transplante.

Tal como já foi referido, nenhum dos elementos da equipa de anestesia que se dedica ao transplante hepático pertence a este hospital. Por incompatibilidades várias com o serviço de anestesia, a unidade de transplantação nunca pôde contar com a sua presença desde o início, pela constante oposição aos programas de transplantação. O próprio coordenador das áreas de anestesia e intensivismo da UT, anterior elemento do serviço de anestesia antes de ser nomeado coordenador da área, viveu algumas situações de total oposição deste serviço, justificadas pelo facto, de acordo com este médico anestesista, do director deste serviço não dominar a tecnologia do transplante hepático e não encarar positivamente o facto de existirem elementos dentro do seu serviço que dominassem cada vez mais uma das áreas mais complexas e sofisticadas da anestesiologia. Este aspecto testemunha bem o peso desta tecnocracia médica.

> "A directoria a nível da minha especialidade bloqueou e criou essa situação. Porque não queria, na medida em que eu estava a crescer e estava a dar uma grandiosidade à anestesia, através de um serviço que ela não domina" (MA UT 15).

Neste sentido, a criação de uma equipa de anestesistas disponíveis para participar no transplante não tem qualquer relação com o serviço de anestesia do hospital. Todos os elementos que integram esta equipa estão ligados a outros hospitais, sendo que a sua grande maioria pertence ao GCCOT que mantém estreitas ligações com a UT, entre os quais a própria directora deste gabinete. Para além de anestesistas, alguns elementos prestam igualmente cuidados intensivos nos serviços a que pertencem, colaborando também, via GCCOT, na manutenção do dador.[6]

A constituição desta equipa tem em consideração uma dupla vertente de competências por parte destes médicos anestesistas. Devido aos cuidados exigidos na cirurgia de transplante hepático, estes médicos têm também uma grande preparação no que

---

[6] Ao nível da colheita, o trabalho do anestesista e do intensivista não implica uma diferenciação, sendo que, no caso dos intensivistas que prestam cuidados de manutenção do cadáver, apenas terão de continuar ou prolongar esses cuidados até à conclusão das provas de morte cerebral, efectuados por dois médicos do serviço onde o cadáver está localizado. Estes dois médicos especialistas terão de pertencer obrigatoriamente a uma de três especialidades (neurologia, neurocirurgia ou anestesia/intensivismo), sendo que estas condições estão protocoladas por decreto lei.

diz respeito às áreas do intensivismo. Nesse sentido, todos eles referem a sua prestação de cuidados enquanto anestesistas-intensivistas, prestação essa que extravasa a própria cirurgia do transplante na medida em que, no trabalho quotidiano nos serviços a que pertencem, esta dupla vertente está sempre presente. Assim, na sua grande maioria, estes médicos assumem funções ora de anestesistas, nos blocos operatórios dos seus serviços, ora de intensivistas, nas unidades de cuidados intensivos a que pertencem. Neste sentido, podemos afirmar que o trabalho de anestesia, presente na transplantação hepática, constitui por si só uma área de marcada diferenciação dentro do campo da anestesiologia.

"(...) é muito importante, porque usamos grupos de drogas que são indutores anestésicos, não é? E analgésicos. Depois usamos gases e vapores e temos ainda o grupo de drogas, fundamentalmente, de reanimação. Porque eu penso que o transplante hepático é um tipo de anestesia que é o auge máximo da anestesiologia, porque obriga a que o anestesista seja um intensivista também. Penso que quase durante toda a intervenção é mais à custa de intensivismo do que propriamente de anestesia. Depois é o que eu digo, quer dizer, é estarmos perfeitamente com boa formação de base, de base de intensivismo, para poder anestesiar um transplante..." (MA UT 15).

Para os elementos da equipa de anestesia o transplante constitui uma actividade secundária. Para alguns destes cerca de dez elementos, esta actividade é esporádica, fazendo-se sentir a sua presença no bloco consoante a sua disponibilidade. Assim, constatamos que, na maioria das situações, existe uma presença mais assídua de alguns elementos em relação a outros, nomeadamente dos três anestesistas seniores, onde se inclui o coordenador da equipa, os únicos com competência para assumirem de forma polivalente todos os procedimentos necessários a todas as fases do transplante. O domínio das tecnologias que fazem parte desta área está, de facto, absolutamente controlado por estes intervenientes que se diferenciam de forma notória dos outros elementos da equipa. Neste sentido, em todos os transplantes hepáticos, onde estão presentes dois anestesistas, é fundamental que um dos elementos seja sempre um destes anestesistas seniores.

Presentes desde os primeiros transplantes, estes elementos marcam a diferença entre aqueles que adquiriram competências através da formação e da experiência a partir de transplantes consecutivos, que se impunham nos primórdios da transplantação em Portugal, e os restantes elementos em relação aos quais a oportunidade de praticar continuamente estes tipo de técnicas, tão sofisticadas no campo da anestesiologia, é mais reduzida. Assim, enquanto que a presença dos anestesistas seniores, até por serem poucos, é constantemente solicitada em todos os transplantes hepáticos, os restantes elementos da equipa vêm reduzidas as suas oportunidades de praticar e aperfeiçoar estas técnicas específicas. Deste modo, o fosso existente entre os anestesistas seniores e juniores parece ser cada vez mais acentuado, ao contrário do que podemos afirmar em relação à equipa de cirurgia, onde o papel dos "cirurgiões ajudantes" é imprescindível em todas as intervenções, já que os cirurgiões seniores, individualmente, estabelecem relações preferenciais com os cirurgiões mais novos, o que permite a estes a possibilidade de praticar, de forma contínua e quase ininterrupta, a cirurgia de transplante e, deste modo, aperfeiçoar e desenvolver técnicas cirúrgicas de ponta. Acresce ainda que o número de elementos da equipa de anestesia necessários à realização do transplante hepático é francamente mais reduzido em relação ao número de cirurgiões, o que é justificado pela necessidade de rotatividade dos elementos da equipa de cirurgia imposto pelo ritmo do trabalho cirúrgico. Assim, em cada transplante temos uma relação de dois anestesistas (um sénior e um ajudante) para seis cirurgiões (três seniores e três ajudantes).

Estes aspectos são ainda mais acentuados se tivermos em consideração o facto de estes anestesistas terem tomado contacto com o transplante numa fase já adiantada das suas carreiras, o que não os estimula ou disponibiliza, até pelas responsabilidades assumidas nos seus serviços, para uma entrega a campos tão específicos da anestesiologia, situação diferente dos cirurgiões que se encontram em plena fase de formação.

> "(...) perante o intensivismo há fundamentalmente três seniores. Mesmo no intensivismo, e digo, a anestesia e o intensivismo do intra-operatório, há três seniores. Desses três seniores, portanto, eu é que estou a coordenar. Fora desses três seniores que são mais polivalentes, o resto dos outros colegas, embora já tenham alguma experiência, ainda não estão preparados suficientemente para fazer uma anestesia para um transplante hepático sozinhos, percebe? (...) Pronto, eu tenho vindo a ensinar lentamente, mas eu acho que ainda não estão aptos ... têm que ter mais rodagem. Eles também não tiveram muitas hipóteses de irem lá fora. Também isto é assim mesmo, eu dediquei-me mais profundamente a este ramo enquanto que eles, como não têm no hospital deles, não é? Só vêm aqui de vez em quando ... e pronto. Claro que isto vir uma vez e depois passado três meses voltar a vir, isto não dá nada. "(MA UT 15).

Consequentemente, a definição das opções tecnológicas no que diz respeito às áreas de anestesia e de intensivismo, sendo que a prestação de cuidados intensivos no pós-operatório imediato corresponde a uma continuação do trabalho do anestesista no bloco, obedece a esta diferenciação técnica. Deste modo, os protocolos de anestesia e de intensivismo do transplante hepático foram definidos pelo coordenador destas duas áreas. Mais uma vez verificamos uma centralização da autoridade técnica num só elemento que decorre, em parte, do facto de durante muito tempo ter sido praticamente o único a dominar uma tecnocracia específica, que aliás procura manter.

> "(...) Essas definições são todas feitas por mim ... Pronto. E depois eles seguem o meu protocolo. Toda a tecnologia com monitorização é feita por mim, portanto, eles depois é que seguem esse protocolo, eu tenho uma folha mesmo protocolar. Mesmo na própria terapêutica só é definida a parte da imunossupressão, a imunossupressão é feita pelos hepatologistas, pronto. De resto toda a

terapêutica de intensivismo, a não ser que haja uma alteração específica mesmo na altura quando estão de serviço, não é? Mas, também aí contactam comigo, claro" (MA UT 15).

Na continuidade do trabalho dos anestesistas, entramos noutra especialidade médica igualmente importante na transplantação hepática – os cuidados intensivos. Também aqui importa perceber de que forma o domínio de tecnologias específicas contribui para a diferenciação dos elementos desta especialidade. Em primeiro lugar, há a considerar o facto de estarmos perante uma sub-especialidade médica cujos requisitos implicam a experiência de alguns anos de trabalho em unidades de cuidados intensivos polivalentes, sendo que estes médicos podem ter uma de três especializações médicas: anestesia, cardiologia e medicina interna. Este aspecto, por si só, denuncia à partida alguns elementos de diferenciação neste grupo.

"Em Portugal não é uma especialidade, é uma sub-especialidade pela Ordem dos Médicos que foi criada há relativamente pouco tempo. Mas que são pessoas, para essa sub-especialidade de intensivismo, são pessoas que trabalharam muito tempo em áreas de cuidados intensivos polivalentes. Não é uma disciplina específica, mas com as mais variadas patologias e os cuidados intensivos é muito repetitivo nalguns aspectos: é o prevenir a infecção, é o combate à infecção, é a ventilação, os aspectos hemodinâmicos, é a monitorização, a nutrição, são as técnicas de exploração renal ... Portanto, são muito técnicas, há o rigor de cumprir alguns passos que têm de ser sempre feitos da mesma maneira, na ventilação ou na alimentação ou .... É um acto repetitivo e é muito um acto de disciplina, não é? É claro que é preciso ter os seus pormenores não é? Mas o hepático não é diferente dum ... Usamos os mesmos fármacos que noutro doente. Os poucos fármacos que são diferentes são os da imunossupressão e esses são manipulados pelos hepatologistas" (MI UIV 21).

No caso dos intensivistas que prestam cuidados ao transplante hepático, há que distinguir dois grandes grupos: os médicos intensivistas que pertencem à UCI do hospital, que desde o início do programa de transplantação hepática disponibiliza um quarto isolado para o transplante hepático, e os intensivistas da recente UIV, localizada nas proximidades da UT e que presta apoio aos pós-operatórios de transplante hepático que ocupam os dois quartos de cuidados intensivos da UT. Estes dois grupos distinguem-se a partir de dois aspectos fundamentais: a natureza da sua especialização e a experiência das situações relacionadas especificamente com o transplante hepático. Neste sentido, verificamos que os intensivistas da UCI, todos eles da especialidade de medicina interna, assumem uma postura mais autónoma no que diz respeito aos procedimentos relacionados com os cuidados intensivos do transplante hepático, nomeadamente no que respeita às situações excepcionais que ocorrem. A sua experiência permite-lhes avançar com confiança quanto a determinadas alterações terapêuticas ou procedimentos, em relação aos protocolos estabelecidos. O mesmo acontece quanto à relação que mantêm com o coordenador – uma relação de confiança mútua, pouco constante mas nem por isso ausente, o que vem reforçar a autonomia deste grupo. Pelo contrário, sobretudo devido à pouca experiência no transplante hepático, nos intensivistas da UIV, na sua maioria cardiologistas, os protocolos parecem estar mais presentes e a sua margem de manobra ser mais reduzida. Mais dependentes da orientação do coordenador, estes médicos têm menos autonomia no que respeita às situações mais excepcionais, mantendo uma relação mais estreita e assídua com o coordenador.

No entanto, apesar destas diferenças fundamentais, qualquer um dos grupos assume uma postura que condiz com um à vontade próprio de especialistas com vasta experiência em situações que exigem cuidados intensivos sofisticados. Para todos estes médicos, o doente transplantado hepático parece ser apenas mais um doente que requer todos os cuidados próprios de qualquer outro doente submetido a uma grande cirurgia, não exigindo procedimentos particularmente específicos e, nesse sentido, nenhuma vocação especial por parte dos intensivistas. Neste tipo de cuidados, apenas a experiência médica marca a diferença e, nesse sentido, os intensivistas da UIV parecem ter alguma desvantagem em relação aos seus colegas da UCI, sem que este aspecto pareça constituir um fosso significativo em matéria de competência técnica.

> "Em relação ao pós-operatório, evidentemente que é sempre um pós-operatório que pode ser complicado, cirurgia do tórax, ou situações abdominais muito complicadas. Este pós operatório, nós não podemos dizer que, de uma maneira geral, é mais complicado do que é, por exemplo, um pós-operatório de uma cirurgia que inclui laparotomia, que são doentes que ficam com grandes instabilidades. O que há mais importante neste tipo de situações é que estes doentes são, à partida, já doentes que são imunodeprimidos pela própria terapêutica, e isso em relação ao aspecto de vigilância da infecção gera situações que podem ser complicadas. Por outro lado, há outro aspecto, é que dentro dos próprios transplantes, uma coisa é operar um doente programado, outra coisa é operar um doente, por exemplo, com insuficiência hepática aguda, ou seja, uma hepatite fulminante. Aí também o pós operatório digamos que entra nas situações mais graves tal como há situações muito graves noutro tipo de cirurgia. Portanto, na realidade, nós não podemos diferenciar muito o pós-operatório do transplante hepático em relação a outras situações. Dentro do transplante hepático, digamos que há situações onde é tudo muito linear e há outras situações que logo à partida são muito complicadas, e muito pesadas" (MI UIV 22).

Mesmo assim, apesar de assumirem que existem doentes que exigem cuidados mais sofisticados que os transplantados hepáticos, alguns intensivistas da UIV recusam-se a prestar cuidados a estes doentes, com o receio ou o pretexto da sua inexperiência nestes casos. Utilizando igualmente o argumento da experiência, o próprio coordenador deixa transparecer, em algumas situações, uma maior confiança nos cuidados prestados na UCI, evitando colocar doentes mais problemáticos na enfermaria da UT.

À semelhança do que acontece na definição das opções tecnológicas na área da anestesia, os protocolos na prestação de cuidados intensivos no transplante hepático são definidos a partir dos princípios estipulados pelo coordenador das equipas de anestesia e de intensivismo.

"Há um protocolo de base para o transplante hepático. É um protocolo de base que foi definido, pronto, pelo colega. No fundo é um protocolo baseado também na experiência dos colegas lá fora. É um protocolo de base que pode ter algumas variações, de doente para doente, mesmo em termos da imunosupressão. Tem uma base que é muito comum podendo ter algumas variantes" (MI UCI 18).

Assim, qualquer um dos grupos de intensivistas, apenas no que se refere ao transplante hepático, segue os protocolos específicos para estas situações concretas. No entanto, como tivemos oportunidade de verificar, estes protocolos consistem em meras indicações de base, estando contemplados espaços para alguma autonomia dos elementos das equipas, de acordo com os casos concretos e tendo em consideração a experiência destes intensivistas, particularmente os da UCI, mais experientes no transplante hepático.

"É assim (silêncio). Na nossa área que não é a do transplante, nós temos protocolos. A unidade, a nossa unidade é de cuidados intensivos de doenças coronárias, embora tenha muitos doentes pesados. Que eu me tenha preocupado particularmente em estabelecer protocolos de novo ou fazer protocolos diferentes dos que estão, quando para cá vim, não. Que a gente se tenha preocupado, que eu me tenha preocupado especificamente com protocolos para o transplante, não. Usamos muito alguns dos nossos próprios protocolos que temos e depois há uma cultura hospitalar que é muito veiculada pelo Dr º (...), o coordenador, no sentido que tem muita ligação a isto tudo, há muitos anos. Há muitos protocolos que dantes se fazia; há muitos protocolos que já se faziam regularmente na UCI para o transplante que nós não alterámos" (MI UIV 21).

"(...) Apesar de a gente começar a seguir o protocolo, rapidamente se altera. A gente vê, passamos por cima. Mas é o que está realmente protocolado. O que a gente respeita sobretudo são os antibióticos, pronto. E depois tudo o resto, aquilo anda assim...

Pronto, em termos de soros manuseamos mais um bocado, sempre mais de acordo com o doente do que propriamente o protocolo. Eu da minha parte encaro, pronto, é um doente cirúrgico, de uma cirurgia grande, que nos põe estes compromissos em termos de ... e que em relação à minha prática me inspira mais os cuidados de vigilância contínua, estar em cima dos acontecimentos, mais do que fazer coisas muito diferentes daquilo que fazemos nos outros. Acho que os trato da mesma maneira, o grau de gravidade em si é igual. Provavelmente até temos doentes piores ... porque este a gente mais ou menos já sabe ... o que é que espera o que é que é importante ver e valorizar" (MI UCI 20).

Contrariamente a outras especialidades que intervêm na transplantação hepática, todos os intensivistas, à excepção do coordenador, tomaram contacto com esta área devido a situações meramente circunstanciais, sendo que a necessidade de prestar cuidados específicos ao pós-operatório do transplante hepático decorre, para ambos os grupos, da necessidade do serviço onde estão inseridos e não por uma procura individual destes médicos por uma área específica dentro do intensivismo – até porque, de acordo com estes especialistas, a especificidade dos cuidados intensivos no transplante hepático não justifica a existência de qualquer campo autónomo na área do intensivismo. Assim, ao contrário do que acontece com as outras especialidades, o transplante hepático não implica, para os intensivistas, uma área mais sofisticada no domínio de técnicas quase exclusivas, que não possam ser encontradas noutras situações. Acresce, a estes aspectos, o facto de a maioria destes doentes não oferecer a necessidade de cuidados intensivos prolongados, quer em termos de monitorização, quer em termos de ventilação.

"O transplante hepático surge porque a Unidade recebe os pós--operatórios imediatos. É assim que eu me cruzo com eles. Não é dirigido, não foi dirigido pelo menos. Eles calharam como outros doentes. Embora haja aqui um quarto só para eles, um ventilador só para eles, porque são doentes que são sujeitos a uma imuno-supressão muito precoce. Portanto, não há trocas, eles ocupam só uma sala, para evitar infecções e essas coisas assim. Requer só dois tipos, digamos, de cautelas. Em termos do pós-operatório em si da cirurgia não é nada complicado, os doentes vêm até excessivamente anestesiados e vêm para cá ainda muito adormecidos, escusavam de vir tão adormecidos. É uma grande cirurgia abdominal como outras, como outras. Há cirurgias abdominais que demoram inclusivamente mais tempo, e nessas cirurgias já vêm extubados, ou seja, sem o tubo naso-traquial. Estes ainda vêm em regra ventilados e anestesiados. Portanto, em regra, como são doentes que não têm patologia pulmonar (ou alguns deles não têm, só alguns é que têm), são rapidamente extubados, saem rapidamente do ventilador. Nesse aspecto não oferecem qualquer dificuldade. Os cuidados que se tem que ter são cuidados em termos de volémia, ou seja, de ter um estado de hidratação adequada para não sujeitar o fígado nem a desidratação, que pode pôr em risco o enxerto, nem a estados de hiper-hidratação, que também pode fazer uma congestão hepática e comprometer a função hepática. Manter um estado hemodinâmico aceitável, o que é facilmente conseguido porque as pessoas estão desenhadas para ter um estado hemodinâmico que seja o que se pretende. Somos um sistema muito melhor do que qualquer fármaco ou qualquer intervenção que nós possamos fazer. Depois há a vigilância analítica para ver, para registar, a recuperação da função hepática nas primeiras 48-72 horas, para ver e para estar atentos a ver se há alguma alteração precoce que possa indicar uma disfunção do enxerto. Basicamente são esses dois tipos de atenção que requerem uma observação de 8 em 8 horas e análises de 12 em 12 horas. Está a ver que isto é, isto pode parecer se calhar ... para nós já não é complicado porque já estamos rotinados, mas não me parece excessivamente complicado (MI UCI 19).

Quanto mais orientado cientificamente for um segmento profissional, mais tenderá a adoptar uma posição defensiva e será forçado a reafirmar alguns aspectos da sua identidade e a modificar outros, ajustando tácticas por forma a consolidar os seus suportes institucionais. Possivelmente, e de acordo com Bucher e Strauss (1961:333), o ponto mais alto da expansão de um segmento consiste no reconhecimento do estatuto de uma especialidade ou subespecialidade. Certamente, esta será a forma de desenvolvimento das especialidades dentro duma profissão, embora as condições sob as quais os segmentos se transformam em especialidades formalmente reconhecidas constituam, de facto, um interessante tópico de investigação que ultrapassa este estudo.

Assim, esclarecidas as formas através das quais as tecnologias médicas contribuem para a definição de fronteiras entre as principais especialidades médicas envolvidas na transplantação hepática, bem como para os processos de diferenciação interna dos vários elementos que as constituem, percorremos os vários caminhos que conduzem à construção das diferentes tecnocracias médicas, agrupadas em especialidades e identificadas a partir das interacções constantes entre os vários especialistas e as tecnologias específicas que manipulam e controlam nos vários momentos das suas práticas clínicas. Deste modo, todo o processo de transplantação hepática que, no seu conjunto, se traduz numa tecnocracia médica, expressa-se a partir de diversas formas nas diferentes práticas médicas, das quais destacamos a construção e a reprodução do conhecimento médicos, os discursos e os processos de tomada de decisão médica. Estas formas de tecnocracias médicas, já referidas num ou noutro momento deste capítulo, constituem matéria das páginas que se seguem.

Capítulo III

Da construção e reprodução do conhecimento e discurso médicos

Introdução

Neste capítulo, uma vez identificadas as tecnocracias médicas presentes na transplantação hepática, pretende-se entender as formas através das quais estas se traduzem nas práticas médicas. Tendo por base os diversos cenários socialmente construídos, utilizam-se duas categorias analíticas que funcionarão como suporte nesta análise: o *conhecimento* e o *discurso médicos*. Neste sentido, tendo como ponto de partida alguns trabalhos que se incluem na abordagem construtivista, importa identificar os diversos conhecimentos que são produzidos e desenvolvidos no contexto dos cuidados médicos. Estes devem ser assumidos como um conjunto de princípios construídos a partir de interacções e significados pré-existentes. Esta perspectiva contrasta com a visão tradicional da medicina que encara a doença como estando localizada num corpo enquanto objecto físico, e que pode ser objectivamente identificada e tratada como condição fisiológica a partir do conhecimento médico científico.

Qualquer trabalho desta natureza torna necessária a identificação das práticas e do significado ritual das rotinas que, em conjunto, constituem o trabalho médico, cuja organização social é constituída, sustentada e reproduzida através dos actores sociais.

Importa, por isso, entender como as tecnocracias médicas se constituem. Tal como refere Foucault (1975) a propósito da problemática do poder, é importante perceber como funcionam as tecnologias políticas da sociedade, já que o poder é produtivo e nas relações entre "poderes" existe um carácter de fecundação. Neste sentido, o trabalho deste autor é central na sociologia médica e em particular na sociologia do conhecimento médico e, portanto, também nesta investigação.

Assim, na linha de Foucault, torna-se necessário entender que tipo de significado é criado através de uma determinada utilização da linguagem e com que propósito, na medida em que os discursos delimitam aquilo que pode ser dito, criando espaços para metáforas, conceitos, modelos e analogias. É igualmente importante estudar o modo como a linguagem produz ou constrói versões particulares daquilo que pensamos sobre a realidade, sendo interessante verificar como é que a linguagem cria os seus próprios mundos de significado, sem com isso querer afirmar, muito pelo contrário, que a abordagem do discurso descura a dimensão material. Neste sentido, é necessário explorar os interesses ideológicos e as relações de poder nos quais determinados discursos estão incrustados e para os quais eles contribuem. Como Foucault referiu, nada é mais material do que o exercício do poder, já que o ser humano é intrinsecamente social. Portanto, a dimensão material da vida humana é sempre socializada, mediada pela linguagem e modificada pela actividade social, enquanto que a dimensão do discurso se manifesta inevitavelmente de forma física, no nosso discurso e comportamento, nas instituições e na tecnologia. Deste modo, o trabalho de Foucault dá relevância às ligações entre o discurso e os aspectos materiais. O autor examina o modo como as mudanças na forma como percebemos e falamos sobre as coisas estão inscritas nas alterações das práticas, i.e., nas actividades e relações sociais. Por exemplo, Foucault (1963;1977) descreve o desenvolvimento do *clinical gaze*, o 'olhar clínico', a atitude impessoal para com o corpo que caracteriza a medicina dos tempos modernos e que está relacionada com a introdução da prática física de dissecar corpos.

Foucault (Gordon, 1980) chama a atenção para o movimento dos médicos em torno do "corpo", e para os discursos médicos que acompanham o crescimento do controlo e vigilância na sociedade, através do exercício da disciplina sobre o corpo. Foucault está preocupado, sobretudo, em traçar o desenvolvimento das formas de vigilância, às quais chama *panopticismo*, através da clínica, do hospital e da prisão[1]. Estes aspectos reflectem o interesse de Foucault nas relações entre o discurso, o conhecimento científico e o exercício do poder profissional, o desenvolvimento da luta política à volta do "corpo" e a história da sexualidade em relação às instituições médicas. Finalmente, o desenvolvimento das várias formas de disciplina e vigilância, resumidas na noção de *panopticismo*, providenciam um excelente instrumento para a análise do tema em questão.

Para Foucault, e de acordo com Turner (1995), conhecemos ou vemos o que a nossa linguagem permite, porque nunca poderemos realmente aprender ou conhecer a realidade fora da linguagem. Como todas as formas de conhecimento humano, o discurso científico é apenas uma colecção de metáforas. O conhecimento científico constitui uma forma de narrativa e, como todas as narrativas, a ciência depende das várias convenções da língua – um modo de falar, por exemplo. Assim, a narrativa é um conjunto de acontecimentos de acordo com uma linguagem e esta última constitui um sistema auto-referenciado (Turner, 1995:11). Nada ocorre fora da linguagem e tudo o que conhecemos acerca da realidade é apenas o produto de convenções arbitrárias que adoptamos para descrever essa realidade. É neste sentido que o discurso médico não deverá ser esquecido nesta investigação, cuja centralidade assenta na interacção entre o trabalho médico e a tecnologia. É a partir destes que se define a construção do conhecimento médico, os modos como a opinião clínica ocorre e as relações entre conhecimento médico, linguagem médica e o contexto contemporâneo da prática médica.

---

[1] Vejam-se os trabalhos de M. Foucault (1963;1997) – *Naissance de la Clinique*. Paris: PUF; M. Foucault (1975) – *Surveiller et Punir*. Paris: Gallimard.

O discurso presente no diálogo entre médicos pode dar origem a orientações contrastantes no que diz respeito ao trabalho e conhecimento médicos sobre um determinado caso clínico, reflectindo as diferentes estratégias. Essas estratégias permitem a cada uma das partes envolvidas persuadir os outros acerca da sua "verdade", bem como ocultar estrategicamente informação e conhecimento proporcionados pela utilização de tecnologias específicas. Fazendo-o, constituem e sustentam a sua autoridade e poder. Neste sentido, o discurso, nas suas mais diversas formas e suportes, assume-se como elemento importante de análise a ter em consideração. Desta forma, conhecimento e discurso médicos constituem duas categorias analíticas que surgem nesta investigação de forma associada, de modo a compreender o exercício das diferentes tecnocracias.

O que nos interessa para este trabalho é perceber como é que o significado e o poder são negociados nas conversas que rodeiam a prática médica, na sua relação com a tecnologia e o conhecimento médicos. Deste modo, o "discurso" é um elemento importante a considerar, podendo ser aqui utilizado para referir o diálogo, a conversação, o que está escrito nos textos ou para designar um sistema coerente de significados, por exemplo o *discurso biomédico*.

No que diz respeito em particular ao trabalho médico, Foucault argumenta que o corpo humano, tal como o conhecemos, não é natural, mas antes tem sido construído através do *clinical gaze*. Com esta expressão, Foucault pretende designar a forma particular de "olhar e conhecer" o corpo, associada ao modelo biomédico. Este *clinical gaze*, refere Foucault, apaga formas anteriores de ver e conhecer o corpo, sendo apenas uma das muitas formas de o conceptualizar. De acordo com Jones (1994:78), dois pontos emergem desta teoria. Primeiro, o *gaze* cria o corpo que conhecemos. As suas formas, estruturas e relações, apenas conseguimos ver e conhecer devido a um *atlas anatómico* que nos diz que ele existe. Por outras palavras, esta nova realidade é encarada como sendo produzida por um recurso epistemológico, uma reconceptualização do conhecimento e do significado da linguagem. Em segundo lugar, o *clinical gaze*, quando estabelecido a partir dos primórdios do século XIX, representa não apenas o conhecimento e a verdade, mas também o poder. Assim, só a partir da formação e aprendizagem, tendo por base o *atlas anatómico*, os estudantes de medicina aprendem acerca daquilo que observam e do significado relacionado com os diferentes sinais, sintomas e lesões do corpo. A linguagem especializada distancia o doente, proporcionando aos médicos o tratamento (*disciplinary apparatus*) para monitorizar e controlar os corpos nos hospitais. Neste sentido, e de acordo com Foucault, podemos afirmar que o aparecimento da medicina científica nos inícios do século XIX permitiu um novo olhar sobre o corpo. O que está em causa não é a importância da patologia, da bioquímica e da fisiologia na explicação do corpo e da doença, mas, sobretudo, o facto de o corpo ter sido transformado a partir de um novo registo (o *discourse*, como lhe chama) em algo diferente. Longe de constituir uma entidade biológica fixa à espera de ser descoberta, o corpo, tal como o conhecemos, apenas se revela a partir do *atlas anatómico* que nos permite observá-lo e conhecê-lo.

Neste sentido, é importante analisar concretamente os contextos onde são construídos o conhecimento e discurso médicos. Em medicina, o *caso* constitui a unidade básica de pensamento e discurso. É a partir daqui que o conhecimento médico é organizado e partilhado, e os valores laboratoriais produzidos através da utilização de tecnologia nos laboratórios e nos resultados dos exames médicos. Então, o conhecimento constitui-se não só em elementos importantes de diagnóstico, mas também em elementos importantes para a reconstrução de estratégias individuais. Assim sendo, é importante explicar que tipo de conhecimento tem mais importância e que fontes do conhecimento são mais relevantes; enfim, como é que o conhecimento médico é explorado em termos de construção de mecanismos de autoridade enquanto poder.

O comportamento e o discurso médicos são assumidos pelos respectivos actores e deverão ser encarados não só como forma de articular a divisão do trabalho e a distribuição de autoridade entre os seus elementos, mas também como um modo de providenciar fontes poderosas para a expressão de orientações tendo em vista o conhecimento. Neste sentido, temos de ter em consideração como o discurso utilizado nas discussões clínicas é subtilmente codificado pela expressão de certeza e dúvida.

Outros contributos, para além de Foucault, são considerados neste capítulo, como é o caso de Atkinson (1995) que refere que o discurso médico é constantemente interrompido por aquilo que o autor designa por *voices*, a voz ou, melhor, as várias vozes da medicina que, em conjunto, permitem perceber o *caso*. Destas várias vozes, podemos apontar a voz da experiência (onde se inclui a voz da experiência pessoal), a voz da ciência e a voz de quem domina a tecnologia. Tratam-se de vozes contrastantes que têm o seu significado próprio e permitem reproduzir a divisão técnica e social do trabalho e a estratificação do conhecimento especializado. Deste modo, pretende-se perceber como se criam estas vozes, relacionar a organização do discurso com os problemas relevantes e grelhas de conhecimento, mostrar que a estrutura do discurso contém assimetrias em termos de *status* e poder das respectivas partes envolvidas.

De acordo com Atkinson (1995), aliás na linha de Foucault, o "corpo" constitui o objecto central da medicina moderna, onde as novas tecnologias e técnicas a ela associadas permitem vê-lo e dissecá-lo. O olhar da medicina, o *clinical gaze*, é reproduzido a partir dessa reconstrução quotidiana da medicina moderna. A *cama* continua a ser um espaço importante de recolha de dados, mas estes são depois levados e examinados noutros tempos e noutros espaços, a partir da utilização de tecnologia específica para o efeito. O corpo torna-se disperso nesta complexidade física do hospital e na sua ordem temporal igualmente complexa, providenciando uma matriz onde o conhecimento clínico é construído e armazenado.

Tal como em Foucault, o corpo constitui um objecto de discurso, não um objecto natural. A medicina clínica isola e observa os estados e processos do corpo. A sua observação constitui o produto de condições institucionais e de discurso, bem como parte de um conjunto de declarações que trabalham a partir de observações num contexto clínico, por forma a construir doenças e etiologias. Contudo, trata-se de um *gaze*; a observação produz resultados que são irredutíveis às suas condições de discurso e que levam a novos discursos – são sistemáticas classificações daquilo que é observado. Por outro lado, o discurso estende-se às práticas.

O trabalho médico consiste não só no conteúdo técnico do discurso, mas também na forma que assume o comportamento dos seus agentes e que tem a ver sobretudo com a troca social, com os diálogos, conversas, i.e., o *talk*, tal como Atkinson (1995) o define. É possível analisar a distribuição social do conhecimento, as cerimónias quotidianas do trabalho médico, com as repetições dos rituais e a reconstrução dos casos que são constantemente revisitados (Atkinson, 1995:59), traçando os "circuitos do discurso", formais e informais.

É necessário identificar constrangimentos estratégicos presentes na atitude dos médicos sobre o que pode e não pode ser dito e as dicotomias que fazem a ligação entre o(s) discurso(s) dominante(s) e o(s) discurso(s) escondido(s) ou camuflado(s). Estes aspectos podem ser expostos através da pesquisa de silêncios, omissões, hesitações e discrepâncias que implicam um significado alternativo àquele que é expresso. Trata-se pois de "desconstruir" as estratégias de cada um dos participantes observados nas suas práticas quotidianas. Trata-se de perceber as influências da tecnologia na produção do conhecimento médico, através da observação da prática médica, examinando como esse conhecimento é reconstituído em termos estratégicos.

Assim, neste capítulo, a propósito da construção do conhecimento e do discurso médicos, começamos por fazer a distinção entre conhecimento teórico e conhecimento adquirido através da experiência no terreno das práticas médicas, evidenciando a primazia deste último enquanto experiência clínica, na construção do conhecimento médico. Neste primeiro ponto, entre outros contributos, também o trabalho de Freidson constitui um suporte importante para a análise das dimensões presentes no trabalho médico. Num segundo ponto, abordaremos os modelos de reprodução do conhecimento e do discurso médicos, as formas que assumem algures, em espaços e tempos difusos, entre a investigação científica e a prática médica.

1. A Primazia da Experiência Clínica

Na transplantação hepática, tal como em qualquer outra área da medicina, o conhecimento médico, expresso através das práticas médicas, constitui propriedade emergente da interacção entre as diferentes especialidades médicas, que ocorre através de diversos espaços e tempos. A prática clínica encerra procedimentos que atravessam a actividade médica, através de actos passados, opiniões correntes e projectos futuros que são suportados, modificados, justificados e constantemente negociados. Os processos de produção do conhecimento e de formação de opinião estão dispersos no tempo e no espaço, pelas diferentes especialidades médicas e pelos diversos indivíduos que as compõem. O diálogo, o discurso médico, pode dar origem a orientações diversas acerca do trabalho e do conhecimento médicos. A partir da análise concreta em que ocorre a produção e reprodução deste conhecimento e destes discursos médicos, procuraremos identificar de que forma estes elementos são organizados e partilhados dentro e entre cada especialidade médica presente na transplantação hepática.

A noção de conhecimento está profundamente ligada à ideia de competência, sendo por isso importante perceber como estas noções se interligam nas práticas médicas quotidianas. Mas importa não esquecer que cada especialidade encerra em si conhecimentos e competências próprias que, no conjunto das interacções, constroem um património de conhecimentos comuns, traduzidos em competências que, na sua globalidade, constituem todo o processo de transplantação hepática.

A propósito das referências básicas das noções de *trabalho* e *competência*, Freidson (1979;1984:330) afirma que se trata manifestamente de um corpo de factos ordenados por determinadas ideias abstractas ou teorias que se encontram materializadas nos tratados e nos manuais. Estas fornecem a substância formal daquilo que os especialistas aprendem nas suas escolas e que são considerados como conhecimento. Então, esse conhecimento ou competência é extremamente limitado enquanto realidade; ele está encerrado nos livros ou nos cérebros e, definido nestes modos, parece não ter qualquer ligação com as práticas médicas, sendo estas a verdadeira razão de ser do especialista. Neste sentido, Freidson (1979;1984:331) chama a atenção para a absoluta necessidade de redefinir a noção de conhecimento, estabelecendo a correspondência entre o "saber" e o "fazer".

Avançando nesta linha, o autor distingue os que se consagram ao desenvolvimento de um corpo de conhecimentos daqueles que os aplicam. Trata-se de distinguir o corpo dos conhecimentos enquanto tal, das actividades humanas que consistem em criar esse conhecimento (investigação e pesquisa) e em aplicá-lo (a prática). Podemos avaliar estas actividade de acordo com a sua fidelidade em relação ao conhecimento, i.e., perceber em que medida as práticas médicas se fundam no conhecimento teórico. Assim, para avaliar o especialista e a sua competência, não avaliamos apenas o conhecimento da sua disciplina enquanto tal, mas também as relações entre a sua actividade de especialista e o respectivo conhecimento. O conhecimento médico-científico tem, assim, também origem na prática médica.

Analisando as dimensões presentes no trabalho médico, Freidson (1979;1984:331) refere a aplicação de um conhecimento puramente técnico a aspectos práticos, bem como a necessidade de que este penetre numa actividade social, do mesmo modo que técnica. A própria actividade técnica torna-se social no sentido em que tem um significado social, que está incorporada em acções sociais e que tem consequências sociais para aqueles que participam nessas relações.

Tecnicamente, a medicina está bem apetrechada para demonstrar que determinados sinais, sintomas e tipos de sofrimento seguem um percurso conhecido com consequências específicas. No entanto, o facto de estas consequências poderem ser negativas ou indesejáveis cabe a qualquer ser humano julgar e não, como acontece, ser da exclusiva propriedade do médico. Assim, apesar dos médicos terem uma competência mais ou menos exclusiva na determinação da etiologia e tratamento da maioria dos sinais que isolam, e em relação aos quais têm uma opinião própria sobre sintomas ou tipos de sofrimento indesejáveis, não têm, porém, qualquer competência particular para justificar que seja um especialista "exclusivo" a definir o que é indesejável. A medicina pode servir-se do seu conhecimento técnico e da sua posição moral para persuadir os outros de que determinados sinais têm um significado negativo, mas, ao fazê-lo, o médico comporta-se como um empreendedor moral, função que qualquer um pode assumir. No caso da unidade de transplantação, se observarmos algumas situações onde são discutidos casos mais polémicos, assistimos, por parte de alguns médicos e cirurgiões, à utilização de argumentos que se prendem mais com questões morais do que com critérios científicos. Em algumas situações onde a indicação de transplante é, do ponto de vista médico-científico, inequivocamente desaconselhada, assistimos ao apelo do dever moral para justificar o transplante. Expressões como "é um homem novo e saudável, com porte atlético" ou "tem apenas vinte e quatro anos e uma filha pequena, é impossível recusar-lhe uma oportunidade como esta", são utilizadas estrategicamente no diálogo entre médicos. Em algumas situações, quando questionados sobre determinados casos concretos, vários médicos referiram que, numa ou outra situação, "o transplante foi efectuado porque, apesar de medicamente não dever ter sido realizado, moralmente tiveram de o fazer" (n.t.c.).

Para o autor (Freidson, 1979;1984:334), aquilo que existe de teórico, científico, objectivo e sistemático no conhecimento médico, é conhecimento puro e abstracto acerca da trajectória da doença e dos métodos que têm maior probabilidade de a contrariar e minorar os seus efeitos. É puro e abstracto pelo facto de que é distinto e separado das suas formas de aplicação à realidade prática, que consiste em avaliações, em hábitos, em preferências pessoais e, possivelmente, em interesses pessoais, mais do que um conhecimento sistemático guiado por qualquer teoria.

Em oposição ao conhecimento médico, na medicina enquanto tal, encontram-se todas as práticas que se desenvolvem a partir do momento em que esse conhecimento é aplicado a doentes concretos, em contextos também concretos. O conhecimento médico "puro" é transformado, mesmo manchado, no decorrer da sua aplicação. De facto, este conhecimento não pode continuar "puro", pelo contrário, deve organizar-se socialmente em práticas. Deste modo, o conhecimento médico concretiza-se através das suas utilizações. Mas, de acordo com Freidson (1979; 1984:336), o mais importante tem a ver com facto de o médico estar moralmente comprometido a intervir, existindo acção, mesmo na ausência de conhecimento seguro, na medida em que a medicina é, por definição, uma actividade de consulta e de prática, mais do que uma actividade científica e erudita.

"A medicina não é pura e simplesmente neutra, como a física teórica. Na qualidade de trabalho aplicado, ela é deliberadamente amoral – i.e., guiada pela moral de outrem –, ou activamente moral pela sua intervenção selectiva. Enquanto empreendimento moral, ela constitui um instrumento de controlo social que devemos estudar detalhadamente enquanto tal, sem confundir a "objectividade" do seu conhecimento fundamental, com a subjectividade da sua aplicação" (Freidson, 1979;1984:336-37).

Neste sentido, o conhecimento prático da medicina assenta, em grande parte, na experiência clínica e pessoal dos médicos. O seu conhecimento científico provém, na realidade e em grande medida, das descobertas individuais realizadas por clínicos. Por isso, o próprio modelo que está subjacente à prática médica encoraja o médico a desviar-se individualmente do conhecimento codificado, apoiando-se em observações individuais, feitas em primeira mão, sobre casos concretos. Estamos a falar, de acordo com Freidson (1979;1984), de "julgamentos" ou mesmo de "sabedoria", já que o médico insiste na primazia da sua experiência pessoal e na liberdade de escolha de acção fundada sobre essa experiência encorajada pela ideologia da medicina. Trata-se, precisamente, da ênfase inversa que ocorre na ciência acerca do conhecimento tornado comum, recolhido e verificado graças a métodos que têm como objectivo ultrapassar as deficiências da experiência individual. Então, o saber prático, em primeira mão, é muitas vezes designado de "sabedoria" e representa o condensar da experiência de toda uma vida.

Alguns dos médicos e cirurgiões da UT enquadram-se precisamente neste perfil. Para além do director da unidade, que constitui uma referência em termos de experiência acumulada e de pioneirismo numa área da medicina tão sofisticada, outros elementos da equipa destacam-se no domínio de técnicas específicas, no caso dos cirurgiões, ou de determinadas patologias, no caso dos hepatologistas. Esse domínio tem origem na própria experiência individual de cada um dos sujeitos. Nesta entrevista vemos referida a importância da experiência clínica na construção do conhecimento médico. No caso da UT esta experiência acumulada tem vindo a permitir a este serviço conquistar um lugar de referência no panorama mundial da transplantação hepática:

> "Há, com certeza, coisas novas. Primeiro, há um aperfeiçoamento de dados base, há experiência adquirida, há uma curva de aprendizagem que, enfim, decorreu. Neste momento estamos a uma velocidade de cruzeiro e pouco aprendemos mais a partir de agora no que diz respeito à prática diária, à prática, digamos, rotineira" (MH UT 12).

A experiência clínica é tão fundamental numa área como a transplantação que o lançamento do Programa de Transplantação Hepática, neste serviço, foi antecedido por alguns anos de cirurgia experimental em porcos num laboratório experimental criado no hospital, exclusivamente para o efeito. Neste *biotério*, anestesistas e cirurgiões com larga experiência nas respectivas áreas de especialidade, mas ainda não na transplantação hepática, praticavam nos porcos as várias técnicas de transplantação do fígado.

> "Eu tive muita experiência e fiz experiência com o *biotério* e a cirurgia experimental nos porcos. E tenho muita experiência de anestesiar porcos e fiz muitas experiências com os cirurgiões em porcos." (MA UT 15).

Ainda a propósito da importância da experiência clínica na formação dos médicos que constituem a equipa de transplantação hepática, sobretudo dos mais antigos ou pioneiros desta área em Portugal, verificamos que frequentaram estágios em centros no estrangeiro por forma a aprenderem não apenas conhecimento teórico mas, sobretudo, experiência clínica, antes de integrarem a UT. Trata-se não apenas de aprender com a experiência dos outros que têm mais prática, mas sobretudo ver como os outros praticam e praticar com eles.

> "Todos nós estivemos no estrangeiro, sim, sobretudo em Inglaterra e em França, os médicos, os cirurgiões na Inglaterra, França e também EUA, todos nós. Um período transitório, semanas ou meses, em Unidades com bom nível na área da transplantação" (MH UT 12).

Temos, assim, duas componentes essenciais na construção do conhecimento médico, a teoria e a prática clínica. No entanto, a propósito da natureza do trabalho médico, Freidson (1979;1984: 172) refere que este é pouco teórico, já que se trata sobretudo de um trabalho de aplicação, diferindo, deste modo, do trabalho de investigação. As especialidades clínicas devem, na maioria dos casos, utilizar os princípios gerais para controlar problemas concretos. Pelo contrário, o investigador parte da investigação de fenómenos concretos para verificar, elaborar ou encontrar princípios gerais. Na medida em que a prática médica faz tão pouco uso da ciência, esta utilização obedece a uma orientação característica: ela esforça-se por aplicar, mais do que criar ou contribuir. Então, se o trabalho médico se concentra em problemas concretos e na sua solução prática, é importante que ele prossiga mesmo quando lhe faltam fundamentos científicos, na medida em que este trabalho assenta sobre a intervenção e é independente da existência de conhecimentos confirmados. Assim, o médico sente-se mais seguro e tranquilo quando procede em situações de quase incerteza, ou que ultrapassam mesmo as regras científicas, do que em situações onde pura e simplesmente nada faz. Vários exemplos concretos na transplantação hepática foram possíveis de observar, sobretudo no que diz respeito à atitude dos cirurgiões em face de doentes polémicos, onde cientificamente não existe qualquer indicação para transplante. Mesmo nestas situações, os cirurgiões estão dispostos a correr o risco, na medida em que, no seu entender, mais arriscado será nada fazer, como poderemos ver mais à frente a propósito da tomada de decisão médica.

A estes aspectos é ainda importante acrescentar que a prática médica diz respeito, acima de tudo, a situações individuais, procedendo pouco de acordo com aspectos estatísticos ou de conjunto. Quando o faz, estas probabilidades servem apenas como referência para determinar a natureza de um caso específico. Mesmo quando se dispõe de conhecimentos científicos gerais, o simples facto das variações individuais colocarem constantemente o problema da estimativa, torna necessária a realização de exames pessoais e directos em cada caso individual. Como refere um dos hepatologistas, "não existem doenças mas sim doentes" (n.t.c.).

A propósito da importância do risco e da tomada de decisão que estes aspectos implicam, Freidson (1979;1984:173) refere que o risco e os julgamentos formulados podem variar consideravel-

Parte II – Capítulo III. Da construção e reprodução do conhecimento ... | 363

mente consoante as situações concretas. No entanto, existe um aspecto que jamais varia: o facto de se tratar de um trabalho de aplicação que implica a intervenção do médico, seja qual for o estado de conhecimento, e que tem um elemento central – a experiência directa de casos individuais. Em várias ocasiões foi possível constatar que alguns doentes, imediatamente antes de tomarem contacto com a UT, tinham como referência um dos elementos da equipa. É o caso de um doente que teve conhecimento do serviço por via de um dos cirurgiões que procurou por sua iniciativa, na medida em que era reconhecido em termos de opinião pública como um dos médicos mais experientes na área do transplante hepático. A importância da experiência clínica é de facto fundamental também em termos de opinião pública. De uma forma geral, os médicos, e os serviços a que estão associados, são reconhecidos pelo número de casos tratados, pelos resultados que apresentam e pelos anos de experiência em áreas específicas de intervenção, tal como é referido nesta entrevista.

"Quer dizer, não adianta ter um centro que transplante uma ou duas crianças por ano. Eu como pai não vou dar a transplantar o meu filho a pessoas que fazem um ou dois transplantes por ano. Vou a outro centro que tenha uma casuística muito maior, está a perceber. As Unidades só se tornam boas quando fazem muitos, quando têm experiência. Aqui ninguém é iluminado" (MC UT 8).

Estes factores que caracterizam o trabalho médico quotidiano são, de acordo com Freidson (1979;1984), responsáveis pelas atitudes que limitam o sentido de responsabilidade, dando-lhe contornos especiais. O médico é conduzido a valorizar a sua responsabilidade individual em detrimento de uma responsabilidade colectiva, levando, por outro lado, a poucos esforços no sentido de fazer respeitar as normas profissionais de eficácia. Do mesmo modo, esta situação conduz à valorização da primazia da experiência clínica directa sobre as leis científicas ou as regras gerais, acentuando-se a diversidade de opiniões definidas como aceitáveis e permitindo resistir, de consciência tranquila, a eventuais críticas provenientes dos seus pares.

No seu trabalho acerca dos estudantes de medicina na década de 60, Becker et.al. (1961;1997) referem que durante os anos de formação são incutidos nos futuros médicos padrões de comportamento orientados de acordo com duas normas decisivas – a responsabilidade e a experiência – que são definidas da seguinte forma:

> "O termo "responsabilidade" (...) refere-se ao traço arquétipo das práticas médicas: o médico que tem o destino do doente nas suas mãos e sobre o qual depende a vida ou a morte do doente. A responsabilidade médica pelo bem estar do doente e o exercício da responsabilidade médica é visto como a acção chave e básica do clinico. O médico é mais médico quando exerce esta responsabilidade" (Becker et.al, 1961;1997: 224).

> "[O termo "experiência"] refere-se à experiência clínica, à experiência actual em lidar com os doentes e a doença, sendo que o seu significado assenta, sobretudo, na sua polaridade implícita na "aprendizagem através dos livros" (*book learning*). A experiência clínica implícita neste termo dá ao médico o conhecimento necessário para tratar os seus doentes com sucesso, mesmo que esse conhecimento ainda não tenha sido sistematizado e comprovado cientificamente. O médico não adquire este conhecimento através do estudo, mas sim através da observação do fenómeno clínico que lhe permite lidar com problemas clínicos em primeira mão. A experiência clínica pode mesmo chegar a substituir o conhecimento cientificamente comprovado e ser utilizada para legitimar a escolha de procedimentos e para eliminar a utilização de outros que estão cientificamente estabelecidos" (Becker et.al., 1961;1997:231).

A este propósito, é interessante constatar um aspecto que será mais à frente desenvolvido aquando dos processos de tomada de decisão. No decorrer desta investigação assistimos a diversas situações onde a opção pelo transplante acaba por ser justificada com base na experiência clínica deste serviço, fazendo quase tábua rasa do conhecimento cientificamente comprovado pela literatura. Como refere um dos cirurgiões, "dada a qualidade do serviço prestado por esta unidade de transplantação, cujos resultados falam por si, podemos ter lugar para excepções" (n.t.c.).

Parte II – Capítulo III. Da construção e reprodução do conhecimento ... | 365

Esta ideia assenta no facto de que o médico, para elaborar o seu diagnóstico, deve ainda utilizar directamente os seus sentidos que devem ser treinados na prática, o que quer dizer que o conhecimento livresco e científico, em face das contingências práticas e da complexidade dos casos individuais, não é suficiente. Seja qual for o motivo, a experiência tem primazia na formação médica. O trabalho de Becker et al. mostra que a ideia de experiência clínica organiza a escolha dos estudantes de medicina, na medida em que estes consagram o máximo de esforços à acumulação de experiências práticas, em detrimento de conhecimentos abstractos.

Também Freidson (1979;1984:176-177) estabelece uma comparação entre médicos que praticam a clínica e teóricos e investigadores. Assim, e em primeiro lugar, o autor refere que o objectivo dos primeiros é sobretudo a acção e não tanto o conhecimento, pretendendo agir com sucesso. Mesmo que o fruto da sua acção não seja positivo, ainda assim é preferível agir a não fazer nada. A acção transforma-se num fim em si mesmo. Nesta linha surge, em segundo lugar, aquilo que Freidson designa de "acreditar no que faz". O clínico acredita, de uma forma geral, que a sua intervenção faz sempre melhor do que mal. Ele próprio reage como perante um placebo, na medida em que o seu trabalho se processa em torno de uma série de problemas concretos e individuais. O sucesso que o premeia e a causa que o determina raramente são equívocas. Uma vez embrenhado na acção, o clínico, por vezes confrontado com o erro, é levado a manifestar uma certa vontade em acreditar no valor daquilo que faz. Em terceiro lugar, seja devido a esta orientação para a acção, seja pela complexidade e pela diversidade dos casos concretos, o clínico é sobretudo um indivíduo pragmático, mais fiel aos resultados concretos do que, propriamente, à teoria. Em quarto lugar, enquanto clínico, o médico aprendeu a acreditar que o tempo ajuda e que pode confiar na acumulação da sua experiência directa e pessoal, no subjectivismo, deixando para segundo plano os princípios abstractos, sobretudo quando se trata de avaliar e tratar os aspectos do seu trabalho que não revelam automatismos. Finalmente, o médico clínico acentua, de forma consciente, o peso da indeterminação ou incerteza, sem perder tempo com questões de regularidade ou de comportamento científico. Que este aspecto possa ou não significar ignorância nos domínios do conhecimento e da técnica disponíveis não é relevante; o que importa salientar é que a incerteza proporciona ao médico o terreno psicológico que lhe permite justificar a importância pragmática que concilia com a experiência directa.

Deste modo, empenho na acção, pragmatismo, subjectivismo, sensibilidade em relação à incerteza, eis os aspectos que, de acordo com Freidson (1979;1984), distinguem aquele que pratica a medicina do homem de ciência. Estas são as características daqueles cujo trabalho implica a aplicação do conhecimento a casos e práticas concretas. Assim, o médico é confrontado com problemas individuais e sabe que as soluções não dependem apenas de cálculos probabilísticos ou de conceitos e princípios gerais – ele tem também de confiar na sua intuição. Dada a natureza do seu trabalho, o médico é, forçosamente, responsável pelas suas acções e práticas e, para isso, é necessário apoiar-se na sua experiência clínica concreta.

Neste sentido, as responsabilidades assumidas pelo médico em relação aos actos que pratica tornam-no necessariamente vulnerável. No caso particular da transplantação hepática, esta questão assume de facto um enorme peso. Se por um lado são gratificantes as situações onde o médico é reconhecido por ter sido bem sucedido, do mesmo modo pode incorrer em situações de reprovação em circunstâncias opostas. Assumir a responsabilidade duma prática concreta, seja qual for, implica correr riscos. A confiança depositada na experiência clínica pessoal tem um grande peso, de tal forma que o médico acaba por privilegiar a autoridade das suas faculdades sensoriais, libertando-se ao mesmo tempo da hegemonia presente na tradição ou na ciência. Em última instância, é a ciência e apenas ela que guia os seus actos, mesmo quando os resultados esperados não são alcançados.

Muitas vezes o médico recusa-se a modificar a sua táctica com base em considerações estatísticas ou abstractas. Ele precisa de ver e de sentir por si mesmo. Sobretudo, necessita de tentar salvar vidas através do último dos recursos possíveis, o transplante.

Freidson (1979;1984:180) distingue ainda a racionalidade clínica da racionalidade científica. Assim, a primeira é singular e técnica, constituindo um todo, uma espécie de classificação com imensos detalhes que provêm dos casos individuais. A grande diferença entre estes dois tipos de racionalidades é que a primeira não constitui um instrumento destinado a explorar ou a descobrir princípios gerais, como é o caso do método científico, constituindo antes um instrumento destinado apenas a separar e a estabelecer interconexões entre os factos que o médico percebe e aqueles que ele coloca como hipóteses. Assim, os princípios constroem-se no decorrer da prática, mas tratam-se de generalizações a partir da experiência clínica, i.e., de uma experiência pessoal.

Este aspecto é particularmente notório no trabalho dos hepatologistas que traçam a história da doença através da observação clínica e de exames médicos, construindo permanentemente o seu diagnóstico. Trata-se de um trabalho individual, ao contrário do dos cirurgiões. No que diz respeito ao acesso dos doentes ao Programa de Transplantação Hepática, ele é feito a partir de critérios científicos rigorosamente definidos. Como referimos em capítulos anteriores, todos os doentes que se apresentam na unidade para uma primeira consulta de pré-transplante vêm encaminhados por outros médicos assistentes, com patologias já diagnosticadas. Todas as informações relativas ao doente e à doença, registadas em diversos exames e relatórios médicos, são trazidas para esta primeira consulta, passando estes elementos a fazer parte do processo do doente. A partir daqui, o hepatologista procede à construção do seu diagnóstico de transplantação, através de consultas e da realização dos mais variados exames médicos. O conhecimento acerca da doença vai-se acumulando e a trajectória do doente vai ficando mais definida.

"A admissão dos doentes faz-se, portanto, por contacto directo com os colegas. Nós não estudamos os doentes de pré-transplante, a não ser na perspectiva do transplante ... Quer dizer, aqueles que vão ser admitidos na consulta têm de cumprir um protocolo de estudo, de avaliação para o transplante hepático, que está protocolado e que é mais ou menos parecido em todas as Unidades. Agora, não estudámos os doentes no que diz respeito à sua doença base, eles têm de já vir estudados. Nós não podíamos fazer isso, porque se fizéssemos isso éramos um serviço mais amplo e também uma Unidade de Transplantação" (MH UT 12).

Resulta desta análise, e de acordo com Freidson (1979;1984: 180), que o individualismo constitui um elemento dominante do comportamento dos hepatologistas e da sua atitude. Cada um constrói o seu universo de experiência clínica e assume a sua responsabilidade a título pessoal, ou seja, individual, pela forma como se empenha nesses casos. Desta forma, a auto validação e a auto confirmação surgem de si próprios. No entanto, muitas vezes, quando o caso é levado à discussão com os colegas, o discurso presente na reunião entre os vários interlocutores tem uma base científica que, perante o peso da incerteza que de forma geral reveste estas situações, acaba por ultrapassar o peso da experiência em prol da ciência. Do outro lado, o médico que estudou o doente contra-argumenta apelando para que se pense no caso concreto, em termos únicos e individuais, apelando aos outros elementos da equipa para que se abra uma excepção à regra.

A propósito da utilização de vocabulário específico acerca da doença, por parte dos médicos, é de referir a utilização de uma linguagem científica por forma a reforçar estratégias particulares que deixam adivinhar determinados conflitos de interesses. Nestas interacções, os médicos comunicam informações técnicas específicas que dizem respeito a casos específicos. Através do discurso utilizado, constatamos a existência de um monopólio de competências e conhecimentos especializados que sustentam a base do exercício da profissão por parte destes médicos, possibilitando--lhes a posse de um estatuto próprio no interior do grupo, que se traduz no poder de tomar decisões concretas no que diz respeito ao percurso da doença. Deste modo, a autoridade do médico, por exemplo numa consulta, depende da extensão considerável do seu monopólio de conhecimento.

A propósito do trabalho de diagnóstico, Atkinson (1981:95) refere-o como um campo de manifestações que devem ser interpretadas por forma a produzir um quadro de diagnóstico que permita atribuir um rótulo credível à doença. A retórica convencional da prática médica apresenta dois tipos de dados disponíveis que se referem a sinais e sintomas, sendo que a distinção entre estes dois termos já foi anteriormente referida. Esta distinção corresponde a dois procedimentos clínicos: traçar a história do doente e proceder ao exame clínico. Quando o doente relata a sua história e o médico coloca questões sobre as suas queixas, aquilo que é relatado constitui os sintomas da doença. Quando o médico examina o corpo do doente, através da observação, palpação, auscultação, etc., aquilo que é observado (visto, sentido, cheirado, ouvido) constituem os sinais da doença. Outros sinais podem aparecer se forem utilizados métodos adicionais de diagnóstico (raio-x, endoscópio, etc.) ou se outros métodos menos directos forem aplicados (análises de sangue, urina, etc.).

No entanto, estes aspectos relacionados com a doença, ao contrário do que possa parecer à partida, estão relacionados com aspectos subjectivos de interpretação dos sinais e sintomas, opondo-se ao que muitas vezes é assumido como factores objectivamente observáveis da doença. Neste sentido, interessa analisar estes procedimentos interpretativos, a forma como os médicos falam dos sinais objectivos da doença, construindo desta forma o seu diagnóstico. Na linha de Foucault, podemos referir que tudo aquilo que pode parecer claro nos dias de hoje, não o foi certamente noutros momentos da história da medicina. Também determinados aspectos que se apresentam óbvios para determinados indivíduos que pertencem a determinada cultura, não o são para outros. Assim, a dimensão histórica dos "olhares" é ilustrada por Foucault (1963;1997). O autor utiliza o contraste entre duas descrições clínicas por forma a ilustrar a mudança fundamental associada ao nascimento da clínica. De acordo com Foucault, esta mudança depende da alteração das formas de percepção, o que quer dizer que a relação entre o visível e o invisível altera a sua estrutura que é revelada a partir do *gaze* e da linguagem.

No entanto, apesar da importância daquilo que este *clinical gaze* revela aberta e directamente, Atkinson (1981:96) chama a atenção para o facto de os estudantes de medicina serem confrontados com a imposição de aprenderem a percepcionar de forma competente. Assim, o autor refere ocasiões repetidas que mostram alguma dificuldade no reconhecimento e exposição dos sinais clínicos. Os futuros médicos não são apenas incitados a reparar e a tomar nota de fenómenos isolados, mas também a interpretá-los e a dar sentido a estas manifestações. Estes sinais e sintomas estão associados a uma imagem com significado no contexto de vários padrões gerais, num padrão que, para além do mais, pode corresponder a um tipo determinado de doença bem conhecido, i.e., trata-se de procurar encaixar os sintomas e sinais nos padrões previamente estipulados.

Ainda a respeito do diagnóstico, Atkinson (1981:31) compara esta fase do trabalho médico ao trabalho de detective. As tarefas de construção da história clínica, observação, análise da informação disponível, proveniente de diversas fontes, são assim comparadas a todo um trabalho de reconstrução onde o médico aplica a famosa técnica de detecção. Este método está, sobretudo, associado às especialidades médicas. Por exemplo, a construção do conhecimento médico que ocorre nos laboratórios de anatomia patológica revela-se como um dos exemplos mais elucidativos do *clinical gaze* de Foucault. A importância dos vários olhares, sobre uma realidade que não se apresenta de uma forma evidente à partida, ajuda a construir as várias hipóteses através de um método de observação rigoroso, onde a intuição e a dedução se misturam numa espécie de exercício permanente em que a teoria e a prática se fecundam mutuamente. Na transplantação hepática, como refere um dos anatomo-patologistas, a abordagem é um pouco subjectiva, o que implica a presença de vários olhares que observam o mesmo fenómeno de diferentes ângulos. Em todo este processo, a presença de outros conhecimentos para além do dos anatomo-patologistas é fundamental. Sobretudo nos casos mais polémicos, a presença do hepatologista é imprescindível, não apenas pelo conjunto de informações que domina acerca do doente, mas também pelos seus vastos conhecimento e experiência nas áreas específicas do fígado, que corresponde a um olhar necessariamente diferente sobre o fenómeno, absolutamente essencial para, em conjunto com o anatomo-patologista, concluir acerca do caso em questão.

"Embora a gente faça sempre o trabalho em grupo ... quer dizer sempre que estamos. Só ao fim-de-semana é que é um bocado mais complicado, mas se aparece uma biópsia de uma pessoa que está nessa semana de serviço, nós as três vemos, porque é melhor vermos as três que uma só. Porque em anatomia patológica há muito isto, para um maior rigor de observação. Nós fazemos sempre o controlo com mais de um observador e às vezes é muito importante ... (...) Há em certos casos, muitos casos difíceis ... temos de ter uma formação portanto, teórica e prática. Mas a abordagem é um bocado subjectiva ... tem algo de subjectivo, não é ... Não é só aquilo que se está a ver. E é de raciocínio ... é tipo um raciocínio detectivesco às vezes, quer dizer, é passo a passo como o Sherlock Holmes. Quer dizer, vamos ver dali, vamos ver de acolá, e passo a passo chegar a ... e depois isto tudo não pode ser feito isoladamente só com etiologia, tem de ser em simbiose com os dados clínicos ... Não podemos interpretar sem ter um apanhado clínico de todos os dados do momento, do doente. Portanto, se não é mandado por escrito que às vezes não é, não está completo, temos de completar com o nosso colega que nos pediu ... Eu digo assim: "eu vejo isto, o que é que acha que o doente tem, para ..." e muitas vezes esclarecemos muito. Ainda ontem, olhe foi ontem, era um caso difícil que o hepatologista me mandou. E depois ao falar com ele eu disse-lhe assim: "Olhe, tem uma rejeição muito ligeira, mas eu até me apoiei mais porque vi aí as análises" e ele disse assim: "Olha, é que ela teve uma reacção anterior, portanto". E eu até me estava a apoiar numa coisa ... mas eu não sabia que ela tinha tido. Note que tudo isto leva a interpretar e é preciso sabermos tudo o que é que se passa ao lado..." (MAP SAP 26).

Por outro lado, de acordo com a visão das especialidades médicas não cirúrgicas, em termos de diagnóstico, as áreas cirúrgicas são encaradas de uma forma mais limitada, onde o trabalho do cirurgião é intelectualmente, e mesmo na prática, mais restrito. No trabalho de Atkinson (1981), os contrastes da medicina criam um estereótipo no qual as tarefas de diagnóstico, no cirurgião, exigem menos em comparação com as dos médicos. O cirurgião tem de ser mais preciso na identificação de uma situação aguda abdominal, podendo então avançar e abrir. O cirurgião pode, assim, lidar directamente com o problema, enquanto que o médico tem de trabalhar à distância, ficando pela dedução clínica. Em último recurso, o cirurgião pode confirmar as suas dúvidas através da observação directa.

Talvez por estes motivos, os hepatologistas referem-se muitas vezes aos cirurgiões como mais técnicos, por executarem um "trabalho de mãos" (na UT, o termo "homens do talho" (n.t.c.) é, de um modo geral, atribuído aos cirurgiões), oposto a um trabalho mais intelectual dos médicos. Da mesma forma, é atribuído aos cirurgiões um trabalho em torno de doenças específicas e localizadas, enquanto que os problemas da medicina são, na maioria, mais gerais e difusos, exigindo muito em termos de agudeza de espírito por parte do médico. Numa ocasião em que a investigadora trocava algumas impressões com um dos hepatologistas acerca de um doente transplantado, este médico referia a incapacidade dos cirurgiões em avaliarem os doentes a partir de técnicas que não as cirúrgicas: "eu consegui ver qual era o problema através do TAC e eles, mesmo abrindo, tiveram dúvidas" (n.t.c.).

Obviamente que a visão do cirurgião acerca da sua especialidade é bem diferente. A grande maioria dos cirurgiões não encaixa neste estereótipo, muito pelo contrário. O cirurgião encara a prática da cirurgia como intelectualmente estimulante. Aliás, o próprio acto médico em torno da cirurgia, com todo o aparato cirúrgico do bloco operatório, a par dos grandes momentos de tensão, dá à cirurgia um charme próprio ou, como refere Atkinson (1981:32), "a glamour all of its own".

De facto, a importância da experiência médica faz-se sentir de uma forma particular na especialidade de cirurgia, onde a expressão "há que ganhar mão", muitas vezes utilizada pelo cirurgião, ilustra o peso desta componente na construção do conhecimento médico nesta especialidade, que, aliás, é caracterizado por uma forte componente de equipa, ao contrário do que se passa em relação aos hepatologistas, onde a construção do conhecimento médico é, como tivemos oportunidade de referir, individual.

O peso que a experiência clínica tem na formação das competências médicas é ainda mais acentuado na especialidade de cirurgia. Se a este aspecto acrescentarmos o facto de estarmos perante uma área cirúrgica das mais sofisticadas, mais reforçada e determinante será a absoluta necessidade de um treino cirúrgico que pressupõe muitas horas de prática. Os exemplos nesta investigação são, aliás, muito elucidativos.

"Com experiência evidentemente. Se formos para a *partição* [do fígado] e isso poderá ter que se fazer aí algum ... Depois se houver transplante pediátrico terá que haver algum reajuste, as pessoas terão que se reciclar, fazer treino em algumas Unidades. Mas para já, para o transplante hepático normal, não. Penso que a frequência de congressos e de cursos específicos tem sido suficiente ... a maior parte das pessoas fizeram esses estágios fora do hospital... (MC UT 7).

"Fundamentalmente esse conhecimento é ... ganho no dia a dia ... É no dia a dia que se aprende. E é com determinada situação que é apresentada, que o doente apresenta... (MC UT 10).

A propósito da formação dos cirurgiões mais novos, um dos mais jovens membros da equipa refere a oportunidade que é dada aos internos de cirurgia, ainda nos primeiros anos, de poderem praticar a cirurgia de transplante com os seus tutores, o que testemunha a importância fundamental da experiência cirúrgica.

> "Aqui o que a gente ganha em termos científicos é um pouco aquilo que as pessoas chamam de experiência e é isso. Uma experiência é conhecimento científico ... A gente chama-lhe é outra coisa" (MC UT2).

> "Não se pode vir só ao transplante duas vezes por ano; quem quiser tem que vir, tem que dar mesmo o litro, porque para aprender tem que dar o litro. E não é compatível com vir só uma ou duas vezes por mês ou de três em três meses ... Não! Não é compatível, tem que vir. E nessa base a gente privilegia os nossos internos que efectivamente estão em todas, e vêm e sacrificam a vida familiar, sacrificam o seu tempo livre, sábados, domingos, feriados, e isso nem toda a gente está disposta a isso. É evidente que têm de ser beneficiados no futuro, não pode ser de outra forma, não é?" (MC UT 5).

Nesta entrevista, a propósito da falta de internos de cirurgia interessados no transplante, um dos cirurgiões refere a importância da transmissão do conhecimento para os mais novos a partir da prática cirúrgica que é fundamental na formação de um cirurgião. Mesmo no caso dos internos de cirurgia que não têm, necessariamente, a ver com o transplante hepático, a oportunidade de aprender a partir da sua presença numa operação de transplante ou de colheita constitui uma mais valia extremamente importante em termos de conhecimento.

> "Para a cirurgia geral, é o supra sumo da cirurgia geral. Para o aluno ... Os alunos, nós trazemos, os alunos têm que vir connosco, e eles querem muito e nós fazemos e temos a noção que estamos a investir no futuro. Porque há muitos alunos que estão a gostar muito do transplante e a achar muito interessante, portanto, estamos a colocar o bichinho da transplantação. (...) Dizemos: "Vocês deviam ir ao transplante, aquilo realmente é óptimo para vocês"

Parte II – Capítulo III. Da construção e reprodução do conhecimento ... | 375

(...) Nós tentamos imenso que isso se passe e que as pessoas vão connosco e tentamos puxar as pessoas a ir connosco. Mas realmente vemos que de cada dez que nós, entre aspas, chateamos para virem, há um que vem, ou há dois que vêm. E desses dois há um que fica, que gosta e que realmente ... não pode ser mais interessante. Agora, é aquela que se calhar dá mais nas vistas, percebe? O transplante!! Uma sala muito grande, com muita gente lá dentro, com muita aparelhagem com muito ... muitas horas (MC UT 4)".

No caso dos hepatologistas, para além dos aspectos referidos a propósito da produção de conhecimento médico na construção do diagnóstico clínico, a experiência clínica assume igualmente um papel de relevo.

"(...) A pessoa não sabe fazer CPRE´s[2] se não tiver aprendido a fazer endoscopias, e endoscopias provavelmente não tem nada. Portanto, há todo um caminho que é preciso percorrer para que depois se possa dar apoio à parte hepatológica, especificamente. Mas para isso é preciso uma formação prévia. Por isso é que as coisas devem ser mais gerais, digamos, mais ... A partir de uma determinada altura, então a parte tecnológica quem não pratica não ... não faz pura e simplesmente. Não sabe ..." (MH UT 13).

Nesta entrevista podemos testemunhar a importância da componente prática na especialidade de gastroenterologia e, em particular, na área específica da hepatologia. Aqui, o médico entrevistado refere as diferentes características dos serviços de gastroenterologia como determinantes na formação dos especialistas. Neste sentido, apesar de ser uma área específica da medicina, a gastroenterologia encerra uma vastíssima área de conhecimentos específicos, bem como de técnicas e práticas diversas. Tal como acontece com outras especialidades, muitos gastroenterologistas, ao longo dos anos, vão afunilando os seus conheci-

---

[2] Colangio-pancreaticografia retrógrada endoscópica (CPRE). Trata-se de uma endoscopia pancreática e biliar que, associada à tecnologia de ultra sons, proporciona a resolução de imagens de alta qualidade.

mentos e práticas em áreas ainda mais restritas, vocacionando-se em órgãos, patologias e técnicas muito especificas, como é o caso da hepatologia. No entanto, estes diferentes caminhos nem sempre constituem uma opção clara por parte dos indivíduos, sendo que as característica dos serviços onde os médicos são colocados e os respectivos doentes influenciam ou, mesmo, conduzem à criação de médicos com valências específicas.

"A hepatologia é uma sub-especialidade, é uma área da gastroenterologia muito importante. A especialidade é a gastroenterologia e engloba todos os órgãos do aparelho digestivo, desde as extremidades de cima até às extremidades de baixo. Inclui o fígado, o pâncreas e as vias biliares. Isto são, digamos, órgãos do foro da gastroenterologia, em termos médicos. A especialidade da gastroenterologia é uma especialidade muito vasta. Muitos órgãos, muitos deles com patologias específicas, abordagens próprias. Depois é uma especialidade muito interventiva, há muitas técnicas, essas endoscopias todas ... que são possíveis, CPREs, por exemplo, a todos os níveis. É uma especialidade que pode ser muito técnica, muito formal, pode ser também isso. E depois há uma vasta área da hepatologia que inclui toda a patologia do órgão central do organismo. Toda a patologia genérica, infecciosa, as disfunções metabólicas, tudo isso. Portanto, é considerada uma sub-especialidade. A formação dos gastroenterologistas é feita em serviços de gastroenterologia. Alguns têm vertentes de hepatologia mais especializadas do que outros e, portanto, alguns gastroenterologistas sairão, digamos, especialistas, com mais prática patológica do que outros. Mas isso na prática posterior, depois na especialidade, ajusta-se facilmente e o desempenho no hospital no destino para onde forem marca, vai marcar. As necessidades dos hospitais periféricos são tanto dados por gastroenterologistas como hepatologistas, portanto, os quadros que lá estão fazem as duas coisas. Não estou a falar do transplante, porque isso não é para um hospital periférico" (MH UT 12).

Desta forma, também as especialidades e sub-especialidades médicas nascem da produção do conhecimento médico específico, de novas patologias e respectivas formas de tratamento, sendo que a hepatologia constitui um dos exemplos.

"Mas é um facto curioso, por exemplo, as hepatites, até aqui há uns anos atrás ninguém queria saber delas! Era um horror, as hepatites! Desde que surgiu o *interferon*, desde que surgiu a *niferina*, são dois fármacos extremamente caros para tratamento da hepatite B e C, surgiram grupos de hepatites, consultas de hepatites, surgiu tudo isso, atrás (...) rapidamente se arranja aí uma consulta, rapidamente se arranja não sei o quê, e não sei o quê..."(MI UCI 19).

Num paralelo entre a medicina e a cirurgia, Atkinson (1981:24) refere uma das mais importantes formas de discriminação utilizadas para diferenciar a clínica: o contraste entre medicina e cirurgia. Desde os primeiros anos, ao longo do curso de medicina desenham-se paralelismos e contrastes entre as duas especialidades, tipificando os serviços hospitalares em serviços de cirurgia e serviços de medicina. Nesta entrevista verificamos o fosso que ocorre entre dois olhares e saberes diferentes, duas tecnocracias distintas que são fundamentais para o sucesso do transplante hepático; dois *clinical gaze*s e dois saber-fazer, onde o peso da experiência clínica assume um papel fundamental na construção do conhecimento médico. Aqui, a importância que o hepatologista entrevistado confere ao facto do cirurgião poder ter a oportunidade de acompanhar o doente numa fase da sua trajectória, que normalmente é apenas seguida pelo hepatologista, reforça o significado da importância da experiência clínica na produção do conhecimento e da competência médicos. No entanto, este aspecto constitui, ao mesmo tempo, um argumento por parte do hepatologista para justificar a importância do seu papel numa eventual direcção conjunta da UT, entre cirurgiões e hepatologistas, salientando o ganho para ambas as especialidades em termos de aprendizagem mútua e do próprio serviço, que ficaria enriquecido pelo facto da direcção ser partilhada e construída a partir de dois olhares diferentes. De realçar, ainda, que todos os argumentos utilizados, independentemente dos seus objectivos, deixam bem clara a hegemonia do grupo dos cirurgiões na transplantação, na medida em que, salvo raríssimas excepções, são sempre elementos desta especialidade que ocupam lugares de direcção nos centros de transplantação a nível mundial.

> "(...) os médicos são muito diferentes dos cirurgiões. Às vezes eu acho que há um defeito nos cirurgiões, em toda a parte do mundo, não é só em Portugal. No transplante, são aqueles, quer dizer, as unidades são todas dirigidas por cirurgiões (...) excepto, agora há uma ou duas, lá fora, em Birmingham, que é um sítio espectacular, eles fazem aquilo a meias. A direcção é um cirurgião, mas, por exemplo, as coisas médicas são automaticamente logo discutidas pelos hepatologistas e seguidas pelo cirurgião. E cada semana é um, um cirurgião ou um médico, percebe, que dirige. E aquilo está muito bem com todos. Mas ele faz os cirurgiões seguirem os doentes durante três meses depois de transplantados ... (...) Eles não sabem nada, como é que se faz, não sabem nada ... Aquilo é ... ao mais pequeno coiso, acham que o melhor é ir abrir, é uma coisa ... (...) Porque isso dá, até mesmo para os doentes, às vezes, ficam mais reconhecidos" (MH UT 11).

Nesta entrevista, um dos hepatologistas refere-se aos cirurgiões utilizando a expressão "eles", como se os restantes elementos da equipa médico-cirúrgica constituíssem "os outros" ou "nós". Esta expressão denuncia um espírito de grupo, mas não de um grupo qualquer. Trata-se de uma especialidade que é sentida pelas outras como assumindo para si um maior peso no conjunto da equipa, um peso que se traduz em termos de domínio de uma técnica, a da cirurgia de transplante, que não é partilhada com as outras especialidades médicas envolvidas. Enquanto que hepatologistas, anatomo-patologista e outras especialidades médicas (não cirúrgicas) partilham um património de conhecimento que permite atenuar as fronteiras que separam cada uma das especialidades, a cirurgia tem a exclusividade da prática cirúrgica que encerra técnicas, conhecimentos e experiências apenas dominadas por cirurgiões.

> "(...) porque nós fazíamos dantes uma coisa e agora interrompemos: discutir os fígados ... ou doentes que entretanto tenham tido alguma intercorrência, para fazer biópsia, para dizer qual era

Parte II – Capítulo III. Da construção e reprodução do conhecimento ... | 379

a situação e para ver as peças que tinham sido tiradas dos transplantes. Na imunohemoterapia (...) são todos muito abertos, a gente tem de dialogar. É aqui que eu acho que há uma falha. Não consigo ... eles no fundo, quer que eu diga o que eu acho? No fundo acho que eles pensam que sabem tudo. E para o transplante, como em tudo, não é assim.(...). Eles é que sabem, têm a técnica ... Isso é assim um bocado ... e tem sido, é muito dos cirurgiões, tem essa coisa, percebe, é uma coisa ... Eu acho que o cirurgião não é um médico, é aquilo que aprendem ..." (MH UT 11).

"(...) os cirurgiões acham que a cirurgia resolve tudo. Quando há, por exemplo, casos em que é mais previdente, que o doente só perde se o transplantarmos, mas eles acham sempre que ... mas eu acho que isto é uma coisa que está na cabeça deles, não é por ..." (MH UT 11).

Na área do intensivismo, a presença do transplantado hepático constitui uma oportunidade de contacto com casos específicos e consequentemente para ocasiões de produção de conhecimento médico mais diferenciado, dadas as especificidades do doente transplantado em relação a outros tipos de doentes. No entanto, apesar desta oportunidade, este conhecimento vocacionado para o transplante hepático é pouco aproveitado para ser reproduzido, seja sob a forma de investigação ou de publicação de resultados a partir da casuística existente. Podemos mesmo afirmar que a única forma de reprodução deste conhecimento, no que diz respeito aos intensivistas, limita-se a ser utilizado sob a forma de prestação de cuidados médicos, a partir da experiência que tem vindo a ser acumulada. Em parte, esta atitude é justificada pelos próprios intensivistas que encaram o transplante hepático apenas como mais um doente que necessita de cuidados intensivos, não muito diferentes dos muitos outros doentes que surgem com as mais diversas patologias, sendo que os transplantados nem sequer se incluem nos casos mais complicados. Quanto aos médicos intensivistas da UIV, o transplantado hepático não constitui de todo uma matéria de interesse prioritário em termos de investigação cientifica, sendo que o conhecimento produzido através da sua experiência com estes doentes é perfeitamente lateral aos interesses científicos destes médicos que estão sobretudo vocacionados para a área de intervenção cardio-vascular.

Neste sentido, o pouco tempo que, em média, estes médicos se mantêm em contacto com os transplantados hepáticos, bem como o facto das especificidades dos cuidados necessários a prestar a estes doentes não diferir, em grande medida, dos de outros doentes, em matéria de cuidados intensivos, conduz a uma situação onde o conhecimento médico produzido é quase exclusivamente utilizado enquanto saber de experiência acumulada. Aliás, os intensivistas que dão apoio ao transplante hepático não tiveram formação específica nesta área, sendo que todo o conhecimento em relação à transplantação tem única e exclusivamente origem na sua experiência clínica.

"É um acto repetitivo e é muito um acto de disciplina, não é. É claro que é preciso ter os seus pormenores não é, mas o hepático não é diferente dum outro."(MI UIV 21).

"Nós no transplante não. Nós intensivistas que fazemos o transplante aqui não estamos com a cabeça ... temos pouco tempo, não é? (...) Mas sobretudo porque a nossa actividade depois de um modo geral no hospital, tirando esse apoio que damos ao doente nos cuidados intensivos do transplante hepático, a nossa actividade é, pelo que deu para perceber, sobretudo ligada à cardiologia. E isto ocupa-nos o tempo todo, não é. E aí, nessa área sim, nessa área temos preocupações que terão de ser um bocadinho até mais ... Mas somos muito poucos em termos de trabalho, mas já mandámos até alguns artigos para publicação e em mesa redonda em áreas científicas, duma forma activa, ligadas à cardiologia em Portugal." (MI UIV 21).

"(...) portanto, eu não tenho investido grande coisa nos transplantes nem estou interessada ... não estou porque ... não é de forma nenhuma a nossa vocação. " (MI UIV 23).

"O doente aparece, tem diagnóstico "x" e que a gente não discute. Tem o diagnóstico "x" e depois passados 3 ou 4 dias foi-se embora e a gente nem sabe se ele melhorou, se recidivou, se a doença voltou a aparecer, é muito restrito ... E quando fazemos realmente alguma coisa, geralmente é um apanhado daquilo que acontece aqui nos nossos serviços"(MI UCI 20).

No entanto, no que diz respeito aos intensivistas da UCI, existem casos pontuais onde o conhecimento proveniente da sua experiência com transplantados hepáticos é utilizado em termos de investigação. Em algumas entrevistas tivemos conhecimento de trabalhos apresentados na área do intensivismo, onde foram utilizados os dados provenientes do transplante hepático. Acresce referir que, na especialidade de intensivismo, o contacto com outros médicos desta especialidade que trabalham na área da transplantação é totalmente inexistente.

"Já apresentámos publicações em relação aos doentes aqui da Unidade de Transplante Hepático. Contactos com outros centros, não temos. Pelo menos em termos de reuniões e de congressos, não tem havido conjugação, reuniões etc. Não. Pelo menos aqui em relação a nós. Talvez entre o grupo cirúrgico e o grupo da anestesia, o grupo dos hepatologistas" (MI UCI 18).

"Às vezes há coisas que a gente pode fazer, nomeadamente definir os doentes. Para a semana vou apresentar uma comunicação num encontro em Coimbra ... no âmbito da medicina, em que ... em que mostra a nossa experiência, a nossa casuística de doentes com patologia auto-imune que foram transplantados. Mas cinjo-me apenas ao que nós temos cá... "(MI UCI 20).

Nesta entrevista, o intensivista chama a atenção para a absoluta necessidade de conjugar os vários conhecimentos médicos presentes na transplantação hepática, por forma a assumir-se uma estratégia comum, fruto da articulação dos vários olhares e saberes.

"(...) às vezes coisas muito complicadas que têm de ser vistas em harmonia, ou seja, temos de nos juntar. Está o gastro, está o cirurgião, está o internista, vamo-nos juntar para delinear estratégias...

fazer assim e assim (...) Primeiro vem um que manda o doente para o bloco operatório e tal. Depois vem outro que diz: "não, não é nada assim..." Aqui na sala, por exemplo, era ... vinha um e achava que se punha o medicamento; depois havia outro que dizia que achava que não porque podia alterar a circulação; depois veio um dizia que "dieta zero" que estava com uma não sei quê, que não come; a seguir vinha outro e dizia: "Ah mas ela tem sede, pode iniciar bolachas" ... Os cirurgiões, os hepatologistas e depois estamos cá nós que estamos cá 24 horas sobre 24 horas com os doentes. Eu por mim falo porque estou com todo o gosto porque acho que ... mas porque são situações cirúrgicas e às vezes são coisas que não podemos aguentar, não podemos fazer mais do que nós podemos fazer. Mas, não sei, se calhar, discutir, delinear estratégias" (MI UCI 20).

No caso dos médicos anestesistas, tal como nas outras especialidades, o peso da experiência clínica na construção do conhecimento manifesta-se ao nível das práticas médicas e na distribuição do trabalho entre os membros da equipa. Tal como é referido pelo coordenador dos anestesistas, a experiência é absolutamente fundamental para o exercício da actividade, sendo que, no caso da anestesia de transplante, a autonomia individual do médico anestesista é determinada por este factor. Assim, o facto dos elementos da equipa de anestesia apenas esporadicamente estarem presentes no transplante hepático leva a que, à excepção dos três anestesistas seniores, todos os outros anestesistas não tenham adquirido a experiência e a competência necessárias para poderem assegurar, de forma autónoma, a execução das técnicas de anestesia exigidas no transplante hepático.

"(...) têm que fazer mais rodagem. Pois, isto é, a experiência é fundamental. (...) Eles também não tiveram muitas hipóteses de irem lá fora e portanto ... E também isto é assim mesmo, eu dediquei-me mais profundamente a este ramo enquanto que eles, como não têm no hospital deles, não é, só vêm aqui de vez em quando ... e pronto ... Claro que isto vir uma vez e depois passado três meses voltar a vir, isto não dá nada. Devia ter sido mais sequente, não é?" (MA UT 15).

"Portanto, quer dizer tudo isto são anos de experiência primeiro, não é. E depois também é preciso fazer uma boa preparação, quer da anestesia, quer do intensivismo. Portanto, eu penso que isso, o meu estágio lá fora, quer nos Estados Unidos, quer na Inglaterra e quer em Espanha, permitiram realmente ... Também eu penso que o meu *background* todo feito já em intensivismo ... Porque eu penso que o transplante hepático não é mais que um pós-operatório de um doente em falência hepática e que muitas vezes, portanto, só quem perceba de intensivismo, é que tem possibilidades e capacidades de poder resolver de imediato alguns problemas ou complicações que surgem no pós-operatório..." (MA UT 15).

Podemos, então, afirmar que em termos de formação específica na área do transplante, os anestesistas fazem a sua aprendizagem exclusivamente a partir da prática clínica, tendo por base a sua formação na especialidade. Neste sentido, o conhecimento médico é reproduzido na experiência clínica entre o anestesista sénior, que está sempre presente no transplante hepático, e os restantes elementos da equipa de anestesia. No entanto, esta transmissão de conhecimentos limita-se apenas ao bloco operatório onde se efectua o transplante, entre os anestesistas seniores e os outros elementos da equipa de anestesia, não existindo qualquer ligação com o ensino universitário, ao contrário do que acontece com alguns cirurgiões ou hepatologistas.

Entre as diferentes competências, conhecimentos e perspectivas médicas presentes na transplantação hepática, importa referir uma vertente fundamental – a coordenação de transplantes que constitui, por si só, uma área específica no campo da medicina e que, por este motivo, implica, por parte daqueles que a integram, competências técnicas específicas. Deste modo, para além da sua formação e experiência de base, os médicos e enfermeiros que dirigem as equipas dos Gabinetes de Coordenação e Colheita de Órgãos e Transplantação (GCCOT's) adquiriram uma competência adicional directamente vocacionada para a coordenação das várias organizações e equipas de profissionais da saúde, dispersas no espaço e no tempo e que, no seu conjunto, contribuem para que a transplantação de órgãos seja, de facto, uma realidade.

Também aqui, o conhecimento teórico e a experiência clínica surgem paralelamente na construção daquilo que, de uma forma mais lata, designamos de conhecimento médico.

"Há o curso neste momento em Barcelona, há um curso que é dado pela Universidade de Vale de Ébron, de Coordenação de Transplante. A nossa enfermeira coordenadora responsável tem um curso de coordenação de transplante e a OPT Portugal já fez um curso de Introdução à Coordenação ... também feito pela Universidade de Vale de Ébron, que não foi o curso completo, mas que foi um bom curso de introdução. E eu, por exemplo, vou mandar muito rapidamente mais pessoas a Barcelona fazer esse curso ... que depois esse curso com coordenação de trinta transplantes dá uma creditação europeia de coordenador de transplante ... uma especialização" (MDG GCCOT 24).

Pela própria natureza do GCCOT, a produção diferenciada de conhecimento médico nas diferentes vertentes da transplantação de órgãos é aqui canalizada de uma forma sistemática e criteriosa. A obrigatoriedade de divulgação de resultados conduz necessariamente à reprodução do conhecimento gerado nos diferentes centros de transplantação que estão directamente ligados ao GCCOT. Assim, para além da divulgação em congressos internacionais da especialidade, o GCCOT tem vindo a produzir uma base de dados com as mais diversas informações sobre o trabalho que tem sido realizado em termos de transplantação de órgãos.

"Nós temos essa preocupação. O gabinete, por exemplo, tenta produzir o máximo; nós temos essa preocupação e é assim. Desde que eu sou directora já temos apresentado o nosso trabalho publicamente, o que temos feito, nos congressos que têm aparecido. Neste congresso europeu já vamos apresentar uma comunicação e um póster com o que é que mudámos e o que é que conseguimos com as nossas mudanças. E estamos a trabalhar numa base de dados para análise profunda dos dadores e para tirar ensinamentos dessa análise estatística ... Portanto, nós temos essa preocupação" (MDG GCCOT 24).

Parte II – Capítulo III. Da construção e reprodução do conhecimento ... | 385

A propósito da elaboração conjunta de trabalhos de cariz científico entre as várias especialidades que intervêm na transplantação de órgãos, a coordenadora do GCCOT avança com uma resposta bastante elucidativa e, ao mesmo tempo, provocatória, onde reafirma a importância fulcral da experiência clínica em face do mero conhecimento académico. No entender desta médica, os bons resultados provenientes da prática clínica falam por si e constituem o melhor dos testemunhos e legados do conhecimento médico. Mais do que estudos científicos rigorosamente elaborados, o número de órgãos transplantados com sucesso constitui um padrão de qualidade por excelência.

> "Os nossos trabalhos têm o nosso controlo de qualidade – é o funcionamento dos órgãos que a gente produz, não é? Portanto, isso é o nosso controlo de qualidade, é o resultado da nossa actividade correcta. Nós produzimos órgãos que são colhidos e que são transplantados. Depois funcionam ou não funcionam. Claro que há muitos factores que dependem dos órgãos, há muitos factores que dependem do receptor, há muitos factores que podem depender das condições de transporte, etc. Mas para uma análise muito séria necessitamos de uma base de dados muito desenvolvida que é o que estamos a fazer. Mas é evidente que trabalhos, estamos sempre abertos e temos estado sempre abertos a todos os trabalhos que os transplantadores têm produzido. Eles depois, volta e meia precisam de vir saber, dadores isto, dadores aquilo, pronto. A nossa base de dados não informatizada está sempre ao dispor deles, quando tivermos informatizada também" (MDG GCCOT 24).

Tal como foi referido, a propósito da construção do diagnóstico clínico, a especialidade de anatomia patológica constitui uma valência fundamental, em termos de conhecimento médico, na transplantação hepática. Não mantendo um contacto directo com o doente, mas sim com a doença, a partir do estudo dos fragmentos de tecido provenientes do órgão danificado, estes especialistas operam nos bastidores da medicina, em laboratórios, longe das enfermarias e dos blocos operatórios. Também nesta especialidade, a construção do conhecimento médico, no campo particular da hepatologia e do transplante, exige competências específicas por parte destes médicos, adquiridas a partir duma formação teórica mais específica, para além da formação de base e de anos de experiência acumulada, aliás evidenciada nesta entrevista.

> "(...) nós temos uma formação de anatomia patológica geral. Mas mesmo que não se dedique ao fígado, porque eu sempre me dediquei à parte do fígado, há uma microespecialização dentro do fígado que é do transplante. Eu fui a Londres, estive lá um mês no Hospital Royality e, portanto, estive a acompanhar uma zona da anatomia patológica que tinha muito de transplante. Na altura já tinha muitos transplantes feitos ... portanto, havia aquele arquivo todo e eu fiquei com a perspectiva mais ou menos do que podia aparecer. Porque nós temos livros, mas não interessa só isso, não é? E já, quer dizer, fui ganhando experiência, como é natural, ao longo deste tempo. São opções de vida que a gente faz e já ensinei os meus colegas. Porque nos primeiros dois anos era um bocado doloroso estar sempre de serviço, sempre aos Sábados e Domingos. Agora já tenho com quem dividir, não é?" (MAP SAP 26).

No contexto da medicina, o conhecimento médico tem estado associado à noção de "experiência clínica" e garantido pelo privilégio do *clinical gaze*. Este aspecto veio consolidar a centralidade da "aprendizagem na prática da clínica" como forma de transmissão cultural do conhecimento. Apesar da fragmentação do conhecimento médico e do seu ensino, do desenvolvimento crescente de especialidades e da crescente importância da ciência e da tecnologia, o "ensino na prática da clínica" continua a assumir uma importância central. Assim, não obstante as alterações teóricas e práticas da educação e formação de médicos, o ensino das práticas médicas tem permanecido, no seu essencial, inalterado. A sua justificação, de acordo com Foucault, reside naquilo que o autor identifica, desde os primórdios da medicina, com um apelo à experiência directa e pré-teórica e à acumulação de experiência clínica pessoal.

Nos anos de formação clínica assiste-se a um constante apelo à experiência e ao julgamento. Este conhecimento é encarado como individual e, por isso mesmo, menos técnico, ou determinado, do que as prescrições da ciência e as formulações dos livros. Em contraste com as conotações universais da ciência, a experiência é um assunto pessoal, dependente da biografia do clínico. A qualidade da experiência ganha depende da instituição onde o médico se formou e praticou, com quem praticou e quando. No percurso da sua carreira, os médicos mais conceituados acumulam um conjunto relevante de experiências sobre as quais constróem a sua prática quotidiana. É o caso de um dos mais conceituados gastroenterologistas portugueses, que criou escola na Faculdade de Medicina de Lisboa e no hospital a que esteve sempre ligado. A esta referência da medicina estão ligados todos os hepatologistas que fazem parte da UT e que, a todo o momento, manifestam a profunda influência deste médico na sua formação.

São inúmeros os exemplos sobre a forma como as várias especialidades médicas apelam à experiência nos momentos de tomada de decisão e de diagnóstico. No entanto, a autonomia dos médicos, nomeadamente dos hepatologistas, permite algumas variações, sobretudo ao nível da prescrição de medicamentos, sendo a farmacologia um dos tópicos onde a experiência é apresentada como argumento para justificar ou condenar a utilização de determinadas drogas ou doses. Assim, a base empírica para determinados procedimentos terapêuticos é frequentemente utilizada, contrastando com os argumentos do conhecimento científico. As garantias provenientes da experiência são muitas vezes referidas como fonte de certeza e de confiança em relação aos aspectos meramente teóricos.

A importância da experiência e do conhecimento individual é referida por Becker *et al.* (1961;1997), notando que a perspectiva dos grupos é identificada de acordo com as suas acções, focando a importância da perspectiva da experiência clínica. A importância crucial da experiência é muitas vezes relacionada com um conjunto de factores referidos como "incerteza". Freidson (1979; 1984) assinala a questão da incerteza no conhecimento, sugerindo que o conhecimento e a experiência pessoal ou individual contrastam com as noções de previsibilidade e regularidade. A este propósito, Atkinson (1981:113-114) refere a questão do dogmatismo, apresentando este termo não em oposição à noção de conhecimento pessoal, mas, antes, como parte da mesma perspectiva da experiência individual. O médico que apela ao seu conhecimento individual fá-lo não por referência à sua incerteza, ou à incerteza dos seus colegas, mas, antes, baseia as suas acções e decisões naquilo que é assumido como consolidado, i.e., a certeza proveniente da experiência directa confirmada e reconfirmada. O apelo constante à experiência é aceite para criar conhecimento acerca da regularidade e da estabilidade. O médico pratica na condição de certeza pessoal, seguro da sua própria experiência pessoal, tal como refere Atkinson (1981:114):

> "Por isso, o apelo à experiência é assumido por forma a prover conhecimento da regularidade e estabilidade; mas esta ordem é assumida para ser inerente ao fenómeno e aberta ao "gaze", em vez de residir em sistemas de teoria e moda. A "clínica" é, portanto, tomada para prover às demonstrações incontestáveis da realidade na percepção directa das suas regularidades. O clínico não está, por esta razão, a operar num estado de "incerteza", mas antes a operar numa garantia "segura" do seu conjunto de experiência. Deste modo, a exposição dos estudantes ao mundo real da medicina reproduz a certeza do conhecimento pessoal".

O conhecimento médico é, deste modo, produzido com base na experiência. No fundo, trata-se daquilo que Freidson (1979; 1984:171) designa de *mentalidade clínica*. Tendo de confiar constantemente na sua experiência pessoal, em casos concretos e individuais, o médico acaba por confiar essencialmente na autoridade dos seus próprios sentidos, independentemente da autoridade da tradição ou da ciência. Deste modo, o médico apenas pode actuar com base naquilo que ele próprio experimentou, sobretudo quando os resultados da sua prática são positivos. Nestas situações, dificilmente poderá aceitar mudar apenas com base em considerações estatísticas e abstractas. O médico precisa, acima de tudo, sentir e ver a partir de si mesmo. Assim, e de acordo com Freidson, existe uma primazia das percepções em primeira mão. A este propósito, são bastante elucidativas algumas passagens do livro de Costa (2001):

> "O clínico antigo fazia o "exame físico" do doente: via e palpava todas as regiões do corpo, percutia as cavidades, auscultava, encostado ao tórax, e até cheirava o doente – era um contacto físico íntimo. (...) Entretanto ia conversando com o doente e tinha tempo para conhecer a história da doença e do doente, no seu enquadramento ambiental, o que lhe permitia uma definição do personagem, do seu padrão psíquico e ainda do meio em que vivia. Nascia assim um diagnóstico, fruto da capacidade de síntese do clínico, da sua compreensão global (...). Armado apenas dos seus órgãos dos sentidos e da sua intuição e perspicácia, o médico exercia a "arte clínica".
> A base científica da medicina surge na segunda metade do século XIX, com a autópsia, ligada ao método anátomo-clínico, a microscopia, a bacteriologia, a fisiologia e a bioquímica. A descoberta dos raios X constitui grande inovação: permitiu ver através dos corpos opacos. (...) A clínica transformou-se através desta possibilidade de medição directa e rigorosa de parâmetros fisiológicos e de análise morfológica das estruturas profundas. Estava ultrapassado o que os nossos órgãos dos sentidos nos permitiam captar. O factor científico tornou a medicina mais exacta e mais complexa: da arte clínica evoluiu-se para a ciência médica que, mercê do carácter evolutivo do conhecimento científico, da sua permanente renovação, evoluiu com uma velocidade que poucos outros campos profissionais conheceram. (...) É este componente evolutivo da medicina que a torna tão difícil de definir na actualidade e nos obriga a permanentes reajustamentos quer na formação dos médicos (através da formação permanente ou contínua e dum espírito de investigação científica), quer no exercício da clínica" (Costa, 2001:116).

Assim, o carácter intuitivo na percepção da doença, que pouco tem a ver com questões científicas, é testemunhado pelos médicos com longa experiência clínica. Quanto a este ponto, é de referir o excerto de entrevista onde apenas o director da UT e o coordenador das equipas de anestesia e intensivismo apoiam a decisão do coordenador dos hepatologistas, no que respeita ao transplante de um doente cujo diagnóstico é polémico. Em uníssono, estes três elementos de especialidades diferentes reafirmam a voz da experiência que, como podemos verificar, tem um enorme peso em termos de tomada de decisão.

> "O Drº (...) às vezes vai porque temos uma ligação muito grande com ele. Se eu lhe disser para ele ir, ele vai. Vai e actua (...) eu acho que é um indivíduo óptimo! Tanto que chegou a ir a Cascais ver um doente meu, porque eu achava que aquele doente ... Eu tenho uma espécie de sexto sentido, eu achava que aquele doente se safava, estava muito mal. E eu apresentei o doente, toda a gente olhou para mim como se eu fosse maluca, excepto o Director. Todos! E o director disse "está bem, mas eu gostava que o Drº o visse, para ver a parte pulmonar". (...) E foi a casa dele e apoiou-nos "eu concordo consigo, eu acho que ele vai aguentar." E lá está, está óptimo. Foi de tal maneira ... Ele tinha uma cirrose hepática alcoólica e estava mesmo nas lonas. Ele estava no Brasil, mas veio, foi de tal maneira que o cirurgião disse "quem é que é o louco que mandou transplantar este doente." (risos). Porque realmente era uma coisa, a pele a cair, aquilo tudo ... mas não houve nenhuma complicação, ele estava era ... todo desnutrido, sem pele, uma coisa horrível, mas aguentou, está óptimo, o fígado aguentou" (MH UT 11).

Desta forma, fica, assim, expressa a importância de uma postura interdisciplinar que é necessária por forma a conjugar os diferentes conhecimentos e olhares das várias especialidades médicas que, no seu conjunto, contribuem para o sucesso da transplantação hepática. No entanto, conjugar os diferentes conhecimentos, que se traduzem em discursos nem sempre fáceis de conciliar, conduz, em algumas situações, a conflitos. Estas situações ocorrem, sobretudo, entre especialidades cujo património de conhecimento é comum. Tal como é referido nesta entrevista, e focado em capítulos anteriores, a relação entre hepatologistas e intensivistas revela-se problemática. Apesar da existência de um conhecimento comum que é partilhado por estas duas especialidades, o olhar é necessariamente diferente: o do intensivista mais global e o do hepatologista mais restrito.

Por este motivo, de acordo com os hepatologistas, os intensivistas não são considerados como "especialistas", na medida em que o facto de serem "especialistas do todo" (o que constitui, na medicina, uma especialidade) não lhes permite um olhar directamente direccionado e vocacionado para uma parte específica do corpo. Neste sentido, parece-nos interessante o discurso de um dos entrevistados em relação aos especialistas de intensivismo. Trata-se de um discurso que denuncia não apenas as posturas divergentes (tradução directa dos diferentes olhares, conhecimentos e experiências consolidadas na prática médica), mas, também, a relação de conflito pelo domínio do doente. Por outro lado, o hepatologista contrapõe a esta sua vivência com o intensivista, a sua relação com o cirurgião. Aqui, a cumplicidade é absolutamente inequívoca e o conflito mais ocasional. São duas especialidades em que os respectivos saberes partilham menos zonas comuns, sendo por isso mais complementares e menos competitivos entre si, na posse de uma área de intervenção que, no caso da relação entre intensivistas e hepatologistas, é muito coincidente. De facto, se no trabalho conjunto entre cirurgiões e hepatologistas as respectivas competências não se sobrepõem, na relação entre intensivista e hepatologistas essa situação pode ocorrer.

"Não é específico da gastroenterologia, é da medicina actual. A medicina actual é multidisciplinar e, portanto, aqui, por maioria de razão, tem de ser multidisciplinar. E nós, naturalmente, temos de ter relações privilegiadas com a cirurgia, que já temos, por razões óbvias, com a anatomia patológica, com a imagiologia. Depois com a imuno-hemoterapia, no caso do transplante. São as pessoas com quem nós naturalmente nos relacionamos. Porque a medicina é uma coisa, ainda por cima a medicina interna em Portugal é assim uma coisa que as pessoas acham ... Eu acho que os internistas são pessoas muito importantes, mas não são ... Mas os internistas acham que dominam tudo, dominam as várias especialidades, portanto, tratam, do meu ponto de vista, a maior parte das vezes, tratam mal os doentes. Não é mal. Não tratam tão bem como os especialistas. E, portanto, eu acho que os internistas são bons para a gente ter na tal equipa multidisciplinar. Os internistas não devem substituir, no meu ponto de vista, os especialistas e pronto. Portanto, a relação entre gastroenterologistas e internistas é muito mais problemática do que a relação entre gastroenterologistas e cirurgiões. (...) Portanto, as relações entre a gastroenterologia e a cirurgia, isto com mentalidades abertas, é uma relação cúmplice. É uma relação que só pode beneficiar os doentes. Mas, para que as pessoas entendam, isto é uma coisa muito complicada" (MH UT 13).

A questão dos diferentes olhares sobre a mesma realidade é aqui colocada de uma forma clara. O hepatologista refere a produção do conhecimento médico como uma construção a partir de vários olhares e da forma diferente de questionar essa mesma realidade.

"É assim, é tão importante eu tratar um doente, estar aqui a ver um doente, como é tão importante eu gastar o mesmo tempo a reflectir sobre o trabalho que fiz. Porque o reflectir leva depois à investigação, à pesquisa, a tentar perceber os erros. E da relação e do contacto e da discussão com outros colegas das outras especialidades é que, às vezes, nascem coisas. Porque nós contactamos pouco, e portanto as coisas vêm todas por escrito e às vezes há problemas de comunicação, digamos. A pessoa escreve uma coisa e pensa que está a transmitir outra, outro lê e pensa ... compreende outra coisa e pronto, é fundamental. As reuniões multidisciplinares são uma parte do trabalho multidisciplinar. Quer dizer, eu ir-me sentar ao lado de uma anatomo-patologista a ver uma lâmina que ela já me descreveu "e não sei quê e tal e tu não achas que também podia ser isto". Porque, por muito objectivo que pareça ser uma lâmina, que é uma coisa que está ali a meter-se pelos olhos adentro, aquilo depende muito das hipóteses que se põem, a gente olha para as coisas duma maneira diferente. E, portanto, eu, às vezes, costumo dizer que nos relatórios que faço, costumo dizer a brincar que é para puxar pelo anatomo-patologista. Ponho hipóteses malucas para ele pensar, para ele estar a olhar para ali e pensar naquelas hipóteses e dizer "não isto não é, ou isto é" ou "isto pode ser", porque realmente são as coisas (...) deve haver sempre uma informação o mais circunstanciada possível, para a anatomo-patologista. Tem um bocado a ver com isso que eu há bocado estava a dizer, para ele perceber o que a gente viu, o que a gente pensa daquilo tudo, para ver com esses olhos o que ele acha disso" (MH UT 13).

Reforça-se aqui um factor primordial para o sucesso do transplante hepático – a conjugação de vários olhares construídos a partir de conhecimentos diversos e específicos sobre uma mesma realidade.

"Sem cirurgiões não há transplante, é um acto cirúrgico! É um acto cirúrgico! Se for na prática ver, no início do transplante hepático não havia médicos, era só cirurgiões, nem gastroenterologistas, nem hepatologistas. Eles depois perceberam que a coisa corria melhor se tivessem médicos a ver os doentes..." (MH UT 12).

Tal como referimos em ocasiões anteriores, o cirurgião surge como o ponto de convergência dos vários conhecimentos e práticas médicas envolvidas na transplantação. Constitui, de igual modo, o ponto de convergência dos diferentes *clinical gazes* ou olhares das diferentes especialidades. São eles que articulam e ligam todos estes diferentes discursos e saberes, incluindo os próprios da sua especialidade, e dirigem a construção do processo de tomada de decisão. O próprio hepatologista admite este perfil que aliás está reconhecido institucionalmente – qualquer centro de transplantação é dirigido por um cirurgião. No entanto, cada especialidade tem salvaguardada a sua autonomia técnico--científica, em momentos específicos de tomada de decisão, onde a sua tecnocracia se impõe em face das outras especialidades.

"O director da Unidade, é muito simples. Mesmo nas Unidades no exterior, que conheço, o director é um cirurgião. O cirurgião faz a ponte talvez entre as várias especialidades. Depois, pratica o transplante renal e hepático, neste caso, eventualmente de outros órgãos como é o caso em outras unidades. De modo que é consensual que possa ser um cirurgião, não há problema nenhum. Agora, existe uma grande autonomia das outras, das várias áreas, é evidente, é quase científico. Embora também muitas vezes nessa discussão, por exemplo, o anestesista é completamente independente sob o ponto de vista técnico-científico; ele toma decisões sem nada ter a ver com a cirurgia" (MH UT 12).

De facto, na transplantação hepática, tal como em outras áreas específicas da medicina, o conhecimento médico está repartido pelas diversas especialidades médicas que compõem a equipa. A estes vários fragmentos do conhecimento médico correspondem diferentes olhares sobre o doente e a doença, que operam dentro do seu campo de aplicação de forma autónoma. Deste modo, a capacidade de decisão encontra-se, também ela, fragmentada pelos diversos momentos do circuito de transplantação, onde cada uma das especialidades assume maior autonomia. Acresce que é nas zonas de fronteira destes conhecimentos que estes olhares divergentes assumem contornos de conflito, sobretudo quando estão presentes casos polémicos.

À grande especialização dos saberes médicos corresponde necessariamente uma maior restrição do olhar clínico. Na transplantação hepática, dada a exigência de conhecimentos muito especializados, os diferentes olhares são cada vez mais estreitos e, portanto, menor é a capacidade de observar o doente como um todo.

"Agora, a maneira como os vários especialistas vêem o doente é que é diferente. Isso é que é diferente. O que os médicos, e eu incluo-me na parte médica, tendem a ver o doente globalmente e eu já tenho algum defeito, começo a não ver o coração e os pulmões, tanto como vêem os internistas, mas ainda vejo globalmente. Mas há determinados, por exemplo, os radiologistas, alguns deles poderão ser grandes fotógrafos, tiram fotografias aos doentes. Não interpretam as fotografias. Isso é o mau radiologista. O bom radiologista é o que se interessa pela patologia, faz uma história e depois integra os elementos de diagnóstico. E por vezes não acontece. (...) Geralmente é o médico que centraliza. Por indicação de um exame, o radiologista às vezes diz, sugere, «também às vezes também era bom fazer aquilo, eu sugeria que também fizesse isto», e é aceite. Agora, como ele vê o doente é que não é exactamente a mesma coisa" (MH UT 12).

Neste sentido, torna-se cada vez mais fundamental a conjugação com os restantes saberes. A interdisciplinaridade, sem a qual não é possível a construção do conhecimento global de transplantação hepática, constitui o grande mote de convergência de todos estes olhares, conhecimentos, técnicas, práticas e discursos médicos. Resta-nos, agora, entender as formas de reprodução do conhecimento e dos discursos médicos, situados algures entre a investigação científica e as práticas médicas.

2. Entre a investigação científica e a prática médica

Reafirmada a primazia da experiência clínica na construção do conhecimento médico, podemos afirmar que, tal como Foucault descreve, a *clínica* surge a partir de uma reorganização radical do discurso médico. O corpo teórico prévio permitiu a classificação da doença em sistemas que se encontram em órgãos individuais do corpo. A clínica emerge quando se torna possível tratar o indivíduo enquanto um campo de investigação, sendo que o hospital, o gabinete de consulta e outros espaços de plena actividade médica, constituem os locais de pesquisa, investigação, tratamento e formação médicos.

Do mesmo modo, Atkinson (1977:100) refere que, apesar da prática clínica aparentar estar aberta à interrogação do *medical gaze*, o conhecimento do mundo da medicina deve ser cuidadosamente adquirido através de uma longa exposição a esse mundo. Deste modo, a experiência em primeira mão deve ser construída no desenvolvimento da biografia do médico e da sua carreira. A acumulação deste conhecimento pessoal é de importância central na definição da competência e da diferenciação profissional. A exposição directa à realidade, presente na prática clínica, proporciona ao médico a garantia deste conhecimento pessoal.

Ao contrário do que possa parecer, não existe qualquer espécie de conflito entre a realidade e esta perspectiva pessoal em termos de conhecimento. Pelo contrário, é essa realidade que garante e valida esse conhecimento. O conflito aparente entre estes dois elementos deve ser antes encarado como um conflito entre a realidade e a teoria ou correntes – versões do conhecimento e opinião, que podem e, aliás, são quebradas e deixadas à deriva na experiência directa das práticas médicas.

Assim, também na UT, o conhecimento médico se reproduz nas práticas médicas, disperso no espaço e no tempo, entre a experiência clínica e a investigação científica. Em termos de produção de conhecimento médico, este serviço constitui, de facto, um bom exemplo de como, a partir da prática clínica, os vários casos que se apresentam constituem importantes elementos a partir dos quais os médicos, das várias especialidades, recolhem informação e reconstroem esse conhecimento. Em termos da diversidade de patologias do fígado e dos tratamentos a elas aplicadas, o conhecimento médico renova-se constantemente a partir das práticas médicas quotidianas.

Neste sentido, é importante esclarecer o que se entende por reprodução do conhecimento médico, por forma a identificar na UT os vários contextos das práticas médicas em que ela ocorre. Atkinson (1977:99) esclarece a noção de reprodução que utiliza na sua investigação. Assim, o termo reprodução é utilizado em dois sentidos. Em primeiro lugar, o autor procura indicar algumas rotinas e práticas em que o conhecimento médico é transmitido, e como, no decurso dessa transmissão, a cultura médica é passada de geração em geração. Em segundo lugar, o autor argumenta que este processo é realizado através da determinação de "versões" do trabalho médico. Isto quer dizer, então, que os encontros entre os diversos médicos intervenientes, que surgem sob a forma de práticas médicas (reuniões médicas onde se discutem

Parte II – Capítulo III. Da construção e reprodução do conhecimento ... | 397

os casos, visitas à enfermaria, consultas) ou sob a forma de investigação científica (ensino, publicação de artigos, encontros científicos), são construídos por forma a que se reproduzam características seleccionadas das práticas médicas. Assim, reproduzem-se determinadas particularidades do trabalho médico que são seleccionadas e cujo objectivo é reproduzir situações reais que se multiplicam (uma espécie de réplicas), por forma a que o conhecimento médico, através da experiência, seja reproduzido.

A importância do conhecimento pessoal, também referida por Freidson (1979;1984), constitui um aspecto fundamental para a compreensão da reprodução do conhecimento e do discurso médicos. A propósito da questão da incerteza do conhecimento, (Freidson, 1979;1984) sugere que a experiência e o conhecimento pessoal contrastam com as noções de regularidade e de previsão. O médico que apela ao seu conhecimento pessoal fá-lo não por referência à sua incerteza ou, necessariamente, à incerteza dos seus pares. Pelo contrário, o médico baseia as suas acções e decisões num marco inquestionável, i.e., na certeza que lhe advém da experiência directa.

No caso da UT, são constantes os exemplos que vão de encontro a esta ideia. Aliás, a própria origem desta unidade de transplantação, e em particular o arranque do programa de transplantação hepática, está intrinsecamente relacionada com um dos cirurgiões, o director deste serviço, reconhecido na comunidade médica como um dos pioneiros da transplantação em Portugal. Este reconhecimento assenta, sobretudo, nas provas dadas a partir dos resultados constituídos na sua experiência clínica pessoal, acumulada ao longo da sua vida de cirurgião. Trata-se de uma experiência pessoal que fez escola a partir da reprodução de conhecimento. Esta assume diversas formas que vão desde o ensino na universidade, à formação de médicos na prática da medicina na UT.

De todas as especialidades envolvidas na transplantação hepática, os cirurgiões são os elementos que mais canalizam o conhecimento médico produzido neste serviço para reproduzi-lo ao nível do ensino universitário, na medida em que alguns dos elementos da equipa de cirurgia, de entre os quais se destaca o director da unidade, estão também ligados ao ensino. Aliás, foi o próprio facto de estes elementos estarem relacionados com o transplante hepático, pelo conhecimento e aplicação de técnicas de ponta que esta área específica da cirurgia implica, que abriu à equipa de cirurgia as portas ao ensino universitário. No entanto, na área da investigação científica, esta forma de reprodução do conhecimento, à semelhança do que acontece com as outras especialidades envolvidas na transplantação hepática, não é utilizada de forma sistemática e constante.

> "(...) uma das razões porque damos aulas é porque temos o transplante. Se fôssemos um Serviço de Cirurgia qualquer não acontecia. Mas como havia esta técnica de ponta, foi por isso que o nosso director foi convidado para dar aulas, por causa disso. Mas pronto. Acho que estou a falar mais por mim do que pelas outras pessoas. Eu acho que sim. Acho que há pouca produção científica. Há poucas condições. Se você vir, o Hospital não tem grandes meios técnicos à disposição, não tem uma biblioteca, não se presta a isso e as pessoas quando saem daqui querem ir para a vida delas" (MC UT 7).

Para além das aulas teóricas que ocorrem na universidade, podemos observar a presença de alguns internos no bloco operatório que assistem à intervenção com olhar atento, perguntando e trocando impressões com os seus tutores. Por vezes, os cirurgiões chamam a atenção para alguns pormenores das técnicas que aplicam. Alguns destes internos fazem parte integrante da equipa de transplante e exibem alguma autonomia no domínio de algumas técnicas. Neste sentido, podemos afirmar que o bloco operatório e a cirurgia de transplante hepático constituem um dos espaços e momentos mais importantes para a reprodução do conhecimento médico. Outros momentos e lugares de transmissão de conhecimento entre cirurgiões são, também, possíveis de observar. É o caso da enfermaria, onde os internos acompanham

Parte II – Capítulo III. Da construção e reprodução do conhecimento ... | 399

o cirurgião sénior no apoio ao pós-operatório, ou da realização de alguns exames médicos efectuados pelos cirurgiões, destinados a controlar o enxerto. Nestas ocasiões, tal como acontece no bloco, mantém-se um diálogo entre tutor e interno, onde os conhecimentos e discursos médicos são reproduzidos e reafirmados. Por vezes, sobretudo no bloco operatório, os papéis de tutor e aluno diluem-se e quase se misturam. Nestas ocasiões, e por momentos, esquecem-se os formalismos, numa relação cúmplice entre dois médicos empenhados num objectivo comum.

A construção do conhecimento médico entre os elementos da equipa de cirurgia segue o modelo referido no capítulo anterior, a propósito da construção das tecnocracias médicas. Assim, é na prática cirúrgica, a partir dos vários conhecimentos e experiências dos elementos presentes, que é discutida a estratégia cirúrgica a utilizar num caso concreto. De facto, existe uma correspondência entre a prática cirúrgica e a tomada de decisão, quanto aos procedimentos a utilizar, no sentido em que ambos os momentos são construídos em conjunto, num verdadeiro trabalho de equipa. Quer nos momentos que antecedem imediatamente o transplante, quer já no bloco operatório, à medida que vai decorrendo a intervenção, os vários membros da equipa vão trocando impressões e reformulando a abordagem cirúrgica, numa permuta constante de conhecimentos, opções e discursos (por vezes discordantes). Neste cruzamento de várias vozes, também aqui, a voz dos cirurgiões seniores tem um maior peso. A voz da experiência, mais uma vez, fala mais alto e é inquestionável.

"Vamos fazer um transplante, que é um transplante normal e igual aos outros e então a técnica é aquela que nós estamos habituados a fazer. Se houver um caso muito especial, porque há casos complicados e difíceis, discutimos o caso antes e determinamos a abordagem cirúrgica, (...) entre nós, antes de irmos para o bloco. Como é que vamos fazer ... e depois intra-operatoriamente também, as experiências. Vão vendo como é que é" (MC UT 5).

Esta reprodução do conhecimento médico, dos cirurgiões seniores para os mais novos, tem uma correspondência em termos de tomada de decisão:

> "A cirurgia, basicamente, é uma especialidade de grupo. As pessoas aprendem umas com as outras, e dentro do mesmo grupo todas as pessoas aprendem umas com as outras. Os mais novos aprendem sempre com os mais velhos. E o outro mais velho, por sua vez, aprendeu já com o outro. E aquela figura do tutor na cirurgia acaba por ser um bocadinho também ... acaba por padronizar um bocadinho essa relação. E, de facto, nós criamos laços importantes, laços importantes decorrentes desta relação estreita de trabalho. Dependemos muito uns dos outros. As pequenas cirurgias fazem-se sozinhos. Uma cirurgia média ou grande não consegue fazê-la sozinho, tem que fazê-la com um ajudante. E isso faz com que outras pessoas das especialidades médicas, nomeadamente, passem a maior parte da vida delas completamente autónomas a fazer as coisas, não é, não dependem de outrém para funcionar no dia a dia. Enquanto que uma pessoa que entra no Bloco sente outra pessoa atrás de nós" (MC UT 8).

As diferentes escolas médicas e a sua influência em termos de formação estão bem patentes neste serviço. Na nossa observação, constatámos uma correspondência entre as diferentes escolas e a atitude e discurso dos vários médicos que compõem a UT. Ao longo de todo o período de observação e depois nas entrevistas, verificámos que a construção e a respectiva difusão dos diferentes conhecimentos médicos agrupados em especialidades, sob a forma de práticas médicas, de ensino e de formação de médicos, ou, ainda, através da investigação médico-científica, se encontram mais ou menos distribuídas pelas diferentes escolas médicas e hospitais. Neste sentido, é habitual vermos associada aos Hospitais Civis uma forte tradição de formação cirúrgica, e aos Hospitais Universitários uma boa formação das áreas médicas. Assim, em termos de transplantação hepática, e deste serviço em particular, vemos reunido aquilo que na comunidade médico-científica é considerado "do melhor" das várias escolas, e que se reflecte constantemente na actividade das diferentes especialidades médicas.

De acordo com Costa (2001:39-40), a organização da medicina divide-se em várias linhas gerais de evolução: a humanista e biológica (de raiz universitária), a da medicina curativa (de raiz hospitalar) e a da medicina profiláctica (de raiz sociológica ou de saúde pública). A propósito da evolução das escolas médicas portuguesas, o autor refere a existência de "acções convergentes ou divergentes da prática médica, da profissão versus ciência médica, da vida hospitalar versus vida universitária, da tecnologia de base biológica ou de base social".

"A medicina, na transição dos séculos XIX-XX, conheceu uma verdadeira revolução. O método anátomo-clínico (...) estava a ser ultrapassado por uma medicina laboratorial e experimental, uma medicina de base científica, rigorosa, exigindo uma actividade criadora e investigação original.(...) Surgira, então, uma dicotomia médica, a das ciências básicas laboratoriais, representando uma medicina de base científica, versus a medicina clínica propriamente dita, que podia ainda exprimir-se como «arte clínica». Entre nós havia quase só «arte». A «ciência era coisa livresca». Investigação ou ensino prático eram coisas que não existiam. Éramos parasitas da ciência alheia" (Costa, 2001:54).

Na linha de Foucault (1963;1997), podemos dizer que a prática clínica foi sempre o lugar constante da experiência, em contraste com as teorias que têm mudado continuamente e que mascararam ou encobriram a pureza da experiência clínica. Consequentemente, o apelo à experiência é feito por forma a criar conhecimento regular e estável. No entanto, esta ordem é inerente ao fenómeno e aberta ao *clinical gaze*, não residindo num sistema de teorias ou tendências. Assim, a prática médica, a clínica, tem como função proporcionar a demonstração incontroversa da realidade, através da percepção directa das suas regularidades. Deste modo, o médico não age num contexto de incerteza, mas, antes, na segurança criada a partir da sua experiência. O médico reproduz então, a partir da prática médica, a certeza da experiência pessoal. Na prática clínica concreta, o médico sedimenta o conhecimento médico, construindo-o e reforçando-o. A oportunidade que o exercício da clínica lhe dá tem a ver com a constatação daquilo que lê, reforçando desta forma aquilo que aprende na teoria. Assim se reproduz o conhecimento médico. Consolida-se, desta forma, a certeza no conhecimento médico pessoal e a primazia da experiência a partir das práticas médicas que o garantem e sustentam.

De acordo com Steudler (1974:112), a diferença entre o ensino da medicina e o de outros saberes universitários é que se trata de um ensino profissional de longa duração. Apesar do seu carácter pluridisciplinar, o ensino de base é exclusivamente assegurado pelos médicos, tal como refere Costa (2001:22):

"A verdadeira educação cirúrgica é directa, vive de influências pessoais. Assim se transmitem as verdades: não me lembro de todos os livros que li, mas lembro-me de todos os homens que me ensinaram, numa *transmissão descendente de conhecimentos* (dos mais velhos para os mais novos)".

A propósito da transmissão de conhecimentos científicos em medicina, Costa (2001:31) também refere a importância da "sedimentação crítica da experiência, e não o que se leu ou ouviu na véspera". Mais à frente, refere o seguinte:

"É na observação directa dos fenómenos que se descobre a ciência, que nos surgem as revelações.(...) Por tudo isto, o clínico tem de ser simultaneamente educado na arte clínica e nos fundamentos científicos da medicina, através duma experiência directa e crítica dos factos e não da acumulação ou armazenamento de noções adquiridas sem selecção crítica".

No entanto, Atkinson (1981:3) refere o acentuado controlo da transmissão do conhecimento aos estudantes de medicina. No processo de aprendizagem a partir da prática clínica, os estudantes aprendem competências clínicas, mas apenas podem manipular os aspectos mais simples e inequívocos. No caso da UT, um dos cirurgiões seniores refere a necessidade de controlar os internos de cirurgia na aplicação de determinadas técnicas, pelos riscos que implicam. Mesmo assim, as oportunidades criadas neste serviço, no que diz respeito à aplicação de determinadas técnicas cirúrgicas no bloco operatório, constituem uma excepção em relação a outros serviços, como testemunha um dos internos de cirurgia:

> "Eles estiveram lá fora e praticamente muitas vezes só viam fazer. (...) Nós temos uma oportunidade, o Dr° farta-se de dizer isso. E eles, todos eles dizem que noutro sítio da Europa era impensável um interno no primeiro ano ou no segundo ano estar a fazer qualquer coisa a nível da transplantação. Isto é uma dádiva ... vá lá" (MC UT 10).

O ensino no contexto das práticas médicas como, por exemplo, o bloco operatório, ou a visita à enfermaria, constitui o meio através do qual as componentes da formação e do treino médicos são fundidas. Elas proporcionam a combinação da teoria com a prática, da ciência com a experiência, que, no seu conjunto, são absolutamente necessárias para a formação de médicos competentes. Nestes contextos, a clínica e o conhecimento médicos são reproduzidos e a forma do seu discurso é transmitida. As palavras deste cirurgião, a propósito da colheita de órgãos, evidenciam a ocasião única para os internos de cirurgia praticarem as mais sofisticadas técnicas cirúrgicas.

> "Por exemplo a operação de colheita eu acho que devia ser uma operação que devia ser obrigatória para qualquer interno de cirurgia. Devia pelo menos ter ajudado em meia dúzia. Como exercício é do melhor que há, tentámos operar, aqueles exercícios que se faziam em cadáver (...) é como num doente vivo. Na verdade está morto, mas tem o coração a bater. Os problemas que têm numa operação real, estão todos lá. Não se pode estragar. Não é indiferente que o dador sangre ou que não sangre, a operação deve ser feita sem sangrar, porque se ficar instável e parar vai pôr em risco todos os órgãos que nós queremos colher" (MC UT 4).

A propósito do conhecimento médico, Fox (1988:573-574) refere a experiência da colheita de órgãos em cadáveres como um dos momentos mais impressionantes de encontro dos médicos com o mistério da vida e com o enigma da morte, sob a forma de um corpo nu deitado numa mesa do bloco operatório. Dissecar um cadáver e participar numa colheita constitui um dos momentos simbólicos mais poderosos na construção do conhecimento médico.

O sucesso pedagógico destes contextos depende do grau de verosimilhança e da capacidade em transformar a realidade que estes encontros proporcionam, de modo a assegurar que os resultados positivos sejam utilizados de forma previsível. No entanto, apesar da existência de um enorme manancial de informações e de conhecimentos médicos únicos, produzidos e reproduzidos no contexto das práticas médicas quotidianas, estes parecem não ser canalizados para a investigação, apesar dos resultados serem pontualmente divulgados. Mesmo assim, por parte do grupo dos hepatologistas, parece existir um maior esforço nesse sentido, devido sobretudo ao perfil de investigação presente na escola de formação dos hepatologistas (todos eles são provenientes de um hospital universitário), particularmente na pessoa da sua coordenadora que está directamente ligada a redes de investigação científicas internacionais na área da hepatologia. Este elemento destaca-se dos restantes membros da equipa de hepatologia em termos de estatuto científico, pelo facto de ter vindo a investigar, desde sempre, numa área específica da hepatologia e em particular sobre patologias do fígado que conduzem, na maioria dos casos, ao transplante.

> "Na minha tese de doutoramento, como tinha uma série de casos que tinha trazido de Inglaterra, baseado nisso fiz um estudo comparativamente entre portugueses e ingleses com doenças hepáticas imunológicas.(...) Fiz um estudo num laboratório experimental..." (MH UT 11).

> "Eu acho que há duas escolas diferentes. Tocou num ponto importantíssimo porque o que acontece e isso é uma coisa que eles ficam sempre ... eles são óptimos cirurgiões mas nós temos uma

preparação para investigação, para apresentar trabalhos que eles não têm. E não podem ouvir isto sequer. A verdade é que eu acho que nós temos imenso material, uma quantidade imensa. Eu mandava para esses volumes, para essas revistas internacionais de PAF, para as conferências internacionais de transplante, para as nossas de gastroenterologia" (MH UT 11).

Tal como referimos em momentos anteriores, a reprodução de conhecimento a partir dos elementos mais graduados para os mais novos é feita, sobretudo, a partir da prática clínica. Salvo algumas excepções, como acontece no caso de alguns cirurgiões que estão ligados ao ensino, o conhecimento médico produzido no âmbito da transplantação hepática fica circunscrito às práticas médicas quotidianas.

A informação e a casuística do serviço não são utilizadas de forma sistemática, sendo que o conhecimento adquirido apenas é reproduzido "pontualmente, às vezes um bocado atabalhoadamente e à pressa para o congresso x ou y..." (MH UT 13). Nesta entrevista, o hepatologista em questão justifica o facto de não existirem internos a estagiar na UT com uma falta de dinâmica em termos de reprodução do conhecimento médico, que se prende com a ausência de hábitos no sentido de um trabalho "multidisciplinar e reflexivo que depois leva à apresentação dos resultados (...). Se estas coisas funcionarem, eles [internos] vêm espontaneamente" (MH UT 13). Este hepatologista refere-se à inexistência de internos na especialidade de gastroenterologia na UT, justificada, segundo ele, pela ausência de hábitos de trabalho tendo em vista a investigação e o ensino. A este propósito, é de referir que um dos hepatologistas mais vocacionados para o ensino manifestou, ao longo do período da nossa observação, uma certa nostalgia pelo facto de se sentir impedido, pelas circunstâncias do serviço, de transmitir os seus conhecimentos aos mais novos (aproveitando muitas vezes a presença da investigadora, que o escutava atentamente e com curiosidade, para divulgar o mundo fascinante desta especialidade médica). À excepção da coordenadora da equipa de hepatologia, que está ligada a um hospital universitário onde ensina no curso de medicina, os elementos da equipa não têm a oportunidade de transmitir os seus conhecimentos nesta área de ponta da gastroenterologia – a transplantação hepática.

Em termos de reprodução do conhecimento médico, os laboratórios de anatomia patológica constituem uma espécie de arquivo de informações acerca dos tecidos e patologias que por ali passam. A esta componente de arquivo podemos acrescentar, igualmente, a vertente de museu, na medida em que todos os fígados que são retirados dos receptores de um novo órgão são levados para este laboratório para serem estudados de forma aprofundada. Todo o conhecimento que é produzido a partir daqui é de extrema importância para o acompanhamento da trajectória do recém transplantado, na medida em que permite controlar de forma mais eficaz as patologias de base que deram origem ao transplante hepático e, em alguns casos, reconstruir o diagnóstico. Alguns destes órgãos ficam armazenados no laboratório por forma a ser possível um estudo mais prolongado no tempo. Neste sentido, a reprodução do conhecimento médico vai-se perpetuando, à espera de novas técnicas de investigação que permitam aprofundar o conhecimento e investigar sobre novas e antigas patologias. O conhecimento vai-se reproduzindo e vai sendo reconstruído ao longo do tempo. Deste forma, torna-se evidente a importância da componente de investigação nas áreas da anatomia patológica que, apesar de terem como ponto de partida um melhor conhecimento de patologias concretas referentes aos doentes transplantados, ultrapassam em larga medida esse objectivo. A investigação científica constitui, de facto, nesta especialidade, uma importante vertente e assume um peso fundamental na prática quotidiana dos anatomo-patologistas.

> "Depois damos a informação dos resultados e das anomalias que encontrámos a dizer, por exemplo: "Olha cirrose" ou a dizer "só cirrose alcoólica". Mas imaginemos que havia um nódulozinho com dois milímetros que ninguém vê. Porque dois milímetros é muito difícil ver num fígado tão grande, nem na ecografia se vê.

Portanto, essas informações são importantes para eles depois estarem atentos a alguma coisa que possa ... aparecer no doente. E temos tido casos, por exemplo, de que suspeitamos e portanto, vamos saber pelo estudo da família, por exemplo. Houve um caso da professora que era um filho que tinha uma cirrose e que depois nós dissemos: "Olhe, para além da cirrose há aqui também uma coisa". E ela depois perguntou aos filhos ... E portanto, o alcoolismo é que pode tornar expressa uma doença, uma doença que nunca seria expressa. E portanto, os filhos podem até nunca ter a doença, não é. Mas interessa saber, principalmente para eles estarem preparados com o que se passa, não é. Porque tem importância em termos sociais e de saúde pública e essas doenças implicam custos familiares e hereditários, não é..." (MAP SAP 26).

"E depois os fígados que são retirados, investigamos sim. Nós estudamos, quer dizer, e lá está, às vezes encontramos coisas que não coincidem com o exame anterior ou que acrescentam, ou que não foram suspeitos. Isso é importante, essa informação para tratamento, quer dizer. Por exemplo, um fígado em que encontrámos granolomas. Granolomas podem corresponder, por exemplo, a uma antiga tuberculose. Convém dizer porque eles não suspeitavam, não é. Porque com a imunossupressão pode despoletar a disseminação de uma tuberculose escondida, isto é um exemplo (...) Tem que se examinar e fazer, é um exame que eu protocolei aqui. Nós recebemos a peça, é fotografada macroscopicamente e histologicamente em corte e em superfície. É toda fotografada. Depois para além disso é descrita...(...) No aspecto macroscópico são colhidos os fragmentos para exame normal, para a microscopia electrónica, que eu tenho microscopia electrónica, e posta em congelação para um dia se recuperar, se for preciso. Portanto, é um estudo que se faz à partida com todas as competências possíveis, porque não sabemos o que é que vamos encontrar, às vezes, de anormal (...) Isso tem um estudo sistematizado, portanto, tivemos estágios nos sítios em determinados centros, e depois também nos ligamos mais por isso. Mandamos em seguida a resposta. Quando é preciso ir à microscopia electrónica vai-se. Eu faço por sistema a microscopia electrónica e tenho, pronto, interessa-me e tenho encontrado as chaves que eu queria. Eu tinha pena de estragar o material que é um manancial de informação que se pode tirar, que só com o transplante é que nós temos tudo. Temos uma biópsia que é uma amostragem ... uma amostragem não é o todo, portanto, ali temos a hipótese de ver o todo. Era um desperdício. Portanto, nós tiramos o máximo de informação e eu não deito, normalmente, o fígado fora. Todos os órgãos depois de colhidos vão ser deitados fora, mas eu fico com uma fatia guardada sempre em formol nos sacos, tipo museu. Tenho ali desde o princípio. Tenho os fígados desde o princípio. Porque a ciência depois evolui, não é. Já tenho o material em congelação numa arca prevista, para a hipótese de ser necessário. Mas sabe que, por exemplo, em relação, isto é um à parte, a Sida ... o estudo da Sida. Foi possível saber que a Sida, o HIV2 já havia em mil novecentos e sessenta e tal em África ... porque o material congelado que se retirou nessa altura e que se guardou, não sei quem, acho que foram uns investigadores alemães, tiveram esta manhozisse ... de guardar os materiais para estudos futuros. E foi desse material que depois se descobriu ... que em mil novecentos e oitenta e tal quando se começou a falar da Sida, a isolar isto, é que eles foram buscar os materiais congelados e encontraram. É que nós não podemos só colher para o presente mas para possibilitar estudos futuros ... que apareçam ou técnicas futuras. Isto agora no campo da investigação já não é para utilizar imediatamente ... "(MAP SAP 26).

De facto, na equipa de anatomia-patológica, pelas próprias características que encerram as práticas médicas desta especialidade, a vertente da investigação tem um maior peso em relação às outras especialidades. Aliás, as peças retiradas dos receptores são estudadas minuciosamente, não apenas com intuitos meramente científicos, mas, também, com o objectivo de aprofundar o estudo das patologias de base que deram origem à substituição do fígado, por forma a um acompanhamento rigoroso da trajectória da doença. Neste contexto, o conhecimento é reproduzido através de publicações em revistas da especialidade ou de relatórios médicos.

Quanto à especialidade de anestesia verificamos que o coordenador desta área constitui o melhor exemplo no que diz respeito ao aproveitamento do conhecimento médico produzido a partir da transplantação hepática, para investigação. Apesar de ser o único elemento da equipa de anestesia a investigar na área da transplantação, o coordenador desta especialidade tem investido nesta vertente, utilizando os dados provenientes da casuística do serviço, a par de uma actividade clínica intensa nas áreas do intensivismo e anestesia, directamente vocacionadas para o transplante hepático.

É de referir, ainda, as ligações que este elemento estabelece com vários organismos internacionais no âmbito da investigação médico-científica na área da transplantação, nas várias vertentes: hepatologia, intensivismo e anestesia. Neste ponto, um dos projectos a decorrer tem a ver com a investigação de uma patologia hereditária do fígado característica da população portuguesa (a paramiloidose, polineuropatia amiloidótica familiar – PAF, ou *doença dos pezinhos*, como é vulgarmente conhecida) e que corresponde a uma percentagem considerável dos doentes candidatos ao transplante hepático. Sendo uma doença quase exclusiva do nosso país, o número de casos, a experiência clínica e os conhecimentos médicos produzidos nos centros de transplantação hepática portugueses, assumem proporções consideráveis em relação a outros países.

> "Eu já tenho trabalhos feitos, portanto, sobre o transplante hepático. Eu já publiquei alguns trabalhos em revistas, quer de hepatologia, quer de intensivismo e já publiquei trabalhos referentes ao transplante. Tenho um projecto que é o de realizar um trabalho sobre, fundamentalmente, os doentes com paramiloidose, porque o número de casos já é bastante grande, não é. E portanto, teria um certo gosto em apresentar, inclusive lá fora, o número de casos que temos, porque enquanto que lá fora têm três ou quatro casos não é, nós aqui temos imensos. E isto também foi gratificante: o ano passado fui a uma coisa sobre "liver intensive care" e tem-se o que se quer ... que é cuidados intensivos hepáticos no pós-operatório." (MA UT 15).

No entanto, este potencial em matéria de conhecimento, que é produzido a partir das práticas médicas quotidianas, parece ser reproduzido de forma isolada, não existindo uma estratégia conjunta do serviço que envolva todas as especialidades, com as suas diversas valências, na construção de projectos de investigação científica que permitam, de forma sistemática, a reprodução desse conhecimento médico. Cada especialidade parece investir isoladamente na sua área e, mais do que isso, os seus elementos fazem-no individual e esporadicamente, não de forma sistemática, salvo algumas excepções já referidas.

Então, podemos afirmar que a experiência clínica assume, em todas as especialidades envolvidas na transplantação hepática, um papel central na construção e reprodução do conhecimento, em face de outros processos, tais como a investigação científica ou a apreensão de conhecimentos teóricos. Assim, apesar de todas as especialidades considerarem fundamental a componente da investigação, e embora alguns elementos se dediquem mais a esta vertente, verifica-se uma grande dificuldade em conciliar a investigação com a prática clínica, como podemos exemplificar a partir de excertos de entrevista a um dos cirurgiões:

> "Muito pouco ... muito pouco ... Fundamentalmente, o que se faz é apresentar trabalhos em congressos e isso, quanto a mim, não tem muita relevância. Tinha mais relevância publicar. Agora, para se publicar é preciso, fundamentalmente, haver disponibilidade e é difícil gerir, trabalhar num Serviço de Cirurgia, assegurar os serviços internos e depois ainda ter aqui a Unidade. É difícil ter tempo para depois pensar ainda na publicação ... Se nós formos ver, nos países estrangeiros, as publicações que muitas vezes há médicos que reúnem dados de imensos clínicos que trabalham, entre aspas, para eles, só fazem isso, só fazem investigação, não fazem mais nada na sua vida, não vêem doentes há anos, não tratam doentes há anos. (...) Para investigar é preciso estar sossegado. E é preciso ver os processos e é preciso apoio logístico ... Nós sabemos que em Portugal, pelo menos nos hospitais, para se investigar, não há todo um apoio logístico, não há secretárias, não há nada e, portanto, vai ter de fazer tudo, vai ter de tirar fotocópias, vai ter de levantar os números dos processos..." (MC UT 10).

> "Nós temos mais vocação para trabalhar do que para produzir. Mas é uma perca grande do nosso programa, a maneira como o

programa é conhecido, é publicar, publicar, publicar. Embora hajam os resultados, mas os resultados são conhecidos como? Publicando e levando a congressos. Nós falhamos por isso, deixamos sempre para amanhã para fazer o trabalho. Depois há muito trabalho, era para ser amanhã, mas estamos com muito sono, porque houve um transplante ou vai haver um transplante. E realmente as pessoas têm de ser ... devia haver ... não me passa pela cabeça dizer que o [Director] nos deveria obrigar. Nós somos responsáveis e nós sabíamos que devíamos fazer aquilo. Mas realmente, os conhecimentos são dados pelas pessoas que vêm estagiar connosco e que levam também aquilo que nós transmitimos às pessoas com quem trabalhámos, essencialmente. (...) Mas realmente aquilo que nós poderíamos levar e os trabalhos que podíamos fazer deveriam ser muito, muito mais. (...) Mas eu pessoalmente estou esperançado que aqueles internos mais novos, que venham com ideias e com disponibilidade e venham já com mais noção da importância que isso é, as pessoas vão conhecer a nossa Unidade por aquilo que se publica" (MC UT 4).

Ao contrário dos hepatologistas, na actividade de investigação, tal como na prática clínica, os cirurgiões trabalham em conjunto. Podemos então afirmar a existência de uma correspondência entre a produção do conhecimento médico, que ocorre nas práticas médicas, e a reprodução desse mesmo conhecimento através da publicação de artigos científicos e de comunicações em congressos, o que, no caso dos cirurgiões, é realizado conjuntamente, ao contrário do que acontece noutras especialidades.

As funções que os hepatologistas desempenham na unidade são essencialmente clínicas, existindo pouco espaço para a investigação e para o ensino, até porque, tal como já referimos anteriormente, neste serviço não existem internos de gastroenterologia. Ficam assim reduzidas as hipóteses de reprodução do conhecimento médico.

"Portanto, a minha função aqui é essencialmente clínica, eu sou médico clínico. A investigação clínica, há algumas coisas, poucas. Não há muito tempo para isso e também não estamos muito motivados. Geralmente os serviços que fazem investigação clínica são aqueles que têm internos, gente em formação que muitas vezes estimula e deseja fazer isso..." (MH UT 12).

Mesmo assim, por parte de alguns hepatologistas existe uma preocupação no sentido de aproveitar o conhecimento médico proveniente da casuística da unidade e da sua experiência clínica, já que o serviço tem o privilégio de lidar directamente com casos especiais e pouco frequentes, quer em termos de patologias de base, quer em termos de tratamento. Neste sentido, verifica-se por parte de alguns elementos desta especialidade a publicação de artigos em revistas nacionais e internacionais da especialidade, a apresentação de comunicações em congressos, revisões da casuística da unidade e, mesmo, intervenções teóricas. É de referir que, entre os hepatologistas, a reprodução de conhecimento médico é realizada, sobretudo, a nível individual, sendo raros os exemplos de publicações ou comunicações em conjunto.

No entanto, a relação entre o conhecimento produzido directamente a partir da prática clínica e a Universidade, sobretudo em termos da hepatologia, é praticamente inexistente, apesar do carácter único e sofisticado do conhecimento médico produzido neste serviço, tal como é referido nesta entrevista:

"Não temos tido uma relação muito directa, primeiro porque esta área, sendo uma área ainda de fronteira, é uma área pouco conhecida, e julgo que nas faculdades não se fala muito nisto a não ser de raspão. A medicina de transplantação é uma área nova, a prática em Portugal tem menos de 10 anos de transplante hepático. 10 anos ... o renal um pouco mais, portanto, não está ainda muito consolidado. Nós, em termos de transplantação hepática não temos tido muita relação com a Universidade. Julgo que os colegas ligados ao transplante renal tenham mais, porque há uma ligação mais directa, há mesmo um dos nefrologistas que é professor agora na Universidade Nova. Connosco a ligação à Universidade acontece perifericamente, é em congressos, mas não está instituída, não é institucional" (MH UT 12).

É de referir, a propósito da presença de alguns hepatologistas em congressos nacionais e internacionais, que não é comum (pelo menos poucas vezes tivemos ocasião de o observar) a troca de informações de carácter científico entre os vários elementos da equipa. Cai, assim, uma oportunidade para debater e actualizar os conhecimentos de forma informal ou através de encontros ou reuniões organizados que envolvam os hepatologistas e outras especialidades.

Aliás, mesmo ao nível da troca de informações acerca dos doentes do serviço, aquando da passagem das ocorrências por parte do hepatologista de serviço aos restantes elementos da equipa, estas limitam-se ao registo no diário clínico que consta do processo do doente. Salvo raras situações, na reunião semanal, ou em contextos onde um ou outro caso se apresenta mais polémico, os hepatologistas não trocam impressões entre si ou discutem casos concretos.

Ao nível da hepatologia, uma das áreas mais importantes em matéria de conhecimento médico para esta especialidade, está directamente associada à farmacologia. A evolução constante em termos de medicamentos constitui uma vertente de permanente produção e reconstrução do conhecimento em termos de novas terapêuticas. Neste sentido, é estreita a ligação entre esta especialidade e a investigação na indústria farmacêutica, sobretudo devido às drogas específicas utilizadas nos doentes transplantados hepáticos – os imunossupressores, que são absolutamente decisivos para os resultados positivos na transplantação. Alguns dos hepatologistas são, inclusivamente, consultores de empresas farmacêuticas (onde dão formação a médicos sobre determinados princípios activos).

Sobre a reprodução do conhecimento médico-científico, importa ainda referir os raros exemplos de articulação entre as várias especialidades, no sentido de uma investigação conjunta, quer sob a forma de publicação de artigos científicos, quer sob a forma de comunicações. Na situação que referimos de seguida, a partir de uma entrevista, verificamos que os casos de produção conjunta, em termos científicos, ultrapassam o âmbito do transplante hepático, reflectindo, antes, a colaboração pontual ao nível da prática clínica existente entre duas especialidades da unidade.

"Sim, nalguns casos isso tem acontecido, sobretudo com os nefrologistas, trabalhamos com eles lado a lado aqui na Unidade, e eles são um apoio importante para os nossos doentes no que diz respeito a doenças do foro nefrológico. E, simultaneamente, nós apoiamos muito em termos de gastroentereologia e hepatologia, por exemplo as endoscopias digestivas. Porque entre nós tem havido colaboração, há mesmo alguns trabalhos publicados conjuntos, publicados e apresentados em congressos conjuntos. Por exemplo, problemas mais dos doentes transplantados renais, ou alterações de hepatites em doentes em hemodiálise, várias coisas ... articulamos dessa maneira. Com outras especialidades a nossa relação preferencial é com a medicina interna. É relativamente comum os colegas da medicina interna virem-nos colocar problemas de doentes internados, de consulta externa, problemas hepatológicos ou gastroenterológicos, é muito frequente virem discutir connosco" (MH UT 12).

"Os cirurgiões menos, mas também acontece, mas menos. Os cirurgiões habitualmente discutem menos com os médicos, são pessoas, digamos, mais activas, mais directas, interessa-lhes menos o pormenor. Mas também acontece porem-nos casos, enviarem-nos os doentes, até doentes com tumores, para ouvirem a nossa opinião" (MH UT 12).

No que diz respeito à necessidade de encontros multidisciplinares com todas as especialidades envolvidas na transplantação hepática, por forma a estimular a construção e reprodução do conhecimento médico nesta área, são inúmeras as referências (recolhidas na observação directa das práticas médicas e nas entrevistas realizadas) a outros centros estrangeiros de transplantação onde alguns médicos estagiaram. Estas referências constituem exemplos concretos de reunião de vários saberes e olhares que se completam em torno da mesma realidade. Trata-se de uma prática institucionalizada em que a reprodução do conhecimento e a prestação dos cuidados médicos surgem de forma paralela, sendo impossível dissociá-las.

> "Nos EUA havia reuniões de não sei o quê, às 6 da tarde e estava cheio. Porquê? Porque o hospital funcionava até às 10 da noite, as pessoas estavam no hospital até às 10 da noite, 11 da noite e depois a biblioteca estava aberta até às 4 da manhã. Uma pessoa podia viver no hospital e trabalhar e fazer trabalhos ... estava tudo aberto até ... fosse à hora que fosse e eles sabiam que tinha o mesmo público. O professor dizia, havia uma reunião para as pessoas darem ideias para um trabalho. Aquilo era dissecado. Se a ideia era uma boa ideia, começava-se a fazer o trabalho e o professor dizia: "tu e tu e tu, vão fazer esse trabalho e daqui a 15 dias ou daqui a um mês têm de apresentar os primeiros resultados". Os resultados eram discutidos e via-se se valia a pena continuar a ir por ali, e toda gente dava palpites. Claro que o professor é que decidia, mas todos davam palpites, toda a gente podia dar ... era uma coisa impressionante. Todas as pessoas sabiam que o trabalho no hospital ... "eu às duas tenho que sair" era impensável! Às duas temos de continuar, porque era mesmo assim, as pessoas sabiam que ganhavam muito bem mas não havia horário, as pessoas saíam quando já não havia mais nada para fazer" (MC UT 4).

Na entrevista que se segue vemos reflectida a necessidade da conjugação de conhecimentos médicos diferenciados no transplante hepático, apesar de estar reforçada a imagem do "cirurgião pioneiro" na actividade de transplantação. O peso desta tradição reflecte-se na forma como os cirurgiões assumem o seu papel de ponto de convergência entre as várias especialidades que, no seu entender, surgem na transplantação pela necessidade sentida, pelos próprios cirurgiões, de integrarem outros olhares e saberes. Desta forma, a equipa de cirurgia sente a responsabilidade na organização deste grupo multidisciplinar, funcionando como um filtro que absorve e que, ao mesmo tempo, faz a triagem de todos estes conhecimentos tão diversos.

"Os hepatologistas historicamente foram ... é um grupo que é ... que é importante, que dão apoio ao transplante, que canalizam o doente para o transplante. Mas a maior parte dos grupos, nomeadamente dos primeiros da transplantação, começaram pelos cirurgiões, e eram os cirurgiões que organizavam o grupo. Eles é que organizavam o grupo. Os doentes eram transplantados por eles, era aquele cirurgião que fazia as coisas, calmo, etc., etc... Mas, depois percebeu-se que era preciso haver apoio do infecciologista, dos internistas, via hepatologistas, porque o doente quando é transplantado, muitas vezes, nessa altura, o doente até ao transplante era um doente com problemas hepáticos" (MC UT 4).

Neste caso concreto, o cirurgião refere a necessidade do cirurgião dominar o conhecimento acerca de determinadas patologias do fígado que são do foro da especialidade de hepatologia, por forma a prestar bons cuidados cirúrgicos. No entanto, quando se trata de uma situação inversa, i.e., o hepatologista dominar determinados procedimentos cirúrgicos por forma a prestar bons cuidados médicos no pós-operatório, o cirurgião muda o seu discurso, reforçando a sua posição dominante em face das outras especialidades, pelo domínio, apenas da parte do cirurgião, de um conjunto de conhecimentos transversais a todas as especialidades que intervêm na transplantação, em particular da hepatologia.

"Eu tenho de saber, se eu vou transplantar, eu sou cirurgião e vou fazer um transplante numa cirrose, que é uma doença de médico, doença médica, eu tenho de saber o que é uma cirrose. Eu tenho de saber tudo o que o hepatologista sabe, porque se eu não souber vou prestar um mau serviço ao meu doente. Tenho de saber e tenho de saber tratar a cirrose, mesmo que o doente não seja transplantado tenho de saber. Eu tenho que saber tanto como o hepatologista. Portanto, nessa base, eu posso estar em reunião com ele e posso discutir os casos com ele. Já o vice-versa não será tanto assim. Mas a gente pode transmitir a nossa experiência no bloco, na cirurgia, as dificuldades técnicas, etc." (MC UT 5).

Vemos aqui evidenciados alguns aspectos importantes acerca da construção do conhecimento médico na transplantação hepática, no serviço em questão, tais como as características dos próprios hospitais e respectivos serviços, que influenciam as formas através das quais o conhecimento médico se reproduz. Deste modo, a vocação do serviço, sobretudo ligada à prestação de cuidados médicos e não à investigação, condiciona as formas de reprodução do conhecimento que é predominantemente construído na prática clínica da prestação dos cuidados médicos. Mais uma vez, é referido o exemplo dos centros de transplantação estrangeiros, onde a actividade clínica surge em paralelo com a actividade de investigação.

"Em termos de formação médica contínua, penso que temos estado mais ou menos a par da grande maioria dos centros de nível mundial. Podemos não estar vocacionados para fazermos os nossos próprios trabalhos e apresentá-los em reuniões internacionais, mais por falta de tempo e por vocação. Não é por falta de vocação nossa, é por falta de vocação dos próprios serviços, que não estão destinados a isso. Quer dizer, a função da Unidade de Transplantação ainda é, essencialmente, assistencial, como se costuma dizer. Quando estive em Paris via isso ... não tem comparação! Não tem comparação! Mas isso é mesmo deficiência do próprio país, quer dizer, e as excepções, honra lhes seja prestada, porque realmente, a maior parte desses trabalhos saem de uma actividade pessoal onde são roubadas várias horas ao descanso. Digamos, que em muitos serviços há estatísticos, por exemplo. A nossa carreira não é muito vocacionada para isso" (MC UT 6).

"Dentro da frequência de congressos e cursos temo-nos esforçado, todos nós, eu pelo menos falo por mim. Quer dizer, todos os anos tenho ido a congressos de transplantação. Ainda para a semana ou daqui a duas semanas vou a um congresso de cirurgia, onde vai ser debatido muito a temática de transplantação hepática. Portanto, mais ou menos, nós estamos mais ou menos a par do que se vai fazendo em todos os centros. E, inclusivamente, os nossos números são tão bons ou pelo menos tão bons como a globalidade dos centros mundiais. Portanto, não é trabalho nenhum que nos envergonhe. O que nos pode, eventualmente, envergonhar é a falta de trabalho científico que não temos apresentado, isso sim. A todos os níveis." (MC UT 6).

"Os nossos congressos, congressos domésticos, digamos assim ... Publicamos de uma maneira geral ... Quem faz a publicação, ou quem faz a apresentação em nome de toda a equipa, não é ... Mas eu penso que nessa actividade estamos aquém, nitidamente aquém das nossas possibilidades e inclusivamente das nossas responsabilidades." (MC UT 6).

Em determinadas ocasiões assistimos a encontros entre cirurgiões, onde, por vezes, encontramos elementos das outras especialidades, onde se conversa em torno de casos concretos, artigos ou vídeos com imagens de novas técnicas cirúrgicas. Estes encontros, mais ou menos informais, constituem momentos importantes de troca de conhecimentos e de pontos de vista. Aqui o conhecimento médico vai-se reproduzindo, a partir da conversa onde várias vozes se misturam e contribuem, no seu conjunto, para a construção do conhecimento médico. Nesta entrevista, um dos cirurgiões refere, ainda, a importância das visitas médicas à enfermaria, inexistentes na UT, onde se discutem casos concretos com todas as especialidades médicas envolvidas. Estes contextos constituem ocasiões únicas de produção de conhecimento médico, onde os vários olhares estão presentes e os diferentes conhecimentos se fecundam, dando forma a um discurso multidisciplinar sempre aberto.

"Quando há assim vídeos a pessoa vai e discute-se e nessas reuniões fala-se muito de assuntos, não estamos a falar de um doente mas estamos a falar da patologia de um doente. Por isso é que as reuniões da enfermaria eram muito importantes, para se falar de cada doente. Mas é o tal problema, as pessoas estão sentadas e dizem "esse doente não é meu". Uma pessoa arrisca-se numa mesa que ninguém saiba nada, de algum ponto de vista, sobre esse doente. Vagamente a cirurgia pode saber que está tudo bem sobre o ponto de vista cirúrgico, mas se o doente teve uma pneumopatia e qual foi a sua evolução da pneumopatia, o cirurgião pode realmente não saber, mas deve saber. Uma das coisas que eu trouxe de trabalhar tantos anos na (...) é que eu aprendi muito de medicina e sabia muito da parte médica dos doentes, porque todos os dias se falava de tudo sobre o doente. Um doente transplantado, depois do transplante quase nunca é um doente cirúrgico, é um doente médico. A gente tinha que falar, tinha que ouvir sobre medicina porque o problema é médico e não cirúrgico" (MC UT 4).

As reuniões clínicas entre as várias especialidades podem ser encaradas como um dispositivo para a reprodução de conhecimento, i.e., a reprodução de conhecimento sobre factos clínicos objectivos. Por outro lado, a produção destes registos factuais depende da experiência pessoal na interpretação das regras dos procedimentos clínicos, ou seja, apesar dos procedimentos clínicos serem regulamentados e codificados, a aplicação concreta do espírito dessas regras depende da compreensão tácita. Assim, de acordo com Atkinson (1981:110), aquilo que referimos como "inclinação", "tendência" ou "experiência", refere-se à competência na aplicação de procedimentos interpretativos na produção e reprodução do conhecimento. Neste sentido, Atkinson refere a dicotomia tecnicalidade/indeterminação apresentada por Jamous e Peloille (1970) como sendo falsa, já que são referidos como dois factores independentes, quando, afinal, estão inevitavelmente interligados[3]. Pelo contrário, é possível que as noções de tecnica-

---

[3] No seu trabalho "Professions or self-perpetuating system, changes in french university-hospital system" (in Jackson, J. A. (ed.), *Professions and professionalization*, Cambridge University Press: 1970), H. Jamous e B. Peloille aplicam dois princípios no contexto geral das ocupações, baseados naquilo que determinam como rácio entre *indeterminação* e *tecnicalidade*. *Tecnicalidade* refere-se aos aspectos do trabalho profissional, susceptíveis de serem codificados em termos explícitos, regras, procedimentos e técnicas. Tratam-se dos aspectos técnicos da profissão que podem ser expressos numa listagem de especificações inequívocas. Por outro lado, o termo *indeterminação* refere-se às variações tácitas e ao conhecimento individual que não são susceptíveis de serem submetidos a essas especificações. Ainda a respeito do termo *tecnicalidade*, é importante esclarecer que este não se pode confundir com *tecnicidade*, no sentido em que o primeiro designa os saberes codificados e competências formais, que são acessíveis e partilhados por quem pratique uma actividade profissional. *Tecnicidade* designa o grau de complexidade tecnológica ganho pelas formas operatórias daqueles saberes e competências.

lidade e indeterminação constituam uma retórica na qual assentam aspectos do trabalho profissional e especializado. Deste ponto de vista, podemos analisar de que forma as variedades de conhecimento são justificadas e garantidas por aqueles que praticam, através da referência aos princípios de produção e reprodução.

A linguagem de indeterminação é a linguagem do conhecimento individual. A linguagem da experiência é o valor comum duma ocupação estratificada e segmentada (Atkinson, 1981:110). Ela é congruente com a segmentação, na medida em que assenta em diferenças de experiência individual, na diferenciação de ocasiões ou práticas concretas e na diversidade das carreiras individuais. O conhecimento tácito depende do consenso de grupos discretos que partilham ideologias ocupacionais. A retórica da experiência é também a retórica de uma ocupação estratificada, já que dá ênfase a uma visão da socialização e da especialização fundadas num período longo de indução nos "mistérios" do conhecimento dessa ocupação. Assim, a acumulação de experiência relevante é activamente obtida no decorrer da carreira profissional. A especialização está garantida apenas com a senioridade e a extensão da experiência. No entanto, não é suficiente um bom nível de conhecimentos técnicos e informação acerca de um caso concreto; é absolutamente necessária a acumulação da experiência para que o médico seja competente. Deste modo, enquanto a retórica da tecnicalidade expressa o conhecimento comum da profissão, a da indeterminação assegura a sua responsabilidade e autonomia (Atkinson, 1981:111).

Um outro aspecto importante a salientar tem a ver com as relações com outros centros de transplantação, em termos de troca de conhecimentos e experiências nesta área. Segundo o que foi possível observar ao longo desta investigação, existe uma grande competição entre os três únicos centros de transplantação hepática do nosso país. Neste sentido, as relações entre os diversos centros são quase inexistentes e limitam-se a momentos precisos nos encontros nacionais da especialidade ou eventuais congressos onde são apresentadas comunicações. O forte espírito de competição existente entre estas unidades funciona como uma espécie de entrave ao desenvolvimento de parcerias científicas. Estabelecem-se, assim, vários nichos que encerram em si conhecimentos, práticas e experiências únicas que estão longe de ser partilhadas de forma mais alargada à comunidade científica, garantindo, cada um dos centros, o domínio de saberes-poderes particulares, isto é, autênticos trunfos em termos competitivos.

"Pontualmente ... as coisas são muito complicadas, porque há muita competição, mas uma competição no mau sentido ... Acho que há muito provincianismo, e daí ... golpes baixos ... acho que aquilo é assim uma coisa muito complicada ..." (MH UT 13).

"Há muita rivalidade mas até em algumas coisas é saudável, normalmente isso aparece nos congressos, nas reuniões. A Sociedade Portuguesa de Transplantação tem uma reunião anual e há duas reuniões pontuais. As pessoas vão-se falando porque acaba por ir havendo umas coisas intercalares, umas reuniões intercalares, de alguns pontos ou de algumas especialidades ... e as pessoas vão conversando. Não é tudo, mas já não é mau. Nós sabemos o que as outras Unidades fazem e vamos sabendo pelo menos aquilo que querem que se saiba ..." (MC UT 4).

Mesmo assim, apesar das relações, em termos científicos, se limitarem aos encontros e reuniões formais, podemos constatar que, e de acordo com o testemunho de algumas entrevistas e com os dados recolhidos na nossa observação, os contactos entre os três centros de transplantação hepática se efectuam com alguma regularidade.

"Aqui há anos já se realizaram várias. A última foi a Reunião da Associação Portuguesa para o Estudo do Fígado. Os Congressos Nacionais de Gastroenterologia, pelo menos uma vez por ano, são também oportunidades para discutir estes assuntos e outros da hepatologia, e frequentemente existem mesas redondas e pequenos simpósios parcelares. Posso-lhe dizer que no próximo sábado haverá um simpósio sobre imunosupressão em que eu vou participar em representação do hospital. Podemos dizer quê ... uns 10 por ano, em média. Outras unidades de transplantação, existem no caso do fígado três, como sabe. (...) As três estão representadas sempre nestes congressos por pessoas quer dos respectivos *staffs*, quer da parte médica, quer da parte cirúrgica. A articulação entre nós é boa, coordenamo-nos bem em termos científicos e em termos funcionais. Entre as três." (MH UT 12).

A propósito da competição que se faz sentir entre os três serviços nacionais com programas de transplantação hepática, é de referir que a rivalidade não se limita apenas ao número de transplantados, mas também se estende à variedade de técnicas realizadas em matéria de transplantação. Neste sentido, importa salientar a importância de fazer corresponder o conhecimento médico meramente teórico a uma aplicação desse conhecimento, que se traduz em termos de prática clínica. Assim, a variedade do conhecimento técnico, e a sua aplicação através das práticas médicas, constitui um indicador fundamental na avaliação do desempenho médico-científico de cada centro.

"Temos as nossas tricas, aquelas tricas, aquelas rivalidadezinhas, quem é melhor, quem transplanta mais. Há um certo consenso relativamente ao centro, seja pelo que for, pelas condições que teve e que não tiveram as outras Unidades, seja enfim pelo mérito das pessoas que lá trabalham, nomeadamente o Profº. (...) É a Unidade que, neste momento, em termos nacionais, está mais à frente, quer dizer isto é um facto ... É um facto, pelo número de transplantes que fazem. Os resultados, os nossos ... temos um bocadinho melhor que eles ... não é isso. Fazem mais, quer dizer, têm mais transplantes feitos; têm outras técnicas feitas que nós não temos. Não há hipótese! O problema é esse, isso poderia servir para nós nos desenvolvermos." (MC UT 8).

Assim, a reprodução do conhecimento médico limita-se à actividade individual de cada uma das especialidades, não se verificando um trabalho conjunto de todas as especialidades no que diz respeito à investigação e reprodução de um conhecimento global ao nível da transplantação hepática. Deste modo, não existe uma correspondência directa entre as práticas médicas multidisciplinares, que produzem um conhecimento conjunto, e a reprodução desse conhecimento a partir de uma actividade de investigação multidisciplinar. A existir, essa reprodução de conhecimento manifesta-se em termos individuais de cada especialidade e nem sempre envolvendo todos os elementos de cada uma. No caso dos hepatologistas, como verificámos, esta reprodução é feita individualmente, na medida em que alguns elementos da equipa estão mais vocacionados do que outros para a investigação. No caso dos cirurgiões, esta actividade é feita em conjunto.

> "A direcção de trabalho é um percurso que tem que ser feito, quer o sangue, a imuno-hemo-terapia, os intensivistas, os nefrologistas ... Enfim, trabalhos que se coordenem em conjunto, penso que ainda não, ainda não chegámos aí. Estamos muito nesta fase: os cirurgiões fazem os seus trabalhos, na sua parte, os hepatolologistas também fazem, os nefrologistas também estão a fazer, mas ... digamos que ... todos juntarmo-nos para fazer um trabalho ainda não. E não sei se irá por aí porque há trabalhos que são verdadeiramente cirúrgicos, o hepatologista não tem grande interesse em participar. Mas há outros aí que efectivamente ... era importante que todos participassem!" (MC UT 5).

A propósito das diferentes posturas das várias especialidades e do conhecimento e discurso que encerram, o director da unidade refere-se a cada uma delas individualmente como "peças fundamentais de um puzzle" que, apesar das divergências técnico-científicas e dos diferentes olhares sobre a mesma realidade, têm um objectivo comum, uma espécie de ponto de convergência – o Programa de Transplantação Hepática.

> "Todos têm uma organização, um espírito comum E esse espírito tem que ser o director da unidade a defini-lo, os objectivos comuns, e tem que vigiar para que o funcionamento seja harmónico e não tenha loucura. Portanto, esse é o aspecto da coordenação e não tem muito mais que fazer. Desde que não hajam furos,

eles organizam-se como querem. Como querem. Esse como querem tem de ter alguns limites, porque têm de estar em sintonia com o resto, com o funcionamento da Unidade." (MD UT 2).

Dadas as características da transplantação hepática, o conhecimento médico produzido nesta unidade é obviamente de ponta e dominado por muito poucos indivíduos. No entanto, em termos de investigação científica, este conhecimento não é canalizado, pelo menos com a mesma intensidade que o é na prática clínica, não existindo, assim, uma correspondência entre estes dois tipos de conhecimento.

Da construção do conhecimento e do discurso médicos decorre o exercício das várias tecnocracias médicas que podem ser observadas nos vários momentos de tomada de decisão. Esta está profundamente dependente da construção do conhecimento, já que os aspectos científicos acabam por prevalecer neste processo. Em vários pontos do circuito de transplantação hepática é possível observar procedimentos e discursos que são utilizados na construção do conhecimento médico, entre os quais as reuniões e conversas informais com elementos de várias especialidades, onde os vários saberes e experiências, que correspondem a diferentes discursos, se influenciam mutuamente, acabando por fundir-se sob a forma de discurso final. No entanto, convém não esquecer que, neste discurso último de convergência, alguns dos discursos dominam os outros.

Desta forma, resta-nos analisar, no capítulo que se segue, o exercício das tecnocracias médicas, salientando na prática médica as situações concretas onde podemos observar de forma inequívoca o exercício da tecnocracia de transplantação hepática. Referimo-nos aos vários momentos de tomada de decisão médica envoltos em conhecimentos e discursos médicos específicos e complexos. Assim, nestes contextos, importa fazer a análise do conhecimento médico acerca das tecnologias envolvidas, que permite perceber como é que a interpretação dos dados científicos é influenciada por factores contextuais e culturais, bem como por juízos subjectivos aquando da discussão de um caso. A adequação do diagnóstico e/ou terapêutica a seguir é reforçada pela constante repetição de palavras e termos relacionados com a doença, o doente e a cura, sendo regulada pela prática profissional e pelo conhecimento legitimado nas práticas médicas.

Capítulo IV

O exercício das tecnocracias médicas: do conhecimento e discursos médicos à tomada de decisão médica

Introdução

A tomada de decisão médica constitui o exercício mais completo das tecnocracias médicas. Trata-se de uma espécie de fim em si mesmo quase sinónimo da missão do exercício da medicina: tratar o doente. Os vários momentos de tomada de decisão resultam de uma construção entre diferentes conhecimentos e discursos médicos, posturas, visões e estratégias que se entrecruzam e que se materializam nas práticas médicas onde se exibem as diversas tecnocracias médicas. Os processos de tomada de decisão médica são, deste modo, o culminar e ao mesmo tempo, o início de vários saberes/poderes que se expressam na prestação de cuidados médicos quotidianos e onde as várias tecnocracias médicas são exercidas em pleno. Através de uma negociação constante entre as tecnocracias presentes na transplantação hepática atingem-se vários patamares que marcam a trajectória do doente, através de momentos precisos de tomada de decisão, onde, com pesos diferentes, as várias especialidades médicas intervêm. Em cada momento, as decisões médicas vão sendo construídas e reconstruídas, através de processos complexos de negociação, onde os vários discursos reflectem os diferentes conhecimentos e estratégias em jogo. De decisão em decisão, constrói-se, assim, a tecnocracia do transplante hepático.

Neste sentido, e percorrendo todo o circuito de transplantação hepática, elegemos os momentos que nos pareceram mais relevantes para discutir esta questão, onde se observa na sua plenitude o exercício das várias tecnocracias. Assim, tal como refere Foucault (1963;1997:95), não se trata de um poder repressivo, mas antes produtivo; o poder não se tem mas exerce-se; o poder não advém de uma fonte central de cima para baixo, mas é antes difuso. O poder que está decidido a gerar forças, a fazê-las crescer e a ordená-las, e não a impedi-las, a torná-las submissas ou a destruí-las. Trata-se de um campo múltiplo e móvel de relações de força, onde são produzidos efeitos de dominação nunca completamente estáveis. Desta forma, o poder não está embutido nos indivíduos, nos grupos sociais ou instituições, embora ocorra em contextos institucionais, tais como as práticas médicas. No entanto, o poder opera através de normas e tecnologias, incrustado nas práticas e relações sociais, sendo impossível desalojá-lo.

Desta forma, e tomando como alicerce o modelo de Foucault (1963;1997), podemos afirmar que sempre que se estabelece uma relação de poder existe a possibilidade de resistência. De facto, nesta perspectiva, o poder não só implica, inevitavelmente, resistência, mas depende, de facto, de uma multiplicidade de pontos de vista, muitas vezes contraditórios, que constituem o suporte dos vários intervenientes nas relações de poder. Então, tal como Crozier e Friedberg (1963;1977) referem, o poder deve ser entendido não como uma propriedade fixa, enquanto característica do sujeito individual de um grupo social, mas antes como um princípio frágil e um produto inacabado de conflitos estratégicos entre sujeitos. A aquisição e manutenção de poder tem lugar, não sob a forma de apropriação por parte de alguém que exerce por direito decretado ou através de instrumentos de compulsão, mas antes sob a forma de uma contínua luta entre actores sociais. No seu trabalho, os autores apresentam a análise estratégica das organizações, onde os contextos organizacionais são encarados como construções sociais que não se resumem unicamente a aspectos estruturais. Desta forma, a componente estratégica desta análise concebe a organização como um conjunto de relações vividas por actores que confrontam estratégias recíprocas, aspecto crucial que nos conduz à dimensão central que as questões do poder assumem nesta abordagem. Neste sentido, também estes dois autores constituem um ponto de referência fundamental neste capítulo, na medida em que se privilegiam as relações de poder no conjunto das relações entre as diferentes especialidades médicas presentes na transplantação hepática, procurando-se identificar as estratégias dominantes nas oportunidades e constrangimentos que são aproveitados na construção de estratégias recíprocas. Assim, as estratégias dos diferentes actores que utilizam a incerteza como dado fundamental na construção das suas estratégias individuais e colectivas, em sistemas de acção concretos, constituem o ponto de partida para a análise das tecnocracias médicas.

Tal como referimos anteriormente, o conceito de poder está directamente ligado ao conceito de conhecimento, categoria que Foucault transporta para a análise da produtividade das técnicas modernas de poder. A noção de *power/knowledge* sintetiza, de facto, uma cumplicidade entre estes dois termos. Barber (1990a: 313-314), embora numa perspectiva diferente de Foucault, avança com duas dimensões do poder: o conhecimento e a tomada de decisão, apresentando-as interligadas e intersignificativas.

> "Existem duas bases generalizadas do poder (...) uma é o conhecimento, a outra é a capacidade para tomar decisões nas organizações informais e formais nas quais a acção humana se estrutura. Por conhecimento pretendemos referir todo um conjunto de símbolos ou ideia-sistemas que definem os meios e os fins, os interesses e os valores, as belezas e os derradeiros significados da acção humana. Apesar de algumas ocupações combinarem um misto de conhecimento e tomada de decisão, a maioria tende a ser caracterizada por uma ou outra destas duas dimensões do poder.

As profissões constituem estas ocupações que se especializam no desenvolvimento e aplicação de conhecimento poderoso (...) Os médicos controlam o conhecimento que nos ajuda a alcançar os nossos sentidos de bem estar físico, psicológico e moral. (...) Conhecimento é sempre poder e cada uma das profissões tem o seu próprio conhecimento poderoso, específico."

Na linha de Foucault, interessa-nos sobretudo entender as relações entre o discurso médico (um discurso do conhecimento científico) e o exercício das tecnocracias médicas, particularmente nos momentos que envolvem tomadas de decisão, onde podemos observar as divergências entre os vários participantes neste processo a propósito de um caso clínico. Deste modo, poder e conhecimento estão intimamente relacionados nos trabalhos de Foucault, de tal modo que o autor utiliza muitas vezes a expressão "power/knowledge", "pouvoir-savoir" por forma a expressar esta unidade. Também nesta linha, o trabalho de Carapinheiro (1993) acerca dos saberes/poderes no hospital reflecte esta preocupação, vincando a autonomia profissional dos médicos na divisão do trabalho médico. Trata-se de uma autonomia funcional, científica e tecnológica que permite à profissão definir, para além das práticas médicas institucionalizadas, as diferentes áreas de especialização e o controlo dos processos de formação médica.

Neste sentido, a tomada de decisão médica surge numa linha de continuidade, uma espécie de consequência da construção do conhecimento e discursos médicos. As relações entre poder, conhecimento e discurso parecem, assim, inevitáveis. Os vários discursos são em simultâneo delimitadores e estruturantes daquilo que pode ser dito ou feito e, ao mesmo tempo, produtivos. Os discursos conduzem à criação de entidades, tornando visíveis determinados aspectos do corpo e da doença, fazendo a distinção entre os vários tipos de doentes e doenças. Assim, é possível identificar discursos específicos relacionados com determinados fenómenos. No caso da transplantação hepática, os vários momentos de tomada de decisão, ao longo das várias trajectórias do circuito, encerram em si vários tipos de discursos, todos eles discursos da ciência em relação à medicina. Estes discursos são articulados por forma a agirem num conjunto de contextos.

Importa, então, referir alguns modelos de análise do discurso, nomeadamente os de cariz construcionista como os trabalhos de Atkinson (1995) e Fox (1992). No caso de Atkinson, na sua observação da especialidade médica de hematologia, o autor foca, particularmente, as questões relacionadas com a identificação e análise dos discursos médicos utilizados por estes especialistas nas suas práticas quotidianas. Utilizando este modelo, procuramos analisar os discursos das várias especialidades envolvidas no transplante hepático, de modo a identificar, nos vários momentos das trajectórias que compõem o circuito de transplantação hepática, as formas de tecnocracias médicas. Neste sentido, são identificados os principais momentos de tomada de decisão onde as várias especialidades, através do discurso, evidenciam as suas tecnocracias particulares. De referir que estes momentos de tomada de decisão não se limitam apenas às reuniões formais onde são discutidos os casos, mas também a ocasiões várias onde os actores, através do discurso e práticas médicas, põem em prática as suas tecnocracias, influenciando, muitas vezes de forma decisiva, a trajectória dos doentes e da doença.

Deste modo, discurso e conhecimento médico constituem as duas faces da mesma moeda, que nos permitem identificar as diferentes formas de tecnocracias médicas presentes nas práticas médicas e, em particular, nos processos de tomada de decisão. Neste sentido, é importante entender, igualmente, as formas através das quais o discurso médico é reproduzido e utilizado na construção de discursos particulares acerca de casos clínicos específicos.

Neste sentido, elegemos determinados cenários do circuito de transplantação hepática por forma a identificar os elementos acima referidos. Entre eles destacam-se as reuniões entre especialidades (encontros onde se discutem casos clínicos ou práticas médicas quotidianas), sejam elas formais ou espontâneas, que proporcionam uma oportunidade de partilha da tomada de decisão.

Também as visitas à enfermaria, que no caso da UT são realizadas isoladamente (na medida em que não existem visitas conjuntas com enfermeiros e médicos das várias especialidades), permitem ao médico aferir acerca da evolução do estado do doente, quer através da observação directa, quer através da consulta dos processos do doente, do diário de enfermagem ou dos resultados de exames médicos. No caso dos cirurgiões, as deslocações à enfermaria permitem, por vezes, a transmissão de conhecimento para os internos de cirurgia, aproveitando a oportunidade para a formação de novos elementos.

Alguns destes momentos concretos constituem excelentes oportunidades onde a autoridade dos diversos discursos médicos é posta em causa e, deste modo, desafiada, através da utilização de uma linguagem técnica própria que permite individualizar cada um dos discursos. O processo de tomada de decisão ao longo do circuito de transplantação hepática raramente parece ocorrer como um acto simples e discreto, pelo contrário, ele é produzido e partilhado pelos vários intervenientes das equipas médica e cirúrgica, onde é visível uma distribuição do conhecimento médico entre as várias especialidades.

A tomada de decisão clínica, e aquilo que é possível observar quanto a esta questão no presente estudo, parece contrastar, de acordo com Atkinson (1995:49), com a análise tradicional da tomada de decisão. Procedendo a algumas considerações acerca da literatura nesta área, o autor refere os principais trabalhos da tomada de decisão médica, apontando algumas insuficiências na abordagem desta questão. Estudos que utilizam modelos estatísticos, ou simulação por computador, ou na área da psicologia experimental, constituem exemplos de representações da tomada de decisão no mundo real e pouco mais do que isso, permitindo apenas perceber como é que estas abordagens representam essa realidade, simplificando-a, ou mesmo distorcendo-a (Atkinson, 1995:51). Deste modo, o autor propõe utilizar esses modelos e simulações como se se tratassem de tipos ideais, confrontando-os com a observação directa e a interpretação sociológica. Assim será também a nossa postura em relação às questões a analisar neste capítulo[1].

O processo de tomada de decisão tende a ser retratado como sendo de natureza privada e individual. No caso da prática da medicina o modelo utilizado é o do encontro inicial entre o doente e o médico – a consulta. Se do ponto de vista experimental este modelo é razoável, na perspectiva sociológica trata-se de uma abordagem parcial e redutora do trabalho médico. A prática da medicina decorre em vários e complexos cenários organizacionais, em diferentes espaços e tempos, sendo a própria tomada de decisão uma actividade organizacional colectiva. Como tivemos oportunidade de constatar, a partir da observação efectuada na UT, "as decisões" constituem assunto de debate, negociação e mesmo de revisão dos conhecimentos médicos, baseada na troca de palavras dentro e entre especialidades. Assim, o exercício de tomada de decisão funciona como um dos mais importantes

---

[1] Neste sentido, a propósito da tomada de decisão médica, não foram aqui considerados os modelos referidos como clássicos, apresentados na sociologia das organizações, acerca dos processos de tomada de decisão. Esses modelos englobam orientações distintas e são agrupados de acordo com as categorias *prescritivos* e *descritivos*. Os primeiros têm como objectivo desenvolver métodos que apoiem a tomada de decisão racional/óptima e os segundos a compreensão dos processos de tomada de decisão nos mais variados contextos organizacionais. De igual modo, a tomada de decisão tem sido abordada de acordo com os níveis individual, grupal e organizacional, destacando-se o modelo racional que se constitui enquanto modelo normativo. A teoria da racionalidade limitada (ver: Simon, H.A. (1955) – "Behavioral Model of Rational Choice", *Quaterly Journal of Economics*, 69, pp. 99-118; March, J. e Simon, H. (1993) – *Organizations*. Cambridge, MA: Blackwell) representa uma resposta alternativa ao princípio da maximização proposto pelo modelo racional. No mesmo sentido, a maioria dos trabalhos acerca da tomada de decisão nas organizações, seja ao nível individual ou de grupo, assumem como ponto de partida as limitações do modelo racional. Também os contributos utilizados nesta investigação constituem alternativas às análises tradicionais da tomada de decisão, salientando-se o carácter plural dos processos e a sua interligação com os contextos de acção que lhes estão associados.

momentos de interacção entre os vários intervenientes no processo de transplantação hepática, contribuindo com diferentes interesses, pontos de vista, conhecimentos e experiências.

Para além da questão dos actores envolvidos na tomada de decisão, temos ainda a questão do tempo, que de um modo geral é bastante restrito. O tempo limita todo o processo, dando a ilusão de que a tomada de decisão constitui um acto mais ou menos unitário, de curta duração e que se baseia numa sequência simples de actos cognitivos. No entanto, em muitos contextos, o *timing* para a decisão pode ser muito mais difuso, prolongado ou cíclico, já que o processo de tomada de decisão pode estar disperso na divisão do trabalho, por segmentos tão variados caracterizados por tempos, horários, rotinas, prioridades e prazos diferentes. A própria divisão do trabalho médico implica não só uma distribuição diferenciada do conhecimento, mas também uma dispersão de tarefas e procedimentos em tempos diferentes. O *timing* das decisões e acções dos intervenientes parece assentar numa ordem temporal diferente, i.e., na prática médica, o tempo para decidir é complexo e múltiplo.

Finalmente, a questão do espaço na tomada de decisão médica. Decidir com base em diagnósticos e terapêuticas não está circunscrito a um espaço único. Ao longo da complexa divisão do trabalho, a informação relevante para efectuar o diagnóstico está dispersa por vários momentos e por vários lugares. Mais uma vez, trata-se de uma reflexão onde muitos actores estão envolvidos, mas a questão é muito mais complexa do que isso. Cada segmento da organização da prática médica gera a sua própria informação e múltiplas decisões, fruto do trabalho de diversos segmentos: laboratórios clínicos, serviços de imagiologia, etc. Cada um destes elementos produz a sua própria informação, materializada sob várias formas de representação, constituindo por si só um produto do processo de tomada de decisão, que será alvo de várias interpretações, as quais envolvem a sua tradução física (de um espaço para outro) e de discurso (de um registo linguístico para outro).

A este propósito, Atkinson (1995) refere o contraste existente entre as versões descontextualizadas da tomada de decisão clínica e a abordagem da sociologia que, repetidamente, chama a atenção para o modo como as características sociais e os contextos culturais influenciam a tomada de decisão. No presente caso da transplantação hepática e do trabalho das várias especialidades médicas, as características do doente, tais como a idade, patologia ou condição social, podem afectar o processo de tomada de decisão. A tomada de decisão, neste caso, não é o resultado isolado e individual que opera num vácuo social. Também não é um processo desinteressado, mas sim susceptível de ser moldado por influências sociais.

Então, as práticas e o conhecimento não convergem linearmente de modo a produzirem uma rede coerente de acções tendo em vista a tomada de decisão. As diversas especialidades definem o seu trabalho e os seus interesses de formas contrastantes, sendo de acrescentar as exigências do trabalho quotidiano, diferentes para cada uma das especialidades em espaços e tempos diversos. Como consequência dos estilos e interesses diferentes, a informação clínica não deve ser tomada como um dado inquestionável. O grau de confiança quanto às informações registadas numa folha diária do doente que está internado na enfermaria, ou a presença de diagnósticos diferenciados, depende muito de quem observou o doente e produziu essas informações.

Pelo contrário, a divisão técnica do trabalho e a distribuição diferenciada do conhecimento entre os vários especialistas significa que determinados intervenientes, e a informação que produzem, ocupam uma posição privilegiada no processo de tomada de decisão, como é o caso do anatomo-patologista que, muitas vezes, é chamado a pronunciar-se acerca do estado do fígado do dador, no momento imediatamente anterior à fase do transplante, através da realização da biópsia hepática e análise dos tecidos. Seja qual for o resultado dos testes efectuados por este especialista, a sua opinião vai prevalecer na tomada de decisão e ser adoptada como definitiva.

Deste modo, as várias informações para a tomada de decisão encontram-se dispersas pelos vários especialistas, por toda a organização, em espaços e tempos diferentes, extravasando a unidade de observação em questão. A partilha dessa informação é sempre mediada pela interpretação de valores e resultados de exames fornecidos pelos próprios especialistas em determinada altura do processo, sendo que o conhecimento é construído através de encontros informais ou reuniões onde se discutem os casos, através de uma narrativa e retórica próprias, partilhadas entre as várias especialidades médicas. Tal como a informação que está dispersa no espaço e no tempo, distribuída por vários indivíduos e especialidades, também os processos de discussão, argumentação, negociação e de decisão estão igualmente dispersos. Assim, podemos afirmar que o processo de tomada de decisão médica não constitui de modo algum um acto isolado.

Concluindo, trata-se de perceber a actividade médica conduzida por actores em contextos sociais e não apenas enquanto intervenção técnica, retomando, então, a perspectiva de Fox (1992) ao relacionar as vertentes social e técnica, o que, à partida, implica duas questões essenciais: qualquer actividade social é interpretada pelos outros e assim sendo, também o é o significado social da actividade médica e em particular do nosso objecto de estudo; os processos sociais associados ao transplante hepático derivam da tecnicalidade. Assim, importa perceber de que modo ocorrem, já que a técnica é também um produto social.

Partindo destes princípios podemos, assim, argumentar que os processos sociais através dos quais todos os grupos envolvidos no processo de transplantação hepática constituem o seu trabalho e afirmam a sua autoridade enquanto poder são construídos, em parte, através dos procedimentos técnicos, processando-se quotidianamente ao longo da actividade médica das várias especialidades envolvidas.

Deste modo, importa entender como cada uma das especialidades médicas se constitui, de forma a construir e consolidar a sua autoridade enquanto poder, no exercício pleno das respectivas tecnocracias, sendo que esta não deverá ser encarada como um dado consumado, mas como algo que é continuamente negociado através de estratégias sociais nas interacções quotidianas. Assim, a questão da autoridade, enquanto poder, deverá ser encarada como um fenómeno fragmentado, não unitário, mediado pelo acesso que os diferentes actores têm ao que é aceite como conhecimento num determinado contexto social. A autoridade profissional dos médicos, traduzida enquanto conhecimento e domínio de tecnologia médica específica, tem poder para definir e impor o sentido e as formas que a actividade médica assume, particularmente nos momentos concretos de tomada de decisão médica. Na prática dos cuidados médicos, as tecnologias são, assim, instrumentalizadas, de modo a constituírem-se estratégias de poder por parte das diferentes especialidades médicas envolvidas, sendo possível identificar diferentes tipos de tecnocracias que se cruzam na rede complexa que constitui a organização hospitalar.

1. O acesso dos doentes ao programa de transplantação hepática

A inscrição de doentes no Programa de Transplantação Hepática constitui um dos momentos mais importantes no que diz respeito à tomada de decisão médica. Os cenários que traduzem este ponto de trajectória constituem testemunhos centrais acerca das formas a partir das quais as diferentes tecnocracias médicas são exercidas. Tratam-se de momentos únicos onde é possível observar o confronto entre os vários conhecimentos e discursos médicos que expressam os vários olhares, posturas e estratégias em relação a uma mesma realidade.

A decisão acerca dos doentes que passam a integrar uma lista de espera assenta no estudo rigoroso de determinados parâmetros médico-científicos e de informações acerca do doente e da doença de base que deu origem a toda a trajectória do doente, até chegar à UT como candidato ao transplante hepático. Todo o processo de decisão passa por diferentes momentos onde as várias especialidades médicas intervêm com maior ou menor peso. Tratam-se de momentos únicos onde é possível apreciar, em plena actividade, o exercício das diferentes tecnocracias médicas.

Nestas reuniões nem sempre estão presentes todas as especialidades que intervêm na transplantação hepática. Hepatologistas e cirurgiões, juntamente com o director da unidade, são, de facto, os únicos grupos que estão sempre presentes e, mesmo assim, em algumas ocasiões, a reunião efectua-se apenas entre os hepatologistas, com um ou outro cirurgião que, na altura, está disponível para estar presente. No que diz respeito aos anestesistas e intensivistas, fazem-se representar pelo coordenador das duas áreas, mas apenas em situações em que é solicitada a sua presença para discutir casos mais polémicos. Também a presença das coordenadoras da anatomia patológica e do serviço de imuno-hemoterapia é pouco sentida nestas reuniões.

Podemos afirmar que, quanto a este momento preciso de tomada de decisão, a respeito da entrada de doentes no Programa de Transplantação Hepática, as especialidades de cirurgia e hepatologia assumem um peso fundamental. De facto, é entre estes dois grupos que o equilíbrio de forças se estabelece e é sobre estes aspectos que vamos centrar a nossa análise.

A reunião semanal entre as especialidades médicas envolvidas na transplantação hepática constitui certamente um dos cenários mais importantes no que diz respeito a esta questão. Uma vez por semana, num dia específico, no final da manhã, o director da unidade, hepatologistas e cirurgiões e, por vezes, alguns elementos de outras especialidades, nomeadamente os coordenadores da anestesia e da anatomia patológica, encontram-se à porta fechada para discutir os novos casos que chegaram à consulta de pré-transplante durante a semana. A apresentação dos casos é feita pelos hepatologistas que, individualmente, apresentam os seus novos doentes. Trata-se de um momento único onde é possível observar um discurso médico científico que exibe um vocabulário próprio e hermético, incompreensível para quem não o conhece. Em algumas destas reuniões em que a investigadora esteve presente, um dos médicos predispunha-se, à posteriori, a descodificar alguns termos utilizados por forma a que a investigadora não ficasse perdida. No entanto, em alturas mais avançadas da investigação, a nossa presença já não se fazia sentir como se de um elemento estranho se tratasse, de tal forma que, em algumas ocasiões, hepatologistas e cirurgiões interpelavam a investigadora acerca de um ou outro pormenor do qual não se recordavam no momento.

Todos os doentes candidatos ao Programa de Transplantação Hepática são apresentados pelos hepatologistas nestas reuniões semanais. A grande maioria dos doentes foi já previamente estudada pelos médicos assistentes antes de se deslocarem à UT. Deste modo, os doentes na primeira consulta fazem-se acompanhar por um conjunto de exames e relatórios médicos, com toda a informação disponível sobre a sua situação clínica. Esta informação médica, quando necessário, é complementada com outras informações recolhidas, quer através da observação médica na consulta de hepatologia, quer através da realização de mais exames médicos. Aquando da reunião semanal, os hepatologistas apresentam os respectivos casos com base em todo este conhecimento que foi sendo acumulado e construído. Quando apresenta o doente, cada um dos hepatologistas tem já uma posição assumida em relação à inclusão, ou não, do doente na lista de espera.

> "A constituição é feita depois dos doentes serem observados em consulta, depois de serem feitos os exames complementares que fazem parte do nosso protocolo. São discutidas as indicações. Há doentes que são óbvios, não tem grande discussão com os cirurgiões e restante equipa de hepatologia. A indicação é óbvia o doente entra em lista, ou às vezes, nos casos mais complicados... Mas são todos discutidos, uns muito rapidamente não têm muito a discutir." (MH UT 13)

> "Agora, nós aqui recebemos os doentes estudados, quer em doenças de fígados, quer em outros tipos de doenças, estou-me a

referir à Paramiloidose que é uma doença típica de Portugal e que constitui pelo menos cerca de 30% da nossa lista e número de transplantados. Recebemos os doentes. Eles são vistos em consulta externa. A consulta externa é distribuída por quatro médicos. Como regra temos uma primeira consulta, há sempre uma primeira consulta, demora mais tempo, tem de ser mais prolongada, mais cuidada ... Não direi que é mais cuidada, mas o doente é mais exaustivamente visto na primeira vez, porque há uma série de factores que têm de ser definidos à partida. Depois o doente faz os exames e quando tem os exames, depois é visto. E a sua admissão à lista activa é discutida entre todos nós. É proposto por um de nós e depois é discutido se sim ou não ... Todos os casos. Os casos banais são apresentados e ninguém se opõe. Só dá conhecimento. Há casos que são polémicos, tumores, ou em outros casos, a indicação pode ser mais ténue, ou a indicação pode já estar ultrapassada, pode ser um caso já terminal, ou pela idade. Agora coloca-se menos, mas pode ter alguma importância, sobretudo a partir dos 65-70 anos, coloca-se a questão de saber se vale a pena, se tem indicação útil ou não. No caso dos doentes com Paramiloidose também, sobretudo os doentes muito avançados, muito debilitados, já sem autonomia, muitas vezes não têm recuperação e vão exigir um cuidado muito grande, por vezes, vêm a falecer por complicações da Paramiloidose, sendo que o fígado é o melhor órgão. Já aconteceu algumas vezes, tende a acontecer menos agora porque não é dada indicação para transplantação. Mas aconteceu algumas vezes. (MH UT 12)

Os casos que não apresentam quaisquer dúvidas são automaticamente incluídos na lista de espera, não oferecendo qualquer oportunidade de discussão. Tratam-se de casos cujas características encaixam nos parâmetros médico-científicos presentes no protocolo de transplantação hepática, sendo, assim, automaticamente elegíveis como candidatos. No entanto, existe um conjunto de situações que podem ser designadas de polémicas e que constituem o ponto de partida para o confronto de conhecimentos e discursos vários, perspectivas e posturas científicas diferentes, não apenas entre especialidades, mas também entre elementos da mesma especialidade. Trata-se, certamente, de um dos momentos mais esclarecedores para esta investigação, acerca das formas como se constroem as decisões e resoluções conjuntas que, depois de autênticos momentos de esgrima científica, conduzem a um consenso possível entre os vários intervenientes. As soluções finais, longe de serem pacíficas, escondem verdadeiras situações conturbadas onde muitas vezes os ânimos se exaltam em tentativas de impor as diversas estratégias individuais e/ou conjuntas. No final, a decisão conjunta é assumida por todos os intervenientes de forma exemplar.

> "As indicações clássicas do transplante hepático estão descritas, mas têm evoluído ao longo dos anos. Os dogmas, no fundo, que têm havido e que haviam aqui há 10 ou 20 anos atrás, relativamente, por exemplo, aos tumores ... Há 10 ou 20 anos atrás ninguém transplantava tumores. O transplante?! Era contra-indicação absoluta o transplante de tumores! Os dogmas que havia relativamente às hepatites C, às cirroses, enfim, quer dizer, a implementar um fígado de PAF noutro que tinha um fígado com cirrose. Portanto, isso são tudo situações que têm evoluído com a evolução do transplante, que teve uma evolução como a de outra situação terapêutica. Portanto, todos esses dogmas têm-se vindo um bocadinho a desvanecer, ou seja, neste momento as indicações clássicas do transplante não são as indicações que nós encontrávamos aqui há 10 ou 20 anos atrás. Hoje em dia as indicações têm que ser um bocadinho mais discutidas, caso a caso. Nomeadamente, nestas áreas em que não é consensual, quer dizer ... Cirroses alcoólicas, por exemplo, também estamos a falar disso ... Estes doentes devem ser discutidos de acordo com o doente em si." (MC UT 8)

É, portanto, nestes momentos, onde são discutidos os casos mais polémicos, que assistimos ao exercício pleno das várias tecnocracias presentes na transplantação hepática. Nestes contextos, onde os principais protagonistas são os hepatologistas e os cirurgiões, podemos observar a confrontação de conhecimentos e discursos médicos dos mais variados, que incluem várias técnicas de argumentação de extremo interesse para esta investigação.

Na entrevista que se segue, podemos perceber a forma como um dos hepatologistas retrata estes momentos de tomada de decisão, evidenciando as diferentes posturas em face da mesma realidade. Assim os cirurgiões são descritos através de um comportamento comum que os caracteriza e que evidencia o peso do acto cirúrgico enquanto técnica privilegiada, uma espécie de solução "major" na resolução do problema. Desta forma, e de acordo com os hepatologistas, a imposição da técnica cirúrgica constitui um dos mais relevantes pontos de fricção entre estas duas especialidades no exercício das respectivas tecnocracias. Outro aspecto importante revelado nesta entrevista tem a ver com os tipos de discurso utilizados no processo de discussão dos casos específicos. De referir os mecanismos de persuasão utilizados pelos interlocutores, que apelam a uma série de argumentos que ultrapassam as questões meramente científicas. Nos argumentos utilizados por ambas as partes, verificamos o peso que a incerteza assume na decisão médica. Tanto hepatologistas, como cirurgiões, sobretudo os segundos, são sensíveis às situações, embora excepcionais, em que se verificou que o transplante foi positivo, contrariando tudo o que está descrito na literatura médica. Finalmente, e mais uma vez, a questão relacionada com o peso que as diferentes escolas médicas assumem na forma como as várias especialidades exercem o seu *clinical gaze*, é também aqui evidenciada, quando o hepatologista refere uma postura conjunta por parte de todos os hepatologistas no que diz respeito às situações relacionadas com tumores malignos, justificada pelo facto de todos os elementos desta equipa pertencerem à mesma escola.

> "É assim, em princípio, teoricamente eles mandam-nos os doentes, inclusivamente mesmo quando os doentes vão a um cirurgião, eles mandam o doente. A gente vê o problema e depois discute com eles. E normalmente os cirurgiões aceitam o que nós dizemos. Só que há confrontos às vezes e os cirurgiões acham que a cirurgia resolve tudo. Quando há, por exemplo, casos em que é mais previdente, que o doente só perde se o transplantarmos ... Mas eles acham sempre que, enfim. Mas, eu acho que isto é uma coisa que está na cabeça deles, não é por ... percebe? E temos tido já grandes aborrecimentos nesse sentido. E o primeiro doente, o doente foi transplantado com um tumor, não tinha indicação nenhuma, nenhuma! Portanto, nós temos uma grande polémica em relação aos

tumores. Agora, eu terei alguma responsabilidade nisso? Eu nunca achei que sim. E eu às vezes penso, porque eu gosto de pensar nas coisas. Por exemplo, mandam-me uma doente que [um cirurgião] apresentou. Apresentou com um tumor do tamanho de não sei quê, com contra-indicações. "Oh (...), você não diga nada. Nem dê opinião, eu trago-a cá, você vai vê-la, você vai vê-la, tenho a certeza, você tem bom coração." Eu disse "Isto não é a Santa Casa da Misericórdia. Nós temos de ser sérios, correctos, quer dizer, não podemos estar a fazer coisas que vamos piorar." "Mas você vai ver, você vê-me a doente depois fala com ela, e depois, ela está tão boazinha." (risos) Bem, oiça, só que, entretanto, transplantaram-se uns tumores que não tinham muita indicação porque tinham mais do que dois nódulos e de dimensão um bocado maior e que estão mais ou menos estáveis, percebe? Às vezes o [um dos hepatologistas] diz "Ah, isto realmente tem contra indicações mas eles lá vão aguentando." É tudo muito complicado. Eu realmente vi a rapariga, um tumor enorme que ele não conseguiu tirar, abriu numa recessão e não conseguiu. E eu olhei para a cara, tinha vinte e poucos anos e pensei: ela vai morrer se não, se não se tirar, não é? Se ela morrer depois do transplante, olhe paciência. Incorrecto medicamente!!...Ela está, está bem, os marcadores tumorais estão bem. Está bem, está feliz, está a ver o filho a crescer. (...) Mas tento impor-me, nisso os hepatologistas estão comigo. É raríssimo a gente discordar em questões médicas porque todos temos a mesma escola, todos pensamos da mesma maneira. Agora que há facilidades, há. Que a pessoa pensa, pronto. Agora, com os PAFs é mais fácil. A gente pode pôr PAFs em doentes que provavelmente não recebiam e, portanto, vão ficar com aquele. Porque eu também percebo, a gente tem de pensar, se eu tivesse uma filha, eu também gostava que a transplantassem. Mas oiça, meter isto tudo na cabeça! Você sabe que eu às vezes venho de lá cheia de dores de cabeça, porque é um esforço que eu tento para ser justa mas não ser incorrecta medicamente e a coisa sair certa. E é complicado quando às vezes há um fígado e a gente tem de discutir se é este se é aquele e dá muita importância quando está um à morte e depois está a pôr noutro, percebe. É muito complicado. Este problema é muito complicado." (MH UT 11)

A propósito da incerteza que se faz sentir na discussão dos casos mais polémicos, Fox (1988: 575) refere o seguinte:

"(...) o facto de uma bateria poderosa de conhecimento científico e técnico ser aplicada à doença e às "preocupações humanas mais profundas", o seu despertar não elimina a incerteza da medicina. Começando pela sua natureza, a ciência é um modo de pensamento aberto e de pesquisa, bem como uma forma organizada de levantar questões e dúvidas sistemáticas sobre aquilo que é assumido como conceitos, factos e métodos estabelecidos, enquanto desenvolvimento de conhecimento e competência. Apesar dos avanços médico-científicos resolverem determinados problemas, também ajudam a produzir e a manter dois tipos de incerteza. O primeiro tipo deriva das lacunas, limitações e erros que caracterizam o conhecimento médico em qualquer altura. O segundo tipo de incerteza resulta do facto paradoxal de que, apesar das suas inadequações, a ciência médica é tão vasta e altamente desenvolvida que ninguém pode acompanhá-la totalmente ou dominá-la perfeitamente."

Assim, todos os procedimentos médicos são acompanhados de incerteza, sendo que a lógica do pensamento médico – a probabilidade de raciocínio no qual o diagnóstico diferencial, decisões de tratamento e prognóstico se baseiam – constitui uma expressão codificada do factor de incerteza na medicina. Neste sentido, todos os actos médicos são aproximações, estando por isso sujeitos a erros de vários tipos, alguns dos quais possíveis de calcular e de evitar, outros não.

Acresce, ainda, que independentemente de uma intervenção médica ou cirúrgica poder ser apropriada ou indicada, quão testada, convencional e padronizada, quão relativamente segura ou potencialmente benéfica, comporta sempre um grau de risco e alguns efeitos secundários não desejáveis. Estes aspectos são sistematicamente conhecidos a partir de cálculos custo/benefício e juízos acerca de diagnósticos, terapias e resultados.

No entanto, as inovações médico-científicas na área da transplantação trazem consigo novas incertezas, nomeadamente as que dizem respeito aos efeitos secundários das novas técnicas que frequentemente não são previsíveis. Por exemplo, os efeitos cancerígenos dos imunossupressores, constitui um argumento muito utilizado pelos hepatologistas contra os cirurgiões nas discussões mais polémicas. Ao enfraquecer a capacidade de inibir os processos de rejeição do fígado, os imunossupressores inibem, igualmente, os mecanismos de defesa contra o desenvolvimento de células cancerígenas.

Existem ainda outros factores que também pesam na tomada de decisão, tais como a idade do receptor[2], a existência de família dependente, como era o caso de exemplos anteriormente referidos, bem como o facto de se tratar de um doente "socialmente recuperável"[3]. Neste sentido, verificamos que outros critérios, para além dos critérios médicos, são tomados em consideração, mesmo que de uma forma pouco clara. Os critérios rigorosos de decisão, centrados exclusivamente no bem estar do doente, e não nos efeitos na sociedade, nem sempre são possíveis de aplicar de forma taxativa, no que diz respeito à selecção dos receptores para transplante. Aqui, a questão não é a escolha do tratamento para o doente individual, mas uma escolha social onde os doentes recebem um recurso escasso que não está ao alcance de todos (Brock, 1988:91).

Logo à partida, tornam-se evidentes as oposições entre hepatologistas e cirurgiões, dois corpos que agregam conhecimentos e experiências específicas e que correspondem à cisão clássica entre a visão do médico e a do cirurgião. Assim, a postura mais intervencionista no que diz respeito à cirurgia que, de uma forma geral, caracteriza o cirurgião, parece ser ainda mais reforçada pela escola dos hospitais civis à qual pertencem todos os elementos da equipa de cirurgia.

---

[2] Veja-se Varekamp, I.; Krol, L.; Danse, J. (1998) – "Age Rationing for Renal transplantation? The Role of Age in Decisions Regarding Scarce Life Extending Medical Resources", *Social Science and Medicine,* Vol. 47, Issue 1, pp. 113-120. Neste artigo, os autores discutem a questão da idade do receptor como critério utilizado na escolha do receptor, na transplantação renal.

[3] Esta expressão é muitas vezes utilizada pelos médicos para referir a possibilidade que a tecnologia de transplantação hepática oferece aos doentes de voltar a desempenhar uma vida 'normal', incluindo a possibilidade de regressar ao trabalho.

"São mais intervencionistas. Em termos globais, os cirurgiões são sempre muito mais intervencionistas, e estes cirurgiões, a escola dos civis é uma escola muito intervencionista. E é uma escola muito intervencionista porque, basicamente, existem duas escolas ... a de Santa Maria e a dos Hospitais Civis. A escola dos Hospitais Civis (...) eles são muito intervencionistas. E depois como têm uma técnica boa e não sei quê, realmente conseguem bons resultados, relativos, claro ... E portanto, pronto, têm essa atitude mais ... Há um bocado essa divergência. Mas eu não digo que seja propriamente em relação ao transplante, em relação ao acto de transplantar, ao acto, sei lá, de determinados tipos de complicações que surgem e que a pessoa discute, e não sei quê, e faz-se assim e faz-se assado." (MH UT 13)

Esta atitude por parte dos cirurgiões denuncia, de facto, uma menor aversão em face do risco, em comparação com a postura dos hepatologistas. Como seria de esperar, o próprio acto cirúrgico que caracteriza a prática médica dos cirurgiões é caracterizado pelo risco e incerteza constantes, que se apresentam de uma forma muito mais assumida na actividade dos cirurgiões do que em relação a outras especialidades médicas.

"Tenho a noção que nós da cirurgia temos muito menos problemas em transplantar, se quisermos ir para o tudo ou nada." (MC UT 4)

"Algumas vezes tem que se arriscar. Na nossa profissão tem que se arriscar. Há alguns casos em que se tem de arriscar. Tem de se dar o benefício da dúvida..." (MC UT 10)

Tal como podemos verificar a partir das entrevistas efectuadas aos cirurgiões, em caso de dúvidas a postura é, quase sempre, de arriscar, mesmo que isso implique avançar contra os cânones científicos. Assim, perante uma indefinição de critérios em relação aos casos mais polémicos, a tendência, por parte dos cirurgiões, é para avançar para o transplante, sobre o olhar atento dos hepatologistas que, na maioria dos casos, assumem a postura oposta. Para o cirurgião há que avançar para a solução cirúrgica num contexto em que a "medicina já não consegue fazer mais nada pelo doente".[4] (n.t.c.). Acresce que, mais uma vez, vemos reforçada a importância da experiência clínica, neste caso cirúrgica, na construção do conhecimento médico, sendo que aqui, assumir o risco funciona como que um enzima que permite que a ciência avance.

"Eles é que têm o doente em lista e para eles [hepatologistas] ... eles é que estão agarrados aos doentes deles que não são nossos nessa altura. Nunca são nossos porque eles estão a segui-los e têm o doente em lista. Vem um doente que vem de fora é proposto para transplante e que passa à frente e não tem tanta indicação e passa os outros doentes. Se calhar será um bocadinho por causa disso. Estou um bocadinho como o [director], há critérios e critérios. Há critérios definidos, que a gente sabe, é impossível, não vale a pena, mas há outros indefinidos, que não se sabe. Vamos ver. Muitas vezes vai-se descobrir novas coisas por causa disso mesmo, algumas vezes descobre-se algo, outras vezes não se descobre nada. A ciência nasce dessa aventura e dessa disponibilidade. Não estamos a fazer experimentação. Pelo menos arriscou-se, tentou-se alguma coisa e foi no tentar..." (MC UT 10)

"No caso do transplante é o cirurgião que tem a última palavra, é ele que decide, em tudo que está ligado à parte da intervenção cirúrgica. (...) O cirurgião acha que vale a pena arriscar, é a palavra do cirurgião. Porque é assim: o tratamento médico falhou, que é a função do hepatologista, é sempre o tratamento médico. Ele pode dizer "a cirurgia não vai resolver". Ou seja, a única coisa que ele sabe é que o tratamento médico é que não resolveu ... Ele nunca pode, ninguém lhe pode afirmar que não vai dar certo. Mas já tivemos situações que não dávamos nada por essas situações, e que saíram bem, não é? Também há sempre esta realidade, não é. Porque é o nível de decisão, o médico não está a conseguir. O cirurgião nunca intervém, enquanto o tratamento médico está

---

[4] O termo "medicina" é muitas vezes utilizado, quer por cirurgiões, quer por hepatologistas, para distinguir as práticas das especialidades médicas das de cirurgia. Neste sentido, este termo refere-se às práticas médicas não cirúrgicas.

a resolver a situação, não é? Depois, a partir do momento em que a medicina, o tratamento médico, deixa de resolver, é que entra a cirurgia." (E UT 36)

Acresce ainda que esta atitude de pró-inclusão de todos os doentes no Programa de Transplantação Hepática, mesmo aqueles que não têm indicação para transplante, é directamente influenciada pela atitude do próprio director que, de acordo com esta entrevista, procura excluir o menor número de doentes possível.

"Isso tem muito a ver com o nosso director. Mas isso é uma escola muito específica. O [director] acha que a maioria dos doentes ... há poucos doentes que devam ser excluídos. É um bocado assim. Mas eu não sei se isso poderá servir de sistema, não sei se essa permeabilidade poderá. Eventualmente, para um ou outro, a probabilidade, não valerá a pena ... e deve-se investir noutros doentes. É uma questão pessoal. Para que é que existe um director, senão para tomar essa decisão." (MC UT 7)

Do outro lado, os hepatologistas contra-argumentam, fazendo apelo aos parâmetros científicos, chamando a atenção para as contra-indicações do transplante, em relação a casos específicos, e para a escassez de órgãos. No que respeita a este último aspecto, o discurso chama a atenção para o facto de se estar a "desperdiçar órgãos em doentes que não podem beneficiar deles, enquanto que outros que têm maiores probabilidades de sucesso não podem usufruir desta técnica devido a esta atitude." (n.t.c.)

"Têm mais aquela frase, "não há fígados para todos". Realmente não há fígados para todos. Depois estarmos a dar um fígado a um que é um mau caso e pode morrer ... Não estamos a dar a um que é um bom caso. Isso é um argumento porque realmente ... porque se houvesse fígados para todos, julgo que todo o doente era metido em lista, qualquer doente era metido em lista e ponto final. O argumento seria eventualmente o argumento financeiro, se vale a pena estar a gastar dinheiro para transplantar aquele doente que vai morrer ou que tem poucas probabilidades. Agora, quem somos nós para dizer a um doente que quer, que "se calhar você mesmo transplantado". Devia haver esta conversa, "você mesmo transplantado não tem esperança de mais de um ano de vida. Não tem esperança de mais de um ano de vida!" O doente pode dizer, "Dr.º, está bem, mas eu quero ir ao Bloco." Nós temos a noção é que às vezes há doentes que entram em lista e que nós achamos que vai ser aí o diabo! Que corre tudo mal e o doente ao fim de 15 dias está morto, ao fim de um mês está morto com um sofrimento enorme. E temos doentes que nós transplantamos com um tumor, sabe Deus como, e que o doente ao fim de um ano morre, mas teve um ano óptimo. E se formos perguntar a esse doente se aquele ano valeu a pena (...) vimos o doente e falámos com o doente, e vimos o doente ir ao baptizado do neto, esse doente quase sobrevivente, acha que valeu imenso a pena. Um caso que temos aí que é a (...) que era uma doente que foi transplantada deu uma discussão, porque ninguém queria que ela fosse transplantada, porque era uma toxico-dependente com uma falência hepática aguda. O argumento é que era uma toxico-dependente activa e, portanto, que não valia a pena fazer nada. A rapariga está bestial, nunca mais tocou no ... Assim que acordou consciente, deixou de ter aquele discurso "yá meu" e passou a falar como pessoa normal, nunca mais falou em droga, nunca mais precisou de coiso, de ajuda, arranjou um emprego, trabalha num emprego perfeitamente normal, é uma miúda normalíssima, casou-se com um tipo normalíssimo, vai ter um bebé, espera-se, normalíssimo. Se ela não tem sido transplantada tinha morrido a seguir. O nosso argumento foi: ela não fez uma cura, não deixou de se drogar, mas inscreveu-se no programa, isso mostra pelo menos que há ali uma ... Nós sabemos que tem muitos drogados que se inscrevem no programa e nunca aparecem. O [director] começou a olhar para ela, é muito fácil, o que é que é: é uma doente de 18 anos que tem falência hepática aguda mas que adquiriu hepatite A, B, C e D. Ela tinha tudo, e tem falência hepática aguda e droga-se e foi encontrada com uma *overdose*. A pessoa começa a pensar: não! Esse doente não! Uma pessoa quando vê uma miúda. Uma pessoa não consegue olhar para um canto da cara e dizer não. É complicado.". (MC UT 4)

Assim, tal como já fizemos notar, existe alguma polémica em torno de alguns doentes cujas patologias estão associadas a comportamentos desviantes. Trata-se do caso dos doentes alcoólicos e toxico-dependentes que entram em falência hepática. Estas situações constituem um ponto de divergência importante entre os vários elementos que compõem as especialidades médicas envolvidas no transplante hepático, no que diz respeito à elegibilidade destes doentes. Os argumentos giram em torno da questão relacionada com o comportamento destes doentes após o transplante, mesmo em situações em que estes foram submetidos, entretanto, a programas de recuperação, particularmente no caso dos doentes alcoólicos. Mas, se no caso das cirroses alcoólicas a decisão é mais pacífica, no caso dos toxico-dependentes em falência hepática aguda, devido à contaminação com o vírus da hepatite B, as reservas no que diz respeito ao transplante são muitas, já que as garantias de mudança de comportamento no pós-operatório levantam sérias dúvidas à equipa médico-cirúrgica, como, aliás, ficou exemplificado anteriormente. Assim, no caso particular deste tipo de doentes, um conjunto de incertezas em torno do transplante contribuem para a dificuldade em estabelecer critérios quantitativos e qualitativos. Um dos exemplos mais importantes em termos de incerteza tem a ver com a capacidade dos doentes viverem com um órgão transplantado, na medida em que são necessárias alterações em termos de comportamentos e estilos de vida. Por forma a prevenir a rejeição do fígado transplantado, o doente deverá tomar, continuamente, doses de drogas imunossupressoras que aumentam, em grande medida, a susceptibilidade de contraírem várias formas graves, massivas e por vezes letais, de infecções.

A questão da escassez de órgãos disponíveis para transplantar é um dos aspectos mais importantes a considerar nos processos de tomada de decisão. Existem mais doentes candidatos à transplantação de órgãos do que aqueles que chegam de facto a ser transplantados. Como resultado, não é possível responder a todos os que necessitam de um transplante. Neste sentido, são necessários critérios e procedimentos de selecção dos candidatos que necessitam de ser submetidos a um transplante. Então, é preciso distinguir aqueles cujas necessidades de transplantação serão cumpridas, daqueles cujas necessidades permanecerão por cumprir, ou que devem permanecer por mais tempo em listas de espera. A distribuição de bens desta natureza, que promete benefícios substanciais a quem os recebe e, em alguns casos, a diferença abismal entre o retorno a uma vida normal e a morte prematura, coloca, obviamente, uma escolha extremamente difícil.

A propósito da tomada de decisão, Fox (1988:512-513) refere as atitudes dos médicos face à morte. Os médicos são os únicos que têm o direito e a responsabilidade de decretar a morte, sendo que nos primeiros anos da sua formação são treinados intensivamente para combatê-la e vencê-la. Neste sentido, torna-se difícil para o médico distinguir muitas vezes entre mortes que podem ou não ser evitadas e perceber quando é, ou não, apropriado fazer esforços heróicos para salvar um doente. Aceitar a morte é tarefa difícil, e por aquilo que nos foi possível observar, podemos afirmar que mesmo para médicos tão experientes como os da UT, a morte de um doente é encarada como uma falha perante a qual os médicos se sentem responsáveis.

Tomando em consideração o prolongamento da vida como, aparentemente, o valor menos controverso, verifica-se a partir de uma observação mais atenta que não se trata, afinal, de uma questão simples. Brock (1988:89) indica dois aspectos que ilustram esta questão. Em primeiro lugar, o objectivo da transplantação não é simplesmente prolongar a vida, i.e., o tempo que a vida do doente é prolongada é igualmente importante (quanto mais melhor). Se o procedimento médico pode ser executado por forma a prolongar a vida de um doente mais cinco anos, em vez de procedimentos alternativos que apenas prolongariam por mais um ano, então a primeira opção produz de facto, benefícios para o doente. Em segundo lugar, não se trata apenas de saber quanto tempo é que a transplantação poderá prolongar a vida do doente, mas também a qualidade de vida desses anos. Se a vida do doente pode ser prolongada com o restabelecimento do seu normal funcionamento, então o doente receberá um benefício substancialmente bom. Assim, de acordo com Brock (1988:89), o ponto de controvérsia reside no facto de saber precisamente como conjugar a expectativa de vida com a qualidade de vida, por forma a ser possível distribuir órgãos por aqueles que viverão por mais tempo com o maior padrão de qualidade de vida. Como podemos verificar, este objectivo é difícil de cumprir com rigor, até porque existem sempre situações não esperadas no decorrer do processo de transplantação e nas respectivas trajectórias da doença. Isto quer dizer que mesmo quando se procura pôr de lado qualquer juízo de valor que escape aos critérios meramente médicos e científicos, por forma a evitar injustiças na selecção dos receptores, a confusão surge.

Senão, vejamos a seguinte situação. Não são apenas factores como o tamanho, peso, tipo de sangue e tecidos que contribuem para o sucesso de todo o processo de transplantação. Em algumas situações podemos observar outros critérios, como a existência de um forte apoio familiar e estabilidade psicológica do doente que ajudam a tomada de decisão médica, na medida em que estes factores contribuem de forma decisiva para o cumprimento dos objectivos de sucesso do transplante. Neste sentido, estes valores são rapidamente transformados em critérios de avaliação médicos na decisão.

O peso da incerteza na prática médica fica aqui bem reafirmada. Em termos de decisão, este peso reflecte-se de uma forma dramática. Trata-se de facilitar ou, pelo contrário, impedir o acesso de doentes a um último recurso que pode ou não prolongar-lhes a vida. No entanto, abrindo-se esta esperança para os casos mais polémicos implica que outros doentes não tenham acesso à tecnologia de transplante. Esta angústia da incerteza respira-se nas reuniões semanais onde se discutem os casos. Esta situação foi, de facto, contagiante para a própria investigadora, que muitas vezes se viu confrontada com esta terrível realidade. A este propósito, é importante transmitir uma das muitas situações que observámos e que ilustram o clima que caracteriza estes momentos precisos de tomada de decisão sobre a entrada dos doentes no Programa de Transplantação Hepática.

Numa destas reuniões semanais onde são apresentados os doentes que chegaram na semana anterior à primeira consulta de transplantação (os candidatos ao programa), um dos hepatologistas apresentou um caso com um diagnóstico confirmado de tumor maligno, que tinha sido encaminhado para a consulta de transplante. A investigadora tinha, aliás, assistido a esta consulta nessa mesma manhã, onde o hepatologista parecia determinado a abrir uma excepção, já que se tratava de um caso sem qualquer indicação para transplante. O facto de se tratar de um doente jovem com porte atlético contribuiu para esta atitude por parte do médico, que aproveitou a presença de um grupo de cirurgiões no serviço para discutir o caso em plena consulta. A este propósito, de referir a forma como o hepatologista acentua a importância de construir uma boa argumentação que convença os cirurgiões a alinharem na sua decisão. "Tenho que o vender bem aos cirurgiões" (n.t.c.), repetiu o hepatologista várias vezes durante a consulta.

Depois de olharem para os exames já efectuados e de alguma troca de impressões, os cirurgiões concordaram com o hepatologista em avançar para o transplante. No entanto, o caso teria de ser apresentado aos restantes elementos da equipa, nomeadamente aos outros hepatologistas, na reunião que se efectuou de seguida.

Nessa reunião, que contava apenas com a presença dos hepatologistas, depois de cada um apresentar os novos doentes, o hepatologista em causa apresentou este caso, o único polémico dessa semana. Os seus argumentos foram imediatamente rebatidos pelos restantes elementos da equipa, que utilizavam termos médicos rigorosos e apelavam para aspectos científicos comprovados pela literatura da área. O hepatologista contra-argumentava fazendo de advogado do doente. O seu discurso não era um discurso médico, científico, mas assumia antes contornos de um discurso leigo, "apelando ao coração" dos outros intervenientes, utilizando frases como "é ainda muito novo", "tem um porte atlético", "aparenta um excelente estado geral." (n.t.c.) No final, a decisão foi de encontro à maioria dos hepatologistas e o doente acabou por não entrar no programa. Já cá fora, depois de terminada a reunião, o hepatologista confessou à investigadora que "tinha-se deixado levar pela emoção e que felizmente os seus colegas o fizeram voltar à razão". "É por isso que estas decisões têm de ser discutidas e assumidas em conjunto"(n.t.c.), disse. Também um dos cirurgiões a quem foi apresentado este caso na consulta referiu, mais tarde, na entrevista, esta situação:

> "... Eu acho que no fundo é assim: realmente se calhar esse doente era um péssimo candidato, agora como nós não temos mais nada para oferecer, o médico é o advogado do doente; o doente precisa de alguém que advogue em sua causa. A [doente toxicodependente referida anteriormente] se não tem alguém a puxar por ela tinha acabado. Se calhar, se a gente o tem transplantado tinha-lhe feito mal. Já houve doentes que nós à posteriori vimos que fizemos uma asneira em tê-los transplantado. Se calhar se não fosse transplantado, se calhar o doente ainda estava vivo. Percebe? A própria operação pode fazer pior ainda e nós não sabemos qual é o doente. O doente que se calhar estava aí pior para ser transplantado era um senhor que fizemos uma ... com um tumor que foi transplantado. Está aí na maior. Daqueles transplantados que foi "vamos ver o que é que dá." Cada doente é um doente, nós podemos não responder, não sabemos se esse doente a quem vamos dizer que não é um doente a quem devíamos dizer que sim. Ou se estamos a dizer que sim ... É complicado. Portanto, eu acho que na dúvida, acho que mais vale transplantar, mais vale tentar. Este fígado de 75 anos, se nós tivéssemos um doente muito mal ... A esse doente, pôr um fígado de 75 anos, se calhar era bom, porque há fígados desses que funcionam e funcionam bem. Ainda um doente recente que recebeu um fígado de 76 anos. E está óptimo. Fizemos uma biópsia, vimos se era bom, porque é que não se há-de pôr? Alguns não são tão bons, ou mesmo de 20, óptimos e não funcionam sem saber porquê. O funcionamento do fígado é mais uma coisa de probabilidades, ou seja, o fígado de um bom dador tem mais probabilidades de funcionar do que um fígado de 70 de um mau dador. Mas às vezes o fígado bom não funciona e um fígado de 70 funciona." (MC UT 4)

Sem dúvida alguma que a incerteza determina a discrição dos médicos, mas não a elimina. Perante a incerteza, os médicos lutam para manter a discrição. Fazem-no, em parte, através da conceptualização, quer da trajectória da doença, quer dos tipos de tratamento, por forma a que permitam uma considerável amplitude de opções. Esta estratégia torna-se evidente no modo como os médicos conceptualizam os casos que têm ou não indicação para transplante, bem como o *timing* apropriado para proceder a este tipo de tratamento. Assim, Zussman (1992:151-153) refere-se à tomada de decisão médica enquanto negociação, na medida em que as fronteiras entre a técnica e a ética são, pelo menos em parte, construções sociais. Quanto às decisões técnicas, estas são inerentemente probabilísticas, tanto mais que são contestadas e a sua aceitação na prática (e até mesmo a sua validade lógica ou analítica) depende em parte da competência, dogmatismo e posição social daqueles que as defendem. Seja como for, as reivindicações por parte dos médicos em matérias de domínio técnico são convenientes, na medida em que permitem reconciliar dois valores que de outra forma são inconciliáveis. Possibilitam aos médicos reconhecer o direito dos doentes em matéria de valores e, ao mesmo tempo, preservar a sua própria capacidade para tomar decisões. Resta perguntar se na maioria das situações as decisões são tomadas tendo em conta também a vontade dos doentes. "Por exemplo, nunca ninguém perguntou àquele homem de trinta anos se queria viver mais um ano com qualidade ou dois anos sem qualidade de vida. À outra doente foi-lhe dada a opção; ela sabia os riscos que corria, que aliás se confirmaram, e mesmo assim quis ser transplantada. A outros não lhes foi dada qualquer escolha." (n.t.c.). Desta forma se refere um dos cirurgiões a propósito de um doente que foi rejeitado do Programa de Transplantação Hepática.

Numa outra situação, assistimos numa das reuniões semanais à apresentação de um caso polémico, sem qualquer indicação para transplante, em relação ao qual tínhamos também assistido à primeira consulta, e que foi recusado, mais ou menos de forma consensual. Meses mais tarde encontrámos o doente em questão nos corredores da UT. Percebemos que, afinal, tinha sido transplantado. Quando questionámos directamente o médico hepatologista que o seguia, a resposta foi cautelosa e evasiva: "houve um cirurgião que escreveu ao director a pedir que o caso fosse revisto. Assim o fizemos. Como os argumentos eram válidos, decidimos então avançar." (n.t.c.). Esta situação concreta constitui um excelente exemplo acerca do papel do discurso médico na legitimação das práticas médicas. Aqui, o discurso do hepatologista altera-se em relação ao discurso que tinha assumido, uns meses antes, na justificação da decisão de não incluir este mesmo doente no programa de transplantação hepática. Deste modo, queremos realçar as formas através das quais os vários discursos médicos interferem na construção dos casos clínicos, nos vários pontos do circuito de transplantação hepática, por forma a legitimarem as tomadas de decisão médicas e as suas consequentes práticas. Neste processo de construção dos discursos médicos, assistimos à sua constante transformação em relação aos contextos sociais que os envolvem.

Na transplantação hepática várias especialidades médicas tentam constantemente inscrever as suas práticas discursivas nas práticas discursivas das restantes especialidades. Tornou-se claro nesta investigação que qualquer uma das especialidades presentes no processo detém poder, embora numa base francamente ténue e contingente, necessitando constantemente de demonstrar e provar que as suas competências e conhecimentos possuem instrumentalidade válida e legítima. Por exemplo, quando os cirurgiões argumentam que o doente deve ser transplantado, dando ênfase ao argumento da remoção da doença (fígado doente), o hepatologista contra argumenta, definindo o doente como caso sem indicação, já que a cirurgia vai comprometer seriamente o doente (no caso dos tumores vai acelerar-lhe a doença). Assim, nos casos dos transplantes que foram efectuados sem indicação e que se mostraram mais tarde ineficazes, o cirurgião perde autoridade para continuar a exercer a técnica cirúrgica em casos semelhantes. Do mesmo modo, em situações em que o hepatologista apresentava um prognóstico negativo no que diz respeito ao transplante, e que, pelo contrário, se vieram a revelar casos bem sucedidos, embora excepcionais, a sua autoridade fica diminuída em face aos cirurgiões.

Estes exemplos reflectem a complexidade que envolve estes processos de tomada de decisão, cujos critérios ultrapassam os meros critérios científicos. O acesso de doentes com diagnóstico polémico ao programa está intimamente relacionado com a forma como esses doentes são apresentados à equipa de transplantação, particularmente aos cirurgiões e hepatologistas. Mais ainda, atrevemo-nos a afirmar que o interlocutor, i.e., o médico que o apresenta, seja hepatologista ou cirurgião, assume aqui um papel central e decisivo. No excerto que se segue, tal como verificámos numa das entrevistas anteriores, "o médico é o advogado do doente".

> "Foi porque ela veio por intermédio ... Não é cunha! Foi uma pessoa que jogou a favor dela, apresentou argumentos. As coisas que foram publicadas e que estão a ser publicadas sobre colangiocarcinomas [tipo de tumor maligno], há um mínimo e que é: transplante NÃO! O prognóstico é sempre, sempre, sempre mau. As recidivas são sempre muito grandes. Podemos estar a dar um ano a um doente, mas é questionável se o que nós estamos a dar à partida é seis meses. Se calhar ela se não tivesse sido transplantada tinha andado bem durante seis meses ou um ano. Ela não estava a morrer, sabia-se que tinha aquilo e nós vamos dar imunossupressores e agravar e ajudar a espalhar aquilo." (MC UT 4)

> "Tenta-se chegar a um consenso e nessa parte tem que haver um conteúdo científico, mas depois também tem que haver excepções para casos humanos. Por exemplo, esta doente que agora me disseram que estava a morrer, esta jovem, de facto, não tinha indicação para transplante. E eu falo contra mim porque fui eu que propus o transplante, por razões humanitárias e por razões ... Fui eu que a pus ali. Eu este ano sou responsável por três indicações que não são cientificamente correctas. Assumo isso inteiramente. É a grávida, é essa grávida, que também não tem indicação nenhuma, que está muito bem, mas que eu acho que não interessa. O que ela já viveu! Ela já tinha morrido. O que ela já viveu! O que ela já viveu, já valeu a pena. Está a ver? E às vezes é preciso. Se o grupo

for coeso cientificamente, pode ter lugar para as excepções. Se um grupo não é coeso cientificamente, cada um tem as suas excepções, é uma bandalheira total, está a ver. Eu acho que só há lugar para as excepções quando o grupo é cientificamente coeso e cientificamente unido. Um colega nosso, também um cirurgião que fui lá levá-lo, também não tem indicação. Mas ouça uma coisa, acha que era possível negar um transplante a um cirurgião? Tem que haver ali uma interligação muito grande entre o que é cientificamente correcto e a parte humana. Isso tem que ser discutido, e era bom que o grupo fosse cientificamente forte e coeso com protocolos bem definidos e unido para podermos ter as nossas excepções." (MC UT 3)

Nesta última entrevista, o cirurgião refere a importância dos aspectos científicos chamando à atenção para a necessidade de coesão científica entre as várias especialidades médicas que compõem a equipa de transplantação hepática. Assim, reforça-se a necessidade de construir uma postura conjunta a partir dos vários conhecimentos médicos que encerram experiências e discursos que se complementam mutuamente. Esta necessidade confere à equipa uma espécie de idoneidade médico-cientifica que lhe permite, de forma assumida, aceitar doentes no seu programa, cujo diagnóstico contraria qualquer critério científico. Desta forma, uma base científica forte confere a possibilidade a estes médicos de praticarem para além das fronteiras daquilo que a ciência considera de "medicamente correcto", como se esta ultrapassagem dos limites da ciência fosse a garantia do próprio avanço científico. Aqueles que ousam arriscar para além do que está estabelecido são os que contribuem, desta forma, para o progresso da própria ciência, desde que, na sua prática quotidiana, exista uma "coesão científica do grupo."(n.t.c.)[5]

---

[5] Coloca-se aqui a questão da utilização indevida de determinadas tecnologias em contextos onde os recursos a essa tecnologia são restritos, como é o caso da transplantação hepática. Jennett (1994:97) identifica cinco tipos de utilização inapropriada de tecnologias. Deste modo, a utilização de determinadas tecnologias pode ser desnecessária quando a condição do doente é insuficiente-

Várias razões podem ser apontadas para justificar a atitude dos médicos na utilização das tecnologias, ignorando muitas vezes os aspectos éticos e económicos, mesmo quando estes coincidem. À primeira vista, talvez a primeira razão que se destaca prende-se com a falta de conhecimento sobre os benefícios e custos inerentes à aplicação de uma determinada tecnologia em circunstâncias particulares. No fundo, tratam-se de situações que são, ironicamente, descritas como incerteza profissional e que podem ser identificadas, sem rodeios, como ignorância ou desconhecimento. Nestas situações podem não existir dados disponíveis sobre o que esperar de uma intervenção; ou então esses dados podem não ser conhecidos a tempo por parte de quem toma a decisão. Por vezes, os médicos podem optar por ignorar dados disponíveis, seja por pensar que eles não se aplicam àquele caso particular, ou porque, intelectual ou intuitivamente, não acreditam neles.

No entanto, os médicos confrontados com os doentes que estão gravemente doentes, ou que apresentam sintomas de sofrimento ou um diagnóstico reservado, assumem uma atitude natural de responder positivamente. Situações destas podem incorrer

---

mente grave para o justificar. Acresce que a utilização de uma tecnologia particular pode ser mal sucedida devido ao estado demasiado avançado da doença e à condição física do doente, para responder à intervenção. Este segundo aspecto aplica-se, particularmente, ao recurso da cirurgia em estados avançados de cancro e cuidados intensivos para doentes em estado terminal. Um terceiro tipo de utilização inapropriada das tecnologias ocorre quando a tecnologia utilizada não é a mais adequada à situação, por prolongar a vida sem manter a qualidade de vida, ou quando é arriscada, na medida em que as complicações esperadas são muito superiores aos benefícios antecipados da sua utilização. Finalmente, a utilização de uma tecnologia pode ser considerada imprudente por desviar recursos que trariam melhores benefícios para outros doentes. O autor acrescenta que os primeiros quatro princípios apresentados quanto à utilização inapropriada de tecnologia ofendem os princípios éticos da desproporção entre a probabilidade do benefício e do não malefício. Assim, o autor aponta ainda um sexto tipo de utilização inapropriada de tecnologia e que tem a ver com a sua utilização contra a vontade do doente, negando a sua autonomia.

em decisões que impliquem a aplicação indevida de tecnologias, especialmente em contextos de emergência, talvez influenciadas por expectativas percebidas ou supostas, por parte dos doentes ou dos seus familiares, ou mesmo de outros médicos e enfermeiros, como testemunham os exemplos anteriormente referidos. De facto, de um modo geral, os médicos sentem alguma relutância em limitar o tratamento, quando confrontados com situações clínicas graves. Como desculpa para as suas acções inapropriadas, reclamam a incerteza sobre o prognóstico ou para a possibilidade de uma determinada intervenção tecnológica poder vir a ajudar, mesmo quando toda a evidência aponta o contrário.

Revendo todas estas atitudes em relação a um sobre-tratamento de doentes utilizando determinados tipos de tecnologias, é importante também incluir a questão do medo real ou aparente, sequência de procedimentos legais. Trata-se da chamada medicina defensiva, uma atitude de defesa em relação a este tipo de preocupações e que se prende com o desenvolvimento de linhas consensuais que indicam as circunstâncias sobre as quais as decisões podem ser tomadas, por forma a limitar determinados tipos de intervenções que eventualmente possam ser desnecessárias.

Jennett (1994) refere a propósito do acesso a determinadas tecnologias que, em situações onde a decisão se refere ao acesso a tecnologias sofisticadas, como é o caso da transplantação hepática, é crucial que os critérios de selecção dos doentes sejam explicitamente escritos. Estes princípios devem ser estabelecidos pelos profissionais da área, assegurando-se deste modo a boa prática na profissão médica e de enfermagem. No entanto, é essencial que estas linhas de orientação sejam compatíveis com as circunstâncias locais e tenham o acordo de todos os profissionais envolvidos. Construídos desta forma, estes princípios têm a vantagem de serem estabelecidos a partir de uma discussão fora de qualquer estado ou contexto emocionais, de qualquer caso individual, representando desta forma um juízo de todo o grupo envolvido em torno de critérios apropriados. Para além de quaisquer detalhes pormenorizados, estas orientações formais devem indicar que as decisões acerca da utilização da tecnologia devem depender, sobretudo, de políticas estabelecidas e não de intuições individuais ou da predisposição de qualquer médico. Obviamente que a criação de princípios não deixa de dar oportunidade às chamadas excepções, sendo importante que o sistema preveja abertura para situações de doentes com necessidades particulares, que devem ser avaliadas.

Assim, também na UT, antes de limitarem o tratamento a qualquer doente, a equipa médica procura ter a certeza possível em relação à trajectória da doença e de que, de facto, se trata de uma situação onde a cura já não é possível e já mais nada há a fazer em relação àquele doente particular. No entanto, a certeza, mesmo que relativa, é difícil de alcançar em qualquer circunstância e, em particular, na medicina. Deste modo, apesar de, ou talvez devido à presença de uma incerteza profunda, esta equipa de médicos apoia-se em padrões rigorosos antes de decidir. De facto, o médico procura estabelecer um prognóstico com certeza. No entanto, a certeza quanto a um prognóstico depende, por seu lado, de uma certeza quanto ao diagnóstico, o que na maioria dos casos não é possível estabelecer.

Apesar de tudo, a certeza não é uma ilusão, quanto muito será um "estado de espírito". Confrontada com evidência suficiente, apetrechada de um diagnóstico confirmado, compreendidos os pressupostos inerentes ao processo da doença, tendo acompanhado doentes em número suficiente nas mesmas circunstâncias, a equipa médica está preparada para decidir sobre o tratamento adequado. No entanto, a decisão que se apresenta como certa não é alcançada facilmente. Antes pelo contrário, a incerteza é profunda e combina-se com a boa vontade por parte dos médicos em continuar com o tratamento que já foi iniciado, neste caso o transplante. Assim, a incerteza leva os médicos por um caminho muitas vezes sem saída. Tal como Fox (1974, 1983 e 2000) observou nos seus trabalhos, a incerteza emerge, em parte, das limitações do próprio conhecimento médico, existindo inúmeras questões em relação às quais mesmo os médicos mais experientes não conseguem dar resposta. Estas limitações, por si só, dificultam o trabalho dos médicos na UT.

Acresce que outras incertezas, provenientes da organização social da medicina, emergem de uma forma muito mais directa (Zussman, 1992:119). De acordo com o autor, um dos factores mais importantes tem a ver com o facto da incerteza ser exacerbada por um complexo e longo sistema de tomada de decisão que dá ênfase à responsabilidade individual dos médicos. A certeza enquanto atitude individual não implica unanimidade. No entanto, enquanto sistema social, a certeza requer um consenso. Desta forma, o insistente dissidente de entre um conjunto de médicos que sem este elemento reuniria um consenso, é suficiente para estabelecer a dúvida. Para estar seguro, qualquer médico individualmente pode sustentar, mesmo contra uma voz dissidente, a sua própria convicção. Os médicos podem apegar-se às suas próprias ideias obstinadamente. Apesar do ponto de vista do grupo, considerando a certeza como um fenómeno social (e não simplesmente um fenómeno individual), o dissidente enquanto médico individual é, como tivemos oportunidade de verificar na transplantação hepática, suficiente para introduzir a incerteza.

Na prática isolada e mesmo em grupo, onde poucas formas de controlo estão disponíveis, a responsabilidade individual, embora imperfeita, constitui a única salvaguarda da prática médica segura. No entanto, a responsabilidade individual necessária nessas circunstâncias assume um significado muito diferente na UT. Para determinar o tratamento, os médicos da equipa de transplantação hepática precisam de certeza. No entanto, essa certeza implica consenso e a ênfase na responsabilidade individual dos médicos significa que o consenso é difícil de alcançar. Comparada com a maioria das situações de prática clínica, a UT enfatiza as decisões colectivas. Contudo, mesmo neste serviço, a medicina carece de meios para impor a vontade colectiva perante dissidentes. A responsabilidade individual que noutros contextos constitui a base da tomada de decisão, no caso da UT, refere-se aos meios através dos quais as decisões são bloqueadas, tal como refere Zussman (1992:122).

Então e de acordo com Freidson (1979;1984: 260), a propósito da tomada de decisão médica, toda a prática clínica tem tendência para intervir de forma activa. Tendo em consideração que o trabalho médico implica tomar decisões que englobam, inclusive, a decisão de não actuar, o médico sente-se impelido a agir, nem que seja para dar resposta aos doentes que lhe pedem acção no combate à sua doença, como é o exemplo de inúmeros doentes desesperados que insistem em serem transplantados junto da equipa de transplantação, depois de ter sido recusada a sua entrada no programa. Neste sentido, Freidson refere a probabilidade de encontrámos situações de sobre-diagnóstico e de sobre-medicação. No entanto, é necessário considerar que estas excepções às regras de decisão médica servem para ilustrar de que forma as condições de trabalho são muitas vezes mais fortes que as orientações de valor e de regras científicas, presentes nos processos de tomada de decisão. Trata-se, mesmo assim, de excepções que determinadas personalidades dominantes da profissão vão impondo aos seus pares.

A este propósito, na maioria dos casos onde não existe um consenso acerca da definição (diagnóstico) e tratamento no conjunto da profissão médica, Freidson (1979;1984) sublinha ainda que existem diferentes escolas e opiniões na medicina, de tal forma que o diagnóstico aplicado a um indivíduo e os métodos utilizados no respectivo tratamento podem variar substancialmente. Assim, e de acordo com Freidson (1979;1984: 263), a medicina não é uma instituição completamente homogénea, na medida em que os seus pressupostos acerca do diagnóstico e terapêutica são organizados em "escolas", que são transversais a todos os sectores da saúde. Acresce ainda o facto de existirem opiniões médicas diferentes a propósito da interpretação de sinais, sintomas ou mesmo de efeitos secundários de determinado tipo de terapêuticas, por exemplo, entre cirurgiões e hepatologistas. Daqui decorre o desejo compreensível de trabalhar com indivíduos que partilhem a mesma postura acerca da doença e do seu tratamento, sendo, deste modo, que se estabelecem redes que partilham a mesma forma de pensar e intervir que, provavelmente, ocupam posições diferentes em termos de divisão do trabalho entre especialidades, mas que estão ligadas pelo hábito de enviarem uns aos outros os seus doentes; aquilo que Freidson (1979;1984:264) designa de redes de correspondência e que se verificam nesta investigação.

Então, a existência de divergências de opiniões indica, de facto, que na medicina as diferenças na definição da doença e do respectivo tratamento têm focos organizados que, pela sua própria existência, põem em causa a estabilidade e objectividade do corpus da ciência médica. O pendor do diagnóstico da doença é comum a todos os médicos; aquilo que os separa é a doença diagnosticada que encerra em si diferentes formas de abordagem. Assim, deixando de lado todo um conjunto de situações em torno das quais a unanimidade do diagnóstico e da terapêutica é uma realidade, em virtude de um consenso que tem por base critérios científicos, resta-nos o problema inerente aos casos que oferecem polémica, no sentido em que determinadas decisões médicas não são unânimes entre os vários intervenientes. Nestas situações, os mesmos sintomas suscitam diferentes categorizações e concepções em termos de tratamento que, de acordo com Freidson (1979;1984:165), ocorrem devido ao carácter subjectivo da experiência clínica de cada um dos participantes, como tivemos a oportunidade de constatar. Assim, para Freidson (1979; 1984:271), as categorias de diagnóstico, os prognósticos e a evolução dos tratamentos, na medida em que se desenvolvem empiricamente, são construídos a partir das experiências clínicas de casos concretos.

A este propósito é interessante referir as várias alianças estratégicas entre os elementos das diferentes especialidades, que se constroem em torno de casos concretos. Deste modo, em algumas situações assistimos à construção de argumentos conjuntos que envolvem conhecimentos complementares por forma a reforçar a argumentação de um grupo de médicos. Em algumas ocasiões, o coordenador dos anestesistas foi chamado a dar a opinião, tanto a pedido dos hepatologistas, como, noutras ocasiões, dos cirurgiões. Os seus argumentos foram decisivos para a solução conjunta.

"Era interessante ter, por exemplo, os anestesistas, se bem que na maior parte dos casos são problemas que não lhes interessam assim muito, não é. Portanto, pontualmente, sei lá ... dou-lhe o exemplo daquele doente muito grave. Se vamos discutir um tipo de doentes desses, que nós sabemos que de antemão que vão dar problemas no intra-operatório, vão dar problemas de pós-operatório imediato, etc., acho que se vamos discutir se é um doente que, inevitavelmente, vai ter que se usar uma circulação extracorporal[6], como temos, aliás, aí um caso desses, sem dúvida, que é importantíssimo estar um anestesista aí." (MC UT 6)

"O Dr. (...), às vezes está presente. Mas o Dr. (...) é um anestesista um bocadinho diferente, especial. Tem uma visão de intensivista também e tem uma visão do transplante como poucos anestesistas têm. Já viveu muito isto. Ele também sabe bastante de tudo que seja relacionado com a transplantação. É natural que esteja presente. É natural que esteja presente." (MC UT 10)

Como podemos verificar e, aliás, já foi referido, apesar de pontualmente a presença do coordenador dos anestesistas se fazer sentir numa ou outra reunião onde são discutidos os doentes que passam a integrar a lista de espera (quase sempre quando é solicitado, ou pelos cirurgiões ou pelos hepatologistas, ou mesmo pelo director), estes momentos concretos de tomada de decisão circunscrevem-se à presença de duas especialidades médicas: os hepatologistas e os cirurgiões que, com a presença sempre atenta

---

[6] Técnica também conhecida por *by-pass*, utilizada em cirurgias quando é necessário interromper a circulação sanguínea numa determinada zona que se pretende intervencionar, proporcionando ao fluxo sanguíneo contornar a zona a isolar, não comprometendo, desta forma, a circulação sanguínea.

do director da unidade, constroem a decisão. De facto, é entre estes dois corpos médicos distintos, que funcionam quase sempre em bloco, que se esgrimem argumentos e que se opõem discursos, por vezes, inflamados. Estrategicamente, cada grupo constitui-se a partir de alianças internas, tentando conquistar terreno ao outro campo, procurando seduzir, por vezes, elementos do outro grupo para a sua causa ou recrutando elementos de outras especialidades para a reunião, que ajudem com os seus saberes específicos a compor a estratégia de argumentação.

> "Mas, portanto, há coisas que são realmente em comum. Quando o doente é visto, o doente é visto por eles hepatologistas e depois é discutido numa reunião. Agora para haver mais pessoas e para haver mais pessoas a puxar a brasa à sardinha da cirurgia, percebemos que era bom que o cirurgião que está cá de serviço estivesse sempre presente nas reuniões. Porque agora há sempre 1 ou 2 cirurgiões colocados na Unidade de Transplante. Portanto, hoje estávamos em maioria em relação à hepatologia." (MC UT 4)

Centrados no caso concreto, documentados com as últimas novidades da ciência, os vários discursos confrontam-se e muitas vezes misturam-se. Entre a ciência e a experiência clínica, entre a razão e o sentimento, entre uma maior e uma menor aversão ao risco, a incerteza está sempre presente e constitui um aspecto fundamental de toda a discussão. De facto, ambos os lados utilizam a questão da incerteza nas suas argumentações. Assim, enquanto que os cirurgiões referem a incerteza face a um prognóstico (que, à partida, parece negativo), como uma porta aberta para um possível caso de excepção (que pode não confirmar a regra), os hepatologistas, habitualmente, com a sua postura menos intervencionista, preferem não arriscar pelo incerto. Um dos argumentos para não incluir os casos mais polémicos na lista de espera tem a ver com o facto dos doentes presentes neste tipo de situações terem pouco tempo de vida apesar do transplante, sendo que, por vezes, o transplante vem mesmo acelerar o processo de morte. Estes contextos resultam em situações de grande conflito pela opção de "em quem utilizar um recurso escasso": o doente morrerá em breve sem ele ou durará um pouco mais com qualidade de vida; se se optar pela segunda hipótese, um outro doente a quem estaria destinado o órgão e com francas possibilidades de viver mais alguns anos com qualidade de vida, perderá a oportunidade pela qual espera há tanto tempo. Aqui o argumento dos cirurgiões é: "mais vale viver pouco mas com qualidade do que mais tempo sem qualidade". Os hepatologistas contra argumentam dizendo que "o sofrimento acrescido não paga esses bons momentos". (n.t.c.)

Assim, a questão relacionada com o sucesso do transplante é igualmente muito relativa, no sentido em que a duração do enxerto, a sobrevivência do doente, a sua qualidade de vida, o tempo e as condições de reabilitação, em conjugação com outros factores, influenciam a probabilidade de sucesso. A este propósito, nos momentos de decisão sobre os casos mais polémicos, o tempo de sobrevivência estipulado para garantir o sucesso varia muito, consoante as especialidades e os médicos em causa. Vulgarmente ouvem-se argumentos, sobretudo por parte dos cirurgiões, onde se acentua constantemente a ideia de que, mesmo que o doente viva apenas por mais um ano com qualidade de vida, já valeu a pena.

> "Até este momento, o maior peso tem sido da hepatologia, porque eles é que fazem a avaliação pré-transplante, eles é que apresentam o doente para entrar na lista e como sabe, a coisa pode ser posta de uma maneira ou de outra. Quem põe, pode pôr de várias maneiras, e portanto, nessa base o problema de colocar ou não na lista, o maior poder é da hepatologia. Agora, pode haver é casos em que o cirurgião pode ter uma palavra a dizer, uma explicação a dar do ponto de vista da dificuldade cirúrgica. E aí, pode reverter uma opinião do hepatologista, porque há abordagens cirúrgicas difíceis que o hepatologista pode pensar que é impossível fazer, e que os cirurgiões podem pensar que poderá ser exequível. E aí podemos eventualmente estar a contribuir para uma resolução de um doente grave e que pode reverter a situação. Portanto, diremos que cada um no seu sítio." (MC UT 5)

"É claro que nós poderemos, cada vez mais, ser um bocado mais atrevidos em termos cirúrgicos se começarmos a ter melhores resultados. Nós temos bons resultados com casos complicados, (...). Portanto, nós somos atrevidos, mas também não somos loucos! Temos de saber, realmente, equacionar sempre e ter sempre uma objectividade no sentido de: será que nós vamos trazer benefícios ... Se não trazemos benefícios recuamos imediatamente, ou se chegamos a essa conclusão. E até agora penso que, digamos, o atrevimento, se é que se pode falar assim, tem sido um bocado de parte a parte." (MC UT 6)

"De qualquer maneira se virmos que há uma grande oposição da hepatologia a transplantar determinado doente, nós temos que ... Isto aqui é uma coisa científica. Então, quer dizer, há argumentos que ... o [director] normalmente está calado a ouvir. Muitas vezes dá a sua opinião; os hepatologistas dizem a ele que sim, sim, sim, e a cirurgia diz que não, não, não. Mas depois tem de se dizer porque é que sim ou porque é que não. E normalmente acaba por ser tomada uma decisão de consenso. Agora, dizer-se: "pode haver transplante mas esse doente eu não vejo." Não há! ... Pois, isso não! Não pode ser! Não pode ser! (MC UT 4)

Perante este campo de batalha, o olhar atento e sereno do director vai compondo o consenso, procurando que todas as perspectivas sejam consideradas, forçando a uma solução conjunta, procurando não interferir demasiado em prol de qualquer um dos grupos, mantendo-se tão parcial quanto possível. É sempre esta a sua postura. No entanto, algumas vezes é forçado a intervir de forma mais assumida, tomando claramente partido por uma das soluções, sem não deixar de fundamentar a sua posição. Eis como o próprio director da unidade encara o seu papel de coordenador nestes contextos.

"Os interesses são convergentes. Há uma convergência, à partida, há uma convergência objectiva: o programa. Essa é uma convergência. Junto com o programa, isso é fundamental, tudo o resto são acidentes. E não são muitos. O que eu quero dizer é que se não houvesse o programa, percebe ... Faz parte da vida de cada um, as pessoas não se imaginam sem o programa. A própria vida ficava pendurada. Tinham que mudar de actividade ... já viu? Há uma convergência! Quer dos enfermeiros, quer dos médicos, qualquer que seja a especialidade, há uma convergência, há uma convergência. Eu acho que o que liga as pessoas é as actividades. Cada um tem a sua visão, tem a sua visão específica. Mas, convergem ... O problema é que não consigo explicar de outra maneira ... há um interesse comum, de todas as especialidade, por mais diversas que sejam, todos os profissionais convergem. Mas convergem todos ali. E é isso que caracteriza o programa e é essa a missão de que tem que o governar. É que todos eles têm o sentido do programa. A secretária tem o sentido do programa, está a ver ..." (MD UT 2)

"Posso-lhe dizer que havia algum equilíbrio e algum consenso, de uma maneira geral. Algum equilíbrio. E há depois a obrigação do Director da Unidade, o coordenador do programa. Não é a última palavra. Não, não é! É inflectir, é fazer força pela inflexão para que uma coisa que não está a ser considerada, passe a ser. Não é a última decisão. A última decisão acaba por ser, por sair ... Sai por si. Às vezes discute-se muito ... mas quando se discute chega-se à convergência." (MD UT 2)

No entanto, sendo o director da unidade um cirurgião, apesar de aqui assumir o papel de coordenador da equipa multidisciplinar de transplantação hepática, a postura do cirurgião acaba por prevalecer. Na realidade que observámos e também nas entrevistas efectuadas, está patente que a visão do cirurgião prevalece.

"Bem, mas há algumas coisas que não se fazem e outras que se fazem, e é isso. Há umas coisas que se fazem e há outras que não se fazem. As que não se fazem é para não se fazerem e pode, com outro director, ter uma opinião diferente. E as que se fazem são para se fazer e podem, também com outro director, ter uma opinião diferente. Mas, não é chamada a última decisão! Não, não, não!! Não é bem a coisa, a coisa não é bem assim. Aqui dentro não gosto de fingir Deus: *Play God*. Isso não se faz. Portanto, eu recuso-me a que determinados doentes sejam liminarmente afastados por isto ou por aquilo." (MD UT 2)

A este propósito, a opinião do hepatologista é inequívoca.

"É tomada em conjunto mas em última instância (Risos) é o director da Unidade que decide. Isto é, o director da Unidade pode meter em lista doentes com os quais a gente não concorda, por exemplo..." (MH UT 13)

"O maior peso: é dos cirurgiões! Sim sim. Até porque o director é cirurgião e pronto ... isso é indiscutível." (MH UT 13)

Desta forma, o peso que a equipa dos cirurgiões assume nos contextos concretos de tomada de decisão médica em relação aos hepatologistas, é notória não só pelo facto de estarmos perante uma unidade cirúrgica, coordenada por um cirurgião, mas também pela forma contrastante como cada um dos grupos organiza não apenas o seu trabalho, mas também as suas estratégias. Como referimos anteriormente, a propósito da organização das práticas médicas de cada um dos grupos, o individualismo dos hepatologistas em face ao espírito de equipa dos cirurgiões assume uma correspondência em termos de correlação entre as duas forças, sendo que o facto dos cirurgiões primarem por uma postura mais coesa, resulta numa vantagem significativa em relação aos hepatologistas nos momentos de tomada de decisão. Existem mesmo situações em que os cirurgiões avançam para a cirurgia, mesmo sem o acordo dos hepatologistas. As entrevistas que se seguem mostram como cada um dos lados refere estas circunstâncias.

"Pois o problema é esse, é que como eles [hepatologistas] são pouco coesos, fazem com que seja uma fraqueza e nessas fraquezas habitualmente os cirurgiões ganham. Acabamos por ser nós levar a nossa avante, isso é verdade. Realmente, temos que dizer aqui uma coisa: o grupo mais forte no transplante é o do cirurgião. É um grupo. É o grupo mais forte da nossa Unidade em termos hierárquicos. Não é só pelo Dr.º (...) ser o director, obviamente também é, mas somos as pessoas que levantamos a Unidade, quer dizer, a Unidade primeiramente era nossa e eles vieram por arrasto, não é?

Enfim, quer dizer, é um bocado assim. Quer dizer, historicamente nós temos um bocadinho mais de peso na Unidade de Transplante, obviamente." (MC UT 8)

"Isso fomos nós que... Nós dissemos que não; eles [cirurgiões] insistiram. São eles que transplantam, não somos nós." (MH UT 11)

"Apesar de tudo, quem transplanta são os cirurgiões. Nós não transplantamos um doente se não concordarmos que deve ser transplantado. Não passa pela cabeça transplantar um doente em que ninguém da cirurgia acha que o doente deve ser transplantado, só porque alguém acha que deve ser transplantado. Mas já tem havido casos em que o hepatologista acha que não e nós avançamos, nós avançamos!." (MC UT 4)

"Ninguém é transplantado sem o acordo da cirurgia e ninguém é transplantado contra a cirurgia. Portanto, na realidade, quem tem a última palavra somos nós. Nós tentamos que não seja uma coisa altamente conflituosa, mas por uma questão de bom senso, não vale a pena que, para cada doente, estar aí a arranjar um sarilho." (MC UT 4)

"Já tem havido, em termos inclusivamente de transplantar doentes, em que a equipa de cirurgia estaria contra, tinha algumas reticências em relação à oportunidade de transplantação e vice-versa. Há outros em que nós transplantamos por nossa maior convicção e que sabemos que os hepatologistas não são 100% favoráveis. Mas, pronto, tem que haver cedências de parte a parte. No fundo, na globalidade dos casos acaba por haver um consenso. E mais. E não temos grandes protocolos. Cada caso é um caso. Porque nós sabemos que, por exemplo, pode haver trabalhos que digam que certa e determinada situação deve ser transplantada só até determinada idade ... O doente tem um excelente estado geral e ultrapassa essa idade, num ano ou dois, por exemplo. Cada caso é um caso. Estou-me a lembrar, por exemplo, de um doente que já foi transplantado ainda na antiga Unidade, em que houve uma grande controvérsia se nós nos podíamos abalançar. Hoje podemos dizer que correu tudo bem, o doente está em casa ... Mas na altura ainda hesitámos bastante, não só os hepatologistas, como os próprios cirurgiões e inclusivamente a equipa de anestesia. A partir do momento em que nos disseram que valia a pena investir naquele doente, investimos e trabalhávamos todos para a mesma causa e, como se costuma dizer, em boa hora o fizemos, porque realmente resolvemos o problema ao doente. "(MC UT 6)

"Pronto. Mas de qualquer maneira, o cirurgião, no fundo, acaba por ter um peso. E esse peso é legítimo. Portanto, penso saber que é uma Unidade Cirúrgica, não queremos aqui puxar dos galões, não é nada disso. É um acto cirúrgico para todos os efeitos, não é. Agora as indicações, isso tem que passar por especialistas de hepatologia, isso aí tem que ser de mútuo acordo, porque senão é de mútuo acordo estamos mal!" (MC UT 6)

"Em qualquer programa de transplantação, no mínimo, é impensável a decisão de um doente entrar em lista passar só por uma pessoa, é impensável isso. Quer dizer, não pode ser. Por várias razões, médicas, económicas e éticas, quer dizer, por várias. E daí a necessidade imperativa destas reuniões, quer dizer, tem que se discutir os doentes e a última palavra, obviamente, cabe ao director da Unidade e passa-se durante estas reuniões. O director da Unidade será a pessoa que, enfim ... Habitualmente não se chega ao extremo de não chegarmos a um consenso. Raramente o Dr.º (...) tem que desempatar, quer dizer, mas isso está previsto..." (MC UT 8)

Então, tal como Childress (1991:186) refere, apesar dos critérios científicos que estão subjacentes ao processo de tomada de decisão estarem rigorosamente definidos, este facto não elimina o peso da avaliação e decisão médica individual. Neste sentido, é possível assistirmos a determinados casos onde a decisão é afectada por influências subjectivas por parte de alguns médicos, por exemplo, na admissão de doentes na lista de espera que, à partida, de acordo com critérios científicos, não têm qualquer indicação para transplante. A este propósito, importa sublinhar a importância, muitas vezes referida pelos vários médicos que acompanhámos, do médico estar disponível para praticar a "arte da medicina", tendo em consideração os aspectos individuais de casos particulares. Ou seja, o médico toma a decisão tendo em conta a eficácia do tratamento em doentes específicos, mesmo que esta contradiga as linhas gerais presentes nos critérios científicos.

No entanto, colocando de lado os casos excepcionais, os critérios utilizados nos diversos contextos de tomada de decisão são médicos, no sentido em que envolvem técnicas médicas aplicadas por médicos e influenciadas, em termos de argumentação, pelo sucesso ou falha do transplante. Mesmo assim, apesar destes critérios serem na sua essência médicos, não são neutrais. O debate acerca das questões relacionadas com o peso e a flexibilidade dos critérios utilizados assume, apenas em parte, os aspectos técnicos e científicos, sendo que outros valores têm igualmente um grande peso, sobretudo em casos polémicos, como tivemos oportunidade de verificar.

Resta-nos, para terminar, as considerações acerca dos doentes elegíveis para integrarem o Programa de Transplantação Hepática e reflectir acerca da ausência de algumas das especialidades médicas, e também dos enfermeiros, neste processo. Tanto quanto foi possível percebermos e como, aliás, temos vindo a referir, os intervenientes resumem-se ao director da unidade, aos hepatologistas e cirurgiões. A presença dos anestesistas faz-se representar esporadicamente pelo seu coordenador e é sobretudo justificada pelas suas características de excepção, cujo perfil integra a visão do anestesista e do intensivista e uma larga experiência na transplantação hepática. Quanto aos intensivistas, a sua participação nestes momentos concretos de decisão, onde se discutem os casos médicos concretos, apresenta-se como injustificada pelo facto de se sentirem representados, quando necessário, pelo coordenador da anestesia e intensivismo, que de acordo com as suas palavras "é o elemento com melhor capacidade para analisar o caso do ponto de vista dos cuidados intensivos." (n.t.c.).

> "(...) Sim, pronto, nos casos polémicos não há dúvida que eu tenho sido muito consultado sob o ponto de vista quer da anestesia, quer do intensivismo. Mesmo pelo próprio grupo de hepatologia e às vezes pelos cirurgiões. E depois, muitas vezes, também são doentes em que me perguntam sob o ponto de vista mais, quer não só da anestesia, mas com o apoio pós-operatório, porque às

vezes são doentes que têm dificuldade em saírem do ventilador. Têm uma atrofia muscular tão grande que às vezes a gente vê-se... "(MA UT 15)

Finalmente, resta-nos referir a ausência total dos enfermeiros, não só neste momento preciso de tomada de decisão, mas em quaisquer outros momentos onde as especialidades médicas se reúnem, de forma mais ou menos informal, para discutirem os diferentes casos e as respectivas trajectórias. Em nenhum momento da nossa observação, ou em qualquer entrevista, se fez sentir, por parte de qualquer elemento das diferentes especialidades médicas envolvidas na transplantação hepática, a necessidade da presença dos enfermeiros nos processos de tomada de decisão médica. Muito pelo contrário, a maioria das entrevistas revela mesmo uma relutância em relação à presença dos enfermeiros em reuniões ou mesmo encontros informais onde se discutem os doentes "do ponto de vista médico". Trata-se precisamente de uma tomada de decisão médica e, portanto, que envolve única e apenas as diferentes visões e conhecimentos médicos, não visões ou conhecimentos de outros grupos que não médicos, mesmo que sejam de profissionais da saúde, como é o caso dos enfermeiros.

"Os enfermeiros, não sei ... Há determinados aspectos que o enfermeiro não deve discutir, como a lista activa. Agora, eventualmente, para discutir determinadas estratégias que se possam vir a ter, pelo menos a enfermeira-chefe poderia estar nessa altura. Nomeadamente, quando se discutir o transplante sequencial, o que é preciso, o que não é preciso. Nessa altura eu julgo que o enfermeiro deveria estar. Agora para discutir a lista activa, nem o enfermeiro, nem o intensivista..." (MC UT 10)

"(...) Eu penso que não, porque nem mesmo como elemento da enfermeira-chefe, eu penso que não. Porque isto é uma coisa fundamentalmente clínica, porque é sobre a patologia do doente que só os médicos percebem. E depois, ao mesmo tempo, é seleccionar esses doentes, escolher os que devem entrar em lista ou..." (MA UT 15)

"Vamos lá ver. Há partes que têm interesse, em termos de organização, por exemplo. Se nós formos discutir, se começamos a fazer, ou quando é que vamos fazer, ou se vamos pôr determinado doente em lista para se fazer, por exemplo, o transplante sequencial, isso sim, concerteza. Agora, para falar em determinado doente, se vai ser incluído na lista de espera ou não, ou se vai ser excluído da lista, penso, sinceramente, não terá assim muito que ver com a vocação da enfermagem." (MC UT 6)

"Não faz sentido. Posso estar a ter algum preconceito, mas acho que pelo contrário. Os enfermeiros e os médicos pronto ... Entre médicos poderá haver problemas entre especialidades, agora não existe menor sentido de classe entre médicos e enfermeiros como grupo. Não existe, embora as pessoas possam gostar muito umas das outras, não tem nada a ver. Eles têm um sentido de classe, um poder que se certas coisas forem discutidas à frente deles eles vão ter ainda mais poder. Já não basta a desunião que eles podem aperceber-se entre nós. Isto pode parecer ridículo mas isso não pode acontecer. Por isso amigos, amigos, trabalho é trabalho, mas não pode muito passar dali. Estarem nas reuniões, discordo completamente! Alguma reunião em que se discutem complicações, acho que não tem sentido. Agora se for uma reunião diária sobre problemas activos que se passam no Serviço, eu acho que deve estar presente um enfermeiro, o enfermeiro responsável. Assim como na cirurgia, onde está presente um enfermeiro nas visitas, onde se discutem as coisas, não sei quê, para se aperceberem do que se vai passar naquela manhã, ou o que se vai passar no dia seguinte, já sabe que aquilo que vai ter de ser preparado e no dia seguinte ou naquele dia vai acontecer, vão-se proceder a determinadas manobras ou exames e que é necessário programar as coisas e pronto..." (MC UT 7)

Desta forma, confirmamos mais uma vez uma divisão rígida entre saberes médicos e de enfermagem, onde o médico prescinde de qualquer outra abordagem que possa complementar as informações utilizadas na decisão. Por parte dos enfermeiros, esta atitude é encarada com indignação, até porque a grande maioria dos enfermeiros desconhece a realização formal destas reuniões.

"Faltam os enfermeiros, como é óbvio. É assim: o que é que eles estão a fazer reunidos, a falar sobre doentes, sem lá estar o enfermeiro? Não cabe na cabeça de um tinhoso. É assim, que me digam que não esteja o fisioterapeuta, oh pá, ainda vá que não vá. Que o fisioterapeuta vem cá uma vez por dia, patati, patata, não sei quê ... Que não esteja a assistente social, ainda vá que não vá, nem todos os doentes precisam de apoio social. Mas é assim, o enfermeiro, quer queiram, quer não, é o único que está 24 horas com o doente. É o que eu penso ... portanto, é assim, o que é que eles vão discutir, sobre o doente A, ou B, ou C ou D ... em que não tenha obrigatoriamente a ver com o enfermeiro? Porque eles desconhecem o doente! Eles desconhecem o doente, não vale a pena! Eles desconhecem..." (E UT 28)

> "Acho que era importante lá estarmos, eu sinceramente acho que era importante para benefício de todos, especialmente do doente. Porque era aquilo que falávamos há bocado, que entretanto somos nós, a imagem do enfermeiro. E ainda há muita dificuldade da parte médica em aceitar o enfermeiro como alguém com capacidade para pensar e decidir e intervir e que até tem um papel que é relevante, não é, no meio deste processo todo. Pronto, se calhar, também há alguns enfermeiros que não terão um papel assim tão ... ou fazem por não ter ... neste processo todo." (E UT 39)

Mesmo assim, existem algumas vozes, por parte do grupo de enfermagem, que discordam da maioria dos enfermeiros que insistem na importância da sua participação neste tipo de reuniões médicas onde se discutem clinicamente os casos. Nesta entrevista, o enfermeiro insiste em separar as águas entre a medicina e a enfermagem, num discurso que ilustra visões diferentes sobre o doente.

> "Não, porque é assim, para se decidir se o doente é transplantado ou não, acho que isso é um critério médico. E vamos ver o caso dos PAFs. Se calhar isto que eu vou dizer pode ser injusto para essas pessoas, mas não seria preferível investir mais em PAFs que ainda não têm as sequelas da doença, do que em PAFs que já

Parte II – Capítulo IV. O exercício das tecnocracias médicas ... | 477

tem sequelas mas estão compensados? E se calhar o enfermeiro tem uma perspectiva do dia-a-dia do doente que o médico não tem. Eu acho que eu tenho uma percepção do dia-a-dia do doente, a dificuldade que ele tem em lavar os dentes, a dificuldade que ele tem de se levantar da cama sem estar seguro na cadeira, de pegar num garfo e comer. Então, esta perspectiva, o médico não tem, não tem que ter! ... Mas eu tenho! Se isto é importante na decisão se um doente vai ser transplantado, do ponto de vista médico, não é. Eu digo isto com muita sinceridade, se fosse médico e se pensasse no doente, eu não diria que não. Eu penso em salvar-lhe a vida, depois o resto logo se vê. Mas a medicina tem só esse objectivo, é um bocado fechada para o resto, não é? O enfermeiro acho que tem muita importância aqui na decisão do doente que vai para casa, ou como é que está apto a fazer o seu dia-a-dia..." (E UT 36)

"(...) enfermeiros e médicos têm maneiras de ver diferentes. Não tem a ver com eles mas tem a ver com a técnica e os seus saberes..." (EC UT 27)

Assim, podemos afirmar que a decisão acerca da admissão de doentes no Programa de Transplantação Hepática, tal como acontece noutras situações relacionadas com aquilo que Katz e Capron (1975:29) designam de "doenças catastróficas", onde são necessárias equipas especialistas de profissionais de diversas disciplinas, pode conduzir a conflitos acerca de pontos de vista, técnicas e prioridades, bem como a disputas sobre a liderança e controlo em relação ao doente.

Partilhar a autoridade na tomada de decisão (por exemplo, entre cirurgiões e hepatologistas) reduz a discricionariedade na tomada de decisão. Existem uma série de restrições formais e informais na liberdade de escolha dos médicos, no que diz respeito às decisões acerca do percurso dos doentes, entre as quais, talvez a mais importante, a incerteza nos resultados. Inicialmente, este aspecto foi considerado como o problema principal na actividade médica, por autores como Fox (1988:406-407) que refere que as incertezas resultam das limitações do conhecimento médico e outras de insuficiências em termos de competências do próprio médico. Assim, a incerteza reforça o trajecto do conhecimento, sendo que apenas o conhecimento e a experiência podem reduzir a incerteza. No entanto, a incerteza também pode bloquear esta motivação pelo facto de gerar ansiedade sobre o impacto dos procedimentos médicos em causa. Mas, devido a este tipo de incertezas, a transplantação continua a ser utilizada apenas em doentes em estados terminais de falência hepática, quando todos os outros tratamentos já nada podem fazer. O transplante hepático é, deste modo, o último recurso.

2. A Gestão da Lista de Espera

Depois de aceites no Programa de Transplantação Hepática, os doentes passam a fazer parte de uma lista de espera, ou "lista activa", aguardando o momento em que são chamados para o transplante. Ao longo do tempo de espera, os doentes têm de comparecer periodicamente nas consultas de hepatologia, por forma a que as trajectórias da doença sejam constantemente reavaliadas através de exames médicos específicos, conforme as patologias. Este acompanhamento é exclusivamente realizado pelo médico hepatologista que assiste o doente e que é totalmente responsável pela actualização permanente do diagnóstico. A este propósito é importante referir a contribuição de outras especialidades médicas na construção de conhecimentos essenciais para a tomada de decisão acerca da trajectória destes doentes. A definição destas trajectórias é absolutamente essencial para estabelecer prioridades em termos desta lista activa, a partir de critérios científicos rigorosos que estão protocolados e que têm em consideração não apenas as questões de compatibilidade entre o receptor e o dador, mas também em função dos critérios de urgência e da evolução do estado clínico individual, que é acompanhado caso a caso pelos hepatologistas. Estes critérios de avaliação, quer do dador, quer das diferentes patologias de base, estão devidamente protocolados, bem como todos os exames médicos necessários realizar para proceder a esta avaliação, que vai ser decisiva para a tomada de decisão.

De acordo com Childress (1991:189), na transplantação hepática a prática dominante tem sido dar prioridade ao doente em situação mais urgente, mas a "utilidade médica" parece ser preenchida através da atribuição do fígado ao doente que, naquele momento preciso, melhor se ajusta àquele órgão, quer pelas suas características físicas (tipo de sangue, dimensão, etc.) quer pelo seu estado de saúde. Esta espécie de ponto óptimo do estádio da doença para receber um fígado tem a ver com o facto da situação clinica do doente ter atingido um ponto a partir do qual entrará numa curva descendente, em termos de possibilidade de sobrevivência, se não for transplantado, correndo o risco, à medida que o tempo passa, de não conseguir ter condições físicas de recuperação após o transplante. No entanto, existe uma excepção, na qual o doente em estado mais crítico em relação a todos os outros que se encontram em lista de espera é, igualmente, o melhor candidato para um transplante bem sucedido: o jovem anteriormente saudável com uma falência hepática fulminante.

Assim, existem situações urgentes de doentes que acorrem à unidade e que são de imediato transplantados (ou pelo menos são transplantados assim que surgir um órgão compatível), ultrapassando todos os doentes que se encontram em lista de espera. Tratam-se de situações agudas, muito concretas, que pelo seu carácter de urgência têm prioridade. Este é o caso das falências hepáticas agudas (hepatites fulminantes de origens várias: virais, tóxicas ou metabólicas) ou de alguns tipos de tumores hepáticos específicos que têm indicação para transplante, desde que atempadamente. Assim, nestes casos concretos, sempre que não existam dadores compatíveis é accionado o mecanismo de *alerta de urgência*, que consiste na localização a nível nacional, ou mesmo internacional, de dadores compatíveis.

Então, a gestão da lista de espera implica estabelecer prioridades, o que não constitui tarefa fácil, na medida em que a opção por um determinado conjunto de critérios tem implicações no percurso das trajectórias dos doentes – por exemplo, se se dá prioridade aos doentes com prognósticos piores e se, consequentemente, a transplantação de doentes com maiores possibilidades de recuperação é adiada até se deteriorarem as suas condições perto de um nível crítico. No entanto, a dificuldade em favorecer doentes cuja situação clínica apenas compromete o órgão a ser transplantado, devido ao estádio inicial em que a doença se encontra, e beneficiar os doentes em estado mais crítico, cuja espera compromete a sua vida, tem a ver com o facto dos primeiros doentes terem outras opções, por enquanto, para além da terapia de transplante, sendo que, em alguns casos, é possível travar o desenvolvimento da doença. Por exemplo, determinados tratamentos com medicamentos cada vez mais sofisticados permitem preservar ou repor algumas funções do órgão doente durante algum tempo, adiando assim a necessidade de transplante, sendo este o último recurso, ou a última opção, quando as outras terapias já não conseguem dar resposta.

A decisão sobre as circunstâncias sob as quais o tratamento (neste caso o transplante) pode ser justificado e o tipo de doentes que podem encaixar nestas condições, implica critérios por vezes implícitos. Estes princípios incluem a probabilidade estimada e expressa quantitativamente dos prognósticos médicos acerca dos doentes com transplante, comparados com outros possíveis tratamentos, bem como critérios qualitativos acerca da qualidade de vida dos doentes sujeitos ao transplante e a outros tipos de tratamentos, ao longo do seu período de sobrevivência, seja ele mais ou menos longo.

Como já referimos acima, a recolha de informação acerca do dador e da situação clínica do receptor constituem elementos fundamentais na construção da trajectória da doença e das características do órgão a ser transplantado, por forma a ser assumida uma decisão, o que implica a intervenção de outras especialidades para além dos hepatologistas. Assim, para além dos serviços complementares de diagnóstico (laboratórios de análises,

Parte II – Capítulo IV. O exercício das tecnocracias médicas ... | 481

imagiologia, entre outros), o serviço de anatomia patológica assume um papel central nesta fase concreta do circuito de transplantação hepática. Na entrevista que se segue, um dos hepatologistas refere a importância decisiva da anatomia patológica aquando da análise das características do fígado a ser transplantado.

"(...) a anatomia patológica intervém nessa discussão, habitualmente. Intervém directamente quando diz se o dador é bom ou não. Na biópsia do dador. São todos muito importantes, as diversas especialidades são todas elas complementares, o transplante hepático não se faz sem nenhuma delas. Se há uma falha, por exemplo, uma falha da anatomia patológica, é decisiva. E intervém! Se não intervém pessoalmente, intervém através dos estudos que nos manda. A anatomia patológica é muito importante para a decisão se o fígado está bom, ou não, para poder ser transplantado. Por exemplo, não prescindimos da anatomia patológica. Existem escalas de *on call*, de prevenção, dos técnicos da anatomia patológica e dos anatomo-patologistas. A biopsia pode ser necessária em qualquer altura, mesmo a biópsia de um doente transplantado para dizer se tem ou não uma rejeição, para se tratar. Muitas vezes os aspectos clínicos e do laboratório são sobreponíveis no caso da rejeição, infecções por vírus, uma rejeição por virose pode ser catastrófica, os vírus tenderiam a proliferar mais. As especialidades são todas muito, muito importantes." (MH UT 12)

Desta forma, quase sempre são efectuadas biópsias do fígado do dador, antes da colheita, por forma a assegurar o bom estado do mesmo. As amostras são recolhidas no hospital onde se efectua a colheita e mandadas para o serviço de anatomia patológica do hospital onde se procede ao transplante. Com base nos resultados fornecidos pelo anatomo-patologista, a decisão acerca do destino daquele órgão é construída, entre anatomo-patologistas, hepatologistas e cirurgiões. As hipóteses são várias, como podemos perceber nas palavras do anatomo-patologista.

"Fazem-se as biópsias e depois vêm, portanto, a fresco e fazemos aqui pelo método de congelação. É um método muito rápido que em dez, quinze minutos se vê, não é. É um método mais grosseiro que a análise que nós fazemos das biópsias, por exemplo, dos doentes transplantados, não é possível um estudo tão aprofundado das características das células, não é. Mas naquela abordagem geral que se vê se o fígado, se é um fígado que se quer transplantar ou não. Porque há fígados que vêm completamente estragados, entre aspas, quer dizer ou com muita gordura, ou com muitas células destruídas, portanto, esses não podem ser incluídos. E então, nessa análise e a partir dessa nossa comunicação, "o fígado está assim", de acordo com a biopsia eles transplantam ou não. Pronto, eles a partir do "fígado está bom" mobilizam tudo, se não está bom não fazem. A não ser que o fígado mesmo que não esteja muito bom, naqueles casos em que a morte é iminente, como hepatites fulminantes, é possível meter um fígado que já não esteja completamente bem, só para ajudar a sobrevivência da pessoa naquele momento e depois deixa-se para um segundo tempo. O que interessa no momento é salvar a vida da pessoa e depois logo se vê, não é? (...) Mas só nessas circunstâncias é que se aceita um fígado assim um bocadinho pior. Há aqueles muito maus que, sei lá, que ninguém aceita ... mas há aqueles *border line*, limite, naquela faixa cinzenta, não está perfeitamente bem, mas também não está muito mau. E então nestes casos também quando há um doente, por exemplo, com um tumor, um carcinoma e de qualquer maneira morria em pouco tempo, às vezes aproveitam esses fígados que não estão muito bons. Porque há falta de dadores e como há falta de dadores tem que se privilegiar as pessoas com uma possibilidade de vida mais longa, não é. E eu penso que estes assim *border lines*, não os deitam totalmente fora muitas vezes..." (MAP SAP 26)

Também a entidade responsável pelo estudo da histocompatibilidade de tecidos e órgãos assume um papel importante, no que diz respeito à pesquisa completa ao nível da virologia no dador. Caso os resultados sejam positivos, por lei, a colheita é imediatamente abortada.

"Portanto, a *Lusotransplante* tem dois factores que são fundamentais: um para o transplante renal, isso é, o estudo da histocompatibilidade, que só eles é que o fazem, só eles é que seleccionam os receptores, e outra que é a virologia. Dado que a *Lusotransplante* teria de fazer a histocompatibilidade, não é, portanto teria de se deslocar ao laboratório, não é, para fazer os exames de histocompatibilidade através das células, não é, foi a *Lusotransplante*, ou é a *Lusotransplante* também que faz a virologia. A virologia neste momento no nosso país é um factor legal que impede a colheita, e portanto, são eles que nos fazem. Qualquer colheita que a gente tenha que fazer temos de esperar pela resposta deles. Portanto, eles fazem os marcadores serológicos da virologia completa para todas as hepatites, HIVs, HTLVs, CNVs, etc., são eles que o fazem. A partir do momento em que temos luz verde deles, avançamos com a colheita, se houver qualquer serologia positiva que contra-indique a colheita a nível legal, está contra-indicado. Faz-se a colheita de sangue específica para virologia e a colheita de gânglios para histocompatibilidade e enviamos à *Lusotransplante*." (ECG GCCOT 25)

Ainda a propósito do dador, toda a informação proveniente do GCCOT, que coordena todo o processo relacionado com a colheita do fígado, constitui um elemento importante na tomada de decisão acerca da aceitação do dador. As primeiras informações acerca das características do dador, como sejam grupo sanguíneo, altura, peso e perímetro abdominal, são fornecidas à UT através deste gabinete. Estas primeiras informações são essenciais para a escolha do receptor, já que a lista de espera está organizada a partir dos diferentes grupos sanguíneos. Desta forma, dentro de cada grupo sanguíneo, os candidatos ao transplante são ordenados por prioridades estipuladas, a partir da trajectória da doença de base, que definem os critérios de urgência.

A estes dados sobre o dador, o GCCOT acrescenta e transmite à UT outras informações recolhidas a partir do contacto directo com o dador, muitas vezes ainda enquanto doente, como sejam, resultados de exames, observação directa da trajectória do doente até entrar em morte cerebral ou ainda outro tipo de informações acerca da vida do dador, muitas vezes transmitidas através do contacto com os próprios familiares. Tratam-se, muitas vezes, de dados pouco objectivos ou, pelo menos, "não científicos", mas que podem ajudar a construir uma imagem acerca da fiabilidade do órgão.

"E, transmito os dados mínimos do dador, não é, daquilo que eu já sei na altura, não é, e transmito os dados do dador e que a biopsia há-de sair daqui a uma hora, hora e meia, enfim. (...) Na nossa [GCCOT] a aceitação do dador significa para eles [UT], que não precisam de fazer uma grande triagem dos dados que lhes damos. Nós aceitamos, o dador para nós é bom, para eles também vai ser. Ou, à partida, para eles é, mas se realmente a biopsia é um dado que nós não temos na mão, não é, se realmente a biopsia é má, não é, aí é um dado complementar com a nossa aceitação do dador, então aí eles já se regem. Mas a decisão é acima de tudo deles, só que nós já conhecemos os critérios e nós estamos no terreno, conhecemos o dador, às vezes as análises, ou os critérios que temos na mão são bons, mas alguns indicam que não está bem. Ou o próprio dador, ou o próprio aspecto do dador, ou a vida do dador, a família que se apresenta ... E então fazemos biopsia, não é, e a grande maioria das vezes temos acertado e as coisas não estavam bem, não é. E portanto, a decisão de biopsia obedece a alguns critérios estabelecidos, obedece à solicitação da unidade e obedece também à nossa impressão, digamos." (ECG GCCOT 25)

Retomando a importância da anatomia patológica na construção do conhecimento médico e, consequentemente, para a tomada de decisão, é importante referir que a participação desta especialidade médica não se circunscreve à produção de informação acerca do estado do órgão a ser transplantado, sendo que a contribuição destes especialistas ultrapassa este momento concreto de tomada de decisão, tanto a montante, como a jusante do circuito de transplantação hepática.

Na fase de pré-transplante, o contributo da anatomia patológica é extremamente importante para a construção do diagnóstico. Como referimos anteriormente, apesar do doente ter sido estudado previamente pelo seu médico assistente que o encaminhou para a consulta de transplantação hepática na UT, é necessário aprofundar o conhecimento acerca da doença nos casos concretos, por forma a traçar e redefinir constantemente a trajectória do doente até ao transplante, bem como estipular o tratamento adequado ao nível da medicação. Neste aspecto é importante salientar o trabalho conjunto entre a anatomia patológica e o hepatologista.

"(...) O plano de intervenção que nós [anatomia patológica] temos vem desde antes do transplante, e portanto, o doente já está na consulta de transplantes, mas muitos deles vêm de fora. Quando estão registados na consulta de pré-transplante, portanto, os resultados das biópsias vêm automaticamente para aqui, não é, para confirmar as doenças que eles têm. Mas, muitas vezes vêm doentes de fora e quando é assim às vezes é complicado porque nem sempre coincide com o que a gente vê. Depois com o diagnóstico prévio, portanto, sempre que possível pedimos o acesso a todos os exames que os doentes tinham lá fora, se for possível porque há aqueles casos que têm urgência como a gente tem aqui. Mas sempre que é possível a gente pede, portanto, aos hepatologistas que nos forneçam, portanto, que façam o contacto donde vem o doente, não é, e que nos forneça os exames, para continuar os diagnósticos. Porque é importante também ter um diagnóstico absolutamente certo antes do transplante. Portanto, isto na fase do doente pré-transplante. Depois na altura do transplante, na altura do transplante há, como sabe, há a recolha dos fígados do dador. (MAP SAP 26)

"(...) é que às vezes há casos que são mesmo complicados e depois da gente ter chegado ou não ter chegado totalmente a conclusões, também acontece, fazemos uma reunião conjunta com os cirurgiões, com os hepatologistas, connosco e então vamos discutir caso a caso, cada um pergunta o que quer ... Nós perguntamos mais da clínica, eles perguntam dos nossos resultados, que encontramos, fazemos então a conjugação, provamos, acabamos por encontrar o nosso diagnóstico final, não é ... E é muito importante este tipo de reuniões, porque depois as pessoas aprendem para os outros casos ... como às vezes mudam a atitude terapêutica. Já tenho visto isso acontecer. Porque uma coisa é eles verem a nossa resposta escrita, mesmo que falando ao telefone, outra é vendo a lâmina projectada. Nós temos ali um, um sistema de vídeo, em que se projectam as lâminas do microscópio, e portanto, eles tiram as dúvidas, e perguntam: "mas que é aquilo e o que é que ...", ficam mais com aquela noção visual ... quer dizer é diferente ... a imagem. A nossa decisão diagnóstica vai interferir na terapêutica e portanto, aí também é importante..." (MAP SAP 26)

Depois do transplante, o contributo da anatomia patológica continua a ser fundamental para a tomada de decisão, sobretudo em situações onde o pós-operatório apresenta algumas complicações graves, como é o caso da rejeição do novo órgão que poderá conduzir a um novo transplante.

> "(...) também temos ligação com o cirurgião. É muito mais com o hepatologista ... mas há com o cirurgião, quando, por exemplo, há alguma complicação que tenha a ver com alguma coisa cirúrgica, sei lá, um músculo biliar muito apertado, o tubo em T não sei quê, não estava a drenar. Mas é muito mais com o hepatologista, porque as complicações são mais médicas, do foro médico, do que cirúrgicas. Não temos tido complicações cirúrgicas muito grandes a não ser essas complicações biliares, mas que não são muito frequentes felizmente. Mas tem havido, há para aí uns quatro casos que eu me lembre de complicações biliares e que, portanto, e que nós dizemos "olhe, deve ser uma profusão", nós também chamamos a atenção..." (MAP SAP 26)

Nesta entrevista, o anatomo-patologista refere situações onde a incerteza médica assume um peso extremamente importante, chamando a atenção para a natureza construtiva do diagnóstico que se redefine constantemente perante novos dados. A importância de acompanhar a trajectória do doente, para assim construir com mais credibilidade e firmeza a decisão, surge aqui como absolutamente fundamental, na medida em que o conhecimento se vai reproduzindo e tornando-se mais consistente.

> "(...) é que o doente é depois transplantado aqui, depois é seguido, porque nós temos que ficar sempre com o acesso do antes e do depois ... E até temos outra biopsia, a seguir ao transplante, imediatamente a seguir ao transplante já com o fígado novo, que é o mesmo fígado que por exemplo, examinamos umas horas antes. Fazem uma biopsia, porque depois há aquelas modificações do fígado, colocar o fígado no frio, as modificações de preservação do fígado e que às vezes são acentuadas e convém saber até que ponto houve essas alterações pós colheita e antes de ser colocado no indivíduo, não é. Convém saber que é para depois se

perceberem algumas das complicações que podem surgir, para nós termos o filme. Nós temos fotografias pontuais, não é, mas podemos ir juntar conclusões e fazer um filme do *continuo*, assim não tínhamos essa possibilidade. Depois do doente ser transplantado, portanto, há também um papel bastante importante da nossa parte, porque, portanto, há as complicações, além das rejeições que agora, no princípio eram muitas agora já ... eu penso que é com a experiência, não é ... com as terapêuticas e essas coisas todas ... vão ganhando experiência e não há complicação com o fígado, mas há outras complicações, há imensas complicações e que às vezes é difícil perceber. Fazem sempre a biopsia. Essas às vezes são muito difíceis de interpretar, dão-nos cabo da cabeça ... porque são coisas parecidas e que dão tratamentos completamente opostos. Posso dar um exemplo, uma rejeição e uma recidiva de uma infecção viral para uma pessoa que foi transplantada por uma cirrose, por exemplo, de uma hepatite C. Têm aspectos muito semelhantes na histologia, são pequenos pormenores que fazem variar e as características são completamente opostas. Enquanto que numa temos que dar mais imunossupressão, se for rejeição, não é, no caso da infecção temos que retirar a imunossupressão, senão ... Portanto, são essas situações que às vezes são complicadas e requerem a atenção máxima e que, portanto, exigem uma experiência de nós, dos anatomo-patologistas, precisamente só no campo do transplante..." (MAP SAP 26)

No entanto, a construção deste conhecimento, fulcral para a tomada de decisão, é partilhada com outras especialidades, particularmente com os hepatologistas e com os cirurgiões, em algumas reuniões onde estes elementos se encontram para "estudar os casos mais interessantes." (n.t.c.)

"E depois um caso em que, portanto, em que surgem muitas complicações e que seja, há reuniões periódicas, ou deviam ser mais frequentes, não são tão frequentes como isso. Por acaso temos agora uma na próxima segunda-feira. É mais quando surgem assim os casos mais diferentes, então reunimos e estudamos o caso do princípio ao fim ... todos ..." (MAP SAP 26)

A propósito da gestão da lista de espera, concretamente da tomada de decisão acerca das prioridades, que implica a ordenação dos doentes candidatos ao transplante hepático, resta-nos referir o papel que assumem os vários elementos que compõem a equipa de transplantação hepática. Referimo-nos particularmente aos hepatologistas e aos cirurgiões, mais uma vez, os verdadeiros protagonistas neste processo.

À partida tudo indicaria que o hepatologista lideraria a situação, na medida em que é este médico que constrói todo um conjunto de conhecimentos acerca de cada um dos seus doentes, domina os critérios científicos que estão na base dessa construção, tem uma vasta experiência clínica acerca das implicações do transplante nas patologias específicas e estudou os doentes concretos desde a sua entrada na lista de espera. Digamos que o hepatologista é, até a esta fase, o único clínico que mantém contacto pessoal com o doente e que o estudou em profundidade do ponto de vista da medicina. Para o cirurgião, o conhecimento acerca dos doentes que estão em lista de espera é-lhe transmitido pelo hepatologista na reunião semanal onde se discutem os doentes. Desta forma, entre hepatologistas e cirurgiões, os critérios estabelecidos a partir dos protocolos do transplante hepático são aplicados na definição das prioridades para cada um dos grupos sanguíneos. No entanto, esta discussão está longe de ser pacífica, sendo que os cirurgiões parecem justificar a sua presença neste processo de decisão referindo a necessidade de uma visão imparcial em relação aos doentes, resultante do distanciamento que o grupo de cirurgia mantém nesta fase do circuito de transplantação. Neste sentido, sem nunca o referirem abertamente, os cirurgiões marcam a sua presença nestas reuniões como se fossem uma voz neutra e desapaixonada em relação ao doente. Neste contexto, o doente é desconhecido para o cirurgião; é apenas um caso entre todos os outros que esperam por um transplante. Pelo contrário, para o hepatologista que tem vindo a construir uma relação cada vez mais próxima com os seus doentes, para além de um caso clínico o doente é também um ser humano que espera pela última oportunidade de vida. Acresce que, para o hepatologista o "seu doente" não é mais um doente entre todos os outros que se encontram em lista de espera, mas antes um doente com quem mantém uma relação cada vez mais próxima. Existe, então, uma distinção no grupo dos hepatologistas entre "os meus doentes" e os "doentes dos outros". Assim, a voz do cirurgião constitui uma espécie de mecanismo que garante que as opções tomadas quanto à gestão das prioridades da lista de espera são as correctas e que não sofrem qualquer enviesamento, como aliás é referido nesta entrevista.

> "Por exemplo, a prioridade dos doentes, isto é importante, qual é que vem primeiro, qual é que vem depois ... é uma decisão conjunta, essa prioridade. Não é fácil de tomar, não é fácil tomar. Não, não. Porque o hepatologista viu o doente ali, pode trazer uma opinião já enviesada, mas a gente [os cirurgiões] está atentos. Influencia ... Se uma pessoa vem aqui, expõe um caso desses, a gente parte do princípio que as coisas são feitas de boa fé ... Mas pode haver um viés, nós temos que estar atentos ao viés." (MC UT 2)

Assim, o cirurgião surge como uma espécie de controlador da actividade que compete por natureza ao hepatologista. Até há poucos meses, antes de terminarmos o período de observação participante, os hepatologistas eram perfeitamente autónomos neste tipo de decisões, sendo que as prioridades eram definidas apenas pela equipa de hepatologia e a escolha do doente a ser transplantado, na altura em que surgia um dador, constituía um acto isolado por parte do hepatologista que estava de serviço no momento.

> "Agora nestas reuniões de segunda-feira discute-se aqueles doentes que vão ser chamados e vão ficar em primeiro lugar na lista, para cada um dos grupos sanguíneos. Aí já sabemos, que entre tantos daquele grupo vai ser chamado aquele primeiro." (MC UT 7)

> "...era o hepatologista que estava de serviço que na altura consultava ... que decidia mais ou menos ... Estava mais ou menos conversado quem era, mas pronto, não era obrigatório. Também com os cirurgiões, agora as coisas estão mais oficializadas até porque essas coisas ... levou a alguns, não digo conflitos, mas

diferendos, das pessoas acharem que devia ter sido outro e não foi o outro e tal ... pronto. Agora, eu acho que é assim que deve ser, acho que deve estar definido colegialmente quem é o primeiro doente a ser transplantado no grupo x ou y, e semanalmente." (MH UT 13)

"É assim: em relação, especialmente, em termos de cirurgia e hepatologia, apesar de tudo a equipa de hepatologia está mais bem organizada, tem os doentes, tem as reuniões, eles têm as reuniões. E nós andamos por cá ou lá, às vezes ... Mesmo que a cirurgia não venha eles têm as reuniões. Às vezes há reuniões que nós não estamos, às vezes estamos. Mas depois quando o doente é chamado, nós é que vamos transplantar. Portanto, há coisas que se passaram e que se foram passando que eu acho que hoje em dia tem-se tentado ... temos que ter a perfeita noção que doentes é que estão em lista, que até há pouco tempo se calhar não tínhamos, porque temos uma lista, todos nós temos uma lista e sabemos que doentes é que estão. Às segundas feiras normalmente é decidido se houver um fígado doado, que doente é chamado, se houver um fígado "0". Neste momento essa conversa existe, mas é em frente da cirurgia que nós participamos e nós damos um palpite se aquele doente com uma cirrose é mais urgente do que aquele doente com PAF ou se aquele doente com PAF é mais urgente ou não do que o doente com um tumor. Já não é a questão de nós chegarmos à sala e muitas vezes não sabermos o que íamos encontrar e às vezes com todas as condicionantes de estarmos a pôr um fígado velho num doente muito novo, estarmos a pôr um fígado muito grande num doente muito pequeno, isso é uma coisa que hoje em dia ... Outro dia aconteceu-nos, o doente que se atrasou, porque nós dissemos que o dador é grande, o dador é grande e não ligaram e chamaram o doente que estava na lista em primeiro lugar ... Se é que estava em primeiro lugar! Mas depois há outros parâmetros, tem que se ter o bom senso aqui. Não é em termos do livrinho. Eu acho que tenta-se sempre que haja um consenso, o [director] é uma pessoa de consensos." (MC UT 4)

Então, tal como Brock (1988:88) refere, apesar da selecção dos doentes a partir da lista de espera ser efectuada de acordo com critérios médicos, é importante salientar que não existem critérios de selecção neutrais que possam permitir ultrapassar a necessidade de fazer julgamentos éticos no processo de selecção de receptores de órgãos. Noções como critérios médicos, elegibilidade médica ou necessidade de tratamento médico, expressões comuns na prática médica, englobam implicitamente julgamentos quando são utilizados para determinar de que forma um recurso escasso, como a transplantação de órgãos, é distribuído. Neste contexto de escassez de órgãos coloca-se não apenas a questão de quem recebe o órgão, mas também quem, inevitavelmente, não vai recebê-lo. Neste caso específico da transplantação, a tomada de decisão médica é controversa. Quando a necessidade médica é interpretada de uma forma geral e utilizada apenas para estabelecer uma ordem inicial na lista de espera de potenciais receptores, de entre os quais o próximo receptor é seleccionado, a aplicação de critérios médicos parece, à partida, linear e pouco controversa. No entanto, a elegibilidade de quem entra ou não na lista constitui um momento prévio que implica grandes controvérsias. É neste momento concreto, já na gestão da lista activa, que os factores médicos, como o peso, tamanho do órgão e tipo de sangue, que são utilizados para limitar a escolha de quem recebe o órgão de entre os que estão em lista, juntamente com outros critérios igualmente médicos, tais como a situação do doente e a evolução da doença de base que leva à necessidade de transplante, são, de facto, controversos. Por este motivo, Brock (1988:88) diz-nos que estes critérios são ilusoriamente referidos como "critérios médicos objectivos".

Estes factores constituem de facto critérios médicos, na medida em que são estabelecidos por médicos que aplicam técnicas e procedimentos médicos, sendo que são consequentemente relevantes para a probabilidade do sucesso da tecnocracia em questão – a transplantação. No entanto, é precisamente no fim em si mesmo, que conta como sucesso na transplantação, que reside o valor do julgamento implícito. Mas, apesar de isto querer dizer que não podemos evitar completamente os juízos de valor no processo de transplantação, talvez estes valores implícitos na transplantação, tais como a preservação da vida e a melhoria da qualidade de vida, sejam suficientemente incontroversos para serem simplesmente assumidos como uma dádiva, sendo que todos os princípios utilizados, mesmo quando não objectivos, podem ser considerados como critérios neutros de promoção destes bens.

No entanto, Brock (1988:88) chama a atenção para outros critérios não médicos que têm a ver com o comportamento do receptor nos considerados comportamentos de risco que atrás definimos; aquilo a que Brock chama "responsabilidade moral do doente" (1988:93). Se estamos perante recursos escassos, este critério é tomado em consideração no momento de tomada de decisão. O médico tem necessidade de se assegurar que o comportamento do doente não põe em risco o sucesso do transplante, na medida em que estamos perante um tratamento que implica a utilização de recursos escassos. Trata-se, pois, de uma situação onde existe uma relação causal entre necessidade médica e comportamento do doente.

Desta forma, encontra-se justificada a absoluta necessidade de mais uma vez partilhar a decisão médica. No momento de estabelecer as prioridades no que diz respeito à lista de espera, impõe-se a presença das várias visões e discursos sobre a mesma realidade, por forma a oferecer-se ao doente a opção mais ajustada naquele momento concreto. Também aqui, tal como em fases anteriores da trajectória dos diversos doentes, a decisão está longe de se fundamentar apenas em critérios científicos rigorosos, impondo por isso a participação das diferentes valências e saberes médicos, que apresentam os seus argumentos em prol de uma ou outra solução, na discussão das prioridades em termos de lista de espera. A decisão final, fruto do consenso possível entre hepatologistas e cirurgiões, é construída a partir de cedências mútuas, nem sempre fáceis de alcançar, onde a experiência clínica e o bom senso jogam em pé de igualdade com os parâmetros exclusivamente científicos.

"(...) outro ponto que poderá ser eventualmente, não digo de discórdia, mas de não concordância absoluta, é na discussão da lista de espera. As prioridades na inclusão na lista, por isso é que agora há com muita regularidade, às segundas-feiras, uma reunião com todos, em que há um consenso, isso aí, havendo um compromisso, digamos, cedências de parte a parte, chegando a esse consenso, portanto é..." (MC UT 6)

"Não está definido. Temos de discutir as coisas ... Em medicina as coisas não são... às vezes um mais um são três ... Nós podemos ter um dador de 80 anos, que pode ser dador, se nós tivéssemos um receptor de 100 anos. Tudo é possível. Se nós tivermos um fígado de 65 ou 70 anos para transplantar numa hepatite fulminante, num doente que está às portas da morte, serve qualquer fígado com o mínimo de função hepática, para ele serve. Um dador de 65, 70 anos para um PAF de 25, alto lá. Não há parâmetros rígidos." (MC UT 10)

Assim, o acto de transplantar é referido por Fox (1988:489) como *magia científica*[7], para referir determinados aspectos científicos relacionados com a vida e a morte, nomeadamente com problemas de incerteza e limitações terapêuticas em termos de ciência médica, que confrontam os profissionais da saúde com questões em relação às quais a ciência não consegue responder e que caem fora das fronteiras da ciência. De acordo com a autora, estes desafios ajudam a impulsionar e a construir a pesquisa, no sentido de um conhecimento médico mais adequado. Porém, constituem, igualmente, uma fonte de tensão considerável, sendo que alguns dos mecanismos utilizados pelos médicos são essencialmente "mágicos", no sentido em que ultrapassam largamente as fronteiras do que se convencionou designar de conhecimento científico. Esta *magia científica* tende a ser mais elaborada em grupos onde a investigação médica é acumulada com responsabilidades de cuidados médicos directos aos doentes. A incerteza científica, os limites da terapia e os problemas de significado são combinados por estes médicos que constroem e utilizam mais

---

[7] Este termo foi utilizado pela primeira vez por Renée Fox em 1959.

magia científica que outros colegas, cuja "magia" está restringida aos constrangimentos da investigação laboratorial. A autora vai ainda mais longe, afirmando que a *magia científica* cresce directamente a partir das limitações da racionalidade que marca a pesquisa médica, ritualizando o optimismo da investigação médica, sendo por isso condição necessária à construção do conhecimento e da técnica, de acordo com os cânones morais e cognitivos da ciência. (Fox, 1988:490)

3. O Transplante

O bloco operatório constitui um dos cenários mais importantes no que respeita à observação de momentos distintos da tomada de decisão que marcam a trajectória dos doentes e da doença. Assim, temos a salientar vários patamares de decisão que ocorrem neste espaço físico, em tempos diferentes, e que envolvem, pela natureza das decisões médicas em causa em cada um dos momentos, conhecimentos e especialidades médicas concretas no exercício das respectivas tecnocracias. Deste modo, começamos por destacar, por um lado, duas fases distintas da trajectória do transplante hepático, a colheita e o transplante e, por outro lado, as diversas situações que envolvem decisões distintas, particularmente as decisões de natureza especificamente cirúrgica, da exclusiva responsabilidade dos cirurgiões, e as decisões que envolvem anestesistas e cirurgiões.

Tal como referimos em capítulos anteriores, a propósito das fronteiras entre as especialidades médicas envolvidas na transplantação hepática, a fase da colheita de órgãos constitui um dos pontos importantes no que diz respeito ao exercício de tecnocracias específicas. Referimo-nos, obviamente, ao papel central que os cirurgiões, os mesmos que mais à frente efectuam o transplante do novo órgão, assumem nesta fase concreta, comandando todo o processo de colheita desde o início. Desta forma, no bloco operatório em que ocorre a multi-colheita de órgãos, todas as decisões referentes a este acto cirúrgico são definidas e executadas pelos cirurgiões da UT, sob o olhar atento dos outros médicos que aguardam ordens para proceder unicamente, a seu tempo, à colheita dos órgãos específicos, depois do cirurgião sénior da UT proferir as palavras "luz verde; podem avançar." (n.t.c.). Nesta entrevista, testemunhamos o peso desta tecnocracia que tem uma correspondência total em termos de tomada de decisão. Aqui o cirurgião reafirma a absoluta necessidade, para o sucesso da colheita, de serem os cirurgiões da UT a liderarem todo o processo. Uma vez mais, o peso da tecnocracia do cirurgião impõe-se, numa simbiose perfeita entre o conhecimento científico e a experiência.

> "Ainda bem para nós. Ainda bem por uma razão, porque os órgãos intra-abdominais são sempre aqueles que dão mais ... digamos assim ... como é que hei-de explicar isto ... se não houver uma coordenação da nossa parte, a colheita é um caos. E é um caos, porque o cirurgião cardíaco só quer ... não precisa de fazer a perfusão, por exemplo, como nós fazemos. Eles praticamente não fazem a perfusão, não sei se reparou. Fazem a cardioplagia que é para parar o coração, ao passo que nós não, quando pára o coração temos automaticamente que já estar todas as veias, a veia e a artéria neste caso a *aorta* e a *porta*, canalizadas para começar a perfusão e o arrefecimento dos órgãos. Portanto, se nós não coordenamos, digamos assim, corremos o risco de danificar os órgãos que as outras equipas querem. Portanto, nós fazemos toda a parte de coordenação porque esse trabalho (...) dá muito mais trabalho fazer uma colheita de órgãos intra-abdominais do que colher um coração."(MC UT 6)

De facto, das especialidades médicas envolvidas na transplantação hepática, o grupo dos cirurgiões destaca-se por uma maior diferenciação em termos de conhecimento científico e experiência acumulada. Esta diferenciação técnica tem uma correspondência em termos do peso que cada um dos elementos assume nas decisões acerca das abordagens e técnicas cirúrgicas utilizadas no bloco operatório e encontra-se formalizada numa hierarquia de competências, traçando a linha de comando nas decisões de natureza cirúrgica. No entanto, o trabalho em equipa proporciona a entrada de outros conhecimentos e experiências por parte dos cirurgiões mais novos, na construção das várias soluções. Em várias ocasiões assistimos a conversas entre cirurgiões, onde se discutia a estratégia cirúrgica a utilizar num doente específico. Nos casos mais polémicos a opinião do director apresenta-se como crucial para a decisão. No entanto, este último nunca impõe a sua estratégia perante o resto da equipa, ouvindo com atenção os argumentos, não apenas dos cirurgiões seniores, mas também dos mais novos.

"Nós estamos à vontade. O [director], não sei se reparou que nós estamos completamente à vontade. Portanto, eu posso ao [director] dar uma opinião numa reunião e eu tenho toda a liberdade para dizer vamos fazer de outra maneira. Agora não passa pela cabeça sair da reunião e não fazer aquilo que foi decidido em reunião. O [director] é uma pessoa que tem as suas opiniões, mas se nós dermos uma ideias que ele eventualmente ache melhor, ele muda sem qualquer problema. Não só eu, como qualquer um dos outros. (...). E aceitamos ideias dos mais novos, não tem problema nenhum, desde que uma pessoa perceba que realmente é uma boa ideia e se calhar ... Mas garanto que nenhum de nós se retrai de dar uma opinião em relação a uma dada situação. Mas depois não passa pela cabeça de fazer o que nos vem na cabeça sem ... (...) E depois há outra coisa, se uma pessoa tiver que tomar uma decisão sozinho, não passa pela cabeça do [director], nunca aconteceu o [director] dizer ... ele pode criticar: "podiam ter feito assim ... ou isso", mas uma pessoa não se sente culpada, temos todo o apoio da decisão que tomámos. Tomamos uma decisão, se tomamos sozinhos é porque não estava realmente mais ninguém. O [director], quando somos nós que estamos a decidir e a última decisão é nossa ou pode ser. Porque quem está, tem que decidir, o [director] apoia sempre a decisão que se toma, o que é muito confortável."
(MC UT 4)

A construção da estratégia cirúrgica assume, desta forma, contornos relativamente pacíficos, sendo que nem sempre as opções dos mais graduados, incluindo as do director, são assumidas na integra em termos de decisão final, optando-se antes por uma solução que concilie os vários argumentos apresentados. Acresce que esta forma de consenso só é possível devido ao facto de não haver grandes divergências de fundo, no que respeita às abordagens cirúrgicas a serem utilizadas, mas apenas nuances ou pormenores. Nas situações onde a distância que separa os diversos cirurgiões é mais profunda, a voz dos mais graduados tem inequivocamente mais força, sendo que o director tem a última palavra. Desta forma, tal como as decisões, as responsabilidades são assumidas em conjunto pela equipa de cirurgia. O forte espírito de equipa que caracteriza o trabalho dos cirurgiões tem uma correspondência no que diz respeito à construção das decisões, bem como à partilha das responsabilidades.

> "Os cirurgiões trabalham em equipa. Sem dúvida, sem dúvida ... É a regra ... Você vê normalmente o segundo, o mais novo, pergunta ao que está acima ... e em último pede sempre a opinião. É raríssimo ... e aliás ninguém gosta de tomar a decisão errada ... Porque os maus resultados também são assumidos e ninguém gosta de assumir maus resultados sozinho. As opções difíceis são sempre tomadas em conjunto e em último caso, são tomadas pelo grau máximo da hierarquia. Se der mal, a responsabilidade é assumida pela equipa, mas também lá em cima há a responsabilidade. (...) De forma alguma. Se nos surgir uma dúvida a meio de um transplante ... Eu não faço transplante hepático ou pelo menos não faço com autonomia e se me surgir um problema eu tiro dúvidas, não tomo uma decisão... Se calhar daqui a uns anos ... mas é sempre complicado, é sempre complicado ... E habituámo-nos a isso."
> (MC UT 7)

Nas várias fases que compõem a cirurgia de transplante, cada um dos quatro cirurgiões seniores reafirma a sua autoridade técnica e domínio de saberes específicos de acordo com as fases em que demonstram maior gosto pessoal e/ou apetência. Em cada um dos momentos que correspondem a abordagens cirúrgicas específicas procura-se, dentro da equipa de cirurgiões presentes no bloco, distribuir o trabalho de acordo com os diferentes perfis. Assim, em cada uma destas fases, o cirurgião em causa assume o comando de todo o processo, dando lugar aos outros pares aquando da passagem para outra fase da cirurgia. Desta forma, os cirurgiões seniores assumem um papel central relativamente às decisões acerca das técnicas cirúrgicas, em cada um dos transplantes. Apesar das directrizes gerais assentarem em opções de fundo definidas à partida, a introdução de algumas nuances passa pelos cirurgiões seniores que, estrategicamente, como podemos verificar nesta entrevista, dirigem o trabalho no bloco operatório.

"Em relação à técnica cirúrgica a última decisão passa pelo [director] e depois as sugestões, o lutar por elas, passa pelos [cirurgiões seniores] (...) passa tudo fundamentalmente pelo cirurgião, os cirurgiões que vão estar lá, e o [director] é o último; ele é quem tem a palavra: "sim", "não" ou "faz isso" ou "faz aquilo"... "(MC UT 10)

A propósito da construção das decisões de natureza cirúrgica, importa distinguir dois patamares: o pré-operatório e o intra-operatório, que correspondem a etapas concretas de construção de estratégias cirúrgicas de acordo com os casos médicos. Desta forma, na primeira fase, a equipa de cirurgiões que vai proceder ao transplante analisa a situação particular e pondera as várias opções que se apresentam em termos de estratégia cirúrgica a seguir. No entanto, estas opções estão longe de ser definitivas, sendo que a estratégia cirúrgica vai-se construindo ao longo de toda a cirurgia, de acordo com as situações concretas que vão ocorrendo. Até ao último minuto, as decisões de partida vão sendo reconstruídas, a partir do conhecimento médico já adquirido e das informações concretas provenientes da situação em causa. Passo a passo surgem dados novos, por vezes inesperados, tornando-se necessário decidir e agir rapidamente.

"(...) Normalmente o que acontece no transplante, isso para uma cirurgia programada é muito fácil de fazer, para um

Parte II – Capítulo IV. O exercício das tecnocracias médicas ... | 499

transplante em que é tipo feito em cima da hora ... acaba por ser avaliado quase em cima da hora ... Nós duas horas ou três antes do transplante temos conhecimento, lemos o processo clínico, o cirurgião vai ver o doente, o anestesista vai ver o doente, o hepatologista já o conhece ... Portanto, há ali sempre uma troca de informações..." (MC UT 9)

"Nós temos, isso também vem da experiência daquilo que sabemos, do que se sabe. Sabemos que para dado problema, normalmente como é que se resolve esse dado problema. Há doentes que nós previamente estamos à espera que surja um risco, este problema, e isso é discutido antes. Neste doente se houver isto, fazemos assim, tentamos fazer assim, ou não tentamos fazer assim, ou tentamos fazer assim. Portanto, isso é uma coisa que nós já levamos antes de começar o transplante, isso é discutido em grupo. Às vezes há situações que se nos deparam e que precisam de uma decisão quase imediata de como é que se resolve. Isso depende muito da experiência de quem o está a fazer. Não há muito tempo para tentar reunir as pessoas para decidir como se vai fazer. (...) Por isso é que normalmente a nível do transplante renal há sempre alguém de chamada para tentar resolver um problema que surja. O transplante renal há pouca variedade de problemas mas realmente aqueles que surjam têm que ser resolvidos e têm que ser bem resolvidos. No transplante hepático, ainda mais por maioria de razão (...) é raríssimo estar cá um cirurgião sénior sozinho ter que, entre aspas, se amanhar com aquilo, com aquilo que lhe aparecer." (MC UT 4)

Mas no bloco operatório a tomada de decisão não se limita apenas ao trabalho dos cirurgiões. A par com os cirurgiões, os anestesistas assumem um papel absolutamente crucial no que diz respeito ao trabalho conjunto entre estas duas especialidades. Como referimos anteriormente, o trabalho entre cirurgiões e anestesistas raramente se confunde, verificando-se uma partilha ao nível do domínio de tecnologias e procedimentos, que é simbolizada pelo colocar de um pano vertical que separa os dois espaços de intervenção. No entanto, a interdependência destas duas especialidades, absolutamente imprescindível ao exercício das respectivas práticas, implica uma responsabilidade conjunta entre as duas. Se por um lado as técnicas jamais se confundem e as áreas de intervenção de cada grupo estão perfeitamente delimitadas, bem como as decisões que competem a cada um dos foros, a responsabilidade sobre o doente é assumida por toda a equipa médica presente no bloco.

"Se houver um problema com eles [anestesistas] a cirurgia pára. Normalmente eles tentam não interferir na cirurgia, mas também a cirurgia não pode estar a interferir no que eles estão a fazer. Às vezes está a sangrar e não se pode parar e eles sabem isso também, andam ali aflitos ... Mas há ali uma perfeita sintonia, aliás não se pode trabalhar em cirurgia de outra maneira. Se é uma cirurgia pequena ainda é como o outro, mas em cirurgia maior não se pode trabalhar contra o anestesista." (MC UT 7)

"São trabalhos diferentes, portanto, normalmente não interferem. Não interferem e são complementares, porque há uma relação muito de troca de informação, porque são doentes muito difíceis, são doentes que de um momento para outro podem complicar, podem perder muito sangue, podem ficar em estados ... e nós passamos a informação rapidamente para o anestesista para ele poder alterar também a sua maneira ... Se ele disser pára, o cirurgião suponho que respeita essa opção, até porque é fundamental ter sempre o doente na mão, digamos. Se estiverem a fazer uma hepatectomia e sangrar perguntam-nos. "Mas o doente está bem? o doente está estável?" "O doente está a sangrar mais do que é habitual, veja lá o que é que se passa!" "Ah, não, continue e tal..." (MC UT 5)

"(...) Para já há uma conversa permanente ... do cirurgião com o anestesista durante a intervenção e os vários anestesistas preocupam-se por saber em que fase é que estão, o que é que está a acontecer em termos de complicações, como é que, se o fígado é bom se não é ... Ainda por cima porque muitos deles têm parte activa na colheita ... portanto, já é um trabalho que vem de trás ... e já sabem o que podem esperar e o que pode acontecer, etc., etc. nesse aspecto é um trabalho muito..." (MC UT 9)

Desta forma, ao longo da cirurgia, em situações em que as duas tecnocracias se interceptam, anestesistas e cirurgiões vão reconstruindo em conjunto uma estratégia comum, a partir de uma troca de informações permanente. Então, tal como o cirurgião redefine a sua abordagem cirúrgica, com base nos dados que lhe são transmitidos pelo anestesista, este último reconstrói de igual modo a sua estratégia a partir das informações do cirurgião. Toda esta situação processa-se através de um diálogo entre os dois lados do pano, que se circunscreve a momentos concretos, sobretudo nas fases mais críticas da cirurgia, ou em situações inesperadas que podem pôr em causa a vida do doente.

> "Muitas vezes ... ou acontece, por exemplo, em que há uma situação em que é preciso parar, ou uma situação que o anestesista tenha percebido ... e diz: "parem agora"...para não estimular cirurgicamente nada, para ver se o doente estabiliza um bocadinho mais. Isto já aconteceu. O cirurgião pára o que está a fazer para que o doente estabilize um bocadinho mais. Por outro lado há situações em que realmente só o cirurgião se apercebe, geralmente hemorragias ou ... em cirurgia também acontece, muitas vezes acontece um acidente hemorrágico um bocadinho mais violento em que o doente sangra um bocadinho mais ... E nós dizemos "aquele sangrou agora aqui um bocadinho, aquele sangrou aqui bastante"... "Olha que houve um buraco na cava". E isso é o maior susto para o cirurgião e que eles não se apercebem tanto dessa situação mas que a nós nos assusta bastante, quer dizer, pode matar um doente de um momento para o outro. Portanto, habitualmente há uma colaboração muito estreita entre nós e que nos avisamos, ou que muitas vezes quando nós estamos a fazer anastemose da artéria [ligação das artérias do dador e do receptor], que vimos que há pouco pulso ou que o pulso está muito débil, pedimos a tensão. Há uma relação bastante estreita." (MC UT 8)

Nas situações mais delicadas, a calma aparente que caracteriza estes diálogos quebra-se, por vezes, dando lugar a vozes mais exaltadas. Nestas ocasiões, o anestesista assume uma postura de comando, interferindo no trabalho do cirurgião.

> "(...) Aí depende um bocadinho de caso para caso, tem que ser ... Aí acontece muitas vezes no corpo, portanto, há um acidente,

há uma ferida na cava e não sei quê, imediatamente "pá, olha! Ferida na cava, vejam lá, façam ... cuidado para não haver embolia, etc. etc." Há uma relação ... directa! Há uma formação directa ... portanto..." (MC UT 9)

"Só começamos quando o anestesista "deixa". É. A gente não pensa sequer no que se está a passar e eles de vez em quando dizem, "agora não façam isto, agora façam isto" ... mas funciona muito bem, quando não se dá pela anestesia é óptimo. Normalmente é porque as coisas estão a funcionar bem ... A gente sempre conversa." (MC UT 4)

"Nós aí fazemos aquilo que o anestesista nos disser. Se ele disser "pára", nós paramos, "faz isto", nós fazemos. Normalmente é isso. Ou então "despachem-se porque ..." Já tive de tirar um fígado a correr, entre aspas, às três pancadas, porque o doente ia sangrando e não havia possibilidade de controlar aquilo sem tirar o fígado, a certa altura a situação chegou a um ponto em que o que era preciso realmente era tirar o fígado de qualquer maneira e pôr outro. Tirar o fígado, consertar o que havia a consertar e pôr outro fígado. Mas isso também é dado pela anestesia, a anestesia diz 'vocês façam isso porque realmente as coisas não estão a correr bem, vocês despachem-se, não podem estar à vontade.' O transplante pode demorar 24 horas." (MC UT 4)

"(...) Pronto, há uma ligação que é importante e a gente saber as fases e estar atento e eles dizerem "Vou desclampar, vou clampar, agora está a sangrar muito ...", portanto, isso são conversas que são importantes porque nós temos que estar atentos para manter uma hemodinâmica correcta ... Para não haver grandes hipotensões ... que muitas vezes se tornam críticas porque muitas vezes depois não conseguimos levantar essa tensão arterial ao doente ... E muitas vezes não se apercebem da situação grave do doente, não é. Às vezes perguntam como é que está a tensão...'Está tudo bem' e tal ... Em situações críticas, nessa altura, portanto, a voz de comando é do anestesista ... e é respeitadíssima e imediata, e imediata..." (MA UT 15)

Podemos afirmar que esta tomada de decisão conjunta no bloco, entre cirurgiões e anestesistas, está perfeitamente institucionalizada, não apenas nas práticas médicas, mas também, tal como refere Fox (1992), no discurso de ambas as especialidades. Uma vez assumido por parte dos anestesistas que o doente tem condições para ser submetido a um transplante hepático, o processo torna-se irreversível, sendo que a decisão terá de ser sempre a de seguir em frente, a partir de uma estratégia que é reconstruída a par e passo com os cirurgiões.

Fox (1992), utilizando o conceito de descontrução, evidencia o contraste entre dois discursos diferentes, o do cirurgião e o do anestesista, referindo que os significados destes dois discursos, aparentemente em conflito, são, de facto, interdependentes e apenas podem ser articulados através do contraste mútuo. Assim, estes discursos opostos dependem um do outro para serem autenticados, como aliás testemunham as entrevistas que se seguem.

"Em termos de tomada de decisão o anestesista no Bloco se decide, essa é a minha perspectiva, se decide que o doente é anestesiável acabou, tem que o anestesiar e tem que ir do princípio ao fim e depois há determinados momentos no transplante que o cirurgião deve, tem a obrigação de avisar o anestesista para aquilo que vai ocorrer, para ele preparar o melhor possível o doente. Mas o anestesista nunca tem o papel de dizer, não podes fazer isso." (MC UT 10)

"Por vezes, tem que parar um bocadinho, tudo bem. A cirurgia do transplante é uma cirurgia que não pode parar, como sabe. Quando se começa a hepatectomia [fase da cirurgia onde é retirado o fígado] acabou-se não se pode parar, tem de se ir até ao fim ou o doente morre, não há nada a fazer ou ele [anestesista] tem que aguentar o doente o mais possível para se conseguir terminar o transplante. Agora há determinados momentos, porque o doente tem uma baixa de tensão muito grande, ou começa a bradicardiar muito, a frequência começa a ... tem que se fazer uma pausa, tem que parar um bocadinho, para ele preencher um bocadinho mais o doente, para a coisa estabilizar para depois recomeçar..." (MC UT 10)

"(...) até porque parte-se do princípio que se há alguma coisa que corre mal a gente alerta-se uns aos outros ... diz: "Olhe isto está a correr mal está a perder muito sangue ..." dizem-nos eles [cirurgiões] e diz: "Olha, tens que ter cuidado porque isto está mau o doente está-se a ir abaixo, vamos aguentar, vamos ..." porque no fundo não há necessidade de tomar decisões ... se há necessidade, por exemplo, eu sou uma anestesista que vejo que o doente não está a aguentar, eu pura e simplesmente mando-os parar e eles param imediatamente. Imediatamente! Nem há outra coisa senão dava-lhes um tiro logo! (risos). Claro, estamos em função do doente nem há qualquer, não há hierarquia numa sala, a hierarquia é o doente, porque é quem manda mais! (...) Nem tem nada a ver! Em qualquer equipe que trate doentes graves, a igualdade entre os pares é total..." (MA GCCOT 24)

A este propósito, o testemunho dos enfermeiros presentes no bloco coincide com a ideia referida por cirurgiões e anestesistas, de que existe um equilíbrio de pesos das duas especialidades médicas em termos de decisão.

"O anestesista! O cirurgião cumpre a ordem do anestesista, mas isso é linear. É linear, isso não ... Nem ninguém tem que dar opinião, o anestesista é o que ... O anestesista é o Rei do Bloco. O anestesista é que tem a vida do doente na mão. A anestesia é quem manda no Bloco, e mais nada, não há mais ... não há mais quê nem ê." (E UT 28)

"O anestesista no bloco é que manda. É o anestesista que diz quando é que pode começar, é o anestesista que diz quando é que tem de suspender ... o anestesista no bloco é a pessoa que manda." (E UT 29)

"São trabalhos distintos mas, ao mesmo tempo, por exemplo, o cirurgião vê que o doente está a sangrar, avisa o anestesista de que está a sangrar ... para o anestesista tomar as devidas providências, antes de vir por ali abaixo. Por exemplo, o anestesista verifica que, por exemplo, o doente começa as tensões a baixar, começa hemodinamicamente a ficar muito instável, portanto, avisa o cirurgião que está a haver uma coisa qualquer."(E UT 36)

"Sim, sim, o anestesista é que diz: "Pára que eu tenho aqui uma situação para resolver". E já aconteceu isso no bloco mais que uma vez! Ficam todos quietinhos ... Eles fazem tudo que o anestesista diz, nessa altura (risos). Para manter o doente vivo ..." (E UT 34)

Neste sentido, nas situações de limite entre a vida e a morte, onde a voz do anestesista ou do cirurgião fala mais alto, é interessante observar a forma como se avança e recua nos procedimentos médico-cirúrgicos. Criam-se verdadeiras situações de compromisso onde ambas as partes vão cedendo em prol do doente, num ambiente de extrema tensão onde por vezes os ânimos se agitam, mas sem que isso signifique, necessariamente, um conflito de opiniões entre posturas diferentes. Muito pelo contrário, as concessões de parte a parte, se assim podemos dizer, são assumidas de forma consciente e perfeitamente pacífica. A este propósito, numa das entrevistas, confrontámos um dos cirurgiões acerca deste tipo de situações. Quando colocada a questão, o cirurgião admite a importância da anestesia na liderança do processo. No entanto, não deixa, no momento seguinte, de referir o protagonismo do cirurgião no comando da maioria das situações, justificado pela necessidade de aplicar uma técnica cirúrgica e não médica, como resolução.

"[A anestesia] fala mais alto ... Sem dúvida! Quando as coisas não correm bem, vamos lá ver ... as coisas podem não correr bem por uma manobra da cirurgia e essa aí, o barco tem que ser controlado porque o timoneiro é o cirurgião, inevitavelmente. (...) Dando um exemplo: uma hemorragia intra-operatória, já temos tido algumas, felizmente não tivemos nenhuma com consequências fatais, mas é completamente diferente se tivermos, por exemplo, um doente, com uma hemorragia difícil de controlar e que nós temos de controlar, e aí tem que ser o cirurgião a controlar. Portanto, é com o cirurgião. Outra coisa é, por exemplo, uma paragem cardíaca ou uma embolia gasosa, como nós já tivemos. E aí tem que parar automaticamente aquilo que estamos a fazer, se pudermos parar obviamente ... E aí, o timoneiro, digamos assim, se quiser, tem que ser o anestesista. Há vários timoneiros, sem dúvida nenhuma! Mas na maior parte dos casos, os problemas que vão surgindo são mais cirúrgicos do que anestésicos, penso que sim." (MC UT 6)

Fox (1992), a propósito desta divisão de competências entre anestesistas e cirurgiões no bloco operatório, refere que os primeiros têm autoridade sobre o doente durante a administração da anestesia e no tempo de recuperação, enquanto que o cirurgião apenas exerce autoridade sobre o doente durante o tempo em que este está, já anestesiado, na mesa de cirurgia. Deste modo, o anestesista assume um enorme peso no que respeita ao esforço de tornar o acto cirúrgico num procedimento seguro. Neste sentido, o cirurgião depende do anestesista e descansa neste importante elemento da equipa.

Fox (1992:46) aponta o trabalho no bloco como um dos casos excepcionais na medicina em que a responsabilidade do doente é totalmente partilhada entre cirurgiões e anestesistas, onde a gestão conjunta do doente está perfeitamente institucionalizada. Desta forma, a divisão do trabalho no bloco pode ser compreendida enquanto duas perspectivas diferentes sobre o doente, que se complementam e que estão institucionalizadas nos discursos de ambas as especialidades. A condição física do doente, e todos os procedimentos que lhe estão subjacentes, constituem propriedade do anestesista, sendo que, e de acordo com Fox (1992:53), a interacção entre anestesistas e cirurgiões ocorre apenas, tal como tivemos também oportunidade de verificar nesta investigação, quando se torna indispensável. Assim, uma das regras de ouro dentro do bloco é a de que o anestesista nunca interfere.

No entanto, também Fox (1992:62) faz notar, em determinadas situações, o poder do cirurgião face ao anestesista e que tem a ver com circunstâncias de conflito entre duas dimensões da trajectória da doença que o autor designa de *illness* e *fitness*, sendo que a primeira corresponde à doença propriamente dita e a segunda à capacidade que o doente tem de sobreviver e beneficiar dos procedimentos que levam à cura da doença. Assim, *illness* e *fitness* não constituem pólos opostos de uma oposição, mas sim duas dimensões distintas da trajectória do doente. Desta forma, Fox (1992:69-80) refere que o discurso da actividade médico--cirúrgica do bloco é articulado a partir da combinação entre estes dois tipos de discurso. Mediados pelos seus intervenientes, cirurgiões e anestesistas, os respectivos discursos ligam-se às respectivas actividades técnicas que dominam no bloco operatório, existindo, desta forma, um discurso partilhado e polarizado. Neste sentido, o autor (1992:91-92) faz notar que o prestígio do cirurgião é construído, também, graças à prestação do anestesista, na medida em que o primeiro ousa ir mais além, pelo facto de ter uma retaguarda de segurança proporcionada pelo segundo. Assim, a estrutura de alto risco que envolve a actividade cirúrgica conduz toda a acção do cirurgião. Devido à natureza da própria actividade cirúrgica, os cirurgiões acarretam com mais riscos do que outras especialidades médicas, reclamando, deste modo, para si, um preço alto em termos de autoridade e prestígio.

4. O Pós-Operatório

No pós-operatório imediato, já nos cuidados intensivos, os intensivistas assumem um papel crucial. Durante todo o período em que os doentes estão nos cuidados intensivos, o poder de decisão sobre todos os procedimentos médicos necessários é praticamente da responsabilidade destes especialistas. Normalmente, trata-se de uma fase muito circunscrita em termos temporais, porém crítica e decisiva para o sucesso do transplante.

No entanto, a participação de outras especialidades, como a hepatologia e a cirurgia, faz-se sentir, sendo que o peso que cada uma destas assume depende da gravidade dos casos e da evolução das diferentes trajectórias dos doentes transplantados, já que a grande maioria das complicações inerentes ao transplante ocorre no pós-operatório imediato.

No que diz respeito aos hepatologistas, nesta fase de cuidados intensivos, a sua participação circunscreve-se à prescrição de um conjunto específico de medicamentos, os imunossupressores. Assim, todas as decisões do foro médico, entenda-se não cirúrgico, são inteiramente assumidas pelos intensivistas, embora sob o olhar à distância, porém atento, do hepatologista. Por vezes, embora raramente, a presença do hepatologista é solicitada pelo intensivista para discutir alguns aspectos relacionados com o doente; de igual modo, em algumas ocasiões pontuais, o hepatologista aproxima-se por iniciativa própria para recolher informações sobre determinados doentes. Mas, apesar destes encontros ocasionais que podem contribuir para esclarecer determinados aspectos relacionados com a situação concreta do doente, a decisão acerca da trajectória do doente fica com os intensivistas, os especialistas dos cuidados intensivos que dominam um vasto leque de conhecimentos científicos, a par de uma enorme experiência clínica na área, o que demonstra, mais uma vez, o peso do conhecimento médico na tomada de decisão.

Acresce que, nesta fase do circuito de transplantação hepática, a construção das decisões médicas, centralizadas no intensivista, assenta num conjunto de informações acerca do estado do doente que têm origem na actividade de outras especialidades médicas (patologistas clínicos e radiologistas) como, aliás, foi referido anteriormente.

> "Portanto, as análises são um dado fundamental, é preciso ter um diálogo com o patologista clínico e no transplante hepático é uma das áreas que funciona bem, é claramente uma das áreas em que isso é muito importante porque a imunoterapia intervém muito activamente na própria programação da terapêutica do doente do ponto de vista da imuno-hemoterapia, eles discutem isso muito connosco. Dependemos muito dos imagiologistas. Estes doentes, para algumas complicações têm de fazer sistematicamente ou ECOs ou mesmo TACs, não é, e aí os imagiologistas dão-nos uma informação preciosa das complicações. O que é preciso ver, o que é que se está a passar. Os transplantados, como já deve ter percebido, em termos de coagulação os valores são importantes, a abordagem dos valores da coagulação por um lado e a imunossupressão, a programação da terapêutica substitutiva do plasma..." (MI UIV 21)

Mas se o contributo dos hepatologistas para a construção da decisão nos cuidados intensivos é pontual, o mesmo não acontece

Parte II – Capítulo IV. O exercício das tecnocracias médicas ... | 509

com os cirurgiões, nomeadamente no que diz respeito a complicações do foro cirúrgico que podem surgir no pós-operatório imediato. Enquanto que nas complicações da área médica os hepatologistas são dispensados pelo facto dos cuidados médicos necessários serem assegurados pelo intensivista, que domina um património comum com os hepatologistas, nas complicações relacionadas com a cirurgia a presença de um especialista da área é absolutamente necessária.

"(...) também muito na fase aguda do pós-transplante como depois eventualmente complicações que surjam mais tarde, mas mais gritante, quanto a mim, do que o apoio dos hepatologistas, porque para o apoio dos hepatologistas, na fase aguda, eles só intervêm na imunossupressão, não é ... e na fase aguda penso que a gente não pode fazer mais coisa nenhuma ... e o cirurgião não, o cirurgião às vezes é muito preciso, muito útil. Primeiro para nos explicar o que é que fez na cirurgia, quais são as complicações durante a cirurgia. Porque isso é óptimo para determinadas complicações, não é ... Porque a gente nunca pode diagnosticar se não souber o que se passou. Penso que a parte da falta de apoio e de discussão numa cirurgia na fase aguda do pós-transplante é mais importante do que nos hepatologistas." (MI UIV 23)

É de facto com os cirurgiões que os intensivistas estabelecem um maior contacto nesta fase do pós-operatório imediato, verificando-se no discurso dos intensivistas uma atitude de "quase esquecimento" em relação ao hepatologista, pelo simples facto da sua participação, nesta fase concreta, ser mínima, restringindo-se apenas à prescrição da terapêutica de imunossupressão. Por este motivo, os intensivistas chamam-lhes "os ciclosporinistas" (termo criado a partir da substância activa "ciclosporina" presente nos imunossupressores).

" (...) Pode não haver propriamente conflito ... (...) há o típico é dizer, "assim não está bem! Há aqui qualquer coisa, vocês acham que ... é de voltar a abrir e tal", "Ah, não, vamos aguardar ..." e pronto. Se são problemas cirúrgicos técnicos deles, acho bem que devemos acatar as opiniões deles, não é, a gente pede, pois se eles cá estão. Depois se há alguma coisa procuramos sempre contactar com eles. Se é uma coisa que me diz respeito, às vezes digo, 'olha, participamos ou fizemos isto ou faz-se aquilo' ou se por exemplo, o que é que põe mais problemas, sei lá, começar uma terapêutica mas isso eles deixam perfeitamente à vontade! Nem se metem nestas coisas, porque é preciso fazer uma albumina, porque foi preciso fazer hemodiálise, portanto, heparina ou se fez transfusão. Isto é uma coisa que eles deixam completamente e portanto...." (MI UCI 20)

"Temos a responsabilidade embora, por vezes, nós, dos hepatologistas escusamos de ter qualquer colaboração. Aliás, chamamos-lhes os *ciclosporinistas*. Mas temos um contacto mais franco e mais aberto com os cirurgiões, porque em regra também as complicações no pós-operatório, em regra, são cirúrgicas. Não são médicas." (MI UCI 19)

"Eles [hepatologistas] não interferem nas nossas tácticas. Eu quando estou de Banco, eu faço questão de ser eu a decidir o que fazer, tirando a parte da imunosupressão que há doses, que é uma tabela que eles lá têm que é de acordo com a superfície corporal que são os esquemas deles. E quando há um problema cirúrgico eu contacto o cirurgião. Ainda há pouco tempo, há uns 2 meses, tive aí um doente que me deu um problema durante a noite, problemas cirúrgicos, tinha uma disfunção grave do enxerto, eu contactei a cirurgia que era quem me interessava, que era quem me ia safar, não eram os hepatologistas... " (MI UCI 19)

"Da hepatologia nós contamos connosco. Não contamos com ninguém. Agora se há um problema que pode ser cirúrgico discutimos com o cirurgião." (MI UCI 19)

É o intensivista que decide quando é que o doente está em condições de ser transferido para a enfermaria da UT, na medida em que são estes especialistas que se encontram em condições para avaliar se o doente já não necessita da prestação de cuidados intensivos. No entanto, como já tivemos oportunidade de referir, a propósito da discussão das fronteiras entre as especialidades médicas presentes na transplantação hepática, existem situações em que os hepatologistas discordam em relação aos tempos em que os intensivistas decidem dar alta aos doentes. O ponto de divergência tem a ver com o facto de, em algumas situações pontuais, os hepatologistas serem da opinião que o doente deveria permanecer ainda mais algum tempo nos cuidados intensivos. Nestas situações, os casos são discutidos, por vezes, na presença do coordenador dos intensivistas que faz a ligação com a UT, por forma a ajudar a conciliar as duas perspectivas.

Então, podemos afirmar que em comparação com o que acontece com os hepatologistas, existe um compromisso mais estreito entre intensivistas e cirurgiões, decorrente da necessidade de articular diferentes saberes médicos na construção da decisão acerca da trajectória de determinados doentes. Sempre que necessário, o intensivista solicita a presença do cirurgião e discute com ele os procedimentos médicos e cirúrgicos necessários. De qualquer modo, os diferentes saberes encontram-se divididos entre as duas especialidades, sendo que cada uma conhece bem os limites da sua intervenção, como podemos constatar a partir destas entrevistas.

> "Nós nem sempre temos que intervir. Basicamente nós gostamos de acompanhar o doente, estamos mais ou menos em cima dos acontecimentos. Agora realmente quando se tratam de situações um bocadinho mais médicas, que são eles obviamente que estão dentro e que estão capacitados. Mas, habitualmente, quando nós vamos à [UCI] e vamos sempre ou um ou outro vai sempre lá, não quer dizer que seja sempre em grupo mas, um ou outro vai lá sempre e anda sempre em cima da situação. E individualmente discutimos as coisas em conjunto. Quando se toma uma atitude geralmente é em conjunto. Ou eles dizem aquilo que fizeram, aquilo que não fizeram, portanto, como é que as coisas estão a correr, o que é que a gente acha, enfim ... (...) Há coisas que ... porque é assim: os intensivistas são pessoas com uma competência enorme, mas realmente o doente beneficia se tiver duas cabeças a pensar ... Duas cabeças a pensar, com modos de ver diferentes.

Por vezes, há coisas que para o intensivista podem parecer importantes e que para nós não são. Olhares diferentes ... a drenagem, pequenas ... enfim, há pequenas coisas que realmente o cirurgião tem uma visão diferente e que eles não têm que ter também. Eles têm uma visão diferente de determinadas coisas, que nós também não temos que ter, por isso é que há um benefício. Há um grande benefício no tratamento do doente se isso acontecer." (MC UT 8)

"Depende do tipo de tomada de decisão. Normalmente nós somos chamados se há aparentemente uma complicação cirúrgica. Nesse caso a tomada de decisão obviamente é com consenso, a discussão é feita relativamente ao doente, mas a tomada de decisão é nossa. Nossa ... se vamos abrir, se não vamos abrir, se há alguma atitude a tomar. Se for uma atitude médica, normalmente damos uma opinião, mas normalmente essa decisão é mais tomada por eles ... se tem um edema pulmonar, não será uma disfunção cardíaca, poder dar alguma ... a conversar, fazer uma sugestão, claro quando eles nos chamam por um problema cirúrgico também eles fazem as suas sugestões e põem os seus problemas, mas pronto, a decisão..." (MC UT 7)

Existe um tipo de situação muito concreta que tem a ver com os casos em que o fígado transplantado apresenta sinais de rejeição, onde se estreita a relação entre cirurgiões e intensivistas (se ocorrer na fase de cuidados intensivos), ou entre cirurgiões e hepatologistas (se ocorrer na fase posterior aos cuidados intensivos), que interpretam conjuntamente determinados sinais. Em conjunto, as duas especialidades definem a estratégia a seguir, a partir de saberes que se complementam.

Estas situações, que habitualmente se traduzem num novo transplante, caracterizam-se, por vezes, por algumas divergências nas fronteiras entre o conhecimento médico e cirúrgico. Aqui, a decisão de retransplantar é totalmente assumida pelos cirurgiões, muitas vezes contra a opinião das outras especialidades médicas. Algumas vezes assistimos a situações dramáticas onde o que estava em causa era decidir se o doente era ou não submetido a mais um novo transplante.

Mais uma vez, nas situações de rejeição do novo órgão, coloca-se a importância do peso da incerteza na tomada de decisão. A este propósito Fox e Swazey (1974:318) designam as equipas médicas de transplantação como "especialistas em incerteza", na medida em que a sua competência altamente sofisticada está intencionalmente comprometida a trabalhar nas fronteiras daquilo que é medicamente conhecido, empurrando-os para o incerto. Estes médicos, em particular os cirurgiões, têm mais experiência e motivação para ousarem e atreverem-se a ir mais além, sendo que este aspecto irónico reflecte-se no próprio ambiente e humor que caracteriza este grupo e na sua hiper-consciência em relação ao frágil terreno que separa o sucesso do falhanço.

Pela natureza do seu trabalho, estes médicos vivem circunstâncias de enorme emocionalidade nos vários momentos de tomada de decisão, sobretudo aquelas que conduzem a decisões que implicam suspender o processo de transplantação ou mesmo nem sequer iniciá-lo. De certa forma, estes médicos tendem a equacionar a sobrevivência do doente como "sucesso" e a sua morte como "falhanço", mesmo em circunstâncias em que nada mais pode ser feito pelo doente, como se fosse possível perpetuar a vida para sempre e como se os médicos pudessem ser sempre capazes de evitar a morte. Sendo o transplante o último recurso, coloca-se muitas vezes um enorme dilema a estes profissionais, que pode conduzir a situações onde a intervenção médica já nada pode fazer pelo doente e mesmo assim se insiste num esforço extraordinário para agarrar a vida. Sobretudo para os cirurgiões é extremamente difícil parar, mesmo quando reconhecem que agravam o sofrimento do doente em vez de o aliviarem. Assim, a questão que envolve chegar a uma decisão racional, ética e humana é complicada por um conjunto de elementos. Alguns factores empurram os cirurgiões para uma atitude pró--transplante em relação a todos aqueles cujas vidas possam ser prolongadas, mesmo os casos com menos ou quase nenhumas possibilidades de sobrevivência. Na medida em que as decisões médicas nesta área ocorrem em contextos de emoção pessoal, face a face em encontros com doentes e as suas famílias, e não em contextos impessoais e distantes, é difícil para os cirurgiões encerrarem esta possibilidade, por vezes a última, que a transplantação concede.

A enorme incerteza médica que envolve a transplantação também pressiona os médicos a oferecer aos doentes em estados terminais a sua última oportunidade. Deste modo, é difícil prever que doente se irá salvar, sendo que os médicos, sobretudo os cirurgiões, dão sempre ao doente o benefício da dúvida. No entanto, ao mesmo tempo, outros factores fazem deter este comportamento, sendo que o principal tem a ver com a escassez de órgãos disponíveis para transplantar e o facto deste tipo de tratamentos implicar terapias inovadoras em constante desenvolvimento e aperfeiçoamento, complexas, especializadas e extraordinariamente dispendiosas.

Nestes casos limite, a polémica instala-se entre as diferentes especialidades médicas e a cirurgia. Mais uma vez o cirurgião está disposto a arriscar numa derradeira tentativa de prolongar a vida. Os médicos contra-argumentam apelando para aquilo que designam de "direito a morrer dignamente." (n.t.c.).

"Mas muitas vezes é alguns doentes que têm que ir ao bloco ou ... não digo portanto, às vezes há uma certa divergência nesse sentido que é eu achar que o doente, pronto, não iria beneficiar. Eu acho que deve-se morrer com dignidade, está a perceber? E então isso às vezes há uma certa divergência. Surgiu um miúdo há pouco tempo, um doente. E portanto, eu por mim não mexia e achava que o doente devia morrer com dignidade e acabou por falecer, claro, não é, e eu penso que aquele pareceu-me que não. Quer dizer, enquanto que sob o ponto de vista de cirurgia eles achavam que aquela cirurgia tinha que ser feita, mas não viram o contexto geral do doente..." (MA UT 15)

"Na minha opinião, da cirurgia, é que se pegamos um doente, pegamos no doente do princípio ao fim. O único doente que nós acabámos por não retransplantar foi um doente que é o (...), que é muito conhecido, que foi um doente que ao quarto retransplante, ele recusou-se a ser transplantado. E se calhar, quanto a mim não fizemos tanta força quanto devíamos. Se calhar, se nós temos insistido, "tem de se deixar ... você vai morrer ... tem uma filha pequena". Estava muito deprimido, era um doente com PAF, seria o quarto fígado que nós lhe íamos pôr e ele disse que não queria, "então não quero, não quero". E acabou por morrer no hospital no Porto, se não me engano Se calhar tinha morrido na mesma. Noutro doente nós fizemos quatro transplantes ... Ele veio a morrer com uma complicação e teve o azar de ter sido retransplantado e de ter recebido dois fígados maus. Portanto, no transplante nós temos que pôr o fígado que aparece e eram dois que eram maus e ele quando recebeu um fígado novo, 0 – 20 anos, que era o grupo dele. Mas entretanto como era a quarta intervenção, em cada intervenção os riscos aumentam, nomeadamente o risco infeccioso e ele infectou provavelmente a prótese para a artéria que nós tínhamos feito e depois morreu com uma complicação hemorrágica por causa disso. O doente clinicamente estava muito bem, começou a sangrar." (MC UT 4)

Em muitas circunstâncias, em situações de rejeição repetida dos órgãos transplantados e a consequente necessidade de se proceder a retransplantes sucessivos, a equipa médica confronta--se com um conjunto de questões morais. Muitas vezes os doentes demonstram um desejo de morrer e de não investir mais num novo transplante. Nessas situações, depois de esgotadas todas as tentativas de dissuasão em relação a esta atitude do doente, a equipa médica cede à sua vontade não procedendo a um novo transplante. Assim, tal como refere Strauss *et.al.* (1985:208), as trajectórias problemáticas podem envolver os doentes na tomada de decisão. De acordo com o autor, a participação dos doentes na tomada de decisão processa-se, sobretudo, em circunstâncias onde os doentes são chamados a intervir por forma a encararem directamente as várias opções possíveis.

No entanto, apenas nestas circunstâncias em que o doente expressa conscientemente o seu desejo, estas situações acontecem. Na maioria dos casos, em que do ponto de vista médico e cirúrgico já nada há a fazer, os cirurgiões insistem em novas tentativas de transplante nunca desistindo do doente. Também um dos enfermeiros recorda o episódio anteriormente referido e reforça o peso do cirurgião neste momento concreto de tomada de decisão.

"Ah, os cirurgiões é uma classe à parte, é muito curioso. O cirurgião ... Há os médicos e os cirurgiões, precisamente. O cirurgião começou por ser barbeiro, sem prestígio algum, mas hoje têm um prestígio incrível. Eles estão acima! Eles estão no topo, eles são deuses. Os outros médicos acatam incondicionalmente a decisão do cirurgião ... Já temos tido aí casos dramáticos. Tínhamos um doente que estava numa situação lastimosa, que ninguém concordava, e o hepatologista não concordava que ele fosse ao bloco, porque ia-se causar mais incómodos ao doente, mais sofrimento, sem qualquer resultado prático. O prognóstico era mau, era péssimo ... o intensivista não concordava que o doente fosse ao bloco, porque sabia que não tinha condições anestésicas para que o doente sobrevivesse. Ninguém concordava, ninguém concordava ...! A opinião do cirurgião é que contou. E eu fui a única pessoa que se insurgiu contra isso, e disse: " Vocês são todos uns cobardes! Porque toda a gente está em desacordo e vocês concordam em levar o doente ao bloco." E o doente acabou por ir ao bloco, porque foi pedido o consentimento à família do doente e a família nestas situações está entre a espada e a parede! Não tem hipótese, nunca se querem comprometer. A família nunca se quer comprometer! Para já está ali numa embrulhada e se lhe dão uma réstia de esperança ... basta uma réstia de esperança ... e basta isso para o familiar ... Ele estava morto, ele estava amarrado à máquina, e perguntamos nós todos para quê! Mas o cirurgião queria levá-lo ao bloco, meteu-se na cabeça, e era o que menos conhecia o estado do doente. O cirurgião era o que menos conhecia o estado do doente, mas mesmo assim foi ao bloco." (E UT 33)

Assim, em muitas circunstancias, são os cirurgiões que moldam o desejo dos doentes, conduzindo-os e persuadindo-os para a decisão que acham mais correcta. A este propósito, Brock (1988:98-99) refere que estas situações de retransplante são particularmente pressionantes devido à escassez de órgãos disponíveis e à falta de alternativas terapêuticas. A resposta, por vezes emocional, a este tipo de situações, onde um doente já conhecido da equipa médico-cirúrgica, enfermeiros, auxiliares e administrativos, pode morrer a qualquer momento se não voltar a ser transplantado, são, de facto, muito poderosas. Trata-se de uma pressão intensa para com toda a equipa de transplantação que, consciente ou inconscientemente, não está disposta a perder o doente. Um novo órgão irá permitir rectificar aquilo que pode ser encarado como uma falha. Finalmente, a equipa sente que assumiu um compromisso para com o doente, a partir do momento em que procedeu a um primeiro transplante, que será certamente um compromisso muito mais forte do que um outro que iniciariam com outro potencial receptor. Assim, o retransplante constitui a segurança na continuidade dos cuidados médicos que são desta forma justificados. Não retransplantar constitui, de facto, uma forma de abandono do doente, pelo menos o corpo médico, sobretudo os cirurgiões, sente-o desta forma, sendo difícil resistir. No entanto, alguns argumentos surgem nestas situações que contrariam esta postura quase irresistível, expressas em formas de discursos tais como, "se existem mais candidatos ao órgão, com maior possibilidade de sucesso (o retransplante implica mais riscos que uma primeira vez) que também morrerão se não forem transplantados, porque não tentar agora noutros em vez de desperdiçar um órgão." (n.t.c.)

A este propósito também McGrath (1997:102) refere a existência de um optimismo tecnológico, baseado em altas expectativas em relação à técnica, orientações de tratamento que subestimam os riscos, dissipam as dúvidas e assumem a existência de recursos sem limite. Estes aspectos desembocam numa retórica e mesmo ideologia que conduz a uma razão de ser da intervenção médica, onde a sobreposição ética na tomada de decisão clínica leva a que se faça tudo o que é tecnicamente possível, mesmo que as hipóteses de salvar ou beneficiar o doente sejam diminutas ou praticamente inexistentes. Uma vez implementada, a tecnologia médica é encarada como uma fonte produtora de mais tecnologia. Neste contexto, o autor afirma que esta necessidade, em face da crescente inovação tecnológica, é inerentemente elástica e infindável. A decisão de utilização da tecnologia é forçada por pressões em relação à continuação do tratamento em causa, a todos os custos. Estas pressões incluem a incapacidade em aceitar a inevitabilidade da morte, o desejo em proporcionar todas as hipóteses ao doente, temer o julgamento do erro ou negligência, bem como o peso pessoal da culpa criado por não se ter tentado tudo o que é possível. Este ciclo vicioso de obrigação, onde o doente é invadido por um arsenal tecnológico, abre a possibilidade de uma esperança irrealista, onde as decisões de intervir são muitas vezes guiadas pelo estado da arte e não pela vontade do doente. Esta orientação da medicina especializada desenvolveu-se como resposta a um paradigma científico, conhecido por modelo bio-médico.

Acresce ainda referir, a propósito da decisão de retransplantar, algumas situações onde assistimos a divergências entre hepatologistas e cirurgiões onde, ao contrário do habitual, a perspectiva do hepatologista era a de precipitar um novo transplante, argumentando de acordo com determinados sintomas e valores clínicos, que o doente estaria a fazer uma rejeição ao novo órgão. Nestes casos concretos, a opinião dos cirurgiões é a de esperar, argumentando com base nos problemas cirúrgicos do pós-operatório que os hepatologistas desconhecem. Quase sempre, nestas situações, a equipa de transplantação chega a um consenso. No entanto, quando não é possível chegar a uma solução de compromisso entre as várias especialidades, constatamos que a voz do cirurgião fala sempre mais alto.

> "A nossa visão é mais para o lado cirúrgico e é muito fácil da parte do hepatologista dizer: este doente é para operar, nomeadamente a nível das complicações, mas depois não são eles que o vão operar, e que vão apanhar o berbicacho, muitas vezes as nossas perspectivas são mais expectantes, ver o que vai dar, a ver como estão a andar as coisas." (MC UT 10)

> "Às vezes temos perspectivas diferentes. Sem dúvida nenhuma. Eles, por vezes, tentam-nos convencer que será necessário, por exemplo, reoperar um doente, que nós não concordamos que ele

seja reoperado. Ou vice-versa, nós achamos que determinado doente, no pós-operatório, beneficiaria com determinado gesto cirúrgico, e eles acham que não. Portanto, pontualmente, há isso, não é. Mas em última análise, isso aí ... tenham santa paciência, mas a indicação operatória ainda é com os médicos cirurgiões. Quando não se consegue chegar a um consenso, em última análise, em termos de gestos cirúrgicos, é sempre com a equipa dos cirurgiões." (MC UT 6)

Desta forma, importa entender como este tipo de decisões são mediadas, através dos discursos das diferentes especialidades médicas em conflito. Assim, retomando a proposta de Fox (1992), a partir das categorias de *illness* e *fitness*, a propósito dos discursos contrastantes entre cirurgiões e anestesistas, também aqui a capacidade por parte dos médicos (não cirurgiões) em exercer poder através de um discurso de *fitness*, é geralmente limitado pelo contexto organizacional que privilegia a perspectiva do cirurgião. No entanto, a posição dominante do cirurgião é ela própria formada a partir do confronto com o discurso alternativo dos médicos. Neste contexto, cirurgiões e médicos utilizam discursos diferentes e potencialmente opostos acerca dos casos concretos. Os cirurgiões encaram os doentes de acordo com o esquema da sua doença, enquanto que os médicos estão preocupados com o *fitness* do doente, ou seja, com a capacidade do doente em termos de recuperação. Ambos os grupos dependem do outro no que diz respeito ao seu trabalho, no entanto, as suas perspectivas sobre o doente são diferentes. Os cirurgiões pretendem executar um trabalho o mais radical possível, de modo a assegurar que a doença é removida ou reduzida. Por outro lado, os médicos querem evitar uma sobrecarga fisiológica que possa comprometer o *fitness* do doente. Estas visões opostas estão presentes nas práticas médicas, naquilo que um dos cirurgiões descreve como uma relação de amor-ódio, uma simbiose, onde os cirurgiões parecem ter o maior controlo. Trata-se, de acordo com Fox, de uma espécie de luta na qual cada uma das especialidades procura intervir à sua maneira, aplicando a sua tecnocracia particular.

Com base nestas duas dimensões é possível entender as diferentes posturas das especialidades médicas envolvidas nas diversas fases do circuito de transplantação hepática. Assim, e no caso das relações entre médicos e cirurgiões, a dimensão de *illness* caracteriza a atitude do cirurgião, na medida em que o acto cirúrgico possibilita de imediato a redução ou mesmo a eliminação da doença, apesar dos efeitos negativos que esta intervenção implique em termos de *fitness* e que caracteriza muito mais as preocupações dos médicos não cirurgiões. É precisamente nesta zona que reside, de facto, o poder do cirurgião face às especialidades médicas não cirúrgicas, o que ajuda a perceber, em termos gerais, não só a relação dos diferentes especialistas com o doente, mas, também, socialmente, a autoridade e prestígio (como, aliás, refere Fox, 1992:66, a partir de alguns estudos de caso noutras áreas da medicina). No caso desta investigação, para o cirurgião o oposto de *illness* (doença) é *health* (saúde); para as outras especialidades médicas não cirúrgicas, o oposto a *fitness* é a ausência de capacidade para reagir à presença da doença. Estas negações das dimensões *illness* e *fitness* são elas próprias negadas na construção dos respectivos discursos de cada uma das especialidades, ou seja, é o pólo oposto de cada uma das dimensões que é negado e é a partir desta negação que cada especialidade define a sua possibilidade de acção. A profundidade dos antagonismos entre as especialidades, enquanto discursos construídos, serve os interesses de cada uma delas. Para os médicos o *fitness* de um doente, que também inclui a *illness*, é algo que tem de ser aumentado ou pelo menos conservado, o que não implica necessariamente eliminar a doença; para o cirurgião, as reservas quanto ao estado de saúde do doente tornam a doença como sendo um valor a reduzir.

Assim, estes antagonismos que são construídos a partir das negações das perspectivas que as especialidades têm sobre o doente e a doença, assumem um significado apenas num contexto de uma interacção necessária entre as especialidades, o que quer dizer que não têm significado senão na relação entre elas.

Quando uma das especialidades tem um pouco de espaço para fazer sentir a sua autoridade, o discurso presente em ambas é em sintonia e assume uma lógica de discurso partilhado. Então, o discurso da actividade médica envolvida na transplantação hepática é articulado a partir da combinação dos vários tipos de discursos, mediados pelos seus intervenientes. Os respectivos discursos ligam-se às respectivas actividades técnicas que dominam as várias etapas do processo de transplantação hepática, havendo um discurso polarizado mas, ao mesmo tempo, partilhado.

Os aspectos que acabámos de referir encerram em si um paradoxo, que, de acordo com Fox (1992), está presente em qualquer actividade médica e que tem directamente a ver com qualquer processo de cura, qualquer que seja o procedimento, causa de sofrimento, desconforto e perda de bem estar (*fitness*), pelo menos momentânea. O próprio significado do termo *curar* é paradoxal e manipulado através do discurso de quem intervêm clinicamente com toda a autoridade. No entanto, quando enfrentado este paradoxo e com ele a vida que não só é salva, mas também com qualidade acrescida, a autoridade e prestígio do cirurgião saem reforçados. As técnicas cirúrgicas utilizadas como removedoras da doença e, consequentemente, do sofrimento do doente, legitimam, assim, a actuação do cirurgião na sua prática cirúrgica. Mesmo causadora de sofrimento e níveis baixos de *fitness*, esta situação será sempre momentânea e previsível, de acordo com o discurso do cirurgião, que utiliza o termo pós-operatório para referir esta situação. No entanto, a preocupação do hepatologista não é tanto neste período, mas sim na fase posterior à recuperação do doente e na sua vida futura, onde o cirurgião já não o acompanha. O cirurgião apenas se preocupa até à fase em que dá por terminada a recuperação da parte operatória, retirando-se e deixando para o hepatologista a manutenção e a condição fisiológica do doente no futuro. Pelo seu lado, é precisamente o futuro do doente e o seu *fitness* depois da recuperação cirúrgica que preocupa o hepatologista. Assim, os seus argumentos quanto à decisão do transplante prendem-se com os custos em termos de *fitness,* posteriores à fase pós-operatória, enquanto que o sucesso ou insucesso da cirurgia é um problema do cirurgião, que fica circunscrito à fase de transplante e ao período pós--operatório.

Acresce que estes encontros entre hepatologistas, cirurgiões e intensivistas, onde se trocam informações e opiniões acerca da trajectória do doente, assumem um carácter perfeitamente informal sob a forma de encontros ocasionais nos corredores da enfermaria ou na sala de reuniões à volta de um café. A este propósito é importante referir, mais uma vez, a inexistência de uma visita diária, conjunta, aos doentes recém transplantados, onde estariam presentes vários elementos das diferentes especialidades e até mesmo os enfermeiros. A única visita do género é efectuada pelos intensivistas do Serviço de Cuidados Intensivos que, a uma hora certa, têm instituída a visita diária aos doentes do serviço, que inclui, obviamente, o transplantado hepático que estiver, no momento, internado no quarto que existe nessa unidade exclusivamente para o efeito.

Quando questionados sobre a inexistência de uma visita conjunta, os cirurgiões justificam-se com o facto de não ser necessário instituir ou formalizar encontros onde são discutidos os casos relacionados com o pós-operatório imediato. Este argumento é justificado, por um lado, devido à competência e experiência médicas que os intensivistas têm vindo a adquirir no que respeita aos transplantados hepáticos e, por outro lado, pelo facto de, sempre nos momentos em que é necessário recorrer à opinião de outras especialidades, particularmente ao cirurgião, estes encontros acabarem sempre por surgir.

> "Nós fazíamos sempre, quando os doentes iam para a [UCI] quando não havia aqui os cuidados intensivos, fazíamos sempre essa visita ... visita que não era visita, era uma reunião sobre o doente, no pós-operatório imediato. Isso acabou por se diluir, primeiro porque os doentes que vão para lá são ... enfim. E depois a partir do momento que se começou a adquirir uma certa rotina, e as pessoas, depois também há coisas boas, as coisas começaram a

rotinar, pela positiva, quer dizer, as coisas começaram a funcionar melhor, houve uma certa curva de aprendizagem também da parte dos intensivistas, que pontualmente, já não há necessidade dessa reunião. Essa reunião acaba por ter lugar no corredor, quando nós, 2 ou 3 cirurgiões andávamos lá nos tais grupos, com um ou dois colegas que estiveram lá nos cuidados intensivos, discutir como é que se fez, o que se vai fazer etc. Articular com as outras especialidades. Se é bom, se é mau, realmente ... se houvesse, por exemplo, uma visita diária ... (...) Aqui não há, realmente, essa disciplina. Não vejo, a curto prazo que se possa..." (MC UT 6)

Mas, não é apenas ao nível do pós-operatório imediato, quando o doente recém transplantado necessita de cuidados intensivos, que verificamos a inexistência da visita médica à enfermaria. Já na UT, enquanto recupera da intervenção, depois da fase crítica que caracteriza os primeiros dias após a cirurgia, o hepatologista recupera a posse do doente. Todos os dias, depois da visita individual à enfermaria, o hepatologista consulta o processo do doente, acrescenta-lhe informações no diário clínico, prescrevendo exames, medicamentos e terapias várias, numa atitude de completa autonomia no que respeita às decisões médicas. Cada hepatologista, como foi referido anteriormente, é inteiramente responsável pelos seus doentes, não intervindo nos doentes dos seus colegas, excepto nas situações em que se encontra de serviço.

Por parte do cirurgião, este intervém nos aspectos exclusivamente cirúrgicos e que estão relacionados com o enxerto e a ferida operatória, decidindo acerca dos exames de rotina que dizem respeito especificamente ao enxerto, vigilância dos drenos, sinais de infecção da ferida e retirar dos drenos (entre os quais o chamado "tubo em T", que apenas é retirado alguns meses após o transplante, já depois de dada a alta ao doente). Esta intervenção por parte dos cirurgiões é realizada pontualmente e não obedece a uma rotina diária, como no caso dos hepatologistas que, quotidianamente, antes das consultas de hepatologia, se deslocam à enfermaria. Assim, todos os dias, às mais variadas horas, os cirurgiões deslocam-se à enfermaria, por vezes em grupos, para observar os doentes e proceder de acordo com a necessidade dos cuidados pós-cirúrgicos do momento. Acresce que, à medida que avança este período de convalescença, o cirurgião intervém cada vez menos, até, finalmente, o hepatologista assumir de novo a total e quase exclusiva responsabilidade sobre o doente, através da consulta de rotina que se efectuará de tempos a tempos para o resto da vida destes doentes.

5. A construção de estratégias futuras no âmbito da transplantação hepática

Resta-nos, e para terminar, perceber de que forma cada uma das especialidades médicas presentes na transplantação hepática faz sentir o seu peso na definição das directrizes e estratégias do serviço. Assim, colocam-se as questões relacionadas com as opções futuras em matéria de transplantação hepática, particularmente quanto às novas técnicas cirúrgicas que implicam um reajustamento de toda a dinâmica da unidade. Concretamente, no que diz respeito à transplantação hepática, referimo-nos às técnicas de divisão do fígado, que proporcionam mais do que um transplante a partir do mesmo órgão e o transplante sequencial ou "dominó", como é conhecido. Neste último caso, trata-se de proceder sequencialmente, no mesmo bloco operatório, a dois transplantes, sendo que o receptor do órgão é um doente com uma patologia específica (doentes PAF) cujo fígado, pelas suas características, pode ser aproveitado para determinado tipo de receptores, como, por exemplo, doentes com tumores.

Neste sentido, verificamos que as grandes opções prendem-se com aspectos do foro cirúrgico, o que implica à partida um enorme peso do grupo de cirurgia, em comparação com as outras especialidades, no que respeita à definição das decisões e das estratégias futuras da UT. Tanto hepatologistas como cirurgiões são unânimes em relação a esta questão. No entanto, apesar da hegemonia dos cirurgiões, os hepatologistas são reconhecidos como tendo um papel fulcral na definição das estratégias da unidade. Mesmo tratando-se de aspectos específicos relacionados com a cirurgia de transplante, as implicações resultam num total envolvimento de outras especialidades, particular e principalmente dos hepatologistas, como podemos exemplificar a partir das entrevistas que se seguem.

"Quer dizer, em relação à definição das coisas eu acho que nós [hepatologistas] é óbvio que somos o número dois, porque o número um são os cirurgiões, o número dois somos nós, nós estamos aqui no dia a dia, mas não acho que tenhamos grande peso." (MH UT 13)

"Na nossa área [hepatologia] somos sempre ouvidos e somos pares, temos a mesma importância que os outros, sobretudo que os cirurgiões que são aqueles talvez mais proeminentes ou tão proeminentes como nós. Não há nada aqui na Unidade que se decida sobre o ponto de vista da transplantação hepática que a gente ... não passe pela audição da nossa opinião." (MH UT 12)

"A orientação quanto a mudanças de estratégia, testar novas técnicas cirúrgicas claro que tem de ser em acordo com hepatologistas já que eles são os "donos" dos doentes um bocadinho, de certa maneira, donos, entre aspas. Mas se se decide uma orientação nova em termos cirúrgicos, sei lá, como o dominó, o transplante sequencial, não sei o quê, teríamos que ter o apoio deles. Mas a decisão é nossa, não nos podem proibir o dominó: 'vocês não fazem'. O director da Unidade nunca poderia ser um hepatologista. Nunca poderia ser. É difícil mandar pessoas ... já nos manda fazer muitas coisas com as quais nós não concordamos." (MC UT 7)

Nesta última entrevista, transparece na voz do cirurgião uma atitude de imposição em relação aos hepatologistas. Realçando o papel fundamental do hepatologista na definição das políticas da unidade, o cirurgião, no seu discurso, reafirma, no entanto, o maior peso dos cirurgiões no comando do serviço, referindo que a direcção da unidade nunca poderá estar nas mãos de outro que não um cirurgião, nem mesmo de um hepatologista. Assim, os hepatologistas são colocados num plano subalterno, logo atrás dos cirurgiões, no que diz respeito às directrizes da unidade de transplantação.

Quanto às outras especialidades, nomeadamente anestesistas e intensivistas, verificamos uma ausência em termos de participação no delinear de estratégias, excepto do elemento coordenador das áreas de intensivismo e anestesia, que sempre se dedicou a tempo inteiro à transplantação hepática e que, pela sua longa experiência, desempenha um papel fundamental na unidade. Assim, no que diz respeito aos restantes elementos da equipa de anestesia, a sua presença esporádica em alguns transplantes e a ausência de vínculo a este serviço e mesmo ao hospital em causa, não lhes proporciona qualquer oportunidade, ou mesmo interesse, em participar neste tipo de discussão, pelo que o seu peso em termos de decisão, acerca destas questões, é praticamente inexistente, apesar das novas técnicas cirúrgicas que se adivinham implicarem uma maior disponibilidade por parte da equipa de anestesia. Quanto aos intensivistas, qualquer um dos grupos pertence a outros serviços, que não à unidade, não estando, por este motivo, preocupados com as estratégias futuras da UT, a não ser, tal como os anestesistas, no que diga respeito a uma reorganização do seu trabalho, no caso de se verificar um aumento do número de transplantes devido à aplicação de novas técnicas cirúrgicas.

Então, a definição de estratégias e desenvolvimento de novos produtos na área da transplantação hepática, passa por uma construção conjunta entre especialidades médicas, onde os hepatologistas e os cirurgiões constituem os principais protagonistas. É do equilíbrio entre estas duas forças que se renegoceiam e reajustam estratégias quanto ao futuro do transplante hepático. No entanto, como tivemos ocasião de referir, o cirurgião ocupa um lugar de destaque em todo este processo, em relação aos hepatologistas.

"Falamos pontualmente, temos as reuniões pontuais, se vamos modificar ... temos as reuniões pontuais, para manter o contacto, mas muitas vezes, não é de uma forma envolvente para todos. Também tem a ver com isso, são os cirurgiões que estão, e não há dúvida que tem que ser assim. Mas modificações, modificações até importantes que o transplante tem que ter, brevemente tem que ter, tem que ser definido pelos cirurgiões ... e hepatologistas também, que há vários aspectos que, por exemplo, quanto ao dominó ... não sei se sabe, quer no transplante do dador vivo, que envolve outras componentes importantes, como ter que falar com a família. O dador vivo, que é por exemplo uma mãe dar a um filho que precisa de parte de um fígado, portanto, isto levanta questões importantes para resolver, e isto tem de ser definido pelo grupo todo, não é?" (MC UT 5)

Assim, apesar de restrito a fases muito concretas do circuito de transplantação hepática, a importância que assume o papel dos cirurgiões em termos de decisão é, de facto, superior em relação à dos hepatologistas, pelo peso que a intervenção cirúrgica ocupa em todo o processo de transplantação.

"Acho que fazem todos parte de um todo, são todos necessários, e efectivamente o cirurgião tem que ter um papel restrito da sua área e essa é que eu posso caracterizar melhor, porque é aquela a que eu estou mais ligado. Porque o papel do cirurgião vem com a necessidade ou não de fazer algo relacionado com a cirurgia, porque nós não podemos fazer tudo e nem saber tudo. E é um papel específico e determinado em determinadas situações. O papel do hepatologista já não é bem assim. Ele já vê o doente, vê o doente antes, durante e depois ... Os cirurgiões têm um papel, pronto, quanto a mim é o mais importante, porque sem cirurgia não havia transplante e a Unidade foi criada por um cirurgião ... Portanto, penso que apesar de tudo, apesar da atitude e a intervenção do cirurgião ser uma intervenção restrita, vá lá. Restrita, não queria chamar restrita, mas pontual, é fundamental. O transplante só se dá porque existe o cirurgião. Mas, provavelmente eles podem dizer 'sem os imunosupressores e sem nós também não havia'..." (MC UT 10)

Este peso dos cirurgiões em relação às outras especialidades intervenientes tem-se, aliás, verificado na maioria dos contextos ao longo de todo o circuito de transplantação hepática, já que implica o envolvimento conjunto dos cirurgiões com outras especialidades. Apesar de delineados os limites de intervenção de cada um dos grupos, é nas zonas de fronteira entre os vários saberes médicos que o cirurgião assume um papel proeminente. Esta posição de vantagem reflecte-se em vários aspectos, entre os quais podemos destacar o facto deste serviço constituir uma unidade cirúrgica e não de medicina, e por isso, ser dirigida por um cirurgião. No caso concreto da UT, o director constitui, mais uma vez o afirmamos, uma figura de referência a nível nacional, sendo qualquer decisão sua indiscutível por parte de qualquer um dos elementos das várias especialidades. Neste sentido, o peso do director é enorme e irrefutável, apresentando-se como o único elemento, de acordo com os vários elementos da equipa médico-cirúrgica, "capaz de discutir em pé de igualdade e com conhecimento de causa, com todas as especialidades." (n.t.c.)

"Claro, em relação às outras especialidades como lhe digo e temos sempre de encarar, e toda a gente encarou e mal de nós se não encararmos isto, a Unidade é uma Unidade Cirúrgica. A Unidade cujo director há-de ser sempre um cirurgião, porque senão corre-se o risco da degradação das competências, não é. Não imaginaria, por exemplo, um cirurgião a dirigir um serviço de nefrologia ou de hemodiálise ... Quer dizer, a Unidade é uma Unidade Cirúrgica. (...) Portanto, mesmo a gestão do quadro, o número de vagas ... em termos de cirurgiões etc., acaba por ser sempre o mais importante. Digamos que os nossos objectivos acabam por ser os objectivos também dos outros. Se perguntar aos meus colegas de outras especialidades se querem um quadro próprio na Unidade deles, dizem-lhe que sim. E inclusivamente, sabem perfeitamente e aceitam perfeitamente, o facto do director ser sempre um cirurgião! É uma Unidade Cirúrgica, para todos os efeitos. Podem ter coordenadores das suas áreas, podem e devem, não é. Mas este articulado passa pelos cirurgiões. É evidente."
(MC UT 6)

Aliás, na história da transplantação a nível mundial, os cirurgiões são os pioneiros desta actividade, sendo que a grande maioria dos serviços de transplantação começaram apenas com cirurgiões, surgindo posteriormente a necessidade de inserir outras competências médicas na actividade de transplantação. Assim, o cirurgião vê-se a si próprio como o motor do serviço. A sua tecnocracia funciona como que um estimulante de toda a unidade de transplantação.

"Quanto a mim, o papel fundamental é do cirurgião. Porque o transplante é aquilo mesmo, é tirar e pôr. Mais que o hepatologista. O próprio *splitt*[8] é do cirurgião que depende. Essa definição do estudo dos objectivos da Unidade, parte fundamentalmente pela vontade do cirurgião e, depois, é claro tem que levar toda a equipa atrás. Tem que ter todo um apoio do resto da equipa. Tem que ter uma estrutura montada, senão também não é possível." (MC UT 10)

"É fundamental. Se não formos nós a mandar a bola para a frente, a bola não vai para a frente! Simplesmente é isso. Somos nós! Somos! É outro tipo de técnica para o desenvolvimento da Unidade." (MC UT 8)

Tal como sugerem Fox e Swazey (1974:110-11), a propósito dos cirurgiões de transplante cardíaco, apesar de um património comum, existem outros factores individuais determinantes que moldam os seus princípios e acções pessoais na tomada de decisão médica. De um modo geral, e de acordo com as autoras, os cirurgiões de transplante vêem-se a eles próprios como pioneiros num trabalho que os leva para lá das fronteiras de segurança do conhecimento e técnicas médicas instituídas. Sentem-se como estando na linha da frente da medicina e estão profundamente conscientes dos riscos que correm, a partir do optimismo

---

[8] Técnica cirúrgica que permite a divisão do fígado.

que colocam em cada gesto no seu trabalho, incorrendo em procedimentos radicais em relação aquilo que é convencionalmente aceite no campo da medicina. De uma forma geral, os *transplantadores*, como aliás se designam alguns dos cirurgiões do transplante, são muito optimistas em circunstâncias de incerteza, sendo que este optimismo, de acordo com as autoras, não se aplica apenas ao sucesso do transplante, mas também ao sucesso pessoal. Estes médicos competem, vigorosamente, pela sua realização individual, pelo reconhecimento público por serem, por exemplo, os primeiros a realizar no país uma determinada técnica cirúrgica ou apresentarem melhores resultados em relação a outros centros de transplantação, como tivemos oportunidade de constatar também na UT.

Os *transplantadores* trabalham num campo onde a ciência médica e a técnica não estão ainda adequadas de forma completa. Neste sentido, são conduzidos a partir de duas motivações: salvar vidas e acumular conhecimento a partir da experiência, tendo sempre em mente o objectivo de manter esta unidade de transplantação como um centro de transplantação de referência. Cada uma destas motivações completa-se mutuamente, embora, em alguns contextos, possam entrar em conflito, como pudemos ter a oportunidade de constatar.

A este propósito Fox (1974:99) refere que um dos mecanismos de defesa por parte das equipas de transplantação está associado a atitudes de justificação que, mesmo em casos que não são bem sucedidos, a tentativa de transplante permitiu que se aprendesse com as experiências negativas. Este aspecto é ainda reforçado com a ideia de que trabalhar em transplante constitui um desafio em relação ao que está confortavelmente estabelecido em termos de medicina; há que arriscar. Assim, para a grande maioria dos médicos envolvidos na transplantação a procura do desconhecido, do extraordinário, do risco, parece estar associado ao desejo de alcançar mais do que apenas um estatuto profissional vulgar e reconhecimento.

Os médicos envolvidos na transplantação desenvolvem fortes laços de entre ajuda e cooperação, não apenas entre eles, mas também com outros elementos não médicos que fazem parte da equipa de transplantes. No entanto, este aspecto não impede a existência de situações de desacordo e conflito ao longo das perspectivas e trajectórias que se entrecruzam.

Um outro aspecto importante a focar tem a ver com a relação próxima e até pessoal, especial, entre estes médicos e os seus doentes. Os doentes transplantados tendem a ser encarados como companheiros heróicos, fazendo parte integrante da equipa, sendo que o médico envolve estes doentes em todo o processo, desde o diagnóstico, terapia, prognóstico e mesmo investigação clínica. Médicos, doentes e enfermeiros partilham entre eles a luta permanente contra a morte, sendo que estas relações, à medida que o tempo passa, tornam-se cada vez mais fortes. Estas particularidades em termos da relação médico-doentes estão manifestamente ligadas à longa duração e intensidade dos cuidados de saúde prestados, que envolvem a proximidade com a morte e uma determinação colectiva de prolongar a vida; estão ainda associados a razões éticas e pragmáticas que os médicos sentem em relação ao facto de submeterem doentes em risco de vida a um processo tão arriscado e complexo como o da transplantação. Tratar os doentes de uma forma mais próxima, atribuindo-lhes um reconhecimento especial e privilégios, ajuda os elementos da equipa de transplantação a "sentirem-se melhor" em relação a determinadas implicações clínicas adversas e a dilemas que se colocam em termos de tomada de decisão. Envolver os doentes de uma forma tão completa, implica igualmente partilhar o pesado fardo da responsabilidade sobre eles.

Acresce que, tal como temos vindo a verificar ao longo deste trabalho, a cirurgia constitui-se numa espécie de ponto de convergência de todos os conhecimentos e saberes que se encontram dispersos pelas várias especialidades que constituem a transplantação hepática. Os cirurgiões, embora uns mais do que outros, funcionam como elo de ligação entre hepatologistas, intensivistas e anestesistas. Assim, a cirurgia absorve e filtra as várias posturas, olhares e saberes, dominando cada um dos diferentes discursos das várias especialidades envolvidas nesta actividade multidisciplinar, para depois, então, decidir.

"Cada vez mais o transplante mostra a interligação entre as várias especialidades. Até nisso o cirurgião de transplante é impensável que seja fechado. Tem de se estar aberto às ideias de toda a gente, às opiniões de toda a gente, depois pode é filtrar e eventualmente fazer aquilo que acha. Ouvir. Realmente é uma especialidade que mexe com todas as especialidades dentro do hospital. Portanto, nós não podemos pensar em ter um programa de transplante sem ter o apoio e sem falarmos com todas as especialidades." (MC UT 4)

"Volto ao mesmo, quem é que tem o fio condutor? É a cirurgia. Todos nós sabemos de todos os doentes, todos nós estivemos presentes em todos os doentes. "(MC UT 4)

A transplantação é notável pelo trabalho de equipa interdisciplinar. Trata-se de uma organização que implica competências de várias especialidades. Porém, como verificámos, os cirurgiões desempenham o acto fundamental da transplantação de órgãos. Eles executam e presidem à operação no bloco operatório e habitualmente lideram a vasta equipa médico-cirúrgica de transplantação. Também para o doente transplantado, é o cirurgião que personifica o conhecimento científico, a competência técnica e as qualidades humanas que fazem estes procedimentos médicos potencialmente realizáveis. No entanto, há que salvaguardar esta postura em relação à importância deste personagem, sendo que o interesse sobre os cirurgiões de transplante não implica necessariamente olhá-los como o elemento mais importante da equipa de transplantação, apesar de ser sociologicamente significativo que este elemento assuma uma proeminência simbólica em termos de estatuto. Os cirurgiões de transplante vêem-se a eles próprios, e são vistos pelos outros, como pioneiros que trabalham para além das fronteiras do conhecimento médico estabelecido. Não sentem apenas que estão na linha da frente da medicina, como estão conscientes dos riscos em que incorrem na prática clinica quotidiana. A vida dos seus doentes desesperados está, de facto e literalmente, nas suas mãos e acreditam que têm de arriscar, quanto mais não seja porque está em jogo, também, a sua reputação profissional e o prazer de conseguir vencer em situações que, à partida, parecem inultrapassáveis. Por todas estas razões, os *transplantadores* enfatizam a importância daquilo que designam como "ter coragem de falhar" (Fox, 1974:111) ou, como referem os cirurgiões da UT, "ter coragem para arriscar e ter lugar para excepções". Perante um desafio são quase incapazes de não ir em frente. Perante falhas, em vez de se retraírem, os cirurgiões sentem-se estimulados para reexaminar as dificuldades e tentar mais uma vez, como é no caso das situações de retransplante. Trata-se de um desafio maior que o anterior. Tal como refere Fox, trata-se do *sindroma de pioneiro* e que está intimamente ligado a um optimismo em face das incertezas, limitações e altas taxas de mortalidade. Existe uma enorme apreensão por parte dos cirurgiões em relação ao insucesso do transplante, não apenas devido ao estado grave da maioria dos doentes e às incertezas que encerra a actividade de transplantação, mas também pelo facto de sentirem uma espécie de última responsabilidade sobre o doente, no sentido em que a cirurgia constitui o último recurso quando nada mais há a fazer para o salvar.

Como pudemos constatar ao longo desta investigação, no caso do transplante de fígado existe uma atitude comum que tem a ver com o facto de todos os elementos da equipa cirúrgica serem incondicionais em relação ao transplante: mesmo nos casos mais polémicos, vale sempre a pena transplantar. Quase sem excepções, os *transplantadores* dedicam-se a esta causa de forma intensa e enérgica. Como refere Fox (1974:115), estamos perante "non-stop surgeons". Existe uma forte competitividade, bem como um forte idealismo na filosofia de trabalho destes cirurgiões de transplante. Estes aspectos podem ser ilustrados a partir do modo como contabilizam o número de transplantes em que participaram, bem como o número de diferentes técnicas cirúrgicas praticadas, sempre de olhos postos nas novas técnicas cirúrgicas que se adivinham, arrastando consigo todas as outras especialidades presentes na transplantação hepática.

Conclusão

Ao longo de toda a pesquisa, as tecnocracias médicas em torno da transplantação hepática foram adquirindo evidência, dando resposta às equações formuladas e discutidas no início desta investigação, aquando da construção da problemática. Assim, a partir da hipótese central que organizou toda a investigação e de outras hipóteses secundárias que a decompõem, decorreram as dimensões analíticas que permitiram orientar toda a pesquisa sobre a construção social de tecnocracias médicas e ao longo da qual fomos dando resposta.

Logo à partida ficou confirmada a importância estratégica que este serviço assume no hospital, conferida pela natureza sofisticada dos cuidados, bem como das tecnologias e competências que implica e que o caracterizam. Este facto permitiu constatar que o serviço funciona como um poderoso recurso, em termos competitivos, para o hospital onde está inserido. Portanto, verifica-se a existência e reconhece-se o significado de interdependências várias em torno da posição que esta unidade assume, em relação a uma hierarquia específica de valores, que fazem deste serviço de ponta o elemento motor e primeiro da instituição hospitalar. Desta forma, as diferentes especialidades médicas presentes na transplantação hepática constituem verdadeiras elites médicas orientadas para a medicina de ponta, detendo uma posição dominante no interior do hospital.

Por outro lado, constatámos o carácter dinamizador que a unidade confere a todo o hospital. Pelas suas características, este serviço envolve todas as outras valências do hospital, funcionando como catalizador do desenvolvimento dos outros serviços hospitalares. Então, para além das especialidades médicas envolvidas no serviço, há a salientar a implicação de outras equipas médicas de outros serviços do hospital que, embora não directamente ligadas ao serviço, prestam um contributo indispensável, pelo facto de dominarem áreas especializadas da medicina que são fundamentais na transplantação hepática. De tal forma é a exigência criada por esta unidade, que determinados serviços foram confrontados com a necessidade de criar mecanismos de readaptação dos respectivos modelos de organização do trabalho.

Estamos, claramente, perante um serviço com uma componente técnica extremamente complexa, visível ao nível do modelo de produção dos cuidados médicos, verificando-se a coexistência de práticas médicas heterogéneas na produção dos cuidados, fruto da hiper-especialização médica existente no serviço. Esta complexificação da prestação dos cuidados, marcada por concepções e olhares distintos sobre a doença, valorizando-se ora a doença, ora um órgão em particular, ora as técnicas, é constantemente negociada através de um discurso científico que a justifica, coexistindo de uma forma dinâmica várias abordagens em torno do mesmo caso clínico.

Constatámos, igualmente, que a interdependência das várias especialidades médicas em torno da transplantação hepática está também associada às diferenças de poder e aos consequentes conflitos pela demarcação e domínios de territórios. Desta forma, verificam-se situações onde determinado grupo de especialistas reclama autoridade para interferir em áreas que vão para além da sua competência técnica, em domínios que pertencem a outros, em esferas onde outros reclamam o exercício dos seus conhecimentos e qualificações. Nestes contextos, onde o conhecimento, as qualificações e os papéis se sobrepõem, o conflito que envolve a ocupação de determinados territórios implica, necessariamente, processos de negociação complexos.

Então, esta unidade de ponta, onde confluem várias áreas de hiper-especialização médica, assume formas particulares de organização onde as várias equipas articulam o seu trabalho no limiar das fronteiras que as separam e não numa associação constante e repartida ao longo de todo o processo de transplantação hepática. Portanto, a convergência dos vários saberes médicos efectua-se em contextos onde é absolutamente necessária uma tomada de decisão conjunta, contornando-se a necessidade de efectuar essa convergência de forma mais sistemática e permanente.

Desta forma, fica confirmada uma das hipóteses referidas no início desta pesquisa: as tecnologias médicas envolvidas na transplantação hepática assumem um papel inquestionável na produção dos cuidados médicos, pelo que as questões tecnológicas estão intimamente relacionadas com a definição dos limites que separam as várias áreas do conhecimento médico, agrupadas em especialidades. Neste caso, as tecnologias não só assumem um papel fundamental na construção das fronteiras entre as especialidades médicas, como também contribuem para a construção de esquemas de diferenciação no interior de cada uma delas, a partir do domínio de tecnologias particulares.

Sendo assim, podemos afirmar que a construção e reconstrução das diferentes tecnocracias apoia-se num trabalho interdisciplinar, onde cada uma das especialidades envolvidas, a par do exercício das suas técnicas específicas, assegura os cuidados médicos inerentes à sua especialidade, agindo quando necessário em situações emergentes, fornecendo garantias de segurança às outras especialidades envolvidas. Ao mesmo tempo que cada especialidade reforça a sua tecnocracia, assegura as condições necessárias para que as outras especialidades também o façam. Diferentes técnicas, olhares e valorização dos resultados traduzem os limites, em termos de intervenção.

Acresce que nas especialidades onde existe um património comum mais acentuado, muitas vezes sobreposto pela proximidade em termos de especialização médica, os conflitos e divergências tornam-se mais evidentes no domínio dos saberes e das tecnologias. Pelo contrário, nos contextos em que a intervenção de cada uma das especialidades está claramente delimitada a partir de uma fronteira entre os cuidados médicos e cirúrgicos, o conflito é atenuado pela complementaridade de conhecimentos e técnicas específicas. Em termos gerais, podemos confirmar que é a partir do controlo e aplicação de tecnologias específicas que cada uma das especialidades médicas e cada um dos seus elementos, em particular, negoceiam constantemente os seus poderes. Assim se definem as tecnocracias médicas, onde se impõem perspectivas e práticas médicas, utilizando as tecnologias e procedimentos a elas associados, por forma a cada elemento, individual ou em conjunto, fortalecer e concertar posições estratégicas na sua relação com os outros.

Confirma-se que na transplantação hepática o conhecimento e discurso médicos constituem as componentes fundamentais das tecnocracias médicas, constituindo-se como tecnologias de poder por excelência. Estes dois elementos são construídos no quotidiano das práticas médicas, e a experiência clínica assume uma função primordial nessa construção. Em relação constante, estes dois elementos reproduzem-se nas práticas médicas, dispersos no tempo e no espaço, entre a experiência clínica e a investigação científica.

Em todas as especialidades envolvidas na transplantação hepática podemos afirmar que a experiência clínica assume um papel central na construção e reprodução do conhecimento, em face de outros processos, tais como a investigação científica ou a apreensão de conhecimentos teóricos. A partir da prática clínica, os vários casos que se apresentam constituem importantes elementos a partir dos quais os médicos das várias especialidades recolhem informação e reconstroem esse conhecimento. Em termos de diversidade de patologias do fígado e tratamentos a elas aplicados, o conhecimento médico renova-se constantemente a partir das práticas médicas quotidianas. Mesmo assim, todas as especialidades consideram fundamental a componente de investigação, evocando a dificuldade em conciliar a investigação com a prática clínica, pelas características dos próprios hospitais e respectivos serviços, que influenciam as formas através das quais o conhecimento médico se reproduz. Neste sentido, a vocação desta unidade hospitalar, sobretudo ligada à prestação dos cuidados médicos e não à investigação, condiciona as formas de reprodução do conhecimento que é predominantemente construído na prática clínica da prestação dos cuidados médicos.

Nestas circunstâncias a reprodução do conhecimento médico limita-se à actividade individual de cada uma das especialidades ou mesmo de elementos isolados no interior de cada uma delas. A ausência de um trabalho conjunto que envolva todas as especialidades com as suas diversas valências, no que diz respeito à investigação e reprodução de um conhecimento global em termos de transplantação hepática, marca, de facto, este serviço. Cada especialidade parece investir isoladamente na sua área e, mais do que isso, os seus elementos, quando o fazem, fazem-no individual e esporadicamente e não de forma sistemática. Podemos, assim, afirmar a inexistência de correspondência directa entre as práticas médicas multidisciplinares, que produzem um conhecimento conjunto, e a reprodução desse conhecimento a partir de uma actividade de investigação multidisciplinar.

Também as diferentes escolas médicas e a sua influência em termos de formação do conhecimento médico estão bem presentes neste serviço. Ao longo desta pesquisa constatou-se uma correspondência entre as diferentes escolas e as atitudes, discursos e comportamentos dos vários médicos que compõem a unidade. Verificou-se que a construção e respectiva difusão dos diferentes conhecimentos médicos, agrupados em especialidades e sob a forma de práticas médicas, de ensino e formação, ou ainda através da investigação médico-científica, são representativos das diferentes escolas médicas e hospitais.

Da construção do conhecimento e discurso médicos decorre o exercício das várias tecnocracias médicas que podem ser observadas nos vários momentos de tomada de decisão, que, por sua vez, se encontram profundamente dependentes dessa construção. A tomada de decisão médica constitui a forma de exercício mais completa das tecnocracias médicas, resultado da construção entre vários conhecimentos e discursos, posturas, visões e estratégias. Confirma-se que, nestes processos, os vários saberes e práticas correspondem a diferentes discursos e influenciam-se mutuamente, acabando por fundir-se sob a forma de discurso final. Porém, neste discurso último de convergência, alguns dos discursos dominam os outros.

Então, podemos afirmar que os diferentes momentos de tomada de decisão médica constituem o culminar e, ao mesmo tempo, a génese de vários saberes/poderes que se expressam na prestação dos cuidados médicos, onde as várias tecnocracias médicas são exercidas em plenitude. Na mesma linha se confirma que é através da negociação constante entre as várias tecnocracias médicas que se atingem os diversos patamares que marcam a trajectória do doente e da doença. A partir de processos complexos de negociação, a decisão médica vai sendo construída, sendo que os vários discursos reflectem os diferentes conhecimentos e estratégias em jogo.

Neste sentido, cada uma das especialidades médicas tenta, constantemente, inscrever as suas práticas discursivas nas práticas discursivas das restantes especialidades. Nesta investigação ficou claro que qualquer uma das especialidades presentes no processo detém poder, embora numa base francamente precária e contingente, necessitando constantemente de demonstrar e provar que as suas competências e conhecimentos possuem instrumentalidade válida e legítima. A este propósito é interessante referir as várias alianças estratégicas entre os diversos elementos das diferentes especialidades, que se constroem em torno de casos concretos. Aqui verifica-se, frequentemente, a construção de argumentos conjuntos que envolvem conhecimentos complementares, por forma a reforçar a argumentação de um grupo de médicos.

Foi, precisamente, nas situações concretas de tomada de decisão médica que foi possível constatar, com toda a clareza, as formas a partir das quais cada uma das especialidades médicas presentes na transplantação hepática faz sentir o seu peso, não apenas nos aspectos referentes à trajectória do doente, mas também na definição das directrizes e estratégias do serviço. Seja qual for a natureza da decisão assumida, esta implica uma construção conjunta entre especialidades médicas, onde duas delas, hepatologia e cirurgia, assumem o principal protagonismo. É do equilíbrio entre estas duas forças que se renegoceiam e reajustam estratégias quanto ao futuro do transplante hepático. Porém, o cirurgião ocupa um lugar de destaque em todo este processo, em relação ao hepatologista.

Então, confirma-se o peso dos cirurgiões em relação às outras especialidades intervenientes na maioria dos contextos ao longo de todo o circuito de transplantação hepática. Apesar de delineados os limites de intervenção de cada um dos grupos, é nas zonas de fronteira entre os vários saberes médicos que o cirurgião assume um papel proeminente e que se reflecte em vários aspectos, nomeadamente o facto deste serviço constituir uma unidade cirúrgica e não de medicina, e por isso, ser dirigida por um cirurgião. A cirurgia constitui-se como uma actividade onde convergem todos os conhecimentos e saberes que se encontram dispersos pelas várias especialidades presentes na transplantação hepática. Os médico cirurgiões, e não apenas o director do serviço, fazem a ligação com e entre as outras especialidades médicas, numa espécie de correia de transmissão. Então, esta forma particular de tecnocracia médica impõe-se sobre as restantes pela sua capacidade em absorver para depois filtrar as várias posturas, olhares e saberes, dominando cada um dos diferentes discursos das várias especialidades envolvidas nesta actividade multidisciplinar. Também para o doente transplantado é o cirurgião que personifica o conhecimento científico, a competência técnica, que fazem da transplantação um acto realizável. Aos seus olhos, os cirurgiões desempenham o acto fundamental da transplantação de órgãos, o transplante, o que não implica, necessariamente, que constituam os elementos mais importantes da equipa de transplantação.

Confirma-se, desta forma, a hipótese central de partida que deu origem a esta investigação: o poder médico, traduzido enquanto conhecimento e domínio de tecnologias médicas específicas, tem capacidade para definir e impor os sentidos e as formas que as práticas médicas assumem. Por isso, na produção quotidiana dos cuidados médicos, as tecnologias são instrumentalizadas por forma a constituírem-se estratégias de poder por parte das diferentes especialidades médicas, sendo possível identificar diferentes tecnocracias que se cruzam na rede complexa que constitui a actividade de transplantação hepática.

Resta-nos referir algumas linhas de investigação a desenvolver no futuro, a partir das reflexões que foram emergindo desta pesquisa. Ficam em aberto inúmeras pistas na área da sociologia da saúde e das profissões ligadas ao sector da saúde e em particular da sociologia médica. Em Portugal, no contexto actual da investigação sociológica, deparamos com um vazio de contributos nesta área, existindo um enorme campo pronto a ser reconhecido e analisado. Desta forma, é importante entender como se desenrolam os processos de formação e socialização das várias profissões ligadas à prestação dos cuidados de saúde, algumas delas, neste momento, em fase de restruturação no contexto actual do sector da saúde.

Na linha das tecnocracias importa compreender outras tecnocracias, que não médicas, que estão presentes na complexa rede hospitalar e que se cruzam constantemente. Neste terreno concreto, as hipóteses estão todas em aberto. De igual modo, importa entender a organização das especialidades médicas no sistema hospitalar português e esclarecer as diferenças na forma como cada uma delas gere as suas relações entre si, com os doentes, com os outros profissionais da saúde e com a organização hospitalar. As características destas redes de relações constituem importantes tópicos de investigação na sociologia das organizações, das profissões e da sociologia médica.

Da mesma forma será interessante reflectir em torno das formas de produção e reprodução de conhecimento médico em contextos hospitalares mais alargados, comparando os vários tipos de serviços. Assim, procura-se entender como interagem as vários saberes e competências que se constroem nas práticas médicas e que definem o corpo de conhecimentos que se fecundam entre si, a partir de redes complexas que caracterizam a organização hospitalar. Particularmente, a actividade das especialidades médicas não clínicas que fervilham nos laboratórios e gabinetes de investigação, algures no hospital, e que desempenham um papel fundamental na construção e reconstrução do conhecimento médico e na tomada de decisão médica. Neste sentido, em termos de pesquisa sociológica, é interessante aceitar alguns desafios que cruzem os contributos da sociologia médica com a sociologia do conhecimento e que nos permitam descobrir e compreender outras tecnocracias médicas que aqui não foram exploradas.

Bibliografia

ADAM, B. (1995) – *Time Watch: the Social Analysis of Time*. Cambridge: Polity Press.
ALBRECHT, G.; FITZPATRICK, R.; SCRIMSHAW, S. (eds.) (2000) – *The Handbook of Social Studies in Health and Medicine*. London: Sage.
ALLSOP, J. (1995) – *Health policy and the NHS: towards 2000*. London: New York: Longman.
ANNANDALE, E. (1998) – *The Sociology of Health and Medicine: A Critical Introduction*. Cambridge: Polity Press.
ANTUNES, J.L. (2003) – "A Profissão de Médico", *Análise Social. Novas Faces da Saúde*, Vol. XXXVIII, n.º 166, pp. 77-100.
ANTUNES, M. (2001) *A Doença da Saúde*. Lisboa: Quetzal Editores.
ARKSEY, H. (1994) – "Expert and Lay Participation in the Construction of Medical Knowledge", *Sociology of Health and Ilness*, Vol. 16, n.º 4, pp. 3-34.
ARMSTRONG, D. (1983) – *Political Anatomy of the Body: Medical Knowledge in Britain in the Twentieth Century*. Cambridge: University Press.
ARMSTRONG, D. (1994) – "A Social Role for Technology: Making the Body Legible", Robinson (ed.) – *Life And Death Under High Technology Medicine*. Manchester, New York: Manchester University Press.
ARMSTRONG, D. (2000) – "Social Theorizing About Health and Ilness", G. Albrecht; R. Fitzpatrick; S. Scrimshaw (ed.) – *The Handbook of Social Studies in Health and Medicine*. London: Sage, pp. 24-35.
ATKINSON, P.; REID, M.; SHELDRAKE, P. (1977) – "Medical Mystique", *Sociology of Work and Occupations*, Vol. 4, n.º 3.
ATKINSON, P. (1977) – "The Reproduction of Medical Knowledge", Dingwall, R. et.al. (ed.) *Health Care and Health Knowledge*. London; New York: Croom Helm; Prodist, pp. 85-106.
ATKINSON, P. (1981) – *The Clinical Experience: The Construction and Reconstruction of Medical Reality*. London: Gower.

ATKINSON, P.; HEATH, C.(orgs.) (1981) – *Medical Work: Realities and Routines*. Londres: Gower.

ATKINSON, P. (1995) – *Medical Talk and Medical Work*. London: Sage Publications.

ATKINSON, P. (1997) – "Anselm Strauss: an Appreciation", *Sociology of Health and Illness*, Vol. 19, Issue 3, pp. 367-372.

BAILY, M.A. (1988) – "Economic Issues in Organ Substitution Technology", D. Mathieu (ed.) – *Organ Substitution Technology: Ethical, Legal and Public Policy Issues*. Boulder: Westview, pp. 198-210.

BARBER, B. (1990a) – "Control and Responsibility In the Powerful Professions", P. Colomy (ed.) – *Neofunctionalist Sociology*. Aldershot: Edward Elgar, pp. 311-327.

BARBER, B. (1990b) – "Some Problems in the Sociology of Professions", P. Colomy (ed.) – *Functionalist Sociology*. Aldershot: Edward Elgar, pp. 271-290.

BARNES, B. (1986) – "On Authority and its Relationship to Power", J. Law (ed.) – *Power, Action and Belief: A New Sociology of Knowledge?*. London: Routledge & Kegan Paul, pp. 180-195.

BARROSO, E.(1999) – *Coragem, Eduardo!* Lisboa: Oficina do Livro.

BARTON, E. (2000) – "The International Practices of Referrals and Accounts in Medical Discourse: Expertise and Compliance", *Discourse Studies*, Vol. 2, Issue 3, pp. 259-283.

BASZANGER, I. (1983) – "La Construction d'un Monde Profisional: Entrée des Jeunes Practiciens dans la Médecine Générale", *Sociologie du Travail*, n.º 3.

BAUDRILLARD, J.(1988) – *Selected Writings*. Cambridge: Polity Press.

BECKER, H. et.al. (1961;1997) – *Boys in White: Student Culture in Medical School*. London: Transaction Publishers.

BECKER, H.; GEER, B.(1963) – "Medical Education", H. Freeman; S. Levine; L. Reader (orgs.), *Handbook of Medical Sociology*. Nova Jersey: Englewood-Cliffs.

BELLABY, P. (1990) – "What is Genuine Sickness? The Relation Between the Work, Discipline and the Sick Role in a Pottery Factory", *Sociology of Health and Illness*, Vol. 12, N.º 1, pp. 25– 41.

BENNET, G.(1979) – *Patients and Their Doctors: The Journey Through Medical Care*. London: Baillière Tindall.

BENNET, G. (1987) – *The Wound and the Doctor. Healing, Technology and Power in Modern Medicine*. Londres: Secker e Warburg.

BERLANT, J. (1975) – *Profession and Monopoly: a Study of Medicine in the United States and Great Britain*. Berkeley. Los Angeles, London: University of California Press.

BIERSTEDT, R. (1975) – *Power and Progress: Essays on Sociological Theory*. New York; London: McGraw-Hill.

BLAXTER, M. (2000) – "Medical Sociology at the Start of the New Millennium", *Social Science and Medicine*, Vol. 51, Issue 8, pp. 1139-1142.

BOYD, E. (1998) – "Bureaucratic Authority in 'The Company of Equals': The Interactional Management of Medical Peer Review", *American Sociological Review*, Vol. 63, n.º 2, pp. 200-223.

BROCK, D. (1988) – "Ethical Issues in Recipient Selection for Organ Transplantation", D. Mathieu (ed.) – *Organ Substitution Technology: Ethical, Legal And Public Policy Issues*. Boulder: Westview, pp. 86-110.

BRONZINO, J.D. (1990) – *Medical Technology and Society: An Interdisciplinary Perspective*. London: MIT Press.

BRUYN, S. (1966) – *The Human Perspective in Sociology: the Methodology of Participant Observation*. Englewood Cliffs; New York: Prentice-Hall.

BUCHER, R. e STELLING, J. (1969) – "Characteristics of Professional Organizations", *Journal of Health and Social Behaviour*, 10.

BUCHER, R. e STRAUSS, A.(1961) – "Professions in Process", *American Journal of Sociology*, Vol.66, Issue 4, pp. 325-334.

BUCHER, R. (1972;1975) – "Pathology: a Study of Social Movements Within a Profession", E. Freidson; J. Lorber (ed.) – *Medical Men and their Work: a Sociological Reader*. Chicago, New York: Aldine. Atherton, pp. 113-127.

BULGER, R. (1988) – *Technology, Bureaucracy and Healing in America: a Postmodern Paradigm*. Iowa: University of Iowa Press.

BULLOUGH, V.; BULLOUGH, B. (1972;1975) – "A Brief History of Medical Practice", E. Freidson; J. Lorber (ed.) – *Medical Men and their Work: a Sociological Reader*. Chicago, New York: Aldine. Atherton, pp. 86-102.

BURGESS, R. (1982) (ed.) – *Field Research: A Sourcebook And Field Manual*. Londres: Allen & Unwin.

BURGERS, R. (1997) – *A Pesquisa de Terreno: uma Introdução*. Oeiras: Celta Editora.

BURR, V. (1996) – "An Introduction to Social Construtivism", *Brithish Journal of Sociology*, Vol. 47, pp. 704-718.

BURRELL, G. (1998) – "Modernism, Postmodernism and Organizational Analysis: the Contribution of Michel Foucault", A. McKinlay; K.

Starkey (Eds.) – *Foucault, Management And Organization Theory: From Panopticon To Technologies Of Self*. London: Sage, pp. 14-28.

BURY, M. (1998) – "Postmodernity and Health", G. SCAMBLER, G. e P. HIGGS (ed.) *Modernity, Medicine And Health: Medical Sociology Towards 2000*. London; New York: Routledge, pp. 1-27.

CALLON, M.; RABEHARISOA, V. (1999) – "Labour Sociology Applied to Surgery: How to Make the Patient as a Person Vanish? Comment Faire Disparaitre la Personne du Patient?, *Sociologie du Travail*, Vol. 41, n.º 2, pp. 143-162.

CALNAN, M.; GABE, J. (1990) – «Recent Developments in General Practice: a Sociological Analysis». In J. Gabe; M. Calman; M. Bury (ed.) – *The Sociology Of The Health Service*. London: Routledge, pp. 140-161.

CARAPINHEIRO, G. (1986) – "A Saúde no Contexto da Sociologia", *Sociologia – Problemas e Práticas*, N.º 1, pp. 9-22.

CARAPINHEIRO, G.; PINTO, M. (1987) – " Políticas de Saúde num País em Mudança: Portugal nos anos 70 e 80", *Sociologia – Problemas e Práticas*, N.º 3, pp. 73-109.

CARAPINHEIRO, G. (1991) – " Poder Médico e Poder Administrativo no Quotidiano Hospitalar", *Revista Crítica de Ciências Sociais*, N.º 33, pp. 83-91.

CARAPINHEIRO, Graça (1993) – *Saberes e Poderes no Hospital: uma Sociologia dos Serviços Hospitalares*, Porto, Afrontamento.

CARVALHO, M. (2001) – *O Poder e o Saber: um Olhar sobre Michel Foucault*. Porto: Campo das Letras.

CHANLAT, Jean-François (dir.) (1990) – *L'Individu dans l'Organization: les Dimensions Oubliées*, Québec: ESKA.

CHAPOULIE, J. (1973) – «Sur l'Analyse Sociologique des Groupes Profissionnels», *Révue Française de Sociologie*, XIV.

CHAUVENET, A. (1972) – "Professions Hospitalières et Division du Travail", *Sociologie du Travail*, 13, (2), pp. 145-163.

CHAUVENET, A. (1973a) – "Idéologies et Statuts Profissionnels Chez les Médecins Hospitaliers", *Révue Française de Sociologie*, XIV, n.º especial.

CHAUVENET, A. (1973b) – *Organization et Hierarchies Hospitalières*, Paris, Thèse de Doctorat du III ème Cycle.

CHAUVENET, A. (1973c) – "La Qualification en Milieu Hospitalier", *Sociologie du Travail*, 15 (2), pp.189-205.

CHAUVENET, A. (1978) – *Médecines au Choix, Médecines de Classes*, Paris, PUF.

CHILDRESS, J. (1991) – "Fairness in the Allocation And Delivery Of Health Care" In: B. KOGAN (ed.) – *A Time To Born And A Time To Die: The Ethics Of Choice*. Hawthorne; New York: Aldine de Gruyter, pp. 180-204.

CLARKE, A. et al. (2003) – "Biomedicalization: Technoscientific Transformation of Health, Illness and US Medicine", *American Sociological Review*, Vol. 68, n.º 2, pp. 161-194.

CLAUS, L. (1983) – "The Development of Medical Sociology in Europe", *Social Science and Medicine*, 17, 1.

CLEGG, S. (1975) – *Power, Rule and Domination: a Critical and Empirical Understanding of Power in Sociological Theory and Organizational Life*. London: Routledge and Kegan Paul.

CLEGG, S. (1979) – *The Theory of Power and Organization*. London: Routledge and Kegan Paul.

CLEGG, S. (1987) – "The Language of Power and the Power of Language", *Organization Studies*, 8, 1.

CLEGG, S. (1989) – *Frameworks of Power*, Londres, Sage.

CLEGG, S. (1998) – "Foucault, Power and Organizations. In A. McKinlay e K. Starkey (eds.) – *Foucault, Management and Organization Theory: From Panopticon to Technologies of Self*. London: Sage, pp. 29-48.

COBURN, D.; WILLIS, E. (2000) – "The Medical Profession: Knowledge, Power and Autonomy". In G. Albrecht; R. Fitzpatrick; S. Scrimshaw (eds.) – *The Handbook of Social Studies in Health and Medicine*. London: Sage, pp. 377-393.

COCKERHAM, W. (1988) – "Medical Sociology". In N. Smelser (ed.) – *Handbook of Sociology*. London: Sage, pp. 575-599..

COE, R. (1970) – *Sociology of Medicine*. New york; London: McGraw-Hill.

COELHO, M.; FILHO, N. (2002) – "Conceitos de Saúde em Discursos Contemporâneos de Referência Científica" In. *História, Ciências, Saúde*. Vol. 9. N.º 2. Maio-Agosto, pp. 315-334.

COLEMAN, J.S.; KATZ, E.; MENZEL; H: (1966) – *Medical Innovation: a Diffusion Study*. New York: The Bobbs-Merrill Company, Inc.

COLOMY, P. (ed.) (1990a) – *Functionalist Sociology*. Aldershot: Edward Elgar.

COLOMY, P. (ed.) (1990b) – *Neofunctionalist Sociology*. Aldershot: Edward Elgar.

COPPET, D. (ed.) (1992) – *Understanding Rituals*. London: Routledge.

COSER, R. (1958) – "Authority and Decision-Making in a Hospital: A Comparative Analysis", *American Sociological Review*, 23 (1), pp. 56-63.

COSER, R. (1979) – *Training in Ambiguity: Learning Trough Doing in a Mental Hospital*. New York: The Free Press.

COSTA; J.C. (2001) – *Um Certo Conceito de Medicina*. Lisboa: Gradiva.

COUNCIL OF EUROPE (1978) – *Harmonisation of Legilations of Member States Relating to Removal, Grafting and Transplantation of Human Substances: Resolution (78) 29, adopted by the Committee of Ministers of the Council of Europe, 11 May 1978 and Explanatory Memorandum*. Strasbourg: The Council.

COUTURE, D. (1988) – "Medical Technologies and Professional Status in the Division of Socialhealth Labor", *Sociologie et Societes*, Vol. 20, 2, pp. 77-89.

COX, D. (1990) – "Health Service Management – a Sociological View: Griffiths and the Non-Negotiated Order of the Hospital". In J. Gabe; M. Calman; M. Bury (ed.) – *The Sociology of the Health Service*. London: Routledge, pp. 89-111.

CRABTREE, B.; MILLER, W. (eds.) – *Doing Qualitative Research*. Newbury Park, Calif: Sage Publications.

CROZIER, M. e FRIEDBERG, E.(1977) – *L'Acteur et le Système: Les Contraintes de l'Action Collective*. Paris: Éditions du Seuil.

CROZIER, M. (1963) – *Le Phénomène Bureaucratique*. Paris: Éditions du Seuil.

CULLEN, J. (1998) – «The Needle and the Damage Done: Research Action Research and the Organizational and Social Construction of Health in the 'Information Society'», *Human Relations*, Dec., Vol. 51, Issue 12, pp. 1543-1564.

DALY, J.; WILLIS, E. (1989) – "Technological Innovation and Laborur Process in Health Care", *Social Science and Medicine*, Vol. 28, 11, pp. 1149-1157.

DAVIS, F. (1972;1975) – "Uncertainty in Medical Prognosis, Clinical and Functional".". In E. Freidson; J. Lorber (ed.) – *Medical Men and their Work: a Sociological Reader*. Chicago, New York: Aldine . Atherton, pp. 239-248.

DEETZ, S. (1998) – "Discursive Formations, Strategized Subordination and Self-Surveillance". In A. McKinlay; K. Starkey (Eds.) – *Foucault, Management And Organization Theory: From Panopticon To Technologies Of Self*. London: Sage, pp. 151-172.

DELEUZE, G.; GUATTARI, F. (1984) – *Anti-Oedipus: Capitalism and Schizophrenia*. London: Athlone.

DENZIN, N. (ed.) (1970; 1984) – *Sociological Methods, a Sourcebook*. Londres; Butterworths.
DENZIN, N. e LINCOLN, Y. (ed.). (1994) – *Handbook of Qualitative Research*, London, Sage.
DICKENS, B (1992) – "Ethics Committees, Organ Transplantation And Public Policy", *Law, Medicine And Health Care*. Vol.24,4, pp. 300-306.
DINGWALL, R. et.al. (ed.) (1977) – *Health Care And Health Knowledge*. London; New York: Croom Helm; Prodist.
DREYFUS, H. e RABINOW, P. (1984) – Michel Foucault: un Parcours Philosophique: Au-Delà de l'Objectivité Et De La Subjectivité. Paris: Gallimard.
DRUMMOND, H. (1993) – *Power and Involvement in Organizations: an Empirical Examination of Etzioni's Compliance Theory*. Aldershot: Avebury.
DUNSTAN, G; SHINEBOURNE, E. (eds.) (1989) – *Doctor's Decisions: Ethical Conflicts in Medical Practice*. Oxford: Oxford University Press.
DURKHEIM, E. (1893;1964) – *The Division Of Labor In Society*. New York: Free Press.
DURKHEIM, E. (1912;1965) – *The Elementary Forms Of The Religious Life*. New York: Free Press
EHRENREICH, J. (ed.) (1978) – *The Cultural Crisis of Modern Medicine*. New York; London: Monthly Review Press.
EHRENREICH, B.; EHRENREICH, J. (1978) – "Medicine and Social Control" In. J. Ehrenreich (ed.) – The *Cultural Crisis of Modern Medicine*. New York; London: Monthly Review Press, pp.39-79.
ELSTON, M. (1990) – "The Politics of Professional Power: Medicine in a Changing Health Service". In J. Gabe; M. Calman; M. Bury (ed.) – *The Sociology Of The Health Service*. London: Routledge, pp. 58-88.
ELSTON, M. A.(eds.) (1997) – *The Sociology Of Medical Science & Technology*. Oxford; Malden, Ma.: Blackwell.
ETCO – European Transplant Coordinators Organisation (2002) – *ELTR – European Liver Transplant Registry*.
http://www.eltr.org/rdia1.htm
FARDON, R.(ed.) (1985) – *Power And Knowledge: Anthropological And Sociological Approaches*. Edinburgh: Scottish Academic Press.
FARDON, R. (1985) – "A Sense of Relevance". In R. Fardon (ed.) – *Power and Knowledge: Anthropological And Sociological Approaches*. Edinburgh: Scottish Academic Press, pp. 1-20.

FETTERMAN, David M. (1998) – *Ethnography: Step By Step*, Applied Social Research Methods Series, Vol.17, London, Sage.

FISHER, S. (1991) – "A Discourse Of The Social: Medical Talk/Power Talk/Oppositional Talk?", *Discourse and Society*, London: Sage, 2.2, pp. 157-182.

FODDY, W. (1996) – *Como Perguntar: Teoria e Prática da Construção de Perguntas em Entrevistas e Questionários*. Oeiras: Celta Editora.

FOUCAULT, M. (1972) – *Histoire de la Folie à l'Age Classique*, Paris, Gallimard.

FOUCAULT, M. (1975) – *Surveiller Et Punir: Naissance De La Prison*. Paris: Gallimard.

FOUCAULT, M. (1976) – *Histoire de la Sexualité 1. La Volonté de Savoir*, Paris, Gallimard.

FOUCAULT, M. (1963;1997) – *Naissance de la Clinique*, Paris, Gallimard

FOX, N. (1992) – *The Social Meaning Of Surgery*. Milton Keynes, Philadelphia: Open University Press.

FOX, N. (1993) – *Postmodernism, Sociology And Health*. Milton Keynes, Philadelphia: Open University

FOX, N. (1998a) – "Foucault, Foucauldians and Sociology", *Brithish Journal of Sociology*, Vol. 49, Issue 3, pp. 415-433.

FOX, N. (1998b) – "The Promise Of Postmodernism For Sociology Of Health And Medicine" In: G. Scambler e P. Higgs (ed.) (1998) – *Modernity, medicine and health: medical sociology towards 2000*. London; New York: Routledge, pp. 29-45.

FOX, N. (2002) – "Refracting 'Health': Deuleuze, Guatari and Body-Self", *Health*, Vol. 6, Issue 3, pp. 347-364.

FOX, R.; SWAZEY, J. (1974) – *The Courage To Fail: A Social View Of Organ Transplants And Dialysis*. Chicago; London: The University of Chicago Press.

FOX, R. (1979) – *A Sociological Perspective on Organ Transplantation and Hemodialysis*. Cambridge: University Press.

FOX, Renée; SWAZEY, Judith (1983) – *Leaving The Field: Personal Reflections On The Human Condition Of Two Participant Observers And Their Relationship To Transplantation And Dialysis*. Chicago; London: The University of Chicago Press.

FOX, R. (1988) – *Essays in Medical Sociology: Journeys Into The Field*. Oxford: Transaction Books, 2ª edição.

Fox, R. (2000) – "Medical Uncertainty Revisited". In G. Albrecht; R. Fitzpatrick; S. Scrimshaw (ed.) – *The Handbook of Social Studies in Health and Medicine*. London: Sage, pp. 409-425.

Franzosi, R. (1998) – "Narrative Analysis or Why (and How) Sociologists Shoud Be Interested in Narrative", *Annual Review of Sociology*, Vol. 24, pp. 517-554.

Freeman, H.; Reeder, L. (1957) – "Medical Sociology: a Review of the Literature", *American Sociological Review*, Vol. 22, n.º 1, pp. 73-81.

Freeman, H.; Levine, S.; Reader, L. (1963) – *Handbook of Medical Sociology*. New Jersey: Prentice-Hall.

Freidson, E. (1963a) – *Doctoring Together: A Study of Professional Control*, Nova Iorque, Elsevier.

Freidson, E. (1963b) – *The Hospital In Modern Society*. New York: Free Press.

Freidson, E. (1970) – *Professional Dominance: The Social Structure of Medical Care*, Nova Iorque, Atherton Press.

Freidson, E.; Lorber, J. (ed.) (1972;1975) – *Medical Men and their Work: a Sociological Reader*. Chicago, New York: Aldine . Atherton.

Freidson, E.; Rhea, B. (1972;1975) "Processes of Control in a Company of Equals". In E. Freidson; J. Lorber (ed.) – *Medical Men and their Work: a Sociological Reader*. Chicago, New York: Aldine . Atherton, pp. 185-201.

Freidson, E. (1978) – *The Official Construction of Occupations: an Essay on the Practical Epistemology of Work*. (Paper read at the 9th World Congress of Sociology, Uppsala, Sweden, August 16).
http://itsa.ucsf.edu/~eliotf/The_Official_Construction_.html

Freidson, E. (1980) – *Conceiving of Divisions of Labor*. (Paper read at the annual meeting of the American Sociological Association, August).
http://itsa.ucsf.edu/~eliotf/Conceiving_of_Divisions_.html

Freidson, E. (1979; 1984) – *La Profession Médicale*. Paris: Payot

Freidson, E. (1986) – *Professional Powers*, Chicago, The University of Chicago Press.

Freidson, E. (1987) – *Professionalism, Empowerment and Decision-Making*. (Position paper written for the National Education Association).
http://itsa.ucsf.edu/~eliotf/Professionalism,_Empowerme.html

Freidson, E. (1994a) – *Method and Substance in the Comparative Study of Professions*. (Plenary Adrdress, Conference on Regulating Expertise, Paris, April 14).
http://itsa.ucsf.edu/~eliotf/Method_and_Substance_in_Co.html

FREIDSON, E. (1994b) – *Profissionalism Reborn: Theory, Prophecy and Policy*. Cambridge: Polity Press.
FREIDSON, E. (1997) – *Why I am Also a Symbolic Interactionist*. (Informal Lecture at the Conférence au Forum de l'IFRAS, Nancy, France, 28 Octobre).
http://itsa.ucsf.edu/~eliotf/Why_I_am_also_a_symbolic_i.html
FREIDSON, E. (1998) – «Professionalism and Institutional Etichs». In R. Baker et.al. (ed.) – *The American Medical Ethics Revolution*. Baltimore: Johns Hopkins University Press.
http://itsa.ucsf.edu/~eliotf/Profissionalism_and_Instit.html
FREUND, P.; MCGGUIRE, M. (1995) – *Health and Illness and the Social Body: a Critical Sociology*. New Jersey: Englewood Cliffs e Prentice Hall.
FRIEDBERG, E. (1993;1997) – *Le Pouvoir et la Règle: Dinamiques de l'Action Organisée*. Paris: Éditions du Seuil.
FRYER, G. (1991) – "The United States Medical Profession: an Abnormal form of the Division of Labour", *Sociology of Health and Illness*. Vol. 13, 2, pp.213-230.
GABE, J; M. CALMAN; M. BURY (ed.), (1990) – *The Sociology Of The Health Service*. London: Routledge.
GALLUP SURVEY (1996) – *The American Public Attitudes Towards Organ Donation*. Boston, Princeton, New Jersey: Gallup Organization.
GELIJNS, A. C. (ed.) (1992) – *Technology and Health Care In An Era Of Limits*. Vol. III – *Medical Innovations And Crossroads*. Washington, D.C.: National Academy Press.
GERHARDT, U. (1989) – *Ideas About Illness: an Intellectual History of Medical Sociology*. Basingstoke: Macmillan Education
GIDDENS, A. (1979) – *Central Problems In Social Theory: Action, Structure And Contradition In Social Analysis*. London: MacMillan.
GIDDENS, A. (1991) – *Modernity and Self-Identity: Self and Society in the Late Modern Age*. Cambridge: Polity Press.
GLASER, B.; STRAUSS, A. (1967) – *The Discovery of Grounded Theory*. Chicago: Aldine.
GLASER, W.(1972;1975) – "Socialized Medicine". In E. Freidson; J. Lorber (eds.) – *Medical Men and their Work: a Sociological Reader*. Chicago, New York: Aldine . Atherton, pp. 65-82.
GOFFMAN, E. (1961; 1973) – *Asiles: Études sur la Condition Sociale das Malades Mentaux*. Paris: Les Èditions de Minuit.
GOFFMAN, E. (1959; 1973) – *La Présentation De Soi Dans La Vie Quotidienne*. Paris: Les Éditions de Minuit.

GORDON, C. (ed.) (1980) – *Michel Foucault Power/Knowledge: selected Interviews and other Writings 1972-1977*, London, Harvester Wheatsheaf.
GOSS, M. (1963) – "Patterns of Bureaucracy Among Hospital Physicians" In E. Freidson – *The hospital in modern society*. New York: Free Press.
GOTHILL, M.; ARMSTRONG, D. (1999) – "Dr. No-Body: the Construction of the Doctor as an Embodied Subject in Brithish General Practice 1955-1997", *Sociology of Health and Illness*, Vol. 201 Issue 1, pp. 1-12.
GRBICH, C. (1998) – *Qualitative Research in Health: an Introduction*. London: Sage.
GREENWOOD, R.; LACHMAN, R. (1996) – "Change as an Underlying Theme in Professional Service Organizations: an Introduction",*Organization Studies*, 17/4, pp. 563-572.
GRINER, P.F. (1992) – "New Technology Adoption In The Hospital" in. A. C. Gelijns, (Ed.) *Technology and Health Care In An Era Of Limits*. Vol. III – *Medical Innovations And Crossroads*. Washington, D.C.: National Academy Press.
GUASCH, O. (1997) – *Observación Participante*. In Cuadernos Metodológicos n.º 20. Madrid: Centro de Investigaciones Sociológicas.
GULICH, E. (2003) – "Conversational Techniques used in Transfering Knowledge Between Medical Experts and Non Experts", *Discourse Studies*, Vol. 5, Issue 2, pp. 235-264.
HAK, T. (1994) – "The Interactional Forms of Professional Dominance", *Sociology of Health and Ilness*, Vol.16, n.º 4, pp.23-54.
HALL, R. (1972; 1982) – *Organizações: Estrutura e Processos*. Rio de Janeiro: Prentice/Hall
HALPERN, S.; ANSPACH, R. (1993) – "The Study of Medical Institutions: Eliot Freidson Legacy". In *Work and Occupations*, Aug., Vol. 10, Issue 3, pp. 279-286.
HARRISON, S, (2000) – "Medical Autonomy and the UK State: 1975 to 2025", *Sociology*, Vol. 34, Issue 1, pp. 129-146.
HARTLEY, H. (2002) – "The System of Alignments Challenging Physician Professional Dominance: an Elaborated Theory of Countervailing Powers", *Sociology of Health and Illness*, Vol. 24, Issue 2, pp. 178-207.
HARVEY, J. (1996) – "Achieving the Indeterminate: Accomplishing Degrees of Certainty in Life and Death Situations", *The Sociological Review*, Vol. 44, 1, pp. 78-96.
HEAP, N. et.al. (Ed.) (1995) – *Information Technology and Society: a Reader*. London: Sage.

HEATH, C.; LUFF, P.; SVENSSON, M. (2003) – "Technology and Medical Practice", *Sociology of Health and Illness*, Vol. 25, Issue 3, pp. 75-96.

HEATON, J. (1999) – "The Gaze and Visibility of the Care: a Foucauldian Analysis of the Discourse of Informal Care", *Sociology of Health and Illness*, Vol. 21, Issue 6, pp. 759-777.

HELMAN, C. (1990) – *Culture, Health and Illness: an Introduction for Health Professionals*. London: Wright.

HERZLICH, C. (1970) – *Medicine, Maladie et Societé*. Paris: Mouton.

HEYINK, J. e TYMSTRA, T. (1994) – Qualitative Research And Quality Of Life: The Case Of Liver Transplantation", *Advances in Medical Sociology*, Volume 5, pp. 91-113.

HILLMAN, B.C. (1992) – "Physicians' Acquisition And Use Of New Technology In An Era Of Economic Constrains" in. A. C. Gelijns, (Ed.) *Technology and Health Care In An Era Of Limits*. Vol. III – *Medical Innovations And Crossroads*. Washington, D.C.: National Academy Press.

HINDESS, Barry (1996) – *Discouses of Power: from Hobbes to Foucault*. London: Sage.

HIRST, P. (1985) – "Constructed Space And Subject". In: R. Fardon (Ed.) – *Power And Knowledge: Anthropological And Sociological Approaches*. Edinburgh: Scottish Academic Press, pp. 161– 191.

HOLLINGER, R. (1994) – *Postmodernism and the Social Sciences: a Thematic Approach*. London: Sage.

HONNETH, A. (1991) – *The Critique Of Power: Reflective Stages In A Critical Social Theory*. Cambridge, Massachussts: MIT Press.

HOUDOY, H. (1997)– *L'Entreprise a l'Ecoute*.
http://www.reseau.org/rad/mcrozier.htm

HUBERMAN, A. Michael e MILES, Matthew B. (1991) – *Analyse des Données Qualitatives: Recueil de Nouvelles Méthodes*, Bruxelles, De Boeck Université.

HUGHES, D. (1977) – «Everyday and Medical Knowledge in Categorising Patients» In R. Dingwall *et.al.* (eds.) – *Health Care And Health Knowledge*. London; New York: Croom Helm; Prodist.

HUNSICKER, D. (1991) – "Medical considerations" In: C. D. KEYES (Ed.). – *New harvest: transplanting body parts and reaping the benefits*. Clifton, N. J.: Humana Press, pp.59-90.

ILLICH, I. (1976) – *Limits to Medicine: Medical Nemesis*. Harmondsworth: Penguim.

INGHAM, R.; KIRKLAND, D. (1997) – "Discurses and Sexual Health Providing for Young People". In L. Yardley (Ed.) – *Material Discourses of Health and Illness*, London, Routledge, pp. 150-175.

JACKSON, J. (ed.) (1970) – *Professions and Profissionalization*. Cambridge: Cambridge University Press.

JAMOUS, H.; PELLOILE, B. (1970) – *Changes in the French University-Hospital System*". In J. Jackson (ed.) – *Professions and Profissionalization*. Cambridge: Cambridge University Press.

JENNETT, B. (1986) – *High Technology Medicine: Benefits and Burdens*. Oxford: Oxford University Press.

JENNETT, B. (1994) – "Ethical And Economic Aspects Of Life-Saving And Life-Sustaining Technologies" in Robison (ed.) – *Life And Death Under High Technology Medicine*. Manchester, New York: Manchester University Press.

JOHNSON, J. (1975) – *Doing Field Research*. New York: The Free Press.

JOHNSON, M. (1997) – *Nursing Power and Social Judgement: an Interpretative Ethnography of a Hospital Ward*. Aldershot; Brookfield: Ashgate.

JONES, L. J. (1994) – *The Social Context Of Health And Health Work*. London: MacMillan Press.

JORALEMON, D. (1991) – "Studying the Quality of Life After Organ Transplantation: Research Problems and Solutions", *Social Science and Medicine*, Vol. 44, 9, pp. 1259-1278.

KATZ, J.; A.M. CAPRON (1975) – *Catastrophic Diseases: Who Decides What?: A Psichosocial And Legal Analysis Of The Problems Posed By Hemodialysis And Organ Transplantation*. New York: Russell Sage Fondation.

KATZ, A.; MISHLER, E. (2003) – "Close Encounters: Exemplars of Process-Oriented Qualitative Research in Health Care", *Qualitative Research*, Vol. 3, Issue 1, pp. 35-56.

KAUFMAN, Naomi (1990) – "Organizational Power" in: David Knoke (ed.) – *Political Networks: the Structural Perspective*, Cambridge, University Press, pp. 85-11

KELLY, M. (1992) – "Self, Identity and Radical Surgery", *Sociology of Health and Ilness*, Vol. 14, n.º 3, pp. 23-41.

KEYES, C.D. (ed.). (1991) – *New Harvest: Transplanting Body Parts And Reaping The Benefits*. Clifton, N. J.: Humana Press.

KEYES, C.D. (1991a) – Four Ethical Concerns", C.D. KEYES (ed.). – *New Harvest: Transplanting Body Parts And Reaping The Benefits*. Clifton, N. J.: Humana Press, pp. 3-13.

KEYES, C.D. (1991b) – "Transplantation and Foundational Biomedical Ethical Values", C. D. KEYES (ed.). – *New Harvest: Transplanting Body Parts And Reaping The Benefits*. Clifton, N. J.: Humana Press, pp. 15-30.

KIRK, D.; TINNING, R. (1994) – "Embodied Self-Identity, Healthy Lifestyles and School Physical Education", *Sociology of Health and Illness*, Vol. 16, n.º 5, pp. 34-51.

KNOKE, D. (Ed.) (1990) – *Political Networks: The Structural Perspective*. Cambridge: University Press.

KOGAN, B. (Ed.) (1991) – *A Time To Born And A Time To Die: The Ethics Of Choice*. Hawthorne; New York: Aldine de Gruyter.

KRAUSE, E. A. (1977) – *Power & Illness: The Political Sociology Of Health And Medical Care*. New York: Elsevier.

KUHN, T. (1970) – *The Structure Of Scientific Revolutions*. Chicago: University of Chicago Press.

KUTY, O. (1992) – "Identité Mythique, Règles du Jeu et Création Charismatique: les Unités de Dialyse Rénale Revisitées", *Révue Suisse de Sociologie*, 2, pp. 393-411.

LACHMUND, J. (1998) – «Between Scrutiny and Treatement: Physical Diagnosis and the Restructuring of 19th Century Medical Practice», *Sociology of Health and Illness*, Vol. 20, Issue 6, pp. 779-801.

LARSON, M. (1977) – *The Rise of Professionalism: a Sociological Analysis*. Berkeley e Los Angeles: University of California Press.

LATOUR, B. (1986) – "The Powers of Association". In J. Law (ed.) – *Power, Action And Belief: A New Sociology Of Knowledge?*. London: Routledge & Kegan Paul, pp. 264-280.

LAW, J. (ed.) (1986) – *Power, Action And Belief: A New Sociology Of Knowledge?*. London: Routledge & Kegan Paul.

LAW, J. (1986) – "Power/Knowledge and the Dissolution of the Sociology of Knowledge". In J. LAW (ed.) – *Power, Action And Belief: A New Sociology Of Knowledge?*. London: Routledge & Kegan Paul, pp. 1-9.

LAZEGA, Emmanuel (1994) – "Analyse de Réseaux et Sociologie des Organizations", *Revue française de sociologie*, XXXV, pp. 293-320.

LECOMPTE, M.; SCHENSUL, J.(1999a) – *Analyzing and Interpreting Ethnographic Data*. Londres: Altamira Press, Sage.

LECOMPTE, M.; SCHENSUL, J.(1999b) – *Designing Conducting Ethnographic Research*. Londres: Altamira Press, Sage.

LECOMPTE, M. et.al. (1999c) – *Researcher Roles and Research Partnerships*. Londres: Altamira Press, Sage.

LEWIS, J.; MARJORIBANKS, T.; PIROTTA, M. (2003) – "Changing Professions: General Practioners' Perceptions of Autonomy on the Frontline", *Journal of Sociology*, Vol. 39, Issue 1, pp. 254-279.

LINDENBAUM, S.; LOCK, M. (eds.) (1993) – *Knowledge, Power and Practice; the Anthropology of Medicine and Everyday Life*. Berkeley: University of california Press.

LINDSAY, P. (2003) – "Belief, Knowledge and Expertise: the Emergence of the Lay Expert in Medical Sociology", *Sociology of Health and Illness*, Vol. 25, pp. 41-57.

LOCK, M. (2002) – *Twice Dead: Organ Transplantation and the Re-Inventation of Death*. Berkeley: University of California Press.

LOPES, Noémia (2001) – *Recomposição Profissional da Enfermagem*. Coimbra: Quarteto

LOXLEY, A. (1997)– *Colllaboration in Health and Welfare: Working with Difference*. London: Jessica Kingsley Publishers.

LUPTON, D. (1997) – "Doctors on the Medical Profession", *Sociology of Health and Illness*, Vol. 19, Issue 4, pp. 480-497.

LUPTON, D. (2000) – "The Social Construction Of Medicine And The Body". In Gary Albrecht *et al* ed., *The Handbook Of Social Studies In Health & Medicine*, London: Sage, pp. 50-63.

LUTFEY, K.; MAYNARD, D. (1998) – "Bad News in Oncology: How Physicians and Patient Talk about Death and Dying Without Using the Words", *Social Psychology Quaterly*, Dec., Vol. 61, Issue 4, pp. 321-341.

MACDONALD, K. (1995) – *The Sociology of the Professions*, London, Sage.

MACDONALD, M. (2002) – "Pedagogy, Pathology and Ideology: the Production, Transmision and Reproduction of Medical Discourse", *Discourse and Society*, Vol. 13, Issue 4, pp. 447-468.

MARCH, J. (ed.) (1990) – *Decisions and Organizations*, Oxford, Basil Blackwell.

MARCH, J. (1990) – "The Power of Power". In J. March (ed.) – *Decisions and Organizations*, Oxford, Basil Blackwell, pp. 116-152.

MARKLE, G. e CHUBIN, D. (1987) – "Consensus Development In Biomedicine: The Liver Transplant Controversy", *The Milbank Quaterly*, Vol. 65, n.º 1, p. 1-24.

MARJORIBANKS, T. *et.al.* (1996) – "Physicians' Discourses on Malpractice and the Meaning of Medical Malpractice", *Journal of Health and Social Behavior*, Vol. 37, Issue 2, pp. 163-178.

MARTIN, A.; MARTINEZ, J. e LÓPEZ, J. (1995) – "La donation en España: un Estudio Sobre los Aspectos Psicosociales". In R. Matesanz e B.

Miranda (ed.) – *Coordinación y Transplantes. El modelo Espanõl*. Madrid: Aula Médica, pp. 143-164.

MATESANZ, R. e MIRANDA, B. (Ed.) (1995) – *Coordinación y Transplantes. El modelo Espanõl*. Madrid: Aula Médica.

MATHIEU, D. (ed.) (1988) – *Organ Substitution Technology: Ethical, Legal And Public Policy Issues*. Boulder: Westview.

MATHIEU, D. (1988) – "Organ Substitution Technology: Identifying and Framing the Key Issues". In D. Mathieu (ed.) – *Organ Substitution Technology: Ethical, Legal And Public Policy Issues*. Boulder: Westview, pp. 3-19.

MAUSS, Marcel (1950; 1988) – *Ensaio sobre a Dádiva*. Lisboa: Edições 70.

MCGRATH, P. (1997) – *A Question Of Choice: Bioethical Reflections On A Spiritual Response To The Technological Imperative*. Aldershot, Hants, England; Brookfield, Vt., USA: Ashgate.

MCHORNEY, C. (2000) – "Concepts and Measurement of Health Status and Health-Related Quality of Life". In G. Albrecht; R. Fitzpatrick; S. Scrimshaw (ed.) – *The Handbook of Social Studies in Health and Medicine*. London: Sage, pp. 339-358.

MCKINLAY, A.; STARKEY, K. (eds.). (1998) – *Foucault, Management And Organization Theory: From Panopticon To Technologies Of Self*. London: Sage.

MCKINLAY, A.; STARKEY, K. (1998a) – "Managing Foucault: Foucault Management and Organization Theory" In A. McKinlay; K. Starkey (eds.) – *Foucault, Management And Organization Theory: From Panopticon To Technologies Of Self*. London: Sage, pp. 1-13.

MCKINLAY, A.; TAYLOR, P. (1998b) – " Through the Looking Glass: Foucault and the Politics of Production". In A. McKinlay; K. Starkey (eds.) – *Foucault, Management And Organization Theory: From Panopticon To Technologies Of Self*. London: Sage, pp. 173-190.

MCLAUGHLIN, J.; WEBSTER, A. (1998) – "Rationalising Knowledge: IT Systems, Professional Identities and Power", *The Sociological Review*, Vol. 46, Issue 4 pp. 781-802.

MELDRUM, M. (1999) – "Rationalizing Medical Work: Decision-Suport Techniques and Medical Practices", *Technology and Culture*, Vol. 40, 3, pp. 719-730.

MERTON, R. et al (1957;1961) – *The Student-Physician: Introductory Studies in the Sociology of Medical Education*. Cambridge, Mass.: Harvard University Press.

MILANOVIC, V. (1980) – *Human Aspects of Medical Sciences, Medical Technology and the Responsibility of the Physicians*. Tokyo: United Nations University.
MINTZBERG, H. (1986) – *Le Pouvoir Dans Les Organizations*, Paris, Organizations.
MINTZBERG, H. (1979;1995) – *Estrutura e Dinâmica Das Organizações*. Lisboa: D. Quixote.
MOODY, F.G. (1992) – "The Changing Health Care Economy: Impact On Surgical Techniques" in. A. C. Gelijns, (ed.) *Technology and Health Care In An Era Of Limits*. Vol. III – *Medical Innovations And Crossroads*. Washington, D.C.: National Academy Press.
MORGAN, D. (2002) – "Legal and Ethical Aspects of Organ Transplantation", *Journal of Medical Ethics*, Vol. 28, 5, pp. 330-351.
MORGAN, G. (1986) – *Images of Organizations*, Londres: Sage.
MORGAN, G. (1989) – *Creative Organization Theory: a Resourcebook*. London: Sage.
NAUMOV, D.; WILBERGER, S. e KEYS, C. (1991) – Beginning and End Of Biological Life" In: C. D. KEYS (ed.) – *New Harvest: Transplanting Body Parts And Reaping The Benefits*. Clifton, N. J.: Humana Press, pp. 31-56.
NETTLETON, S. (1995) – *The sociology of health and ilness*. Oxford: Polity Press.
NEUBERGER, J.; LUCEY, M. (ed.) (1994) – *Liver Transplantation: Practice and Management*. London: BMJ Publishing Group.
NEW, B. (et.al.) (1995) – *A Question Of Give And Take: Improving The Supply Of Donor Organs For Transplantation*. London: Kings Fund Institute Research.
NUNES, J. A. (1998) – "Ecologies of Cancer: Constructing the «Environment»", *Oncobiology e Oficina do CES*, 133.;
NUNES, J. A. (1999) – "Os Mundos Sociais da Ciência e Tecnologia em Portugal: o Caso da Oncobiologia e as Novas Tecnologias de Informação", *Research Report*, Coimbra: Centro de Estudos Sociais.
OGDEN, J. (2002) – *Health and the Construction of the Individual*. East Sussex: Routledge.
OPIE, A. (1997) – "Thinking Teams, Thinking Clients: Issues of Discourse and Reprresentation in the Work of Health Care Teams", *Sociology of Health and Illness*, Vol. 19, Issue 3, pp. 259-280.

OPT – ORGANIZAÇÃO PORTUGUESA DE TRANSPLANTAÇÃO (1999) – *Relatório de Actividades de 1998*. Lisboa: Ministério da Saúde. OPT

OPT – ORGANIZAÇÃO PORTUGUESA DE TRANSPLANTAÇÃO (2005) – *Relatório de Actividades de 2004*. Lisboa: Ministério da Saúde. OPT

OPT – ORGANIZAÇÃO PORTUGUESA DE TRANSPLANTAÇÃO (2007a) *Mapa de Colheita de Órgãos: 2006*.
http://www.opt.min-saude.pt

OPT – ORGANIZAÇÃO PORTUGUESA DE TRANSPLANTAÇÃO (2007b) – *Mapa de Transplantações: 2006*.
http://www.opt.min-saude.pt

PARKER, M.; DENT, M. (1996) – "Managers, Doctors and Culture: Changing an English Health District", *Administration & Society*,Vol. 28, Issue 3, pp. 335-360.

PARKIN, D. (1992) – "Ritual as Spatial Direction and Bodily Division". In D. Coppet (ed.) – *Understanding Rituals*. London: Routledge, pp. 11-25.

PARREIRA, L. (2003) – "A Medicina e a Nova Biologia", *Análise Social*. Novas Faces da Saúde. Vol. XXXVIII. Número 166. Primavera, pp. 101-126.

PARRY, N.; PARRY, J. (1976) – *The Rise of the Medical Profession: a Study of Collective Social Mobility*. London: Croom Helm.

PARSONS, T. (1975) – "The Sick Role and the Role of the Physicians Reconsidered", *Health and Society*, Vol.53, n.º 3, pp.12-25.

PARSONS, T. (1978) – *Action Theory and the Human Condition*. New York: Free Press; London: Collier MaCmillan.

PARSONS, T. (1951; 1982) – *El Sistema Social*. Madrid: Alianza Universidad.

PERROW, C. (1963) – "Goals and Power Structures". In E. Freidson, E. – *The hospital in Modern Society*. New York: Free Press.

PFEFFER, J. (1981) – *Power in Organizations*, Marshfield, MA, Pitman.

PFEFFER, J. (1994) – *Gerir com Poder: Políticas e Influência nas Organizações*, Venda Nova, Bertrand.

PONCE, P. (2003) – "Cuidados Intensivos: O Paradigma da Nova Medicina Tecnológica", *Análise Social. Novas Faces da Saúde*. Vol. XXXVIII. Número 166. Primavera, pp. 139-153.

PONCE DE LEÓN, Omar G. (1997) – *El Médico Enfermo: Análisis Sociológico Del Conflito De Roles*, Madrid, Centro de Investigaciones Sociológicas.
POPE, C. (2002) – "Contingency in Everyday Surgical Work", *Sociology of Health and Illness*, Vol. 24, Issue 4, pp. 369-384.
PRINGLE, R. (1998) – *Sex And Medicine: Gender, Power And Authority In The Medical Profession*. Cambridge; New York: Cambridge University Press.
QUIVY, R.; CAMPENHOUDT, L. (1992) – *Manual de Investigação em Ciências Sociais*. Lisboa: Gradiva.
REED, M. (1992) – *The Sociology Of Organizations: Themes, Perspectives And Prospects*, London, Harvester Wheatsheaf.
RICHES, D. (1985) – "Power as a Representational Model". R. Fardon (ed.) – *Power And Knowledge: Anthropological And Sociological Approaches*. Edinburgh: Scottish Academic Press, pp. 83-101.
ROBINSON, I. (ed.) (1994) – *Life and Death Under High Technology Medicine*. Manchester, New York: Manchester University Press.
ROBINSON, J. (1999) – *The Corporate Practice of Medicine: Competition and Innovation in Health Care*. Berkeley, Calif: University of California Press.
RODRIGUES, Maria de Lurdes (1997) – *Sociologia das Profissões*, Oeiras Celta.
RODRIGUES, Josep A.; MIGUEL, Jesús M. de (1990) – *Salud y Poder*, Madrid, Centro de Investigaciones Sociológicas.
RONDEAU, K.; WAGAR, T. (1998) – "Hospital Chief Executive Officer Perceptions of Organizational Culture and Performance", *Hospital Topics*, Vol. 76, Issue 2, pp. 14-22.
ROSEN, G. (1972;1975) – "Changing Attitudes of the Medical Profession to Specialization". In E. Freidson; J. Lorber (Ed.) – *Medical Men and their Work: a Sociological Reader*. Chicago, New York: Aldine. Atherton, pp. 103-112.
ROSENGREN, W.R. (1980) – *Sociology of Medicine: Diversity, Conflict And Change*. New York: Harper & Row.
ROTHMAN, R.; SCHWARTZBAUM, A.; MCGRATH, J. (1971) – "Physicians and a Hospital Merger: Patterns of Resistance to Organizacional Change", *Journal of Health and Social Behavior*, Vol.12, Issue 1 (Mar.), pp. 46-55.
RUBIO, Maria de Navarro (1994) – *Encuestas De La Salud*, Madrid, Centro de Investigaciones Sociológicas.

SAINSAULIEU, R. (1987) – *Sociologie de l'Organization et de L'entreprise*, Paris, Presses de la F.N.S.P./Dalloz.
SAYER, A. (1997) – «Essencialism, Social Constructionism and Beyond», *The Sociological Review*, Vol. 45, Issue 3, pp. 453-487.
SCAMBLER, G. e P. HIGGS (ed.) (1998) – *Modernity, Medicine And Health: Medical Sociology Towards 2000*. London; New York: Routledge.
SCAMBLER, G. e P. HIGGS (1999) – "Stratification, Class and Health: Class Relations and Health Inequalities in High Modernity", *Sociology*, Vol. 33, Issue 2, pp. 275-296.
SCHATZMAN, L.; STRAUSS, A. (1973) – *Field Research: Strategies For A Natural Sociology*. Englewood Cliffs, New York: Prentice Hall.
SCHEID, T. (2001) – "Medical Sociologies: Diversity and Integration", *Contemporary Sociology*, Vol. 30, Issue, 2, pp. 110-115.
SCHEFF, T. (1972;1975) – "Decision Rules, Types of Error and Their Consequences in Medical Diagnosis". In E. Freidson; J. Lorber (ed.) – *Medical Men and their Work: a Sociological Reader*. Chicago, New York: Aldine . Atherton, pp. 309-323.
SCHENSUL, J. et.al. (1999a) – *Enhanced Ethnographic Methods: Audiovisual Techniques, Focused Group Intervews and Elicitation Techniques*. London: Altamira Press; Sage.
SCHENSUL, J. et.al. (1999b) – *Mapping Social Networks, Spatial data and Hidden Populations*. London: Altamira Press; Sage.
SCHENSUL, J. et.al. (1999c) – *Using Ethnographic Data: Interventions, Public Programming and Public Policy*. London: Altamira Press; Sage.
SCHENSUL, S.; SCHENSUL, J.; LECOMPTE, M.(1999) – *Essencial Etnographic Methods: Observations, Interviews and Questionnaires*. Londres; Altamira Press, Sage.
SCHENSUL, J.; LECOMPTE, M.(eds.) (1999) – *Ethnographer's Toolkit*. London: Altamira Press; Sage.
SCOTT, W.R. (1990) – "Innovation in Medical Care organizations: a Synthetic Review". In *Medical Care Research & Review*, Summer, Vol. 47, Issue 2, pp.165-193.
SCOTT, W.R. (1993) – "The Organization of Medical Care Services: Toward an Integrated Theorectical Model". In *Medical care Research & Review*, Fall, Vol.50, Issue 3, pp. 271-304.
SEALE, C.; PATTISON, S. (eds.) (1994) – *Medical Knowledge: Doubt and Certainty*. Buckingham; Philadelphia: Open University Press.
SENIOR, M.; VIVEASH, B.; (1998) – *Health and Ilness*. London: MacMillan Press.

SERRA, H, (2000) – "Tecnocracias Médicas: A Construção De Práticas E Estratégias Médicas Em Torno Da Tecnologia", *Socius Working Papers*, n.º 4 – 2000.
SHAW, I. (2003) – "Qualitative Research and Outcomes in Health, Social Work and Education", *Qualitative Research*, Vol. 3, Issue 1, pp. 57-78.
SILVA, C. (2001) – *(Re)Pensar os paradoxos da participação Directa e as suas Implicações na Enfermagem. Hospitais e Centros de Saúde do Alentejo*. Tese de Doutoramento
SILVERMAN (1985) – *Qualitative Methodology and Sociology. Aldershot: Gower*.
SILVERMAN, D. (1987) – *Communication and Medical Practice: Social Relations in the Clinic*. London: Sage.
SILVERMAN, D. (1999) – *Doing Qualitative Research: a Practical Handbook*. London: Sage.
SIMEL, G. (1986) – *Sociologia*, Madrid, Alianza Editorial.
SMELSER, N. (Ed.) (1988) – *Handbook of Sociology*. London: Sage.
SMITH, H. (1970) – "Un Double Système d'Autorité: le Dilemme de l'Hôpital" In C. Herzlich – *Medicine, Maladie et Societé*. Paris: Mouton.
STACEY, M. (1990) – " Medical Sociology and Health Policy: an Historical Overview". In J. Gabe; M. Calman; M. Bury (Ed.) – *The Sociology Of The Health Service*. London: Routledge, pp.11-35.
STARKEY, K.; MCKINLAY, A. (1998) – "Afterword: Deconstructing Organization – Discipline and Desire". In A. McKinlay; K. Starkey (Eds.) – *Foucault, Management And Organization Theory: From Panopticon To Technologies Of Self*. London: Sage, pp. 230-241.
STEIN, L. (1978) – *Readings in Sociology Of Nursing*. Edinburgh: Churchill Livngstone.
STELLING, J. ; BUCHER, R. (1972) – "Autonomy and Monitoring on Hospital Wards". In *The Sociological Quaterly*, 13.
STEUDLER, F. (1974) – *L'Hôpital en Observation*. Paris: Armand Colin.
STEVEN, B. (1993) – "Eliot Freidson's Contribution to the Sociology of Professions", *Work and Occupations*, Aug., Vol. 20, Issue 3, pp. 259-279.
STEVENS, F. *et al.* (2000) – "The Division of Labor in Vision Care: Professional Competence in a System of Professions", *Sociology of Health and Illness*, Vol. 22, Issue 4, pp. 431-452.
STONE, M. (1997) – "Insearch of Patient Agency in the Rhectoric of Diabetes Care". In *Technical Communication Quaterly*, Spring, Vol. 6, Issue 2, pp. 201-218.

STRAUS, R. (1999) – "Medical Sociology: a Personal Fifty Year Prespective", *Journal of Health and Social Behaviour*, Vol. 40, Issue 2, pp. 103-110.
STRAUS, A. (1957) – "The Nature And Status Of Medical Sociology", *American Sociological Review*, Vol. 22, N.º 2, pp. 200-204.
STRAUS, A. et al. (1963) – "The Hospital And Its Negotiated Order" in: E. Friedson, *The Hospital In Modern Society*, New York, The Free Press.
STRAUS, A. (1978) – *Negotiations*, São Francisco, Jossey-Bass.
STRAUSS, A. et.al. (1985) – *Social Organization Of Medical Work*. Chicago and London: The University of Chicago Press.
SUSSER, M. e WATSON, W. (1985) – *Sociology In Medicine*. New York: Oxford University Press.
TIMMERSMANS, S.; ANGEL, A. (2001) – "Evidence-Based Medicine, Clinical Uncertainty and Learning to Doctor", *Journal of Health and Social Behavior*, Vol. 42, Issue 4, pp. 342-367.
TIMMERSMANS, S.; BERG, M. (2003) – "The Practice of Medical Technology", *Sociology of Health and Illness*, Vol. 25, Issue 3, pp. 97-114.
TRANSPLANT NEWSLETTER (1999) – *International Figures On Organ Donation And Transplantation Activities, 1998*. Recommendations of the Select Committee of Experts on the Organisational Aspects of Cooperation in Organ and Tissues Transplantation. Council of Europe. Vol. 4, N.º 1, October 1999. Ed. R. Matesans e B. Miranda. Madrid: Aula Médica.
TROTTER II, R. (2000) – "Ethnography and Network Analysis: the Study of Social Context in Cultures and Societies". In G. Albrecht; R. Fitzpatrick; S. Scrimshaw (ed.) – *The Handbook of Social Studies in Health and Medicine*. London: Sage, pp. 210-229.
TUCKETT, D.; KAUFERT, J. (eds.) (1978) – *Basic readings in Medical Sociology*. London: Tavistock Publications.
TURNER, B. (1985) – "The Practices Of Racionality: Michel Foucault, Medical History And Sociological Theory". In: R. Fardon (ed.) – *Power And Knowledge: Anthropological And Sociological Approaches*. Edinburgh: Scottish Academic Press, pp. 193-213.
TURNER, B. (1995) – *Medical Power And Social Knowledge*. London: Sage.
TURNER, B. (2000) – "The History of the Changing Concepts of Health and Ilness: Outline of a General Model of Illness Categories". In G. Albrecht; R. Fitzpatrick; S. Scrimshaw (Ed.) – *The Handbook of Social Studies in Health and Medicine*. London: Sage, pp. 9-23.

UNIDADE DE TRANSPLANTAÇÃO (1992) – *Protocolo do Transplante Hepático*. HCC.
UNOS – UNITED NETWORK FOR ORGAN SHARING (2002) – *Statistics Annual Report* – OPTN/SRTR Data. August 2002.
http://www.unos.org/data
http:// optn.org/latestdata/
UTTLEY, S. (1991) – *Technology And The Welfare State: The Development Of Health Care in Britain and America*. London: Unwin Hyman.
VAN DER WILT, G. (1994) – "A Report from the Netherlands: Health care and the Principle of Fair Equality of Opportunity", *Bioethics*, Vol. 8, N.º 4, pp. 329-349.
VAN ROSSUM, W. (1991) – "Decision-Making and medical Technology Assement: Three Dutch Cases". In *Knowledge and policy: The International Journal of Knowledge Transfer*, Spring-Summer, Vol. 4, N.º 1 and 2, pp. 107-124.
VAREKAMP, I.; KROL, L.; DANSE, J. (1998) – "Age Rationing for Renal transplantation? The Role of Age in Decisions Regarding Scarce Life Extending Medical Resources", *Social Science and Medicine*, Vol. 47, Issue 1, pp. 113-120.
WAITZKIN, H. (1989) – "A Critical Theory of Medical Discourse: Ideology, Social Control and the Processing of Social Context in Medical Encounters", *Journal of Health and Social Behaviour*, Vol. 30, 2, pp. 220-242.
WEBER, Max (1905;1983) – *A Ética Protestante E O Espírito Do Capitalismo*, Lisboa, Presença.
WEBER, Max (1922;1993) – *Economia y Sociedad*, México, Fondo de Cultura Económica.
WEBSTER, A. (2002) – "Innovative Health Technologies and the Social: Redefining Health, Medicine and the Body", *Current Sociology*, Vol. 50, Issue 3, pp. 443-457.
WHYTE, W. (1984) – *Learning from the Field: a Guide from Experience*. Beverly Hills: Sage Publications.
WILLIAMS, S. (2001) – "Sociological Imperialism and the Profession of Medicine Revisited: Where are we Now?", *Sociology of Health and Illness*, Vol. 23, Issue 2, pp. 135-148.
WOLINSKY, F. D. (1980) – *The Sociology Of Health: Principles, Professions And Issues*. Boston: Little, Brown.

WOOLLETT, A.; MARSHALL, H. (1997) – "Discourses of Pregnancy and Childbirth". In L. Yardley (Ed.) – *Material Discourses of Health and Illness*, London, Routledge, pp. 176-198.

WORLD HEALTH ORGANIZATION (1991) – *Human Organ Transplantation: a Report on Developments Under the Auspices of WHO, 1987-1991*. Geneva: World Health Organization.

YARDLEY, L. (1997a) – "Introducing Discursive Methods". In In L. Yardley (Ed.) – *Material Discourses of Health and Illness*, London, Routledge, pp. 25-49.

YARDLEY, L. (1997b) – "Introducing material-Discursive Approaches to Health and Illness". In L. Yardley (Ed.) – *Material Discourses of Health and Illness*, London, Routledge, pp. 1-24.

YARDLEY, Lucy (ed.). (1997c) – *Material Discourses of Health and Illness*, London, Routledge.

ZERUBAVEL, E. (1979) – *Patterns Of Time In Hospital Life*. Chicago, London: University of Chicago Press.

ZUSSMAN, R. (1992) – *Intensive Care: Medical Ethics And The Medical Profession*. Chicago: University of Chicago Press.